CB057332

IRON MAIDEN

Infinite Dreams

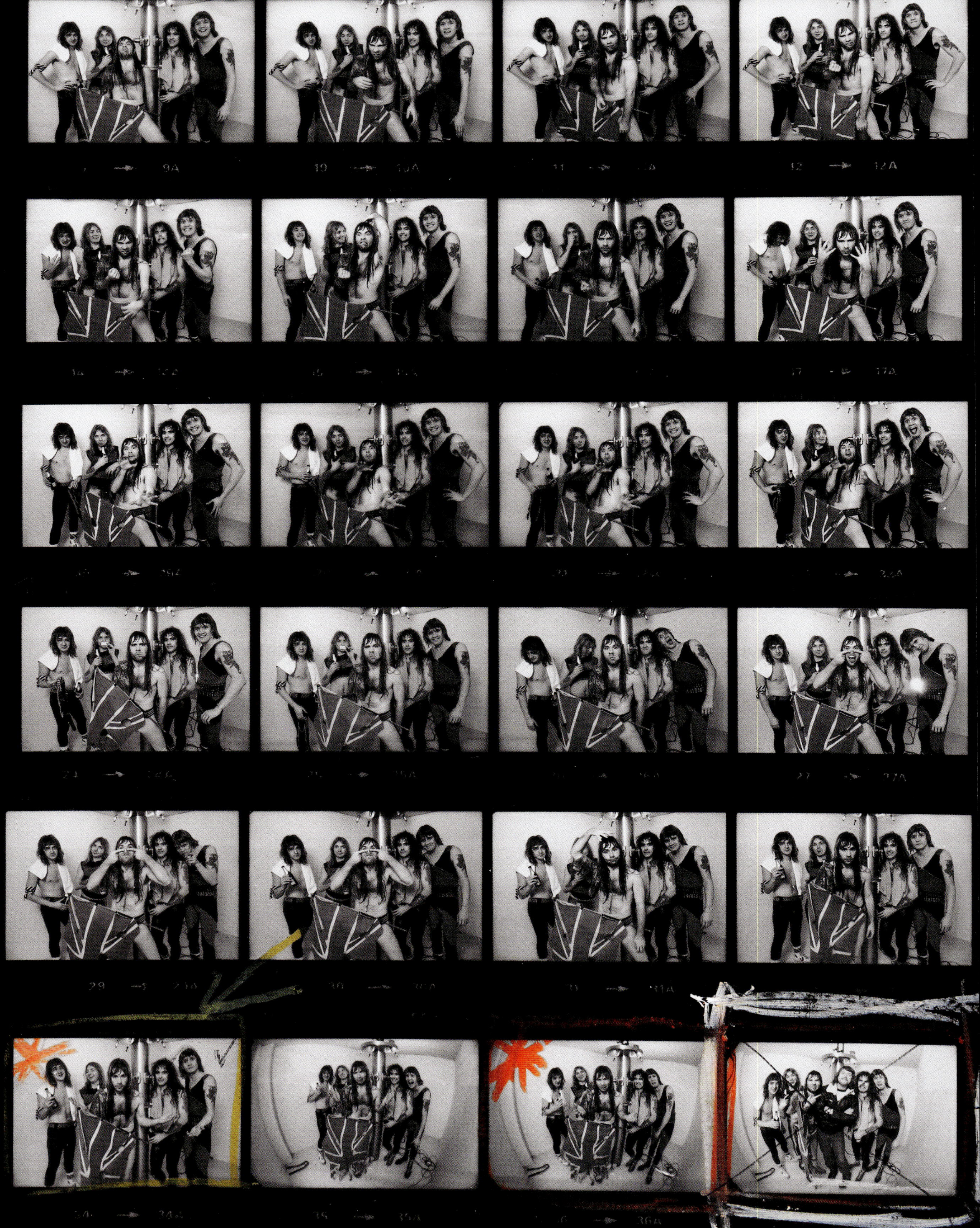

6

PREFÁCIO
STEVE HARRIS

8

I O NASCIMENTO DA BESTA 1975–1982

84

II ONDE OS BRAVOS OUSAM 1982–1988

208

III NO LIMIAR DA ESCURIDÃO 1988–2000

258

IV ADMIRÁVEL MUNDO NOVO 2000–

344

POSFÁCIO
BRUCE DICKINSON

TURNÊS EM NÚMEROS	346
CRÉDITOS DAS IMAGENS	348
ÍNDICE	350
AGRADECIMENTOS	352

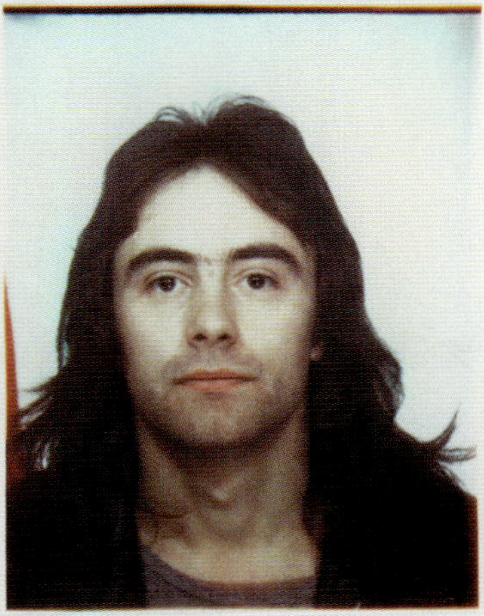
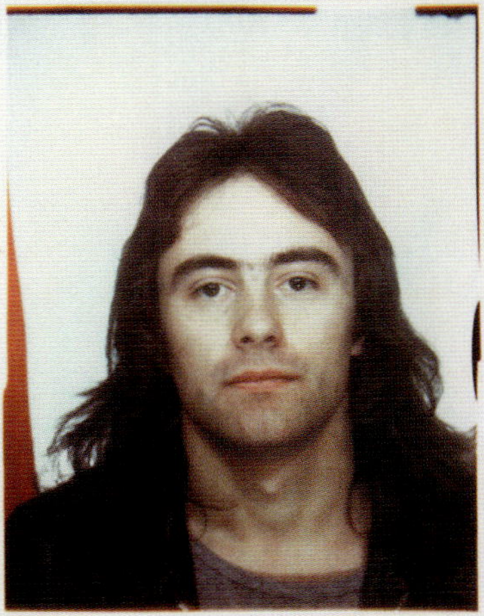
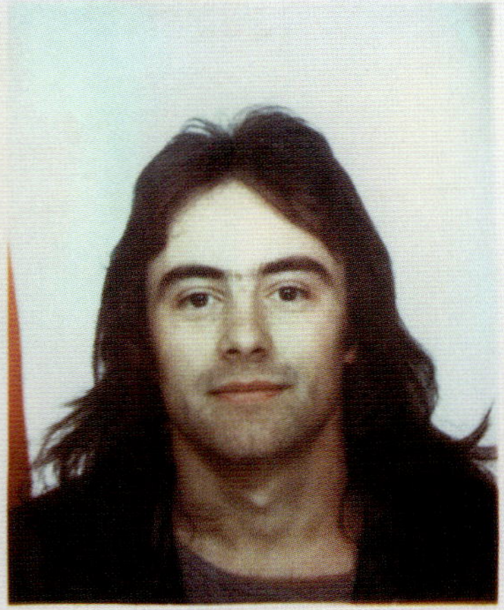
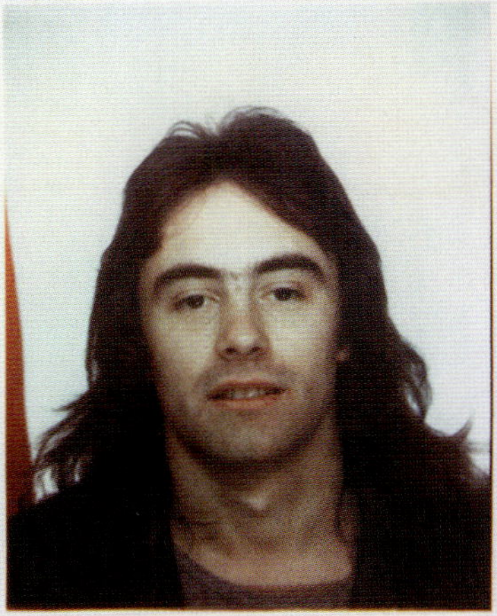

PREFÁCIO
por Steve Harris

Aniversários nunca foram minha prioridade. Não que eu os ignore completamente – adoro quando me lembram de marcos importantes, como "Feliz 40º aniversário do álbum tal!" –, mas, no geral, eles passam despercebidos por mim.

A atitude do Iron Maiden sempre foi de seguir em frente. Adoramos relembrar o passado e sentir nostalgia, e jamais desrespeitaríamos nossa história. Mas nunca fomos de viver celebrando aniversários. Cinquenta anos é uma marca impressionante, sem dúvida, mas preferimos não levar tudo tão a sério!

Fazer um livro foi um desafio, confesso, mas revisitar nossos primeiros dias trouxe memórias muito especiais. Em 1975, jamais imaginei que estaríamos aqui cinquenta anos depois – ninguém projeta o futuro tão longe. Naquela época, sonhávamos em gravar um álbum ou fazer uma turnê pelo Reino Unido, nada de conquistar o mundo. Quando as coisas começaram a acontecer, foi incrível. Manter essa trajetória por tanto tempo, porém, exigiu trabalho árduo e dedicação. Sempre nos sentimos responsáveis por entregar performances memoráveis ao público, e esse compromisso depende exclusivamente de nós. Sempre fomos os maiores críticos do nosso próprio trabalho.

Dizem que sou *workaholic*, mas a vida no Iron Maiden é tudo, menos rotineira. A empolgação com o futuro me move tanto quanto no início da banda – a ansiedade pela turnê já me toma semanas antes! A primeira vez é inesquecível, mas a emoção se renova a cada show. A música me fascina, em qualquer lugar, a qualquer hora.

É como folhear um álbum de família, revivendo memórias incríveis através de fotos antigas. Os nomes, os rostos de tantos com quem trabalhei e compartilhei momentos ao longo dos anos... É impressionante o número de pessoas que fizeram parte da história do Iron Maiden.

A dificuldade em criar este livro foi justamente selecionar tais memórias incríveis. Há tantos momentos marcantes, não apenas os álbuns e turnês, mas também as decisões cruciais tomadas ao longo do caminho. Lembro como se fosse ontem, no Natal, na casa da minha mãe, quando decidi o nome da banda. Existe um equívoco de que o Maiden nasceu no Natal, mas a banda já existia desde agosto. Naquela época, dentre várias opções, "Iron Maiden" se destacou como o nome perfeito, e assim seguimos em frente.

Ao refletir sobre esses cinquenta anos, me pergunto se mudaria algo. Lembro de decisões que pareceram loucura para alguns, mas tudo me trouxe até aqui. Então, creio que não mudaria nada. Claro, nem sempre segui meus instintos, e quando o fiz, o arrependimento foi inevitável.

Revisitar essas memórias foi uma jornada pessoal incrível, e espero que você também encontre algo valioso nessa viagem. Saber que o Iron Maiden impactou tantas vidas é muito gratificante. É emocionante ouvir histórias de como nossa música ajudou as pessoas a superarem desafios, transformou suas vidas ou até mesmo as salvou. Nossa música também mudou a minha vida.

NA PÁGINA AO LADO Registros fotográficos da época de faculdade de Steve.

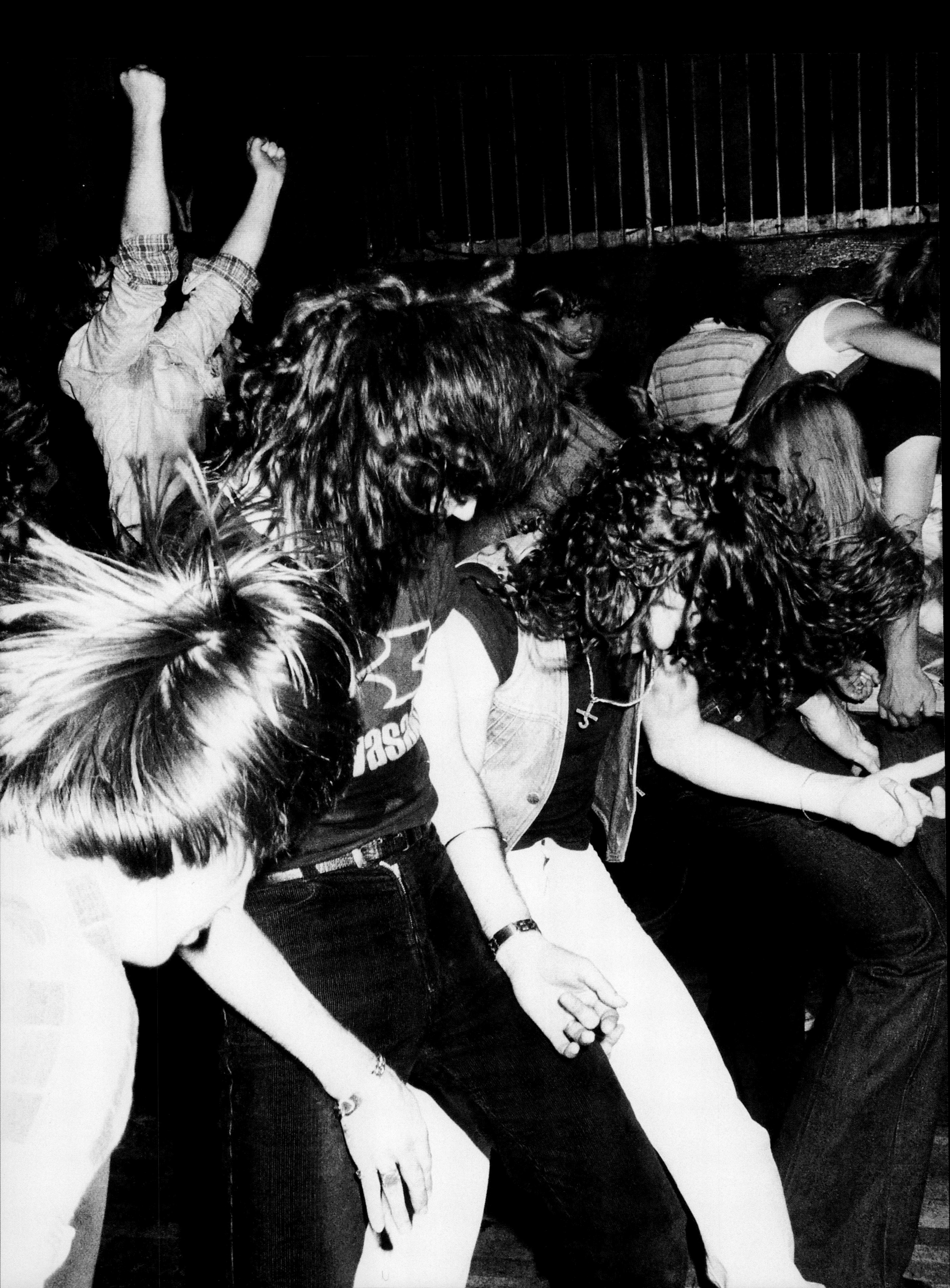

O NASCIMENTO DA BESTA 1975– 1982

SMILER | THE SOUNDHOUSE TAPES
METAL FOR MUTHAS | NASCIMENTO
DE EDDIE | IRON MAIDEN | READING
ROCK '80 | KISS TOUR | KILLERS
SAÍDA DE DI'ANNO

O ROCK 'N' ROLL ENSINA MUITAS LIÇÕES, E UMA DELAS É QUE LENDAS NÃO NASCEM PRONTAS: ELAS SÃO CONSTRUÍDAS. DETERMINAÇÃO, SORTE E TALENTO SÃO OS INGREDIENTES QUE LEVAM ALGUMAS BANDAS AO SUCESSO, ENQUANTO OUTRAS FICAM PELO CAMINHO. E AQUELAS QUE REALMENTE CRUZAM O RUBICÃO POSSUEM UM COQUETEL EXPLOSIVO DESSES TRÊS ELEMENTOS.

Stephen Percy Harris, nascido em 12 de março de 1956 no East End londrino, de origem operária, tinha apenas 19 anos quando concebeu a ideia do Iron Maiden, em setembro de 1975. "Arry", como é conhecido, tinha outras paixões além da música. Talentoso jogador de futebol, chegou a ser observado para treinar com o time juvenil do West Ham United, mas percebeu que a carreira futebolística não era seu caminho. No entanto, sua devoção ao clube permanece inabalável. O grito de guerra "Up the Hammers!", usado pelos torcedores do West Ham, foi incluído nas notas do encarte do primeiro álbum da banda. As notas de encarte de álbuns posteriores incorporaram outros cânticos, como "Come on you Irons" e "Up the Irons!", derivados do fato de que o time que se tornaria o West Ham United foi originalmente formado por trabalhadores da Thames Ironworks.

Steve tocava seu baixo – uma réplica barata de um Fender Precision – havia quatro anos, nas bandas locais Gypsy's Kiss e Smiler. Agora, ele tinha planos para um novo projeto, inspirado por ícones da música virtuosa: "Cresci ouvindo bandas como Genesis, Yes, The Who, Wishbone Ash, Golden Earring, Jethro Tull e Free – uma época rica em bandas excepcionais. Também curtia bandas menos conhecidas, como o Rare Bird, que era simplesmente incrível. Absorvi tudo como uma esponja. Não queria soar como ninguém, mas buscava um som com solos dobrados, acordes pesados e um toque de progressivo."

A banda inicial, composta pelo vocalista Paul Day, os guitarristas Terry Rance e Dave Sullivan, e o baterista Ron "Rebel" Matthews, ensaiava incansavelmente no Allan Gordon Studios, na Follett Street, em Poplar.

Steve já havia ensaiado com o Gypsy's Kiss na casa de sua avó. "Sempre fui teimoso, acho que herdei isso dela", recorda. "Ela era baixinha, mas tinha um temperamento forte. Um dia, durante um ensaio, ela chegou do trabalho e perguntou: 'Está tudo quieto, o que aconteceu?'. Expliquei que tínhamos parado porque a vizinha reclamou do barulho. Ela foi até a casa ao lado e soltou um palavrão daqueles. Depois voltou e disse: 'Podem tocar!'. Quando começamos, ela gritou: 'Aumenta o volume!'"

A determinação de Steve, tanto pela música que queria criar quanto pelos padrões exigidos de seus companheiros, impulsionou shows incessantes, que começaram no salão da Igreja de São Nicolau, em Poplar, no East London, em 1º de maio de 1976. *Presence*, do Led Zeppelin, havia acabado de alcançar o topo das paradas no Reino Unido, e os Sex Pistols estavam construindo sua reputação nos clubes londrinos. A visão musical do Maiden talvez ecoasse a ambição do Zeppelin, mas, apesar da indiferença de Steve ao punk, seu espírito provavelmente se aproximava da convicção feroz dos Pistols.

Essa convicção os impulsionou através de incontáveis shows em pubs e mudanças constantes na formação. O microfone passou de Paul Day para Dennis Wilcock, e depois para Paul Di'Anno. → p. 20

NA PÁGINA AO LADO Fotos do arquivo pessoal de Steve Harris: Steve em 1973, aos 17 anos (canto superior esquerdo); Steve em 1974 no quarto com sua namorada Sue (canto inferior esquerdo); ensaios do Smiler em 1974 (à direita): Dennis Wilcock, Mick Clee, Doug Sampson e Tony Clee.

O NASCIMENTO DA BESTA

ABAIXO O pub Cart and Horses, no East London, recebe a banda em 1976. Com Steve estão os guitarristas Dave Sullivan e Terry Rance, o baterista Ron "Rebel" Matthews e o vocalista Paul Day. Atualmente, o Cart and Horses se autodenomina "O berço do Iron Maiden".

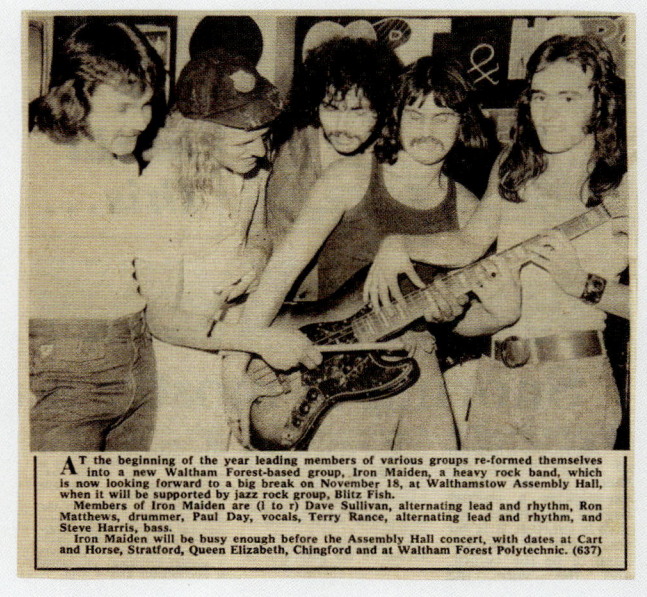

ACIMA 18 de novembro de 1976, Walthamstow Assembly Hall, East London: "Esse foi o nosso primeiro show grande", recordou Steve, que criou o logo inicial do Maiden para o flyer que — junto com o resto do material aqui — ele guarda em sua coleção pessoal. "Eu não achava que venderíamos muitos ingressos, porque antes disso a gente tocava de graça. A banda do Ron ['Rebel' Matthews], o baterista, Blitzfish, fez a abertura, então ele organizou esse show. Acho que foi por meio do pai dele. Eu pensei: 'Vai ser uma vergonha se a gente não vender ingressos o suficiente.' Vendemos 300 ingressos. Claro, tivemos família e amigos que vieram e lotaram o lugar. Setenta centavos! As pessoas ficavam tipo: 'É sério isso?' Não muito antes disso, eu vi o Genesis tocar no Rainbow por setenta centavos. Achei caro demais na época! Parece ridículo dizer isso agora." Walthamstow fica a apenas 5 km da cidade natal de Steve, Leytonstone. Tais redutos de trabalhadores tornaram-se solo fértil para a cena rock que brotava e um berço para o Maiden.

TRECHOS DO DIÁRIO DE STEVE HARRIS
1976

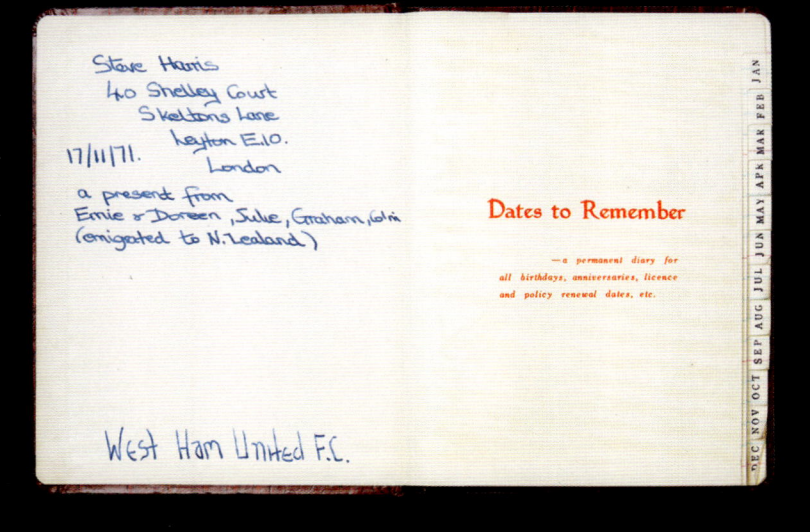

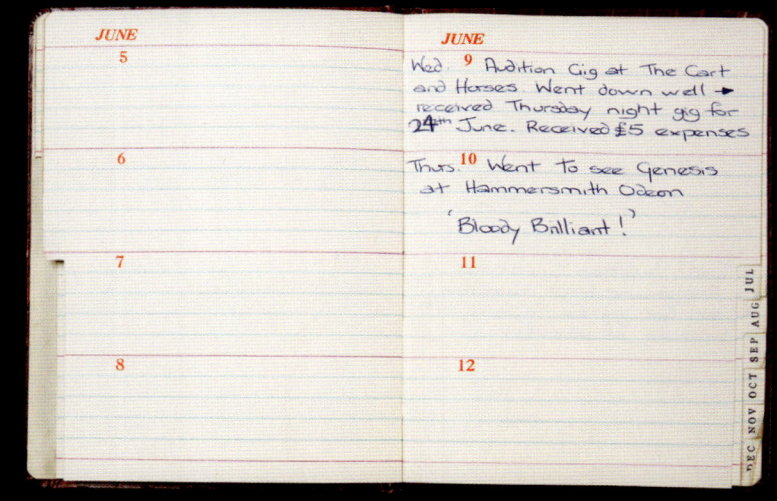

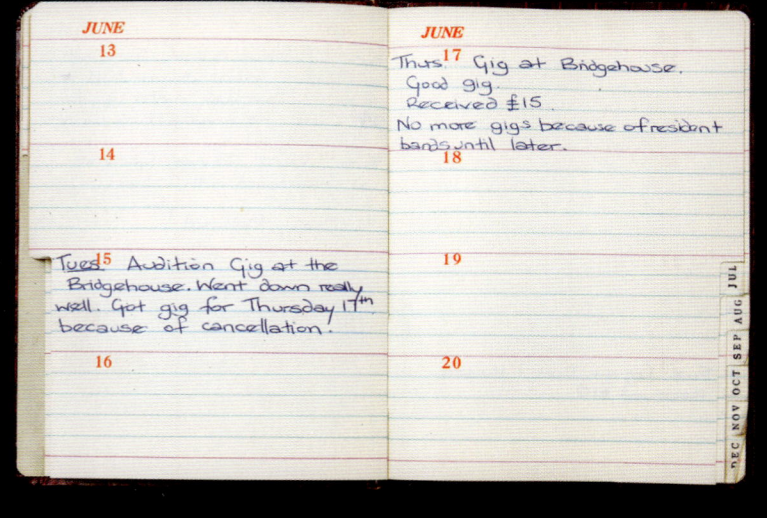

O diário de Steve de 1976 revela a atenção aos detalhes que seria a base sobre a qual o Maiden foi construído. Houve a despedida do vocalista Paul Day em 23 de setembro ("nada pessoal") e a chegada de seu sucessor, Dennis Wilcock, em outubro ("Ainda precisa aprender as letras"). "Dar 110%: esse era o nosso mantra", refletiu Steve. "Não importa se há dez pessoas na plateia. Elas vão contar para mais cinquenta — é assim que funciona. Nós tocamos em muitos lugares. Uma vez, até recusei ser padrinho de casamento. Eu disse: 'Sábado é uma noite nobre e, se me oferecerem um show, eu vou aceitar, e não quero ter que te avisar em cima da hora se não puder ir!' Era minha maneira de escapar de fazer um discurso." O show do Genesis (classificado como "Absolutamente brilhante!") em 10 de junho fez parte de uma temporada de seis noites no Hammersmith Odeon, em Londres, onde o Maiden faria suas próprias apresentações em várias ocasiões em 1983, 1984 e 1986. Menos agradável foi sua ida para ver os Rolling Stones na Knebworth House, Hertfordshire, em 21 de agosto. "Um inferno", resmungou Steve, observando que saiu após o show de abertura do Utopia, de Todd Rundgren (uma das músicas era "Heavy Metal Kids"). Ele teve uma sorte: os Stones entraram extremamente tarde e terminaram de madrugada, o que poderia ter comprometido suas chances de chegar a tempo de seu próprio show mais tarde naquele dia. Steve, no entanto, fez um retorno triunfal a Knebworth: o Maiden foi a atração principal do festival Sonisphere lá em 2010 e 2014.

AUGUST 13

Sat. 14

Sund. 15

16

AUGUST 17

18

Thurs 19 Gig at the Cart and Horses. Received £10. Photographer came down to take a few snapshots of the band, what a laugh! Superstars already!

Fri. 20 Went to see Rocky Horror show. Excellent, really funny.

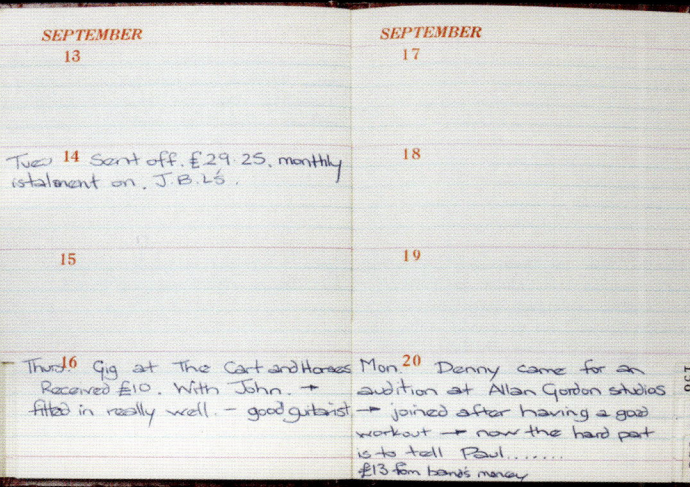

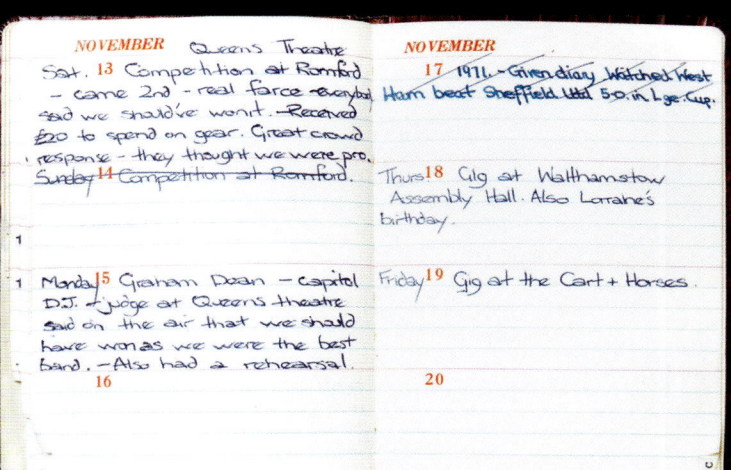

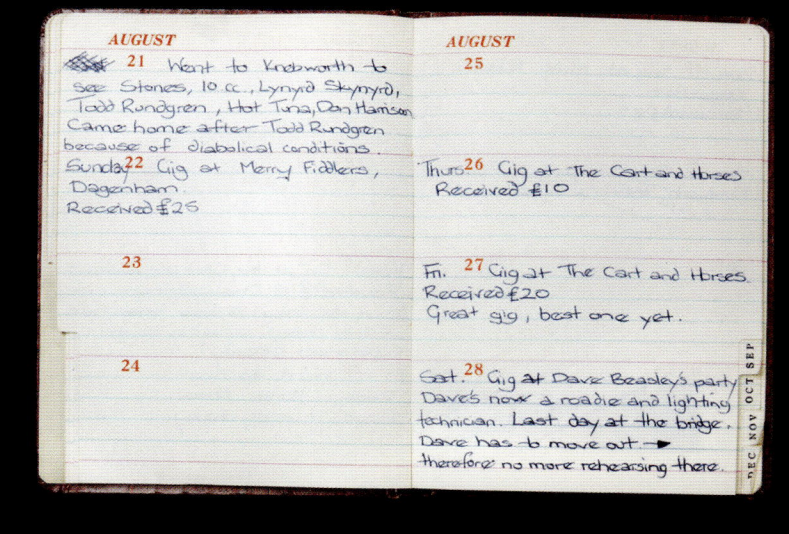

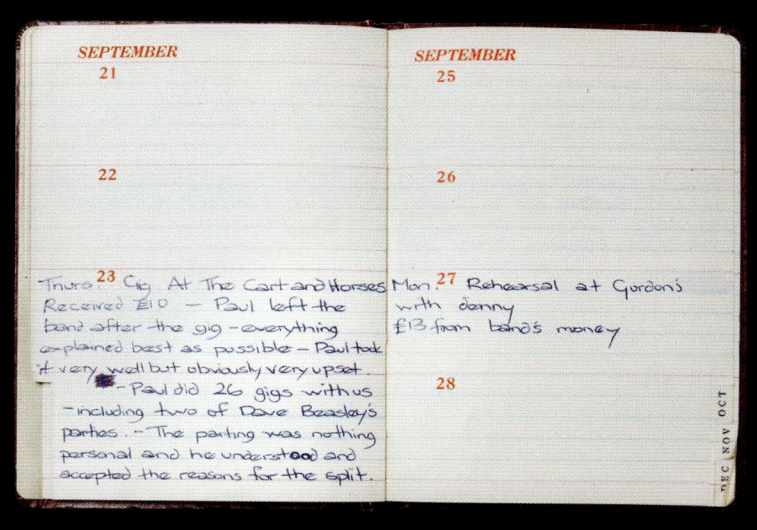

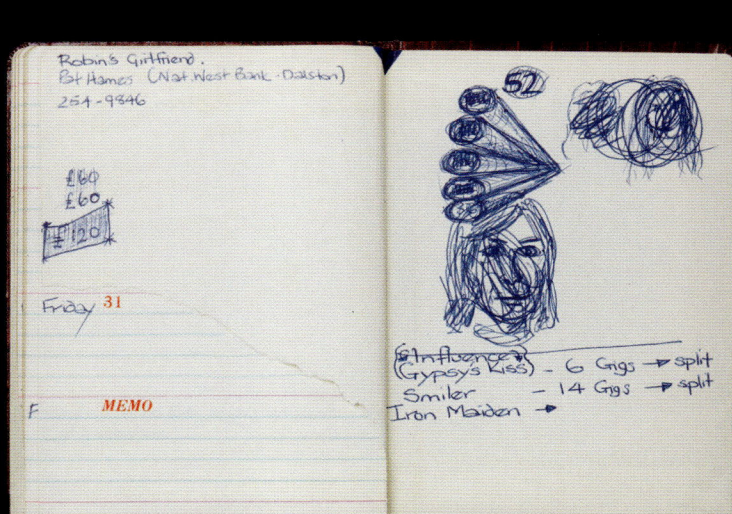

AUGUST 21 Went to Knebworth to see Stones, 10 cc., Lynyrd Skynyrd, Todd Rundgren, Hot Tuna, Don Harrison. Came home after Todd Rundgren because of diabolical conditions.

Sunday 22 Gig at Merry Fiddlers, Dagenham. Received £25

23

24

AUGUST 25

Thurs 26 Gig at The Cart and Horses. Received £10

Fri. 27 Gig at The Cart and Horses. Received £20. Great gig, best one yet.

Sat 28 Gig at Dave Beasley's party. Dave's now a roadie and lighting technician. Last day at the bridge. Dave has to move out → therefore no more rehearsing there.

SEPTEMBER 13

Tues 14 Sent off. £29.25. monthly instalment on J.B.L.S.

15

Thurs 16 Gig at The Cart and Horses. Received £10. With John. + fitted in really well. – good guitarist

SEPTEMBER 17

18

19

Mon 20 Denny came for an audition at Allan Gordon studios → joined after having a good workout → now the hard part is to tell Paul......
£13 from band's money

SEPTEMBER 21

22

Thurs 23 Gig At The Cart and Horses Received £10 — Paul left the band after the gig – everything explained best as possible – Paul took it very well but obviously very upset. – Paul did 26 gigs with us – including two of Dave Beasley's parties. – The parting was nothing personal and he understood and accepted the reasons for the split.

SEPTEMBER 25

26

Mon 27 Rehearsal at Gordon's with denny
£13 from band's money

28

NOVEMBER Queens Theatre
Sat. 13 Competition at Romford – came 2nd – real farce – everybody said we should've won!. Received £20 to spend on gear. Great crowd response – they thought we were pro.
Sunday 14 Competition at Romford.

Monday 15 Graham Dean – capitol DJ. – judge at Queen's theatre said on the air that we should have won as we were the best band. – Also had a rehearsal.

16

NOVEMBER 17 1971 – Given diary. Watched West Ham beat Sheffield Utd 5-0 in Lge Cup.

Thurs 18 Gig at Walthamstow Assembly Hall. Also Lorraine's birthday.

Friday 19 Gig at the Cart + Horses.

20

Robin's Girlfriend.
Bt Hames (Nat West Bank – Dalston)
254-9846

£60
£60
£120

Friday 31

MEMO

52

(Influences) –
(Gypsy's Kiss) – 6 Gigs → split
Smiler   – 14 Gigs → split
Iron Maiden →

NESTA PÁGINA Steve, Dave, o vocalista Dennis Wilcock, o guitarrista Bob Sawyer e o baterista Ron "Rebel" Matthews no pub Bridge House, no East London, onde tocaram doze vezes em 1977. Wilcock (canto superior direito, com camiseta da Academia Militar de West Point) adicionou elementos teatrais à performance do Maiden, como as cápsulas de sangue.

"You ain't seen nothing yet!"
IRON MAIDEN
01-987 2655

27/6/77 to 25/7/77

25 JULY 77

STATEMENT OF ACCOUNTS

CREDIT

	£	d
JUNE		
27...THE PLOUGH & HARROW LEYTONSTONE.................20		0
JULY		
1st THE HARROW BARKING........................NOT RECEIVED		
2nd THE HARROW BARKING........................NOT RECEIVED		
4th THE BRIDGEHOUSE CANNING TOWN...............20		0
8th THE HARROW BARKING.........................55		0
11th THE BRIDGEHOUSE CANNING TOWN...............20		0
12th THE TRAINSHED.............................40		0
15th THE HARROW BARKING.........................35		0
16th THE HARROW BARKING.........................35		0
18th THE BRIDGEHOUSE CANNING TOWN...............20		0

TOTAL CREDIT £225.00

DEBIT

	£	d
JULY		
4th PETROL & REPAIR............................10		0
11th MM AD.....................................24		0
12th PETROL & EFFECTS & SPEAKER REPAIR.........32		94
16th BASS BINS.................................30		0
18th PETROL....................................6		0
20th DAVE MURRY REFUND.........................85		0
20th 7 CORE CABLE..............................3		50P
21st ENVELOPES..................................		

VIC STILL HOLDS £8

TOTAL DEBIT 191.94
BALANCE 33.56

NEXT GIG THE HALF MOON THEATRE 22nd AUGUST 77

Paull Sears (Acting for Iron Maiden)
74 Grindall Hse., Darling Row,
Bethnal Green, E.1. 5RP

Ralph Roeske,
Tulpenweg 15
D 3445 Waldkappel 1

6th August 1977

Dear Ralph,

I was handed your letter dated the 20.1.77 by Dennis Willcock as I am now acting on behalf of Iron Maiden.

The band read your letter with interest and enthusiasm and would like to know if it is possible to arrange some European gigs for some time next year.

Although the band are willing to honour your 15% agent fee for any gigs you may give them they feel a contract on a permanent basis would not be in the best interest of both parties, the main reason for this is due to commitments at home the band feel they could not move between our two countries as much as they would like.

If you can arrange some dates for them would you write and let me know at least one month in advance so that I can sort out transport and passage for the members and road crew and of course the gear.

At the moment the band are taking a short break, what with giging five nights out of every seven and dashing from one end of the country to the other the pressure has been enormous on both members and gear, in fact, the band have just bought a new P.A. system at the cost £3000.

Iron Maiden would like to thank you for the interest you have shown in them and would like to apologize for not writing sooner. We hope to hear from you soon. Thank you once again.

Yours faithfully,

Paull Sears
Personal Manager
IRON MAIDEN

NESTA PÁGINA O logotipo do Iron Maiden (topo) estampava a maioria das comunicações da banda em papel timbrado. Aqui, ele aparece em um extrato de contas (acima, à esquerda) e em uma carta (acima, à direita) assinada por Paull Sears, que havia tocado bateria com Steve no Gypsy's Kiss e atuou não oficialmente como empresário por um breve período.

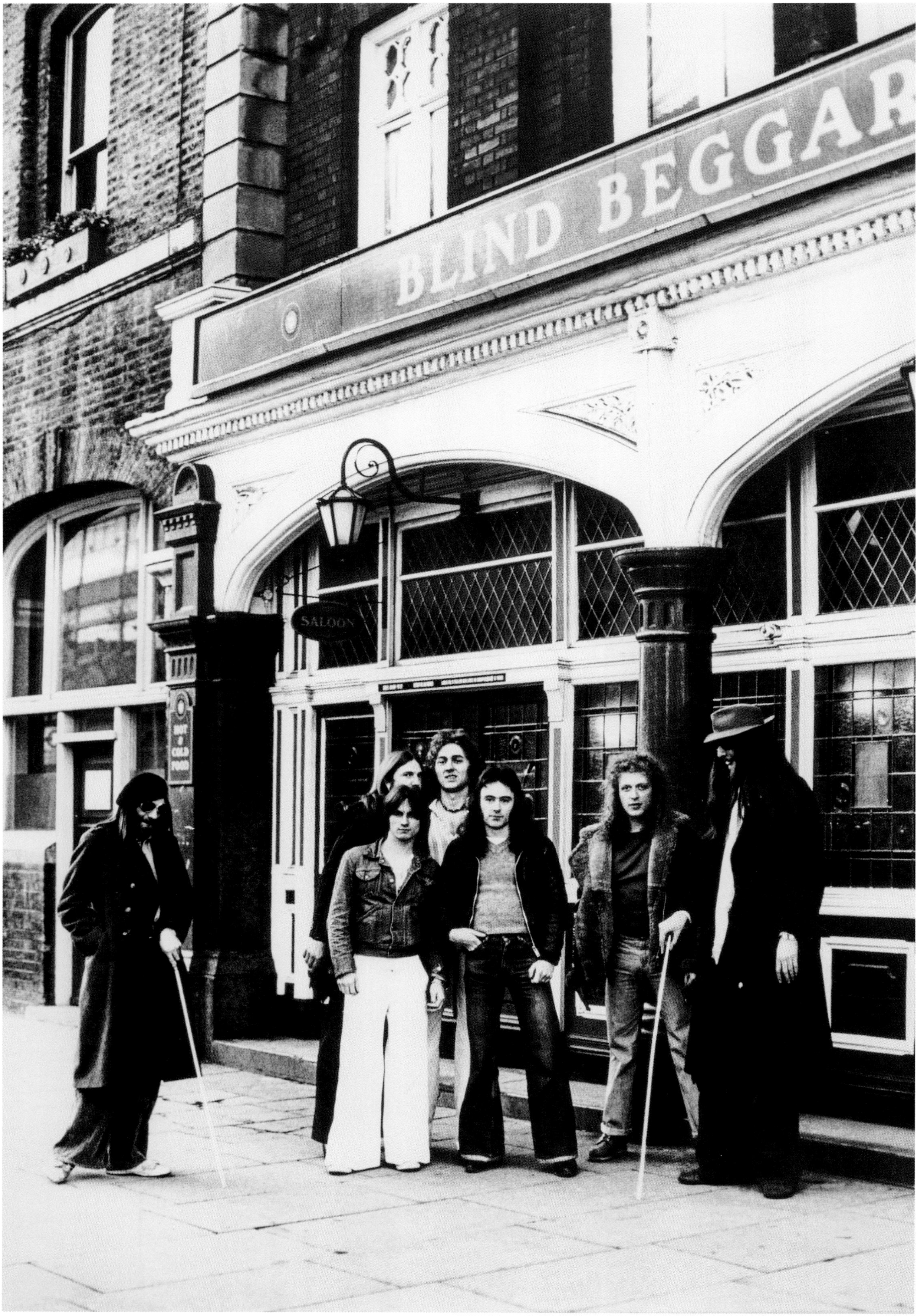
BLIND BEGGAR
SALOON
HOT & COLD FOOD

NA PÁGINA AO LADO A formação do Iron Maiden no final de 1977, em frente ao pub Blind Beggar em Whitechapel, no East End de Londres. Com Steve estão o futuro tecladista do Cutting Crew Tony Moore (de calças brancas), o guitarrista Terry Wapram, o baterista Barry "Thunderstick" Purkis e o vocalista Dennis Wilcock. Tony relembra a empolgação daquela época: "Tínhamos a impressão de que o Maiden ia longe. Era muito sério e muito focado. Nos divertíamos muito, mas não tocávamos por diversão. Estávamos em uma missão. Steve era ao mesmo tempo quieto e presente em tudo, meio que liderando dos bastidores."

ACIMA No pub Music Machine, em Camden (Londres, 1978). A primeira formação clássica começa a se consolidar com Doug Sampson na bateria, Paul Di'Anno nos vocais e o retorno de Dave na guitarra. Dave havia saído do Maiden após um desentendimento com o antecessor de Di'Anno, Dennis Wilcock, e brevemente se juntado à banda Urchin, de Adrian Smith.

fitas e lançamentos independentes. Maiden e contemporâneos como Angel Witch, Praying Mantis e Samson construíram uma base de fãs leal, mas permaneciam fora do radar das grandes gravadoras, jornalistas musicais e DJs de rádio, mais focados no punk do que na crescente onda de jeans e couro. Intrépidas, as bandas adicionaram um toque mais agressivo e veloz ao hard rock, evoluindo para o que o semanário musical *Sounds* batizou de New Wave of British Heavy Metal.

O Iron Maiden ganhou notoriedade por seus shows impactantes e fãs fervorosos. Steve decidiu então buscar o apoio de um dos mais influentes formadores de opinião da cena, o DJ Neal Kay. Seu clube no norte de Londres, o Heavy Metal Soundhouse, possuía um sistema de som de 8.000 watts que impressionava a todos. Posteriormente, com uma coluna na *Sounds* para divulgar o movimento, Kay se tornou sinônimo da NWOBHM.

A formação composta por Harris, Di'Anno, Murray, Paul Cairns e Doug Sampson gravou uma demo no Spaceward Studios, em Cambridge, no último fim de semana de 1978. O resultado foram versões brutas de "Iron Maiden", "Invasion", "Prowler" e "Strange World".

Steve levou a gravação para Kay no Soundhouse e disse: "Você precisa ouvir essa fita". Kay respondeu: "Ah, é? Como todo mundo." Steve insistiu: "Ouça a fita, tem meu número. Se te interessar, liga. Só quero tocar aqui."

"Ele respondeu: 'Sim, ok', e guardou no bolso. Pensei: 'Nunca mais vou ouvir falar disso!'. Mas, alguns dias depois, ele ligou: 'Isso é incrível! Vou tocar no Soundhouse'. E aí as coisas começaram a acontecer de verdade."

A fita demo chegou às mãos de Rod Smallwood, ex-agente da MAM, que também havia trabalhado com Steve Harley & Cockney Rebel. Após o sucesso estrondoso de "(Come Up and See Me) Make Me Smile" em 1975, Harley buscava reconhecimento nos Estados Unidos, mas a busca foi frustrada. Amargurado com a decepção, Smallwood decidiu abandonar a indústria musical. No entanto, o destino tinha outros planos. → p. 33

Ron Matthews cedeu seu lugar para Thunderstick, futuro baterista do Samson, e depois para Doug Sampson. Muitos guitarristas, e até mesmo o tecladista Tony Moore, entraram e saíram da banda. Destaque para o guitarrista londrino Dave Murray, um ávido fã de rock que, na adolescência, formou a banda Stone Free com Adrian Smith, futuro guitarrista do Maiden. Após uma breve passagem em 1977, Dave retornou em 1978 e permanece ao lado de Steve desde então.

"Steve me passou um endereço em Essex", conta Dave. "Fui de carro levando meus amplificadores Marshall e guitarra, tentando me localizar. Estava escuro quando avistei um contêiner de caminhão em um campo enlameado. Acho que Steve me mostrou 'Wrathchild'. De cara, achei ele um cara legal, genuíno, artístico e criativo. Começamos a tocar em pubs no East London."

Longe dos holofotes, uma cena underground florescia, marcada por shows lotados, troca de

NESTA PÁGINA A formação da época de *The Soundhouse Tapes*: Dave, Paul Di'Anno, o guitarrista Paul "Mad Mac" Cairns, Steve e o baterista Doug Sampson (canto superior esquerdo). Doug, Steve e Paul Cairns ao vivo no começo de 1979, no Ruskin Arms no East London (na foto de baixo).

NA PÁGINA AO LADO Show no Newbridge Memorial Hall no País de Gales no final de 1979 (topo) e máscara de placa de palco criada pelo técnico de luz Dave "Lights" Beazley (abaixo), que jorrava sangue durante a música "Iron Maiden".

O NASCIMENTO DA BESTA

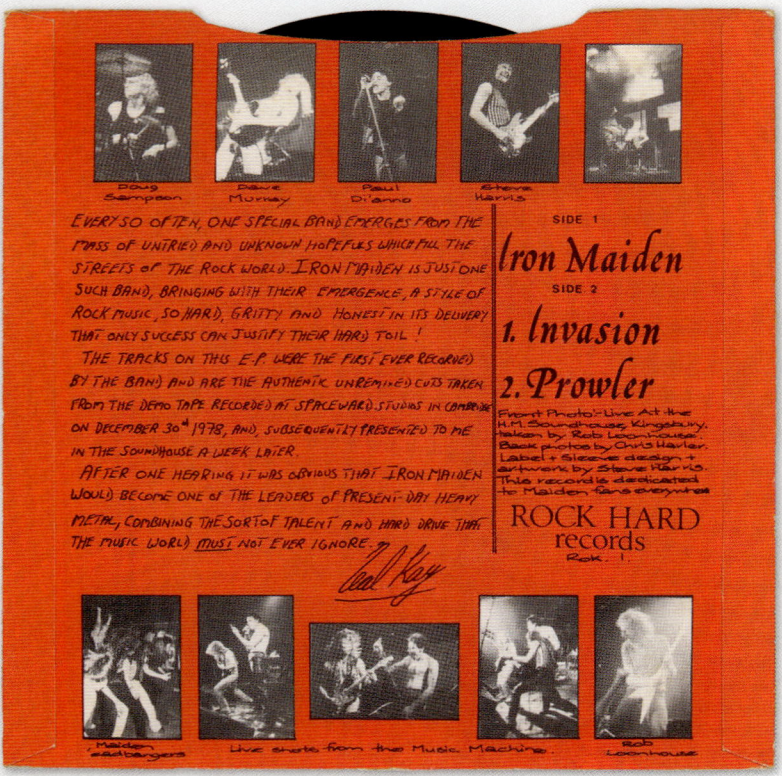

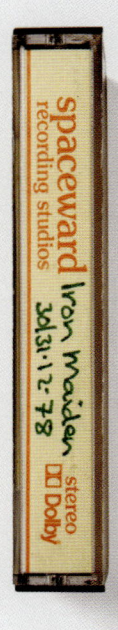

TOPO A primeira fita demo do Maiden — etiquetada por Steve e contendo o número de telefone de seu emprego diurno como desenhista — evoluiu para *The Soundhouse Tapes*.

ACIMA A banda só tinha dinheiro para dois dias no Spaceward e planejava voltar depois para fazer ajustes. O estúdio cobrava £ 5 por semana para guardar a fita master. Steve perguntou: "Posso voltar em duas semanas? Não tenho o dinheiro agora." Quando ele voltou, o estúdio havia gravado por cima da fita.

À ESQUERDA A edição em vinil trazia *liner notes* de Neal Kay e fotos da banda e seus fãs, incluindo Rob Loonhouse. Steve comentou: "Lembro de ter ficado irritado porque a foto do Dave estava invertida! Mas não podíamos mudar — não era fácil naquela época."

PRIMEIRAS GRAVAÇÕES

Em 14 de novembro de 1979, o guitarrista Tony Parsons (canto superior esquerdo), Dave (canto superior direito), Steve (canto inferior direito) e o baterista Doug Sampson (canto inferior esquerdo) gravaram um ensaio nos estúdios Maida Vale da BBC, no West London. As versões resultantes de "Iron Maiden", "Running Free", "Transylvania" e "Sanctuary" foram transmitidas no programa *The Friday Rock Show* da BBC Radio 1. Seu apresentador, o DJ Tommy Vance, e o produtor Tony Wilson eram grandes defensores do hard rock e do heavy metal — músicas raramente tocadas em qualquer outro programa da emissora. O ensaio em si capturou um Maiden prestes a estourar. No final do mês, eles assinariam com a EMI. Poucas semanas depois, estariam regravando as quatro músicas para seu álbum de estreia e o single "Sanctuary". As versões da BBC foram lançadas em 2002 como parte do box set *Eddie's Archive*. Seu álbum *BBC Archives* incluiu o ensaio de 1979, faixas dos festivais de Reading de 1980 e 1982, e do Monsters of Rock de 1988.

A DEUSA VERDE
1979

O sucesso crescente do Maiden e os shows incessantes exigiram uma equipe e transporte. A equipe (nas fotos abaixo, do álbum particular de Steve) era um grupo de amigos e colaboradores. Incluía o técnico de bateria Steve "Loopy" Newhouse, o técnico de iluminação Dave "Lights" Beazley e o road manager, segurança e faz-tudo Vic Vella (mais tarde imortalizado no lado B de "From Here to Eternity", "Roll Over Vic Vella"). "Vic Vella foi muito importante naquela época", disse Steve. "Eu o conheci por meio de Dennis Wilcock, e Vic permaneceu a bordo. Ele caiu do palco e machucou a perna, então não pôde fazer turnê, e tínhamos avançado tanto quando ele voltou que realmente não tínhamos mais vaga na equipe, então encontramos outro emprego para ele, na minha casa. Ele era um personagem muito importante; adorava fazer parte da banda. Devemos muito a ele." Um caminhão sem ventilação, apelidado de Deusa Verde, tornou-se seu lar longe de casa. "Mais tarde, abrimos algumas janelas nele, mas ainda era totalmente inadequado", admitiu Steve. "Cabiam até nove pessoas para dormir, mais todo o equipamento. Nunca vou esquecer uma vez que ele foi roubado com todo o equipamento dentro. Vic o encontrou algumas ruas depois com apenas um amplificador faltando. Tivemos que cancelar um show, mas demos muita sorte. Nada tinha seguro e eu tinha pegado emprestado três mil libras da minha tia para comprá-lo."

NA PÁGINA AO LADO (NO SENTIDO HORÁRIO A PARTIR DO CANTO SUPERIOR ESQUERDO) Dave Murray e Pete Bryant; Dave Murray, Ken Jenkins, Steve Harris e Steve "Loopy" Newhouse; Paul Di'Anno e Dave Murray; Dave Lights e Paul Di'Anno; Vic Vella e Dave Lights; Doug Sampson, Paul Di'Anno, Dave Murray e Ken Jenkins.

ABAIXO (NO SENTIDO HORÁRIO A PARTIR DO CANTO SUPERIOR ESQUERDO) Dave Murray; Pete Bryant e Vic Vella; Vic Vella; Loopy, Steve Harris, Doug Sampson, Dave Murray e Vic Vella; Dave Murray, Loopy, Tony Parsons e Steve Harris; Steve Harris e Vic Vella.

TRECHOS DO DIÁRIO DE STEVE HARRIS
1979

À medida que a década chegava ao fim, a era do Iron Maiden ganhava impulso. Particularmente notável foi um show em 8 de maio de 1979 com Angel Witch e Samson no Music Machine de Londres, ao qual compareceu o jornalista da *Sounds*, futuro fundador da *Kerrang!* e entusiasta da New Wave of British Heavy Metal, Geoff Barton. "Foi provavelmente neste momento que me convenci de que essa banda estava destinada à grandeza", observou ele. No entanto, nem tudo foram flores, como atestam as datas de comparecimento ao tribunal de Paul Di'Anno e a demissão do guitarrista da época de *The Soundhouse Tapes*, Paul Cairns. Embora uma entrada no diário de agosto expresse o alívio de Steve eles terem "arrumado um guitarrista", o tempo de Paul Todd se provaria ainda mais curto que o de seu antecessor.

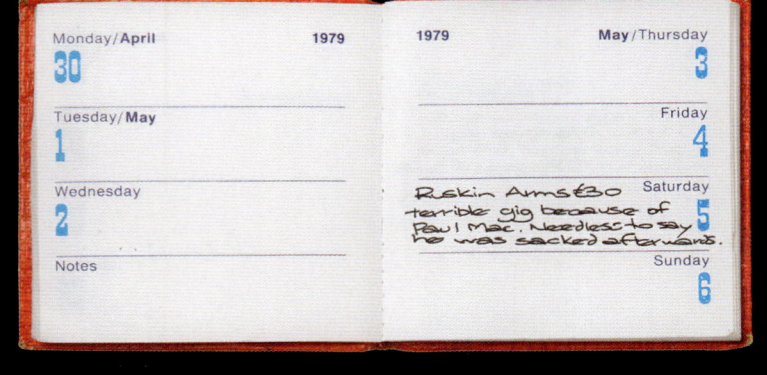

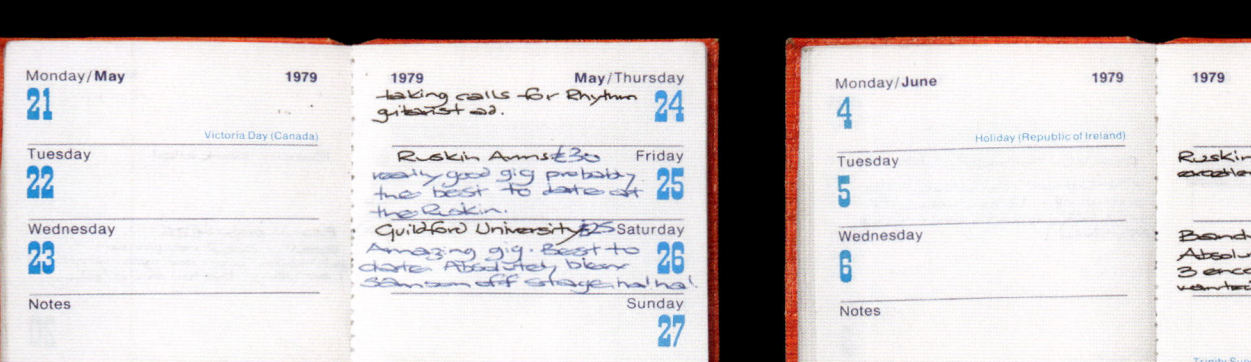

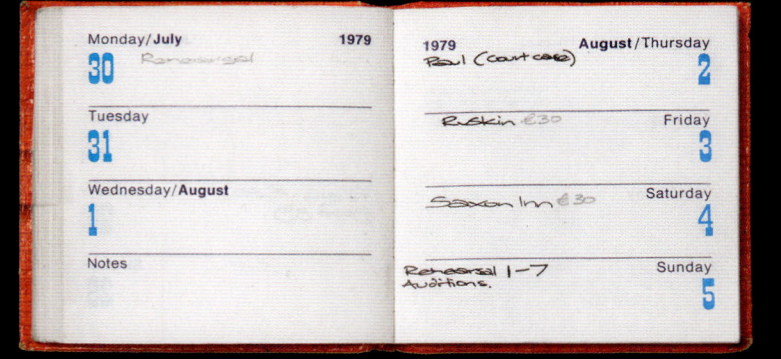

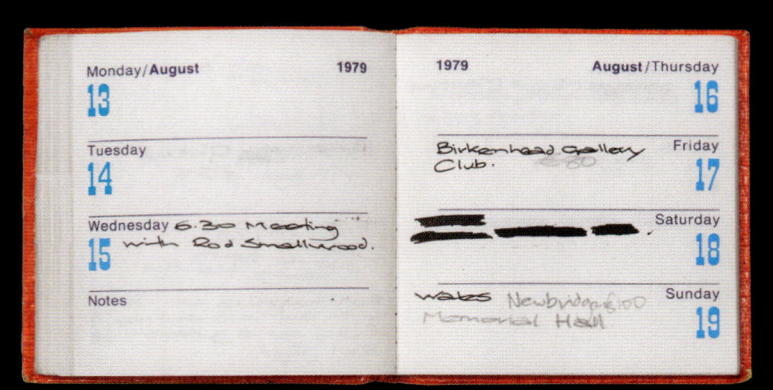

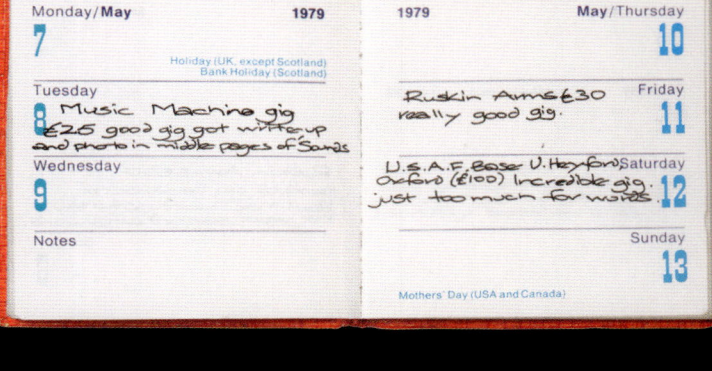

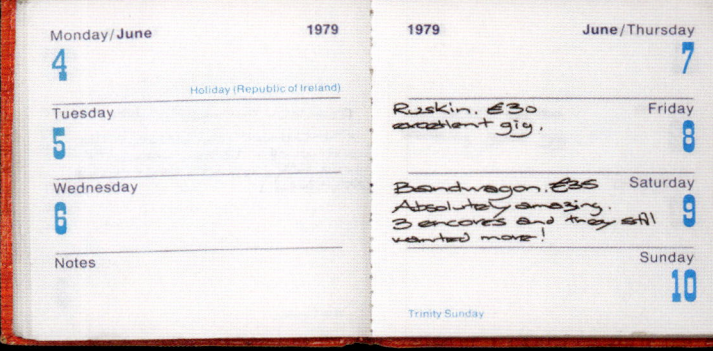

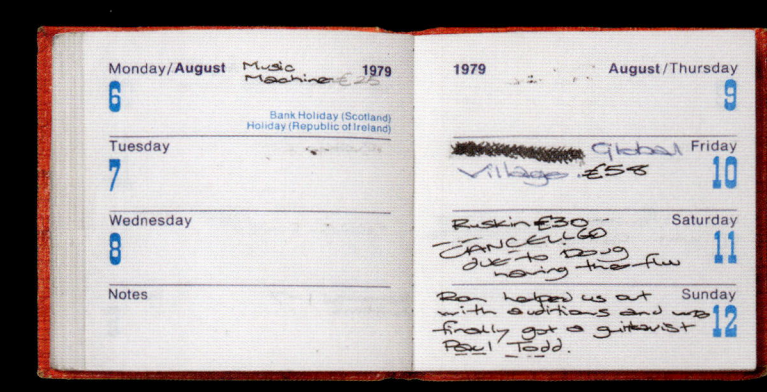

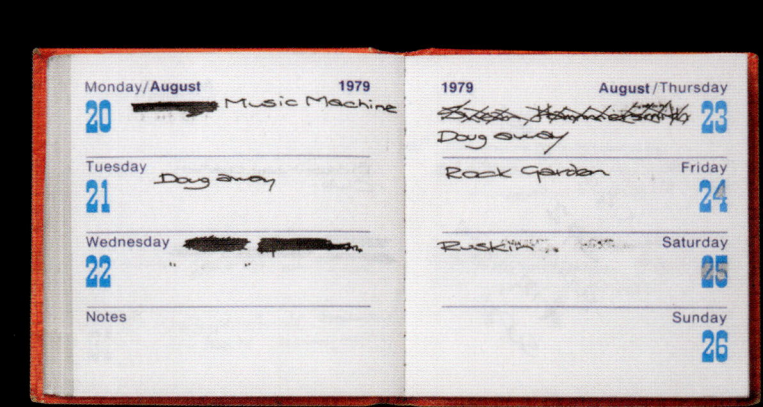

ACIMA Dave no clube The Bandwagon/Heavy Metal Soundhouse do DJ Neal Kay em 1979: "A gente simplesmente ia lá e ficava de bobeira. Uma vez, eu e o Steve participamos de um painel com o Lemmy do Motörhead, e tinha umas bandas fazendo playback e a gente votava nelas. Uma banda fez ZZ Top com aquelas guitarras giratórias. Acho que eles ganharam!"

IRON MAIDEN: INFINITE DREAMS

NESTAS PÁGINAS Ao vivo e brutal no que Steve chamou de um show "absolutamente incrível" no The Bandwagon/Heavy Metal Soundhouse de Neal Kay em 14 de setembro de 1979. Uma foto de Paul Di'Anno desta noite ilustra a capa de *The Soundhouse Tapes*, lançado dois meses depois. Paul Di'Anno relembrou: "Neal ficou enlouquecido, o que foi ótimo. Levou-nos à coletânea *Metal for Muthas* e, depois, fizemos a turnê. Foi aí que soubemos que estávamos indo bem, porque todas as noites eram loucura total — shows completamente lotados. Foi fantástico."

30 IRON MAIDEN: INFINITE DREAMS

PARTE UM

NESTAS PÁGINAS Tony Parsons, Steve, Doug Sampson, Paul Di'Anno e Dave no West End de Londres (à esquerda), e Doug, Paul, Tony, Dave e Steve nos bastidores da Music Machine (acima). Fotos para a edição de 27 de outubro de 1979 da *Sounds*. Tirando alguns cliques ao vivo no clube Heavy Metal Soundhouse, essa foi a primeira sessão de fotos da banda com Ross Halfin.

IRON MAIDEN: INFINITE DREAMS

PARTE UM

MÃO DE FERRO

"Recebi essa demo do meu melhor amigo no Rosslyn Park, em Londres, onde jogava rúgbi", disse Smallwood. "Andy Waller trabalhava com Steve, que era desenhista em seu escritório de topografia. Ele me disse: 'Um amigo meu do trabalho tem uma banda. Quer dar uma olhada?'. Ouvi a fita e vi algo especial. No dia seguinte, viajei para a Califórnia em uma turnê de rúgbi, então não aconteceu nada de imediato. Mas, quando voltei, liguei para Steve. Ele me disse que tinha um show no East End. Sugeri que ele marcasse alguns shows em pubs do oeste de Londres, e que a banda deveria expandir seus horizontes!"

Smallwood, através de um agente, organizou um show no Castelo de Windsor, em Harrow Rd, Londres W9. Durante o evento, Steve discordou do agente, que queria que a banda tocasse cedo, antes da chegada de seus cerca de trinta fãs do East End. Steve, por outro lado, sempre se recusava a tocar antes que eles chegassem. O agente ameaçou banir a banda do norte de Londres, e Steve o mandou para aquele lugar. Apesar do incidente, Rod se encontrou com Steve e ficou impressionado com sua atitude, marcando um show para eles no Swan, em Hammersmith. Pouco antes de subir ao palco, Paul Di'Anno foi preso por porte de uma faca, alegando que a usava em seu trabalho de recondicionamento de tambores de óleo.

Rod relembra: "Steve me procurou, dizendo que Paul havia sido preso, e perguntou o que fazer. Respondi que os trinta fãs já estavam lá, e precisávamos dar um jeito, já que tinham vindo de longe. Perguntei: 'Você sabe cantar e decorar letras?' Ele disse: 'Posso tentar, e sim, eu as escrevi'. As músicas eram ótimas, e quando tocaram 'The Phantom of the Opera', fiquei impressionado! Adorei a forma como Steve e Dave encaravam os fãs, com aquela energia intensa, algo que fazem até hoje! Decidi ajudá-los. Cresci ouvindo rock de qualidade – Zep, Sabbath, Yes, Floyd, Zappa, The Doors –, então me senti em casa. Hesitava em gerenciar outra banda após a experiência com Harley, mas isso parecia especial. 'Vamos tentar e ver onde chegamos', pensei. Curiosamente, só assinamos o contrato de gerenciamento bem depois dos contratos de gravação e publicação. Confiança é tudo."

A banda começou a tocar em todos os lugares possíveis em Londres – Norte, Sul e Oeste, além do fiel East End, é claro – em locais como Music Machine, Rock Garden, Nashville, Bandwagon, Greyhound, Ruskin Arms e Cart and Horses. O objetivo era construir apoio para um show no prestigiado Marquee Club, no Soho, em 19 de outubro, e atrair representantes de gravadoras. → p. 40

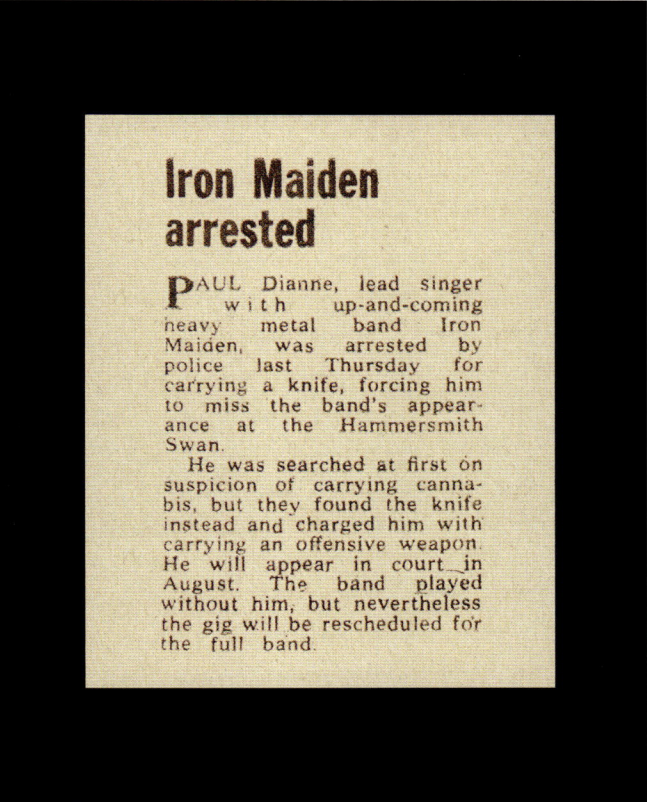

NA PÁGINA AO LADO O Maiden e suas crescentes legiões de headbangers no Music Machine.

TOPO Pete Bryant — imortalizado no álbum de estreia do Maiden como Pete "I don't need all this" Bryant — operando a mesa de som no pub Swan em Hammersmith, com Rod Smallwood observando ao lado.

ACIMA Recorte de jornal sobre a prisão de Paul em 12 de julho de 1979 — o incidente que levou Steve a fazer a voz principal.

TRABALHO ÁRDUO
1976-1980

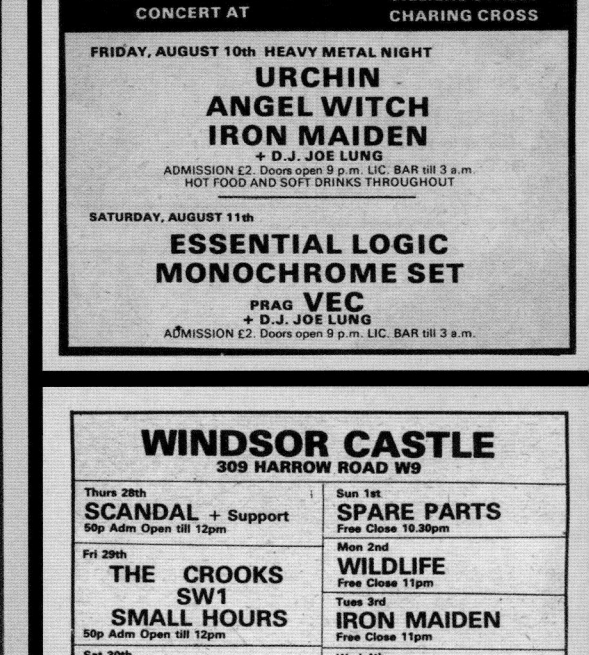

Os shows incessantes do Maiden os tornaram presença constante nos veículos de música da imprensa britânica, notavelmente na *Sounds*, cujo editor Geoff Barton cunhou a expressão "New Wave of British Heavy Metal". Também na cena ao vivo estavam o Samson (que recrutou Bruce Dickinson em meados de 1979), a banda Urchin, de Adrian Smith, e outros expoentes da NWOBHM como Saxon e Angel Witch. Após anos tocando em clubes e pubs, a banda ascendeu aos teatros nas semanas anteriores — e meses posteriores — ao lançamento de *Iron Maiden* em abril de 1980. Eles foram a atração principal do para 2.800 pessoas, em 20 de unho de 1980. O prestigiado local já havia recebido bandas como Deep Purple, o amado Genesis de Steve e

os então colegas de gravadora do Maiden, Pink Floyd e Queen.
O Maiden retornou lá em dezembro de 1980, filmando sua apresentação para o vídeo *Live at the Rainbow*,

lançado no ano seguinte. Rod Smallwood: "Minha ideia era primeiro Londres, depois a Inglaterra, depois a Europa e depois o mundo."

NAS PÁGINAS SEGUINTES tomando o Music Machine de assalto em 1979. Dave Murray: "O Music Machine foi um verdadeiro avanço como casa de shows. Era uma parte importante do circuito."

BANDWAGON SOUNDHOUSE
Kingsbury Circle NW9
(Nearest Tube Kingsbury on the Jubilee Line)
SATURDAY, 19th MAY
IRON MAIDEN
Doors open 8pm
Admission 70p before 9pm £1.10

Bandwagon Heavymetal Soundhouse
Kingsbury Circle NW9
(Nearest Tube Kingsbury on the Jubilee Line)
PRESENTS
IRON MAIDEN
FRIDAY 13TH JULY
Doors Open 8pm Admission B49 70p
After 9 £1.10
(includes meal ticket)
Strictly over 18

MUSIC MACHINE
CAMDEN HIGH ST. Opp. Mornington Cresc.

Wednesday 15th
STARJETS
plus Looney Q
Admission £1.20

Monday 20th
Heavy Metal Night Featuring
SAXON
plus Iron Maiden
plus Witchfinde
D.J. Neal Kay
Admission £1.20

Thursday 16th
BUDGIE
plus Bombshell
Advance Tickets £2.00 From Box Office

Tuesday 21st
IMMIGRANT
plus Scrambled Egos
Admission £1.20

Friday 17th
TOYAH
plus Agony Column
Admission £2.20

Saturday 18th
CAROL GRIMES
plus Skin Deep
Admission £2.20

Wednesday 22nd
THE YOUNG ONES
plus Zorro
Admission £1.20

IRON MAIDEN
with guests
RAVEN — July 3
FIST — July 4 & 5
MARQUEE, Wardour St, London
7 pm July 3, 4, 5   Adm. £2.00

IRON MAIDEN
Music Machine
Camden

IRON MAIDEN
MEMORIAL HALL
Newbridge, Gwent

HEAVY METAL RETURNS TO GUILDFORD
FEATURING
SAMSON and **SAXON**
plus
IRONMAIDEN
HEAVY METAL SOUND HOUSE D.J. NEAL KAYE
SATURDAY 14th JULY 7·30 p.m. TILL LATE
GUILDFORD CIVIC HALL LONDON Rd. GUILDFORD
ADMISSION £1·20 OR £1·00 IN ADVANCE FROM BONAPARTE RECORDS AND HARVEYS ARMY+NAVY
RANKILDI PROMOTIONS TEL 01 353 0042

NEW SINGLE on LASER RECORDS 'Mr. Rock+Roll' from SAMSON

SAXON NEW SINGLE 'BIG TEASER' on CARRERE RECORDS

36 IRON MAIDEN: INFINITE DREAMS

PARTE UM

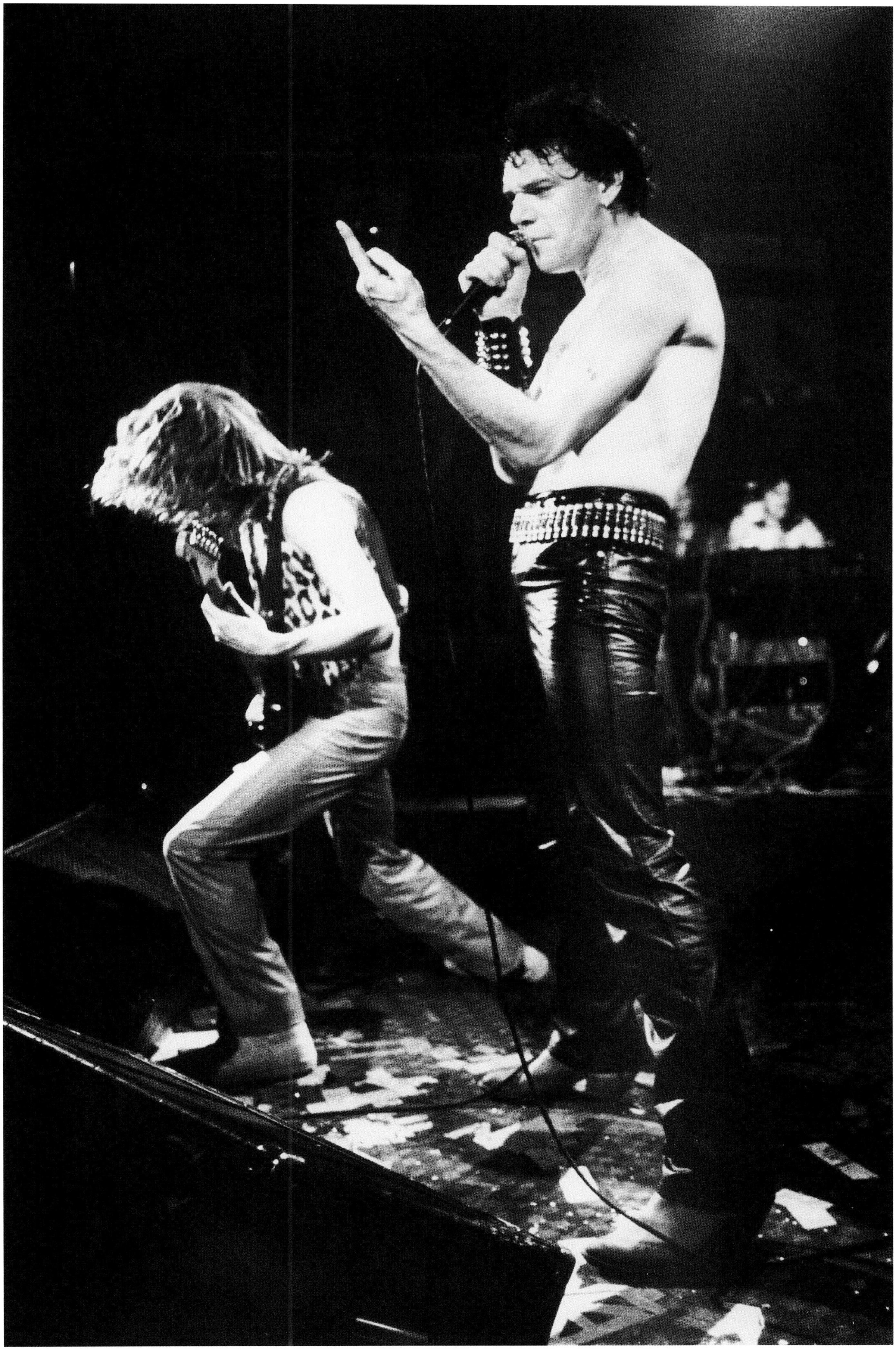

38 IRON MAIDEN: INFINITE DREAMS   PARTE UM

NESTA PÁGINA A introdução utilizada no início dos primeiros shows, intitulada "Maiden March". Foi imortalizada como "The Ides of March", a faixa instrumental de abertura de *Killers*.

NA PÁGINA AO LADO Um Natal bem metal no Music Machine em 19 de dezembro de 1979 (note o enfeite na bateria e o cenário), foto de Ross Halfin. Embora o Maiden tivesse lançado apenas a edição limitada *The Soundhouse Tapes*, eles já haviam conquistado um público fiel.

Rod conhecia algumas pessoas da EMI dos tempos de Cockney Rebel. Elas compareceram ao show e ficaram impressionadas com a banda e a plateia de 800 pessoas. As coisas estavam começando a acontecer.

Após o show no Marquee Club, Brian Shepherd, um dos executivos da EMI, compareceu a um show com ingressos esgotados no Soundhouse. Impressionado com a energia da banda e a reação do público, Shepherd entrou em contato com Smallwood. Em meados de dezembro de 1979, o Iron Maiden assinou contrato com a EMI, a mesma gravadora de lendas como Beatles, Queen e Pink Floyd.

"Tivemos sorte de conseguir um contrato de três álbuns", observa Steve. "Isso se deve ao Rod, com sua personalidade forte de Yorkshire. Ele insistiu que precisávamos de três álbuns para firmar um compromisso real, garantindo que a gravadora se dedicasse a nos promover. As pessoas imaginam que ganhamos rios de dinheiro, mas é um empréstimo, e o retorno é mínimo. Eles querem sua parte, com certeza."

"O contrato de três álbuns foi crucial", explicou Smallwood. "Significava que a EMI precisaria lançar três álbuns e nos apoiar em turnês, o que consequentemente exigiria que os territórios internacionais nos promovessem três vezes. Ou seja, eles teriam que se comprometer desde o primeiro disco. O metal é um gênero global, presente em todos os lugares, e eu achava que o Maiden também seria. Londres, depois o resto do Reino Unido, a Europa e o mundo – se nos dessem o suporte para turnês, iríamos a todos os lugares. E fomos! O Maiden deveria ser uma banda verdadeiramente internacional."

A banda logo contribuiu com "Sanctuary" e "Wrathchild" para a coletânea *Metal for Muthas*, organizada por Neal Kay e lançada pela EMI.

O Maiden precisava firmar sua formação, que vivia instável com guitarristas que mal entravam e já saíam.

ABAIXO "Apenas os que curtirem som pesado devem se candidatar", declara o anúncio que levou Dennis Stratton a se juntar ao Maiden. O guitarrista sugeriu mais tarde que sua admiração por Eagles, Foreigner, Journey e Steely Dan contribuiu para sua eventual demissão da banda.

NA PÁGINA AO LADO Paul Di'Anno e o guitarrista Dennis Stratton na turnê Metal for Muthas no Lyceum Ballroom de Londres em 10 de fevereiro de 1980.

Admirador das guitarras gêmeas do Wishbone Ash, Steve voltou sua atenção para Adrian Smith, guitarrista do Urchin e amigo de infância de Dave Murray.

A relação da dupla, recorda Adrian, "começou quando eu tinha uns 15 anos, aquela idade em que buscamos um rumo. Eu não era muito bom nos estudos, adorava esportes, mas não era atleta. Então conheci o Dave, que tocava guitarra muito bem. Ele mandava ver nos *licks* de Chuck Berry e Hendrix, e eu ficava impressionado. Éramos dois garotos, os únicos da vizinhança com cabelo comprido. Eu tinha começado a ouvir Deep Purple, Free e Sabbath, então nos aproximamos. Pensei: 'Tenho que tocar com esse cara'. E falei: 'É, eu canto. Nunca cantei antes, mas gosto da ideia.'"

"Pedi aos meus pais um microfone de presente de Natal e fui à casa do Dave. Liguei o microfone no amplificador dele, um daqueles com três entradas. O som era horrível, mas a emoção era grande! Acho que a primeira música que tocamos foi 'Silver Machine', do Hawkwind. Ele começou a tocar, e eu pensei: 'É agora ou nunca!'"

Adrian e Dave tocaram juntos nas bandas Stone Free e Evil Ways. Apesar do magnetismo do Iron Maiden, Adrian ainda não havia sido convencido a deixar sua banda, Urchin. Com isso, Dennis Stratton assumiu o posto de segundo guitarrista. Nesse ínterim, o baterista Doug Sampson deixou a banda por motivos de saúde e foi substituído por Clive Burr.

"Infelizmente, Doug decidiu sair porque não se adaptou à rotina de turnês", explicou Steve. "Quando Rod, Dave e eu conhecemos Dennis, ele nos apresentou ao Clive, que por coincidência tocava em um pub local naquela mesma noite. Fomos vê-lo e ficamos impressionados. Ótimo músico, cara legal e, para um baterista, até que não era feio!"

A turnê Metal for Muthas ganhou forma no início de 1980, com o Iron Maiden como atração principal, acompanhado pelo Praying Mantis e pelo DJ Neal Kay. "Foi uma loucura", relembrou Steve, maravilhado. "Todas as noites, os locais estavam lotados. Absolutamente fantástico. Tínhamos todos os ingredientes e, no fundo, sentíamos que tínhamos algo especial. Mas nunca se sabe se vai dar certo mesmo." → p. 45

1975–1982

O NASCIMENTO DA BESTA

SESSÃO DE FOTOS DO ÁLBUM DE ESTREIA
3 de março de 1980

O fotógrafo Ross Halfin frequentemente registrava o Maiden dentro e fora do palco — primeiro na *Sounds*, depois na *Kerrang!* e nas artes dos álbuns e singles da banda. "Realmente parecia uma pequena gangue, mas você tinha que ser de Londres para realmente entender", relembra ele. Halfin selou seu papel como fotógrafo oficial da banda ao apresentar Steve Harris a seu herói, o baixista Pete Way do UFO, no Birmingham Odeon.

ACIMA Paul Di'Anno, Steve, Dave, o baterista Clive Burr e o guitarrista Dennis Stratton, fotografados por Ross Halfin na atração turística London Dungeon, na Tooley Street. Dave relembrou a sessão com carinho: "Passamos algumas horas na London Dungeon olhando para aqueles instrumentos de tortura grotescos — era simplesmente perfeito. Lembro do cheiro do local e de toda a atmosfera. Realmente combinou muito bem com o Maiden."

NA PÁGINA AO LADO O Maiden posando com uma figura de cera de um homem pendurado em ferros na London Dungeon. Segundo Halfin, Rod Smallwood odiou essa fotografia porque os membros da banda estavam rindo.

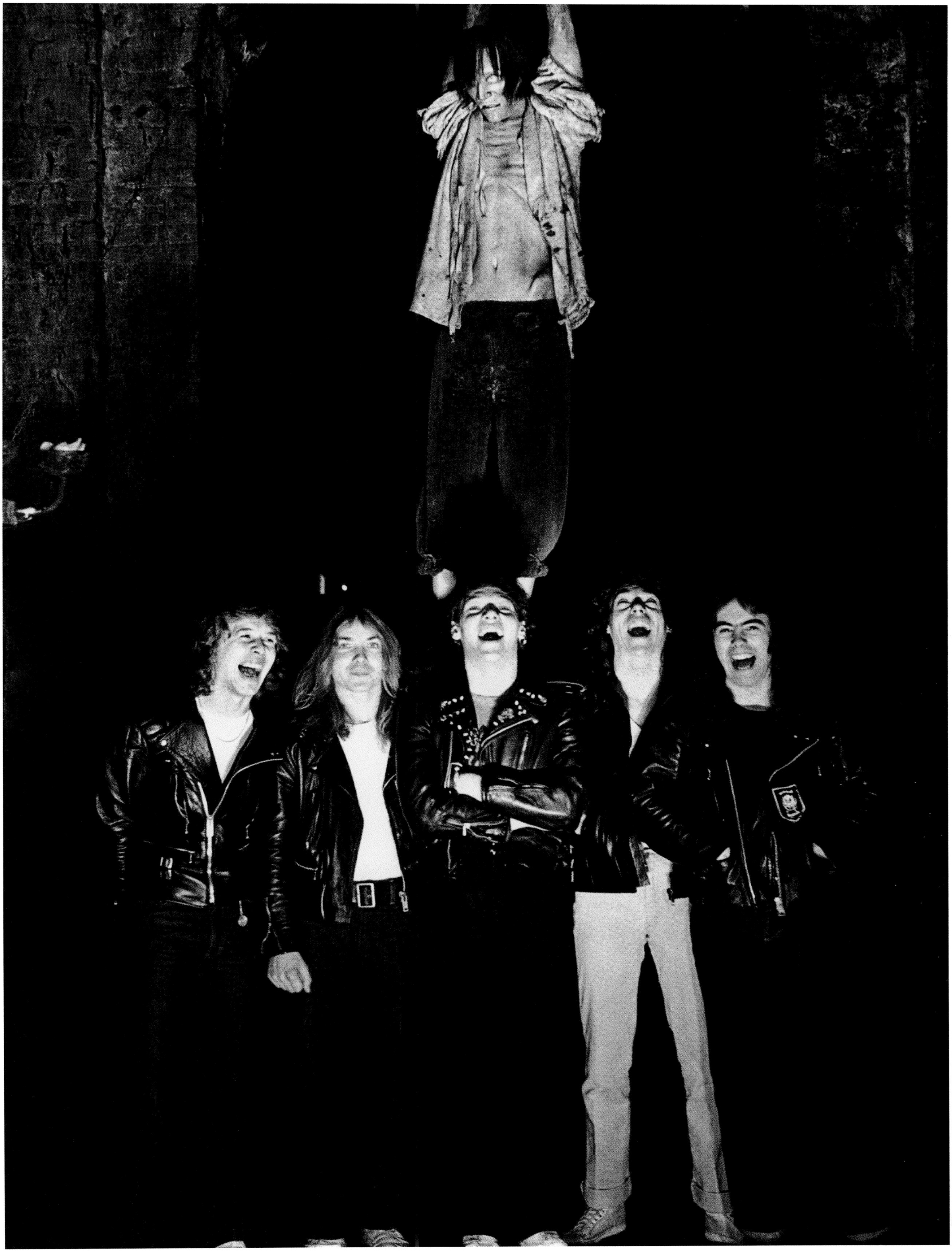

44 IRON MAIDEN: INFINITE DREAMS

PARTE UM

CORRENDO SOLTO, CORRENDO LIVRE

O lançamento de "Running Free" em 8 de fevereiro de 1980 – a estreia do Iron Maiden por uma grande gravadora – foi um marco na história da banda. A música não só se tornou um sucesso, entrando para a parada de singles do Reino Unido, como também rendeu um convite para o programa *Top of the Pops*, da BBC TV. A banda recusou-se a fazer playback, tornando-se a primeira a tocar ao vivo no programa desde o amado The Who de Steve, em 1973.

A capa do single apresentou uma figura misteriosa e desgrenhada, com o rosto envolto em sombras. Mas, com o lançamento do álbum de estreia do Iron Maiden em abril de 1980, o horror total de Eddie foi revelado: fruto da imaginação macabra do artista Derek Riggs e do desejo de Rod Smallwood de criar uma identidade para a banda que resistisse ao tempo. Eddie, em constante evolução e muitas vezes com um humor sombrio, inspiraria curiosidade, admiração e até medo ao redor do mundo por décadas.

"A ideia surgiu porque os caras eram bastante tímidos", explicou Rod. "Mesmo o Paul, por trás da sua bravata, era um sujeito sensível. Eu queria algo que pudéssemos desenvolver como uma continuidade conceitual. Adorava a arte de Roger Dean para o Yes, e a ideia de um personagem que transmitisse a vibração da banda me fascinava."

"O problema era encontrar o personagem ideal. Mas a solução surgiu por acaso. Eu estava na EMI para uma reunião, antes da assinatura do contrato, e vi uma arte na parede – um pôster de jazz. Entrei em contato com o artista, Derek Riggs. Estávamos no estúdio gravando o álbum, então pedi para Derek trazer amostras de seu trabalho. Ele trouxe cerca de duas dúzias. Vinte e três eram capas de livros de ficção científica, mais estilo ELO do que Iron Maiden. Mas, no meio delas, estava a arte que usamos. Ela me chamou a atenção imediatamente; era o personagem perfeito. Apenas alongamos o cabelo. A única coisa que faltava era um nome."

Steve insistiu que o personagem se chamasse Eddie, nome inspirado em uma piada do East End contada por Dave "Lights" Beazley sobre Eddie, o "cabeça": um personagem sem corpo que vivia na lareira de seus pais. Ao receber um presente de Natal, ele resmunga: "Nem para ser um chapéu, que droga!".

VAI TE PEGAR

A estreia homônima do Iron Maiden, gravada em treze dias no Kingsway Studios de Londres, foi um divisor

NA PÁGINA AO LADO Fotos de uma passagem de som no Hammersmith Odeon de Londres em março de 1980, com Neal Kay no canto superior esquerdo. O Maiden estava abrindo para o Judas Priest.

ABAIXO Acredita-se amplamente que a famosa fotografia de Ralph Morse do crânio de um soldado japonês em um tanque incendiado em Guadalcanal, em 1942, inspirou o Eddie de Derek Riggs. Na verdade, foi apenas sua referência para a textura da pele do Eddie.

de águas. E isso apesar da insistência da EMI em usar o produtor Wil Malone, por quem Steve nutria a mesma aversão que dedicava a bandas de punk e times de futebol que não fossem o West Ham.

O álbum foi um sucesso estrondoso, alcançando a quarta posição nas paradas do Reino Unido e permanecendo no Top 100 por mais de três meses. Ao lado de *British Steel*, do Judas Priest, e *Wheels of Steel*, do Saxon, o álbum confirmou a invasão do metal no cenário musical.

Após uma bem-sucedida turnê pelo Reino Unido como banda de abertura do Judas Priest, o Iron Maiden conquistou a Europa continental pela primeira vez em setembro de 1980, abrindo os shows do KISS.

Encerrada a turnê com o KISS, Dennis deixou a banda. Felizmente, o destino reservou um encontro casual com um velho amigo. "Eu literalmente esbarrei com Steve e Dave", disse Adrian Smith. "Eles estavam com jaquetas de couro novas e chamavam a atenção, como verdadeiros astros do rock." → p. 65

IRON MAIDEN
1980
[Álbum]

O artista Derek Riggs diz: "Esta é a primeira pintura de Eddie. A pintura foi feita um ano e meio antes do Maiden vê-la. Chamava-se *Electric Matthew Says Hello*. Era parte de uma série de pinturas sobre monstros urbanos que deveriam ser lidas como símbolos de diferentes ideias. Eddie deveria personificar a frustração de uma geração de jovens marginalizados pela falta de oportunidades de emprego — um símbolo para a juventude perdida. Fiquei surpreso quando as pessoas começaram a se referir a ele como um zumbi. Eu pensei, 'Ah, é, acho que sim.' A maioria das pessoas ficou horrorizada, então eu o guardei a sete chaves. Depois de cerca de um ano, recebi uma ligação da EMI e eles me pediram para levar meu portfólio a um estúdio de gravação do outro lado da cidade e mostrá-lo a uma banda. Peguei o Eddie. Pensei, 'Se não gostarem, azar o deles'." Rod Smallwood pediu a Riggs para tornar o personagem menos punk. O artista concordou e o misterioso ícone do Maiden nasceu. A cena atrás de Eddie é um lugar real: Endymion Road em Finsbury Park, Zona Norte de Londres. O prédio ao fundo inclui o apartamento onde Riggs morava quando fez a pintura.

RUNNING FREE
1980
[Single]

O single de estreia do Maiden, com "Burning Ambition" no lado B, invadiu o Top 40 do Reino Unido em fevereiro de 1980. Derek Riggs conta que "Esta pintura foi feita cerca de um ano e meio depois da pintura da capa do álbum, mas lançada antes. A pintura tinha 19 cm quadrados e foi feita em guache. Eddie estava nas sombras porque queríamos algo assustador, mas não queríamos revelar como seria a capa do álbum." Entre os nomes pintados com spray na parede ao fundo estão Led Zeppelin, AC/DC, Scorpions e Judas Priest.

SANCTUARY
1980
[Single]

Com versões ao vivo de "Drifter" e "I've Got The Fire" do Montrose no lado B, "Sanctuary" alcançou o Top 30 do Reino Unido em junho de 1980. A arte de Derek Riggs foi inspirada no verso "Eu nunca matei uma mulher, mas sei como é a sensação". "Uma sensação nada agradável", diz ele. "Foi ideia do Rod transformá-la em Margaret Thatcher. Eu realmente tinha pensado em fazer isso antes, mas descartei a ideia e não contei a ninguém. A ideia surgiu para Rod de forma totalmente independente da minha." Rod diz: "Margaret Thatcher era chamada de Dama de Ferro, mas também de Donzela de Ferro [Iron Maiden]… A ideia básica era que Maggie estava rasgando os pôsteres do Iron Maiden para um show nas ruas de Londres e Eddie se ofendeu com isso, então decidiu despachá-la muito rapidamente com uma faca longa. Pedi à EMI para lançar alguns desses sem edição e, em seguida, fazer o resto com uma caixa preta sobre os olhos de Maggie. Estávamos em Glasgow em turnê quando saiu. Há uma manchete no jornal de Glasgow dizendo: 'Banda de Rock Censura o Assalto a Maggie', com uma foto enorme da capa. E nós pensamos: 'Bem, essa porra funcionou, não é?'"

ACIMA Tendo conquistado sua Londres natal, o Maiden devastou o resto da Grã-Bretanha, com seu álbum de estreia se estabelecendo por quinze semanas nas paradas britânicas. Acompanhando-os estavam o DJ do Heavy Metal Soundhouse, Neal Kay, e os amigos londrinos (e companheiros da urnê Metal for Muthas) do Praying Mantis.

NA PÁGINA AO LADO Maiden ao vivo no Rainbow Theatre, Londres, em 1º de abril de 1980, abrindo para o Judas Priest. A banda seguiu em turnê pelo restante do ano e voltou ao Rainbow como atração principal em 21 de dezembro de 1980.

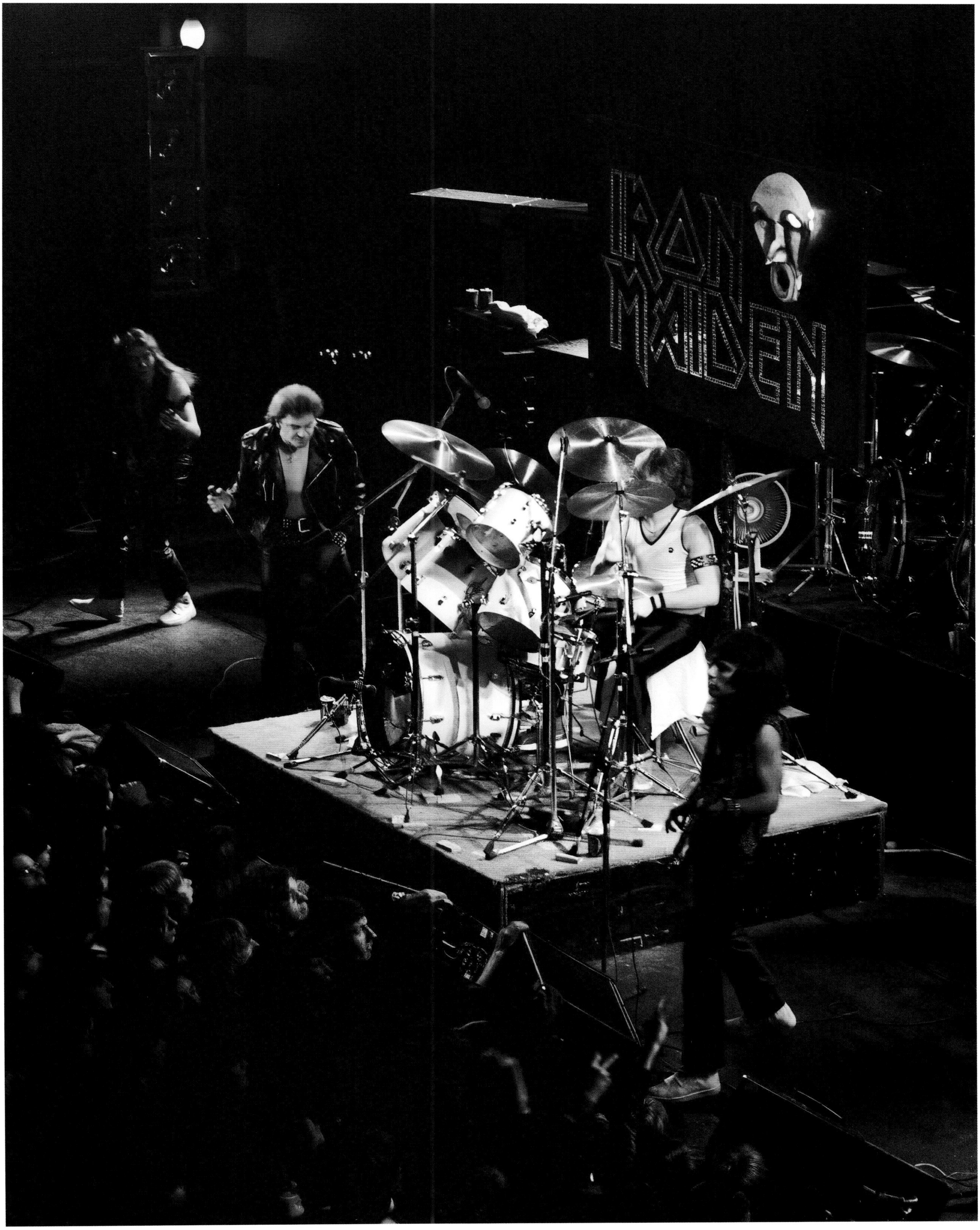
IRON MAIDEN

ACIMA Paul Di'Anno e Dennis Stratton no Rainbow Theatre em 1980, último ano de Stratton com a banda.

ACIMA Dave e Steve no festival Reading Rock '80, em agosto de 1980. O Maiden foi o penúltimo na programação, antes do UFO.

READING ROCK '80
TURNÊ DO *IRON MAIDEN*
23 DE AGOSTO DE 1980

Nenhum show na turnê de 1980 do Maiden foi mais significativo do que sua apresentação no Reading. Como o evento de rock mais longevo da Grã-Bretanha, o Reading era o festival para se apresentar antes que o Monsters of Rock em Castle Donington roubasse seu protagonismo. "O Reading era um festival enorme naquela época", observou Steve. "Ainda é, mas era o principal festival da época." Tocando na noite de sábado — frequentemente o ponto alto de qualquer festival —, o Maiden foi o penúltimo na programação, antes de seus heróis, o UFO. A influência dos veteranos britânicos no Maiden ressoa até hoje, com "Doctor Doctor" sinalizando que está chegando a hora do show. O show marcou a verdadeira estreia de Eddie no palco, com Rod Smallwood vestindo a icônica máscara. E marcou uma reviravolta na sorte do Samson, que anteriormente havia sido a atração principal antes do Maiden, mas agora — mesmo com o novo vocalista Bruce Dickinson à frente — definhava em um horário da tarde. A setlist incluiu "The Ides of March", "Sanctuary", "Wrathchild", "Prowler", "Remember Tomorrow", "Killers", "Running Free", "Transylvania", "Phantom of the Opera", "Iron Maiden" e "Drifter".

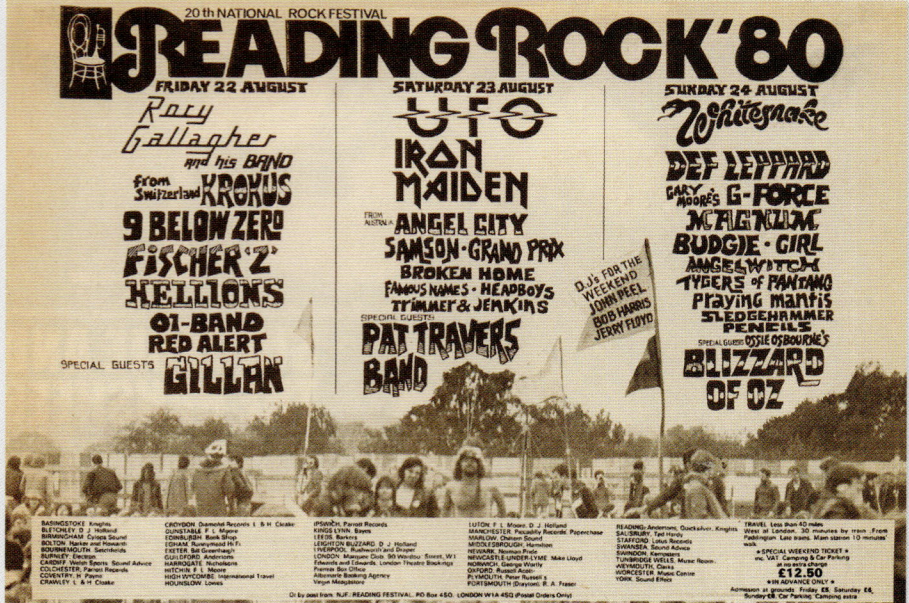

1975–1982

O NASCIMENTO DA BESTA   53

IRON MAIDEN: INFINITE DREAMS

NA PÁGINA AO LADO, À ESQUERDA
FENDER
STRATOCASTER
[1957/1963]
Preta

Esta guitarra, anteriormente de propriedade de Paul Kossoff, já era híbrida quando chegou às mãos de Dave. Um braço de maple de 1957 foi montado em um corpo de alder de 1963. Os captadores single-coil originais da ponte e do braço foram substituídos pelos humbuckers DiMarzio favoritos de Dave Murray, "para um som mais encorpado". A ponte original foi substituída por uma Kahler Pro.

NA PÁGINA AO LADO, À DIREITA
FENDER
STRATOCASTER
[1964]
Preta

Um modelo original, pré-CBS, com corpo preto e escala de jacarandá. Os captadores Fender originais da ponte e do braço foram substituídos por humbuckers DiMarzio. A ponte e o nut foram atualizados na década de 1980 com o onipresente sistema de tremolo com trava Floyd Rose.

DAVE MURRAY
GUITARRAS

Até o final da década de 1980, Dave Murray era notoriamente associado à Fender Stratocaster preta (fotografada aqui, emparelhada com cabeçotes de amplificador valvulado Marshall). "Ela pertencia a Paul Kossoff, do Free", diz Dave, orgulhosamente. "Eles eram uma das minhas bandas favoritas. Eu realmente o vi tocá-la anos atrás, durante uma apresentação de 'My Brother Jake' no *Top of the Pops*." Uma lenda do blues-rock, Kossoff faleceu tragicamente em 1976 com apenas 25 anos. No ano seguinte, o jovem Murray adquiriu o instrumento através de um anúncio no jornal musical britânico *Melody Maker*. "Eu tinha que ter aquela guitarra porque ela pertencera ao Kossoff", diz ele. "Vendi tudo o que tinha para comprá-la... Parecia que eu estava segurando uma varinha mágica." Branca quando Kossoff a tocava, a guitarra havia sido pintada de preto quando Dave a comprou. A Strato tornou-se sua guitarra principal, aparecendo nos oito primeiros álbuns do Maiden e em turnês até o final da década de 1980: "Eu tocava tudo com ela — solos e bases, limpos e sujos. Era realmente versátil." Depois de ser aposentada do uso ativo, a Strato passou anos guardada na casa da mãe de Dave. Agora repousa seguramente em um cofre de banco em Londres. Em 2009, Dave foi homenageado pela Fender com seu próprio modelo Artist Series Signature. Sua Strato "Kossoff" foi usada como modelo.

56   IRON MAIDEN: INFINITE DREAMS   PARTE UM

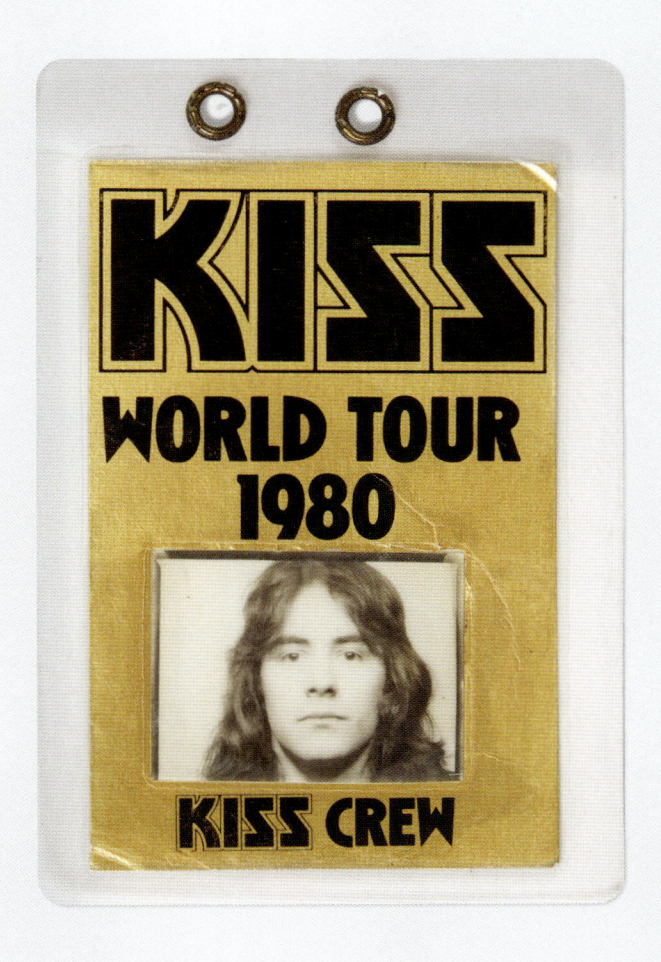

TURNÊ COM O KISS
23 DE AGOSTO –
13 DE OUTUBRO DE 1980

Heróis em sua terra natal, o Maiden ainda não havia invadido a Europa continental. Isso mudou quando eles embarcaram na onda do KISS para uma triunfante turnê de 24 datas na Itália, Alemanha Ocidental (onde o logo dos *headliners* foi alterado para evitar conotações com a SS, como visto no passe de Steve), Bélgica, França, Suíça, Holanda, Suécia, Dinamarca e Noruega. "Fazer turnê com o KISS é um dos melhores movimentos que fizemos", disse Paul Di'Anno ao jornalista musical Geoff Barton. "Eles têm sido ótimos conosco. Estou impressionado." Steve ficou chocado com a recepção na Europa. Pela primeira vez, os fãs compareciam aos shows com faixas feitas à mão com o logotipo do Maiden e o Eddie: "Era algo inédito para nós. Nunca tínhamos visto nada parecido." As travessuras na turnê incluíram o fotógrafo Ross Halfin vestindo o capacete de bombeiro de Paul Stanley (à direita, embaixo) e Rod Smallwood como Eddie cortando Dave (na página seguinte, à direita).

IRON MAIDEN: INFINITE DREAMS

1975–1982

O NASCIMENTO DA BESTA

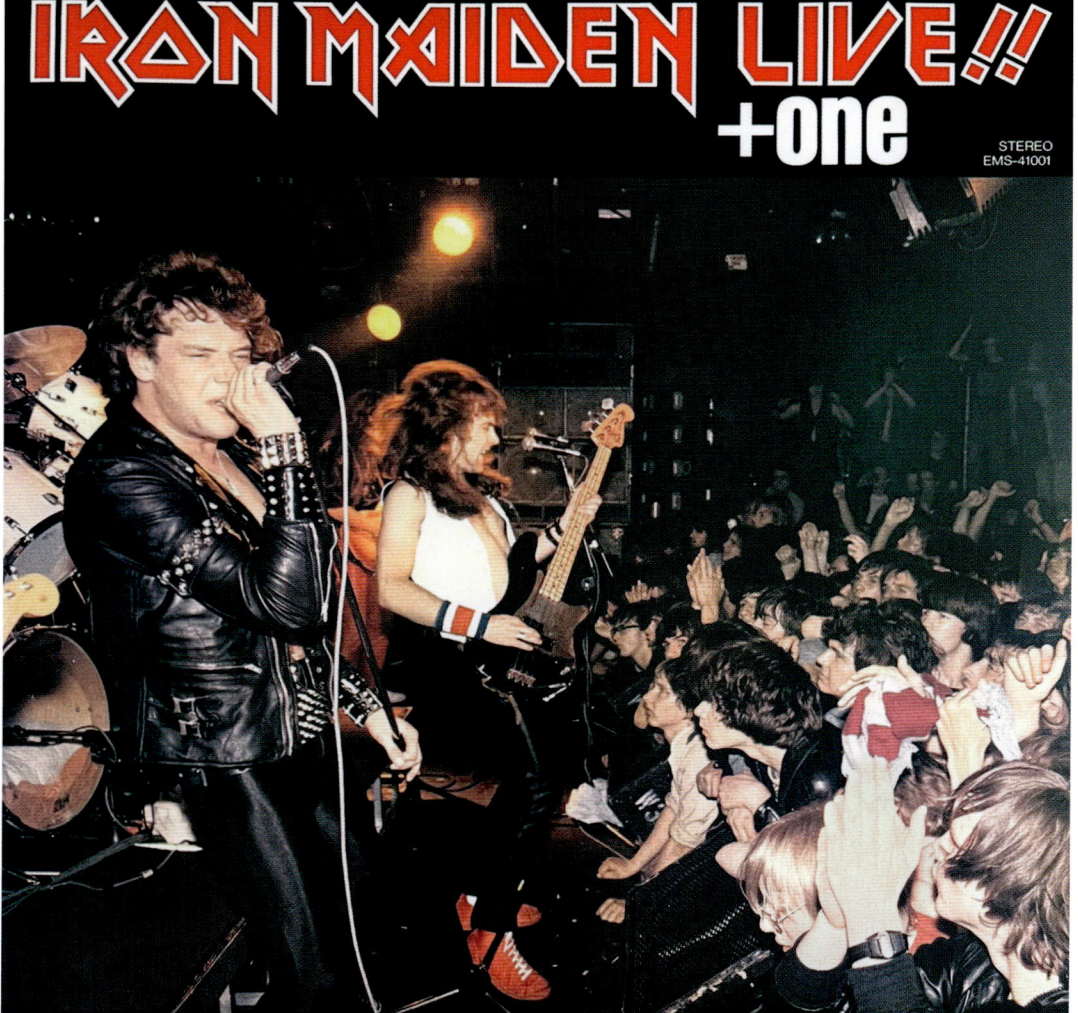

WOMEN IN UNIFORM
1980
[Single]

A última gravação do Maiden com Dennis Stratton na guitarra — com "Invasion" no lado B — alcançou a 35ª posição nas paradas do Reino Unido. Gravada a pedido da editora da banda, Zomba, era um cover de um sucesso de 1978 dos roqueiros australianos Skyhooks. "Não tínhamos uma faixa que eu achasse adequada", explica Rod. "E eu queria um single lançado porque íamos fazer mais turnês." "Lembro de não ter ficado muito feliz com a gente fazendo um cover", relembra Steve. "Fizemos nossa própria versão e ficou tudo bem." A arte da capa, observa Derek Riggs, "era o Iron Maiden tentando ser ultrajante novamente". Segundo Steve, "a história era que Margaret Thatcher havia sido chamada de Donzela de Ferro [Iron Maiden], e Eddie estava puto por ela ter pegado o nome. Isso era sobre ela se vingando. Não tinha nada a ver com política."

IRON MAIDEN LIVE!! + ONE
1980
[EP]

"Women in Uniform" ressurgiu como faixa de encerramento neste EP, lançado no Japão em 25 de dezembro de 1980. Também incluía "Sanctuary", "Phantom of the Opera" e "Drifter", gravadas no Marquee Club de Londres em 4 de julho de 1980. Os créditos — que agradeciam "aos headbangers do Marquee por seu apoio vocal", à "confiável equipe de estrada" do Maiden e a Rod Smallwood "por manter tudo funcionando" — concluíam com "Eddie rules OK!". O próprio Eddie apareceu na contracapa, em sua encarnação do álbum de estreia.

NA PÁGINA AO LADO O clipe de "Women in Uniform" foi filmado no Rainbow Theatre em Londres. Contou com Perri Lister (que dançou com o Hot Gossip antes de se tornar parceira profissional e pessoal de Billy Idol), Leslie Ash (que alcançou a fama em *Quadrophenia*, de 1979) e Eddie (que interpretou a si mesmo com tanto entusiasmo que deu uma cabeçada em uma câmera).

1975–1982 O NASCIMENTO DA BESTA 61

JAQUETA DE COURO DE PAUL DI'ANNO

1979–

Usada na sessão de fotos na London Dungeon (páginas 42-43) e no palco, a jaqueta de Paul é mostrada com a primeira camiseta oficial do Iron Maiden.

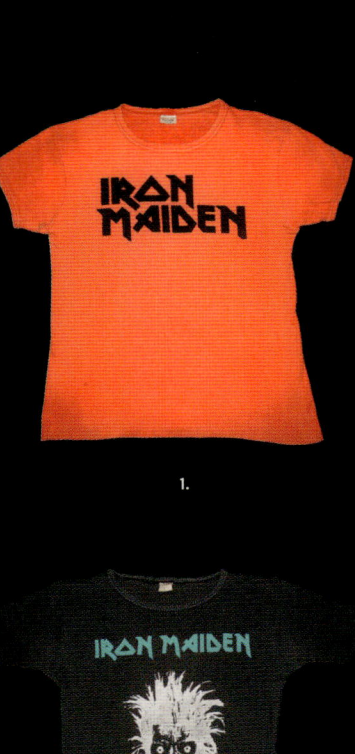

CAMISETAS DO MAIDEN
1979–1980

Foi Keith Wilfort — um dos primeiros fãs que se tornou amigo da banda — quem sugeriu que eles fizessem camisetas oficiais e fundassem um fã-clube. "A ideia estava um pouco à frente do seu tempo", disse Keith em 2014. Mais tarde, ele foi contratado para vender discos e camisetas nos shows e por correspondência.

1. Primeira camiseta oficial, de 1979.
2. Turnê Metal For Muthas (1980).
3. Estreia de Eddie na camiseta da turnê britânica de 1980. **4.** Bootleg da turnê britânica de 1980. **5.** Bootleg de "Women in Uniform", 1980. **6.** Camiseta da turnê de outono de 1980 (primeira oficial com datas), com o Eddie de "Sanctuary". **7.** Turnê de Natal de 1980. **8.** Bootleg de "Sanctuary". **9.** Bootleg da turnê inglesa de 1980. **10.** Variante da turnê. **11.** Logotipo clássico.

IRON MAIDEN: INFINITE DREAMS

"Eu ainda tentava fazer o Urchin decolar, mas não deu certo, e eles me perguntaram: 'Estamos pensando em mudar a formação, você teria interesse?'", continua Adrian. "Ainda precisei fazer um teste. O som era alto, agressivo e intenso, então dei o meu melhor. Eles tocavam rápido, quase no limite do ritmo normal. Depois, Rod me interrogou. Steve interrompeu, dizendo: 'Deixa ele em paz'. Rod só queria ter certeza, estava fazendo seu trabalho. Então me mandaram para o outro lado do pub com o gerente de turnê, tomamos uma cerveja, e eles vieram me dizer: 'A vaga é sua, se você quiser'. E foi assim."

A chegada de Adrian consolidou o ataque de duas guitarras que se tornou a marca registrada do Maiden. Cinco semanas após a saída de Stratton, o Maiden já estava de volta à estrada no Reino Unido, realizando uma curta turnê com Adrian antes de gravar o crucial segundo álbum.

O produtor Martin Birch foi uma adição vital à equipe. Com experiência como engenheiro de som para Fleetwood Mac, Deep Purple e Wishbone Ash, banda favorita de Steve, Birch se tornou produtor e comandou obras como *Rainbow Rising*, do Rainbow, e *Heaven and Hell*, do Black Sabbath. Ele trouxe refinamento e precisão para a energia da banda no Battery Studios, em Londres, onde o grupo gravou clássicos do setlist como "Wrathchild" e novas canções como "Murders in the Rue Morgue" e "Killers".

Killers chegou com força em fevereiro de 1981, trazendo um Eddie mais monstruoso na capa, criação de Derek Riggs, e um som igualmente feroz. O álbum estreou na 12ª posição nas paradas do Reino Unido e fez grande sucesso em diversas partes da Europa e no Japão. Menos de dois meses após o show de encerramento da turnê do álbum de estreia, a banda embarcou na exaustiva Killer World Tour, que incluiu seus primeiros shows como *headliners* no Japão, com ingressos esgotados. A turnê também marcou a estreia da banda na América do Norte, como convidados especiais do Judas Priest e em dois shows com o UFO.

Mas nem tudo eram flores. A antes fiel *Sounds* fez uma crítica mordaz ao álbum, e rumores de que a banda considerava demitir Di'Anno começaram a circular. A voz do vocalista começou a falhar, resultando em cancelamentos de shows.

NA PÁGINA AO LADO O novo integrante, Adrian Smith, participa de uma sessão de fotos no Hollywood Studios em Hackney, East London.

À DIREITA A festa marca o encerramento da Killer World Tour, em novembro de 1981.

O carismático Di'Anno trouxe um toque cru ao Iron Maiden. "Sou cria do punk!", declarou ele, para o desânimo de Steve. O vocalista era, sem dúvida, um dos principais atrativos da banda. No entanto, o Iron Maiden havia se tornado uma banda que cai na estrada, e turnês exigem disciplina, o que entrava em conflito com a falta de confiabilidade de Paul. Steve percebeu que o futuro da banda estava em jogo. "Pode ser um problema real, porque não sabemos se as pessoas vão aceitar o novo vocalista. Mas, se não mudarmos, vamos fracassar de qualquer forma", comentou.

"Acabei me desviando um pouco no final", admitiu Di'Anno. "Estava ficando entediado e encontrei distrações como cocaína e outras coisas. Eu tinha um problema e já pensava em sair da banda. Chegamos à mesma conclusão: eu não seria capaz de me dedicar 100% ao Iron Maiden, e isso decepcionaria a banda, a mim mesmo e aos fãs. Então, achei melhor sair."

Um ao vivo marcou a despedida de Di'Anno. Uma brincadeira com o título *Made in Japan*, do Deep Purple, *Maiden Japan* capturou a banda em ótima forma. Quando o EP entrou nas paradas do Reino Unido no final de 1981, a jornada do vocalista com a banda chegou ao fim.

As mudanças na formação, no entanto, nunca foram um grande obstáculo para o Iron Maiden. Com a saída de Di'Anno, eles já tinham um substituto em mente.

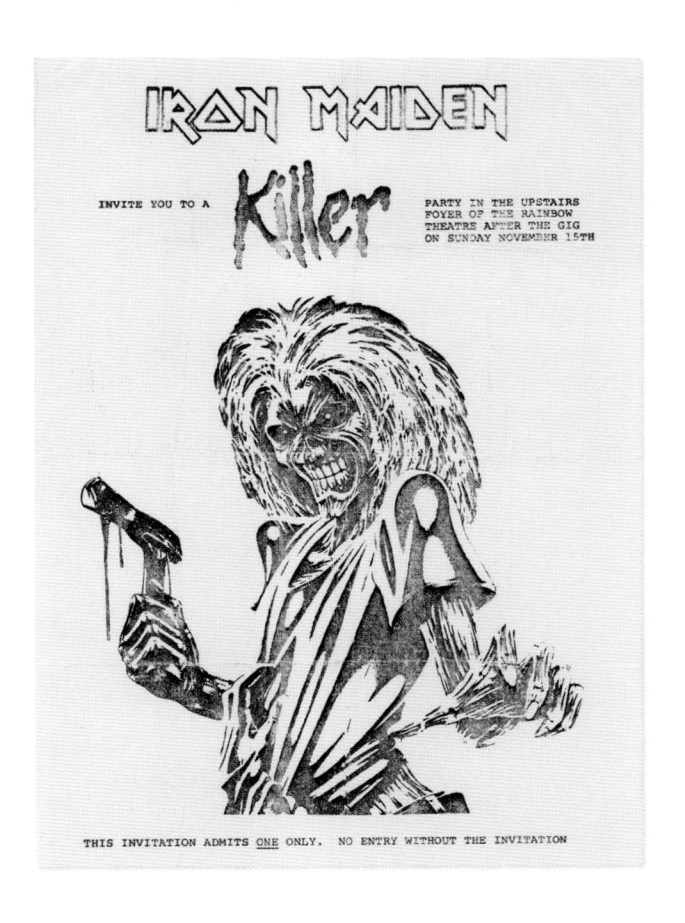

KILLERS
1981
[Álbum]

Sobre a arte deste álbum, Derek Riggs disse: "Entre o primeiro Eddie e o de *Killers* passaram-se cerca de três anos e meio. Meu estilo havia mudado muito porque eu era jovem e ainda estava aprendendo. Ao me pedirem para pintar Eddie novamente, senti como se fizesse uma viagem mental e emocional de volta à sua criação original. O Eddie parece diferente porque eu não via as pinturas mais antigas há um tempo, então eu o inventei todo de novo — só que com mais rugas, por causa do grande sorriso maléfico. Pintar uma figura musculosa e deixá-la muito seca e enrugada é desafiador, especialmente porque eu tinha que fazê-lo muito rápido. Às vezes ele parecia carne; às vezes, madeira seca. Nada disso foi pensado antes porque não havia tempo. Eu simplesmente fiz. Para o fundo, usei o prédio de apartamentos onde eu morava na época: Etchingham Court em Finchley, Londres — um prédio decadente dos anos 1920." *Killers* alcançou o 12º lugar no Reino Unido e permaneceu nas paradas por oito semanas. A versão americana adicionou "Twilight Zone"; a australiana, "Women in Uniform", cover de uma faixa da banda Skyhooks.

TWILIGHT ZONE / WRATHCHILD
1981
[Single]

O primeiro single do Maiden com Adrian Smith — unindo "Twilight Zone" a uma versão ao vivo de "Wrathchild" — alcançou a 31ª posição nas paradas do Reino Unido. Sobre a capa, Rod Smallwood resmungou: "Fomos acusados de misoginia por mostrar violência contra mulheres. Ficou bem claro que as pessoas que fizeram as acusações não olharam atentamente para a arte, porque o ponto principal disso é que, na verdade, Eddie é o namorado morto dela, tentando alcançá-la do além-túmulo, como mostra a fotografia na mesa." Derek Riggs teve que completar a pintura em um único fim de semana com os materiais errados, daí a cabeça desproporcional na personagem feminina, a quem a banda e o empresário chamaram de "Charlotte".

PURGATORY
1981
[Single]

O último single do Maiden com Paul Di'Anno — com "Genghis Khan" no lado B — alcançou apenas o 52º lugar no Reino Unido, porque ambas as faixas estavam disponíveis em *Killers*. Rod Smallwood: "Pedi a Derek para fazer algo que fosse basicamente sobre o princípio de 'Quem está no controle de quem: Eddie ou o Diabo?' E Derek entregou uma arte que era boa demais para uma capa de single [e em vez disso se tornou a capa de *The Number of the Beast*]. Eu amo Hieronymus Bosch [pintor holandês do século XV] e tinha essa pegada. Então guardamos aquilo para o próximo álbum — não tínhamos ideia de título nem nada. Provavelmente não tínhamos nenhuma música escrita. A capa de *Purgatory* mostra o Diabo se desintegrando lentamente e se tornando Eddie, ou vice-versa. Então era a mesma coisa, mas de maneira mais simples."

Murders In The Rue Morgue pt 2.

Well I made it to the border at last
An' I can't remove the scene from my mind.
Anytime somebody stares at me
well I just start running blind
Now I'm moving through the shadows at night
away from the staring eyes
Anyday they'll be looking for me cos
I know I show the signs.... of.

    Murders In the Rue Morgue.
    I'm running from the gendarmes
    Murders In the Rue Morgue
    Running from the arms of law.

Middle Break →

    Murders In the Rue Morgue
    Running from the gendarmes
    Murders In the Rue Morgue.
    Am I ever gonna be free

It took so long an I'm getting so tired, I'm
running out of places to hide
Should I return to the scene of the crime
where the two young victims died.
If I could go to somebody for help it'd get
me out of trouble for sure
But I know that inside my mind that my
doctor said I'd done it before

    Murders In The Rue Morgue
    They're never gonna find me
    Murders In The Rue Morgue.
    I'm a never going home

NA PÁGINA AO LADO A letra manuscrita de Steve Harris para "Murders in the Rue Morgue", inspirada no conto homônimo de Edgar Allan Poe.

ACIMA Em Paris durante a Killer World Tour, março de 1981. Clive veste uma camiseta da banda que integrou após o Maiden: Trust.

NAS PÁGINAS SEGUINTES A visita inaugural do Maiden ao Japão ocorreu em maio de 1981, quando eles tocaram em Tóquio, Osaka e Nagoya.

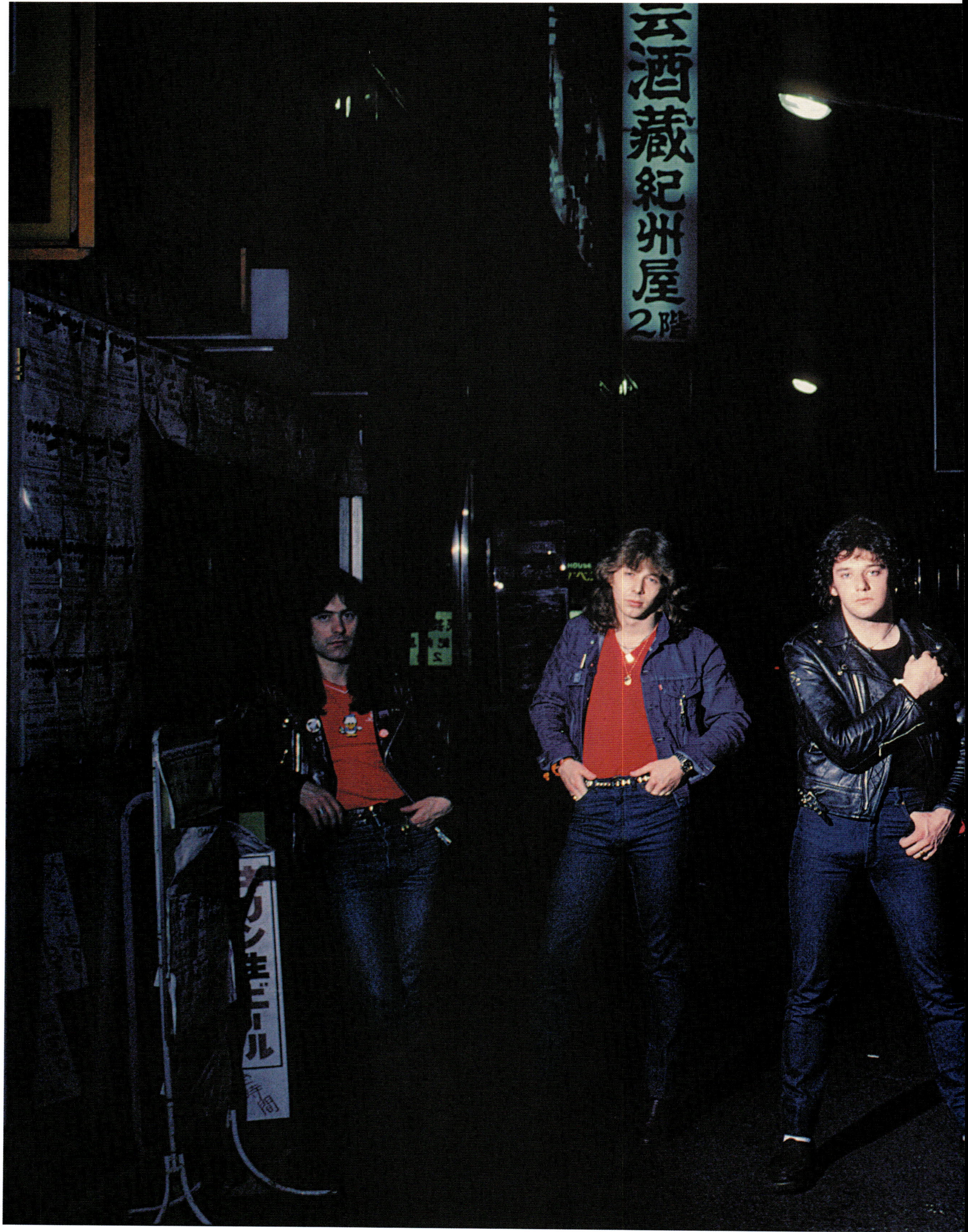
酒蔵紀州屋
2階

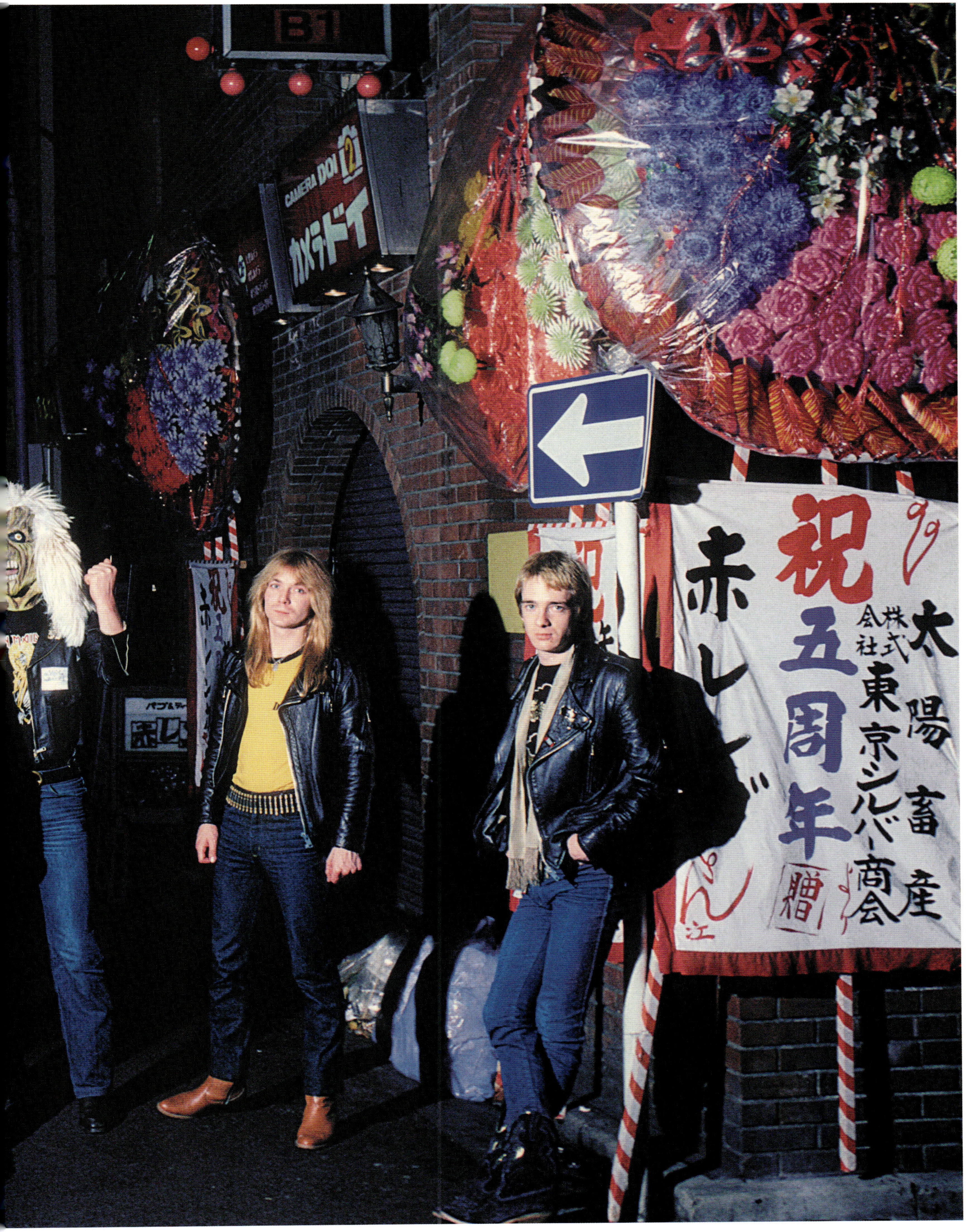
B1
CAMERA DOI
カメラ・ドイ
祝五周年
株式会社東京シルバー商会
太陽畜産
贈

IBANEZ
DESTROYER II
DT300
[1981]
Vermelha

Corpo sólido de alder baseado no formato do corpo da Gibson Explorer, braço de maple, escala de jacarandá, ponte Gibraltar, captador de ponte Ibanez V2, captador de braço Ibanez Super 70. Você pode vê-la em ação nos clipes de "Run to the Hills" e "The Number of the Beast".

DEAN
BABY ML
[1981]
Sunburst

Corpo (com um formato baseado na Gibson Flying V e na Gibson Explorer) e braço de poplar, escala de jacarandá, humbuckers DiMarzio. "Muitas marcas de guitarras costumavam aparecer nos shows nos EUA", relembra Adrian. "Dean Zelinsky sempre aparecia com uma garota incrivelmente bonita, o que lhe dava acesso à nossa área de bastidores! E ele podia nos mostrar suas guitarras. Guitarrinha boa essa!"

ADRIAN SMITH
GUITARRAS

Assim como Dave Murray, Adrian Smith está intimamente associado à Fender Stratocaster e, nas últimas duas décadas, a Stratocasters da Jackson; ele possui várias guitarras Jackson exclusivas em seu nome. Ele mesmo assim usou uma variedade de guitarras diferentes com o Maiden, incluindo modelos da Gibson, Lado, Charvel, Dean e Ibanez. Sua primeira Ibanez Destroyer foi presenteada a ele em 1981, na etapa japonesa da Killer World Tour (acima): "Os caras da Ibanez vieram e nos mostraram algumas guitarras... Foi a primeira vez que ganhei alguma coisa de graça! Usei-a em Number of the Beast, '22 Acacia Avenue' e muitas outras." Essa guitarra, uma Ibanez Destroyer II DT300, sobreviveu a um contratempo em turnê nos EUA: "O som estava tão terrível, e eu não estava me divertindo. Fui para os bastidores e simplesmente a joguei no chão — quebrei-a. A extensão do corpo partiu... Meu técnico a colou de volta. Eu a usei muito!" Para a turnê Legacy of the Beast, em 2018, Adrian tocou um modelo X-Stroyer, criado especialmente para ele.

O NASCIMENTO DA BESTA

NESTAS PÁGINAS Dave (abaixo), Steve (embaixo) e Clive Burr (na página ao lado) na Killer World Tour, no Hipódromo de Belgrado, Iugoslávia, em 6 de setembro de 1981.

NAS PÁGINAS SEGUINTES Golden Summernight Festival, Stadion am Böllenfalltor, Darmstadt, Alemanha, 23 de agosto de 1981.

O NASCIMENTO DA BESTA

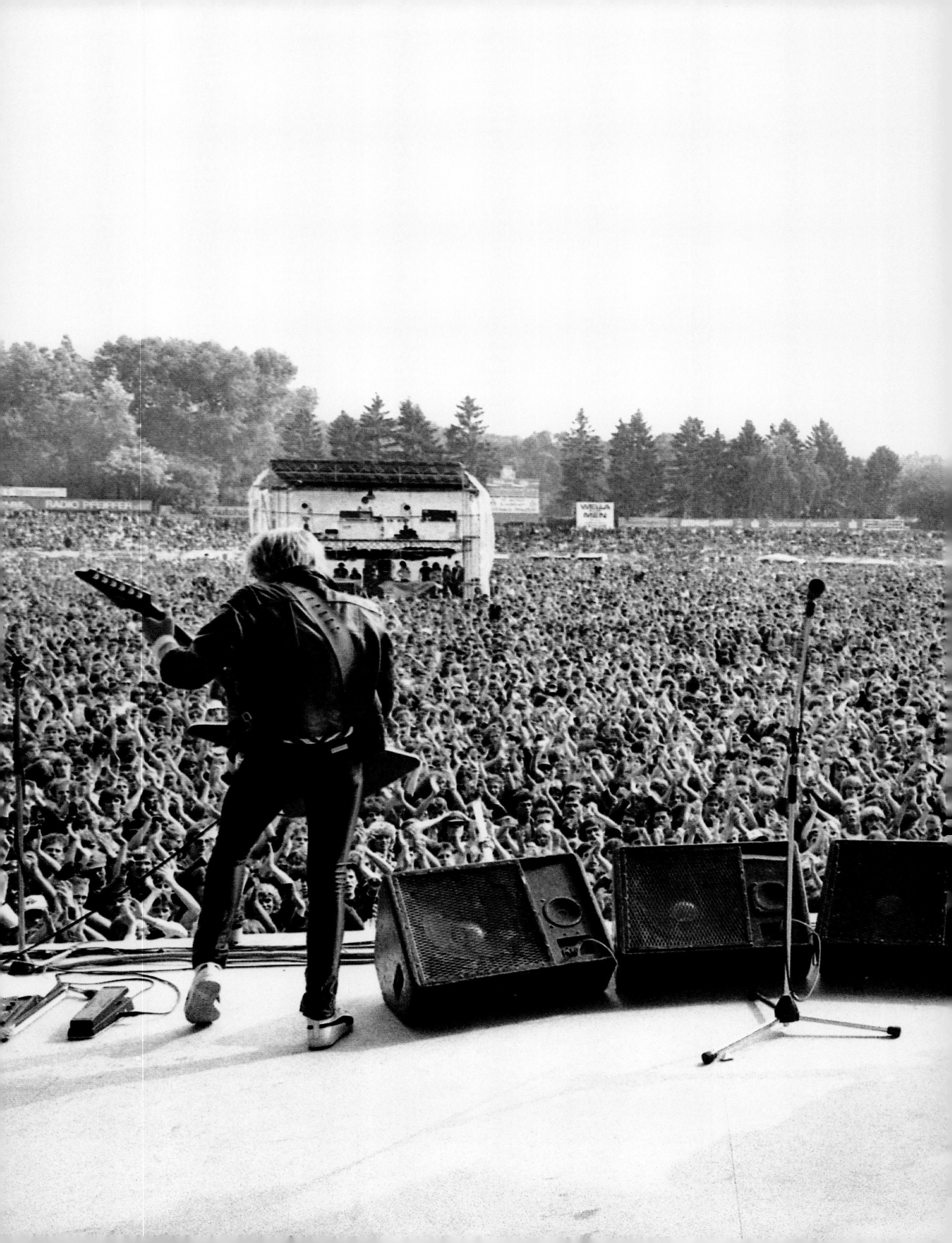
RADIO PFEIFFER

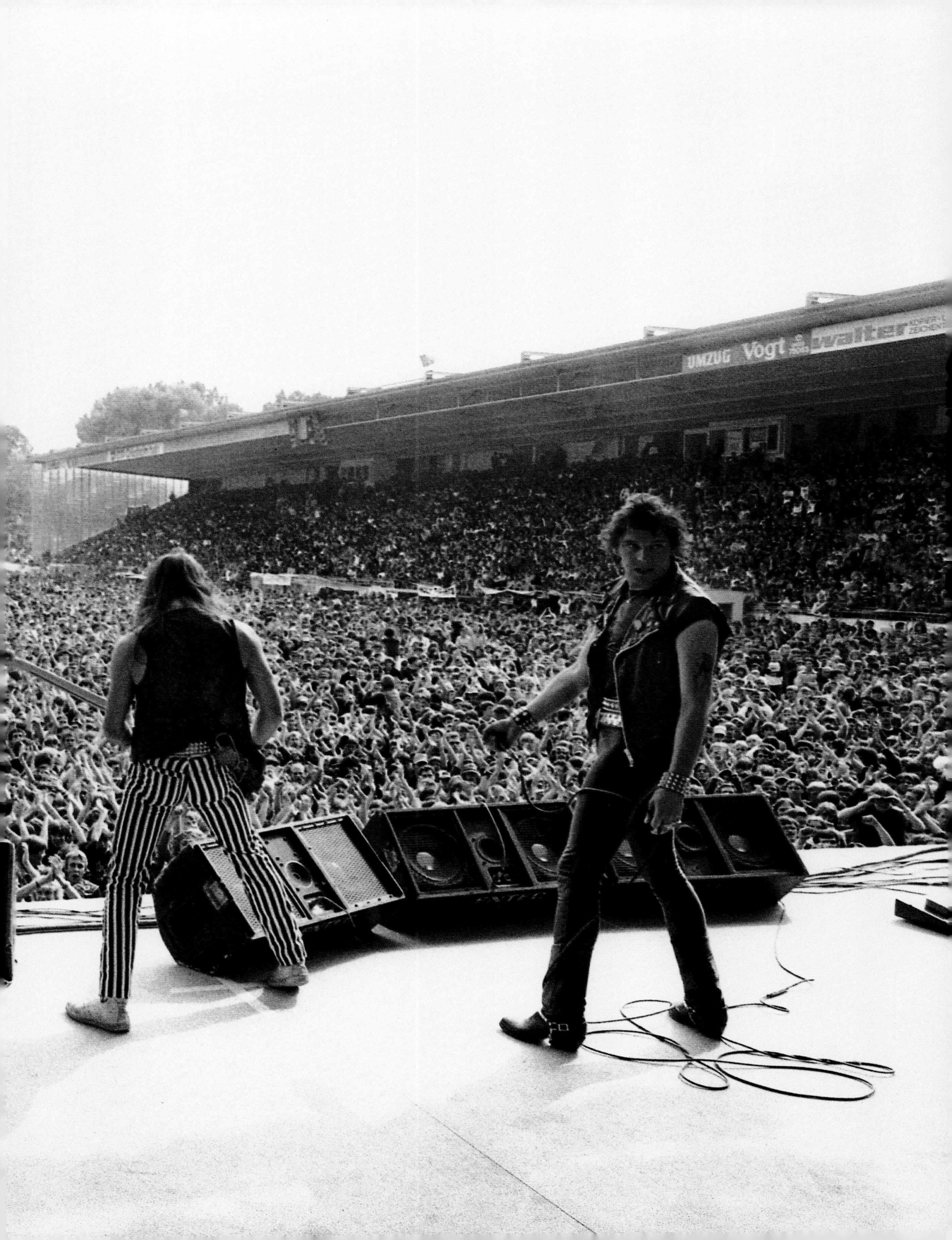
UMZUG
Vogt
walter

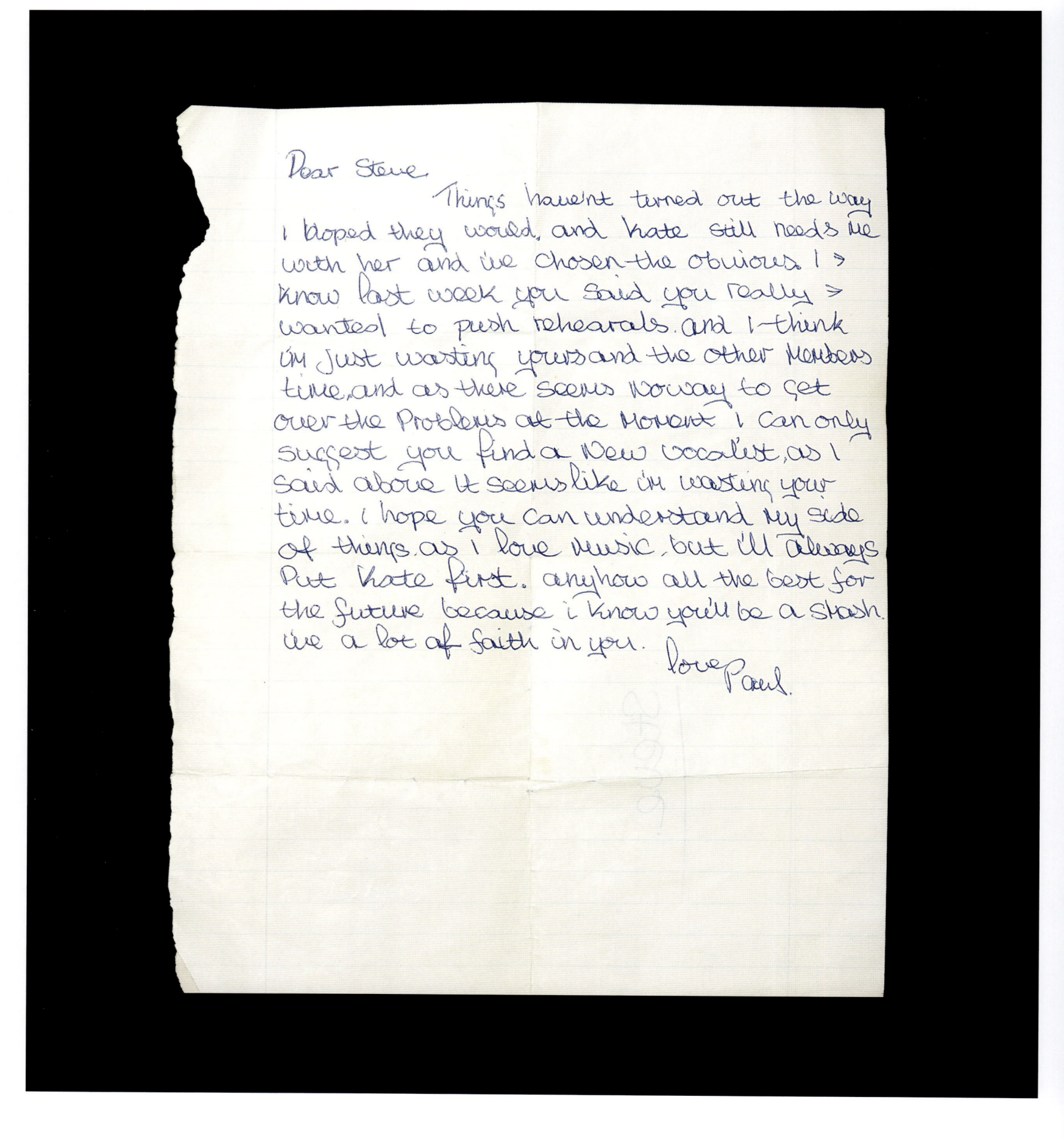

> Dear Steve
> Things haven't turned out the way I hoped they would, and Kate still needs me with her and i've chosen the obvious. I know last week you said you really wanted to push rehearsals. and I think i'm just wasting yours and the other members time, and as there seems noway to get over the Problems at the Moment I can only suggest you find a New vocalist, as I said above it seems like i'm wasting your time. i hope you can understand my side of things, as i love music, but i'll always Put Kate first. anyhow all the best for the future because i know you'll be a smash. i've a lot of faith in you.
> love Paul.

ACIMA A carta (c. 1979) de Paul Di'Anno para Steve Harris revelava profundas inseguranças sobre a perspectiva de sair em turnê: "Paul era um sujeito complicado, mas tinha talento. Foram altos e baixos com ele", relembrou Steve. "Tentamos de tudo para que ele se esforçasse mais. O problema era que ele realmente não estava cuidando da própria saúde e, metade das vezes, não queria estar em turnê... No final, não havia dúvidas. Sempre senti que Paul não acreditava verdadeiramente que tinha o que era preciso. Acho que ele tinha. Eu realmente gostava muito dele. Ele era um malandro adorável — um personagem como nenhum outro. Você não podia levar a sério nada que ele dissesse, mas esse era o jeito dele."

NA PÁGINA AO LADO Recortes de imprensa sobre a saída de Paul Di'Anno e a apresentação do ex-vocalista do Samson, Bruce Dickinson (1981). Foi um momento crucial para uma banda que claramente estava indo longe, mas primeiro os fãs teriam que decidir se estavam dispostos a virar a página.

SOUNDS October 17, 1981

Maiden & guests

IRON MAIDEN, who have just recently been joined by Bruce Dickenson as lead singer, will be making their UK debut with the new line-up at London's Rainbow Theatre on Friday, November 6.

Special guests on the bill are Praying Mantis, who will also be debuting a new line-up. Mantis are now a six-piece having added two new members to the present line-up — Bernie Shaw, vocals (ex-Grand Prix) and John Bavin, keyboards.

DJ Neal Kay, who was closely associated with both bands in the Bandwagon days, is also on the bill.

Tickets are already on sale from the Rainbow Box Office and the usual agents and are priced £3.50, £3.00, £2.50.

The Rainbow will be the last concert on the mammoth 'Killer Tour' as, due to recording commitments, the band haven't time to play more concerts before the New Year.

They are currently putting together an extensive UK tour to start in mid-February and tickets are expected to go on sale in mid-November.

The band go into the studio soon to record their third album with producer Martin Birch, who produced "Killers", which has already sold in excess of 750,000 worldwide and charted in 14 countries.

EXCLUSIVE

IF WE revealed exclusively that Maiden megastar Steve Harris' middle name is Percy, would his popularity decline?

No? Oh rot. — Two rather pissed gypsies, Bethnal Bum, Bighampton.

New Musical Express 17th October, 1981

Maiden debut new vocalist

IRON MAIDEN make their UK debut with their new line-up, now featuring Bruce Dickenson (or Bruce Bruce as he was known in Samson) as lead singer, at London Rainbow on Sunday, November 15 — tickets on sale now priced £3.50, £3 and £2.50. Support act is Praying Mantis, also debuting a new line-up, having recently augmented to a six-piece with the addition of two new members.

This will be Maiden's last date of 1981, but they'll be starting an extensive British outing in mid-February.

SOUNDS October 24, 1981

HE'S NEW

IRON MAIDEN introduce their new vocalist Bruce Dickenson to their British fans at a special gig at London's Rainbow on November 15. Tickets are now available.

SOUNDS November 7, 1981

IRON MAIDEN are now playing their special London date at the Rainbow on November 15 and not on November 6 as previously announced.

This gig marks the debut of the bands' new line-up, featuring Bruce Dickenson as lead singer.

Rainbow THEATRE Outlaw and Phil McIntyre present
IRON MAIDEN
Praying Mantis D.J. NEAL KAY
SUNDAY 15th NOVEMBER 7·30pm
TICKETS £3.50 £3.00 £2.50
FROM BOX OFFICE KEITH PROWSE/PREMIER BOXOFFICE
LONDON THEATRE BOOKINGS & USUAL AGENTS. (SUBJECT TO BOOKING FEES)

● IRON MAIDEN fans will have an opportunity to see the band when they play a one-off gig at London's Rainbow Theatre on Friday, November 15.

It will be the group's first UK gig with new vocalist Bruce Dickenson, former singer with heavy metal rivals Samson.

The Rainbow gig will be Maiden's last British performance of 1981 since they intend to spend the rest of the year recording their next album. However, they are already putting together an extensive tour for 1982, scheduled to start in mid-February with tickets expected to go on sale in mid-November.

Supporting at The Rainbow will be Praying Mantis who will also be debuting a new line-up which now comprises new members Bernie Shaw, vocals (ex-Grand Prix) and John Bavin, keyboards.

Also on the bill is DJ Neal Kay of the heavy metal Bandwagon club who has been closely associated with both bands.

Page 2 SOUNDS September 26, 1981

Di'Anno out of Maiden

IRON MAIDEN have finally parted company with their vocalist Paul Di'Anno (pictured top right) after months of speculation and a multitude of 'will they or won't they?' rumours in the press.

The split, coming at the end of the band's exhaustive Killer World Tour which has covered 15 countries with 122 gigs, is said to be "on a totally amicable basis" and due "largely to different attitudes towards the music and touring".

Largely but not entirely. Sounds understands that there were other more explicitly 'rock 'n' roll' factors involved.

Di'Anno's replacement is Bruce 'Neanderthal' Bruce (above, front centre), until recently singer for fellow NWOBHM band Samson, and the Maiden plan to start rehearsing and working on their third album immediately.

They will "almost certainly" be playing some U.K. dates before Christmas and will be touring Britain extensively early next year to coincide with the release of the album.

PAUL DI'ANNO, meanwhile, has plans for a solo career and will probably remain with EMI Records.

A brief phone call to the man revealed talk of "a solo album" and "the formation of a new band". More information in the near future.

SAMSON, fortunately, are resisting the temptation to lick their wounds.

Paul Samson, Chris Aylmer and Mel Gaynor are presently auditioning new singers and they announce that anyone who thinks that they can successfully fill Bruce's sweaty shoes should ring their manager Terry McLellan on 01-379 7595 during non-pub hours.

Record Mirror

Di'anno quits Maiden

IRON MAIDEN lead singer Paul Di'anno has left the band to pursue a solo career.

But his replacement has already been found . . . Samson lead singer Bruce Bruce steps into his shoes only days after his departure.

Di'anno's shock departure comes just as the band release their new live EP 'Maiden Japan', and have a new album out shortly. But he insists that it's not because of disagreements among the band.

"Over the past year I've had a lot of personal problems," he told RECORD MIRROR. "So I couldn't give 100 per cent to Iron Maiden and I just thought it would be best to go off on our own ways.

And he added: "The solo stuff is just something that I've wanted to do for a long while. I shall be doing an album on my own and shall start auditioning for a new band."

Meanwhile Samson are also to continue as a group, despite their lead singer's departure.

"Bruce was contractually able to leave the group, but we have material for a new album and some live stuff from Reading to go out," said guitarist Paul Samson.

The group are on the lookout for singers to audition. Anyone interested can contact their manager Terry McLellan on 01-379 7595.

MAIDEN JAPAN

1981
[EP]

Com título inspirado no lendário ao vivo do Deep Purple de 1972, *Made in Japan*, este EP foi gravado em 23 de maio de 1981 no Kōsei Nenkin Hall em Nagoya. Apresentando "Running Free", "Remember Tomorrow", "Killers" e "Innocent Exile", alcançou a 43ª posição no Reino Unido. (Fora da Europa e do Japão, lançamentos mundiais adicionaram uma quinta faixa, "Wrathchild".) A arte original (canto superior esquerdo) para a gravação final de Paul Di'Anno com o Maiden retratava o cantor decapitado por Eddie. Mas com a banda discutindo a possibilidade de substituí-lo, Rod Smallwood pediu uma substituição mais decorosa — e, como se viu, mais impactante. (O original vazou em versões venezuelanas de 1987.)
Steve: "Nunca vou me cansar do Japão. É um lugar simplesmente fantástico. Tocar lá pela primeira vez foi total e completamente diferente. É o primeiro lugar onde ganhamos um disco de ouro. O público era cinquenta por cento feminino, algo totalmente inesperado. Em todos os outros lugares era noventa e oito ou noventa e nove por cento masculino. Era a Beatlemania. Foi divertido."
Dave: "O Japão foi uma experiência maravilhosa e reveladora. É uma cultura totalmente diferente. Naquela época, o público nem podia se levantar. Eles apenas batiam palmas em seus assentos; ficavam muito quietos entre as músicas. É uma ótima cultura. Nós estivemos lá em praticamente todas as turnês."

NA PÁGINA AO LADO Outdoor do *Maiden Japan* em frente ao Whisky a Go Go na Sunset Boulevard, em Los Angeles, 1981.

1975–1982

O NASCIMENTO DA BESTA

1.

2.

3a.

3b.

4.

5.

6.

7.

8a.

8b.

CAMISETAS DO MAIDEN
1981

"Eddie se tornou um ícone para os fãs do Iron Maiden", disse Steve, "mas isso não foi algo em que pensamos nos primórdios. A gente não sentou e disse: 'Tá, agora precisamos de um mascote'." Intencional ou não, o anti-herói estranhamente adorável virou o rosto do Maiden, graças a promotores e falsificadores, como confirmam essas camisetas da era *Killers*. Andy Taylor: "No começo, merchandising praticamente não existia. A maioria do que se vendia era produto pirata. Fomos uma das primeiras bandas a começar com merchandising oficial autorizado. Em 1981, 1982, registrei todas as marcas. Isso nos permitiu acabar com

9a.   9b.

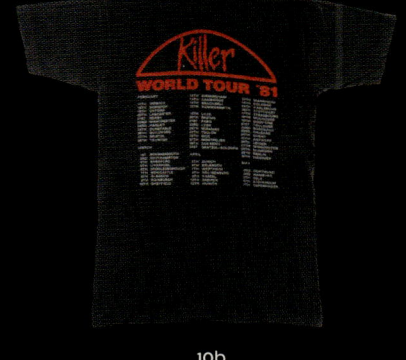

10a.   10b.   11a.   11b.

12.   13a.   13b.   14.

a pirataria. Acho que ajudamos a indústria musical de certa forma por sermos tão rígidos desde o início." **1.** Camiseta original de "Purgatory", 1981, vendida apenas entre o lançamento do single em junho e o fim da Killer World Tour em setembro. **2.** Camiseta *Maiden Japan*, 1981. **3.** Camiseta da equipe da Killer World Tour, 1981. **4.** Camiseta bicolor de "Purgatory", 1981. **5.** Camiseta da turnê sueca, 1981. **6.** Regata *Killers* não oficial da França, 1981. **7.** Camiseta *Killers*, Alemanha, 1981. **8.** Camiseta raglan americana da Killer World Tour com o Japão listado nas costas, 1981. **9.** Versão sem o Japão listado, também de 1981. **10.** Camiseta da Killer World Tour, 1981. **11.** Camiseta vendida apenas nos dois shows canadenses da turnê. **12.** *Maiden Japan*, 1981. **13.** Camiseta com estampa total de *Killers*. **14.** Camiseta tie-dye de *Maiden Japan* (1981), produzida em 1990.

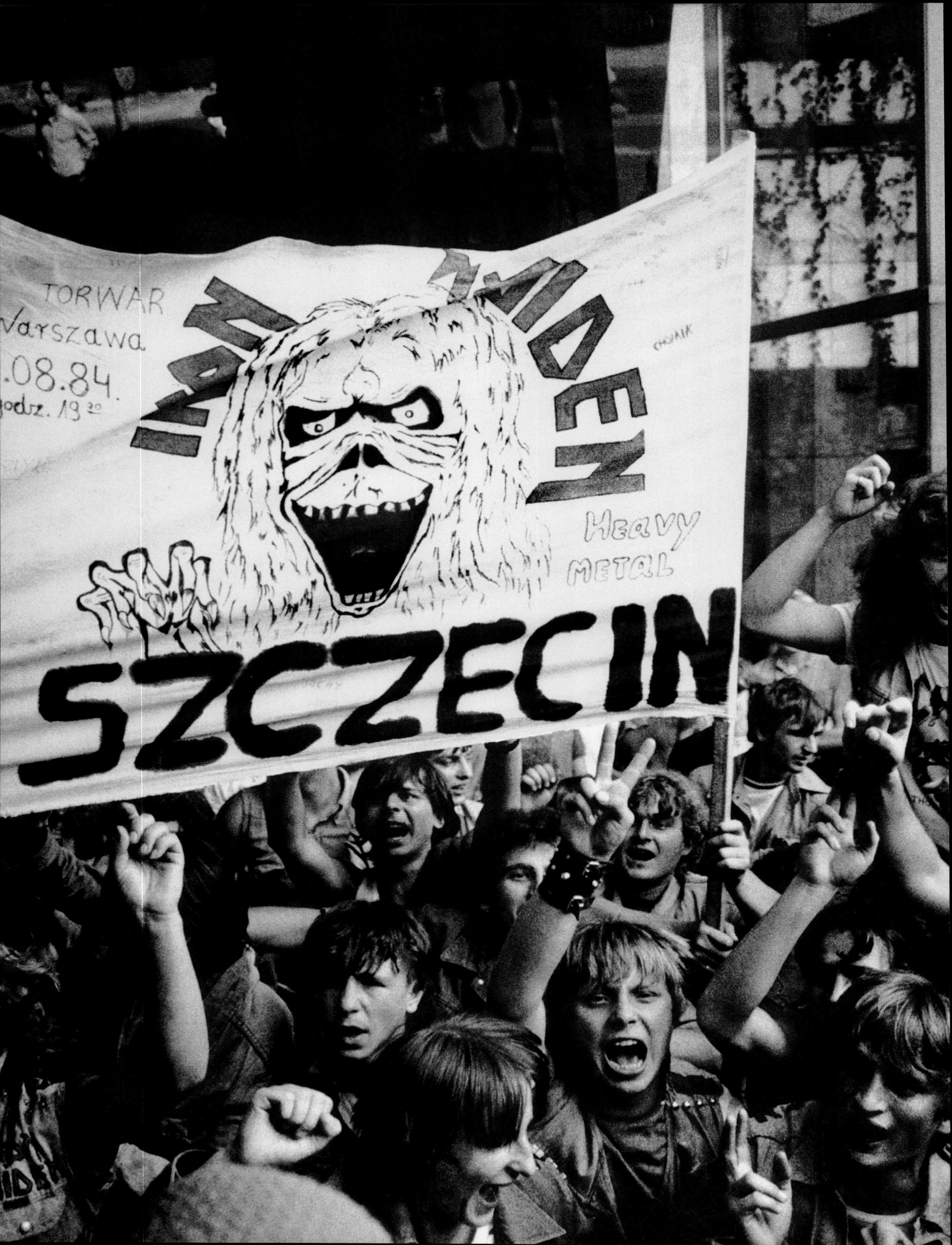
TORWAR
Varszawa
.08.84
Heavy
METAL
SZCZECIN

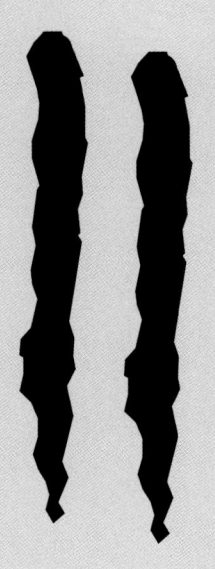

ONDE OS BRAVOS OUSAM 1982–1988

THE NUMBER OF THE BEAST | PIECE OF MIND | POWERSLAVE | ROCK IN RIO LIVE AFTER DEATH | SOMEWHERE IN TIME | SEVENTH SON OF A SEVENTH SON

"UM DOS PERDEDORES MAIS PERSISTENTES DO BOOM DA NWOBHM", COMO A REVISTA *KERRANG!* DESCREVEU, O SAMSON FOI FORMADO EM 1977. ELES CONSTRUÍRAM UMA LEGIÃO DE FÃS TOCANDO AO VIVO E ALCANÇARAM O TOP 40 DO REINO UNIDO COM *HEAD ON*, DE 1980. NO ENTANTO, SUA EXISTÊNCIA ERA CAÓTICA.

O vocalista "Bruce Bruce" Dickinson admitiu que a banda "cometeu todos os erros possíveis" e, apesar de uma apresentação impressionante no Reading Festival de 1981, ele estava frustrado e pronto para sair. Quando as tensões com Paul Di'Anno atingiram o ápice, Steve e Rod sabiam que um plano B era essencial, e Bruce se encaixava perfeitamente. Eles foram ao Reading para vê-lo de perto. Steve ficou impressionado e, na mesma noite, Rod conversou com Bruce sobre a possibilidade de se juntar ao Maiden. Poucos dias após sua apresentação no Reading, Dickinson recebeu uma oferta formal de emprego. Na semana seguinte, em Copenhague, Di'Anno fez seu último show com o Iron Maiden.

Paul Bruce Dickinson, nascido em Worksop, Nottinghamshire, em 7 de agosto de 1958, teve uma infância nômade. "Não fui uma criança infeliz", observou, "mas foi uma infância pouco convencional". Enviado para Oundle, um internato, ele se desentendia com valentões: "As luzes se apagavam no dormitório e quinze garotos me espancavam. Era bem horrível... mas você constrói esse escudo de invulnerabilidade mental".

Uma lição dos pais marcou o jovem Bruce: "Experimente tudo, mesmo que não seja bom nisso". Apaixonado por história militar e esgrima, esporte no qual mais tarde ganharia reconhecimento internacional, ele teve uma epifania ao ouvir *In Rock*, do Deep Purple. Cativado pela voz crescente e neo-operística de Ian Gillan, ele disse: "Ian foi um grande herói vocal meu. Havia Ian Gillan, Arthur Brown, Ian Anderson [do Jethro Tull]... Todos eles tinham um tenor corajoso, um barítono estendido". Percebeu então que o canto moldaria seu futuro.

Expulso de Oundle por supostamente urinar no jantar do diretor, Bruce voltou para casa e formou uma banda. Ele serviu na Força Territorial por seis meses, então disse aos pais que pretendia se formar antes de se alistar. "Era o que eles queriam ouvir, então usei como fachada", revelou. Ele estudou história na faculdade e tocou em bandas em Londres. Após impressionar em um show num pub, Bruce foi convidado pelo guitarrista Paul Samson para um ensaio e logo entrou na banda. Ele nunca mais voltou para a universidade.

ENTRANDO NO CAOS

Anunciado, para seu desgosto, como "Bruce Bruce", em homenagem a um esquete do Monty Python, o cantor nunca se sentiu à vontade no Samson: "Alguns deles só queriam beber, transar e usar drogas, e eu não me identificava com isso". Ele também tinha dúvidas sobre a música: "Eu queria ser um cruzamento entre Ian Anderson e Ian Gillan, com notas malucas, ótimas letras e drama... Não queria ser um cantor punk falsificado". Bruce conheceu o Iron Maiden quando as bandas dividiram o palco com o Angel Witch no Music Machine, em Camden, em 1979. Ele se maravilhou com a energia da banda no palco e pensou: "Meu Deus, o que poderíamos fazer juntos!".

Bruce mergulhou de cabeça no Iron Maiden, demonstrando paixão desde o início. Sua estreia no palco aconteceu em 26 de outubro de 1981, em Bolonha, Itália, onde a banda realizou alguns shows para "sentir"

NA PÁGINA AO LADO O primeiro ensaio fotográfico de Bruce com o Maiden, no pub Earl of Essex em Islington, Londres, em outubro de 1981. "Meu Deus, o que aconteceu com o meu cabelo?!", exclamou ele, surpreso. "Tem umas mechas loiras caseiras ali!"

1982–1988

ONDE OS BRAVOS OUSAM 87

88 IRON MAIDEN: INFINITE DREAMS   PARTE DOIS

o novo vocalista antes do importantíssimo álbum que se seguiria. A banda encerrou o ano com um show secreto triunfante, anunciado como Genghis Khan, em seu lar longe de casa no East End, o Ruskin Arms.

Apesar de o relacionamento entre Bruce e Steve Harris nem sempre ter sido fácil, o baixista ficou impressionado com o profissionalismo do novo vocalista. "Ele é totalmente profissional... se cuida, quer dar o melhor de si. É tudo o que se pode pedir de um vocalista. Tivemos sorte em tê-lo!", declarou Steve.

Nos bastidores, mudanças importantes também ocorreram com a chegada de Andy Taylor, amigo próximo e parceiro de negócios de Rod Smallwood, para auxiliar na gestão dos crescentes negócios do Iron Maiden. "Éramos sócios desde 1969", revelou Smallwood. "Conheci Andy no Trinity College, em Cambridge, onde eu organizava a música para o Baile de Maio. Ele se envolveu e tudo começou ali. Mantivemos contato próximo e realizamos diversos projetos paralelos, como vender hambúrgueres nos bastidores do Reading Festival. Mas, com o sucesso de *Killers*, a complexidade do lado comercial cresceu além da minha capacidade. Andy tem sido fundamental, um herói anônimo."

EU TENHO A CHAMA, EU TENHO O PODER

Tudo pronto para o terceirto álbum. "Estávamos em êxtase durante a composição e gravação de *The Number of the Beast*", relembrou Bruce. "Todos estavam radiantes. Não havia estresse algum durante a produção daquele álbum... Estávamos apenas nos divertindo muito". No entanto, com a turnê mais exigente da banda até o momento agendada para começar em fevereiro de 1982, a pressão para entregar um álbum de qualidade era grande. Além disso, pairava a dúvida sobre como os fãs reagiriam à chegada de um novo vocalista.

Com o ano novo recém-iniciado, o Iron Maiden retornou ao mesmo Battery Studios, em Londres, onde gravaram *Killers*. A banda tinha pouco mais de um mês para criar um novo álbum, e Martin Birch mais uma vez assumiu a produção.

NA PÁGINA AO LADO Em 1982, Steve, Clive, Bruce e Eddie (Rod) se divertem levando tortadas no programa infantil britânico *Tiswas*. Os fãs tinham a chance de ganhar a jaqueta de couro do Eddie respondendo qual música ele cantaria no palco durante um show do Iron Maiden.

ACIMA Passe de estúdio da participação do Maiden no *Tiswas*.

"TODOS NÓS TÍNHAMOS AQUELA SENSAÇÃO COM *THE NUMBER OF THE BEAST*: 'NINGUÉM NUNCA OUVIU NADA PARECIDO COM ISSO ANTES.'"

— BRUCE DICKINSON

"Nós nos colocamos propositalmente sob pressão", relembrou Steve. "Nós nos dávamos um prazo específico para compor... Não somos uma banda que escreve vinte músicas e usa dez. Quando temos o suficiente, paramos". Essa rotina intensa era fundamental para o Maiden, mesmo no auge da fama: "Nós simplesmente íamos direto ao ponto, fazíamos o álbum e partíamos para os ensaios e para a turnê".

O alcance operístico de Bruce permitiu a criação de músicas mais complexas, e a produção precisa de Martin Birch deu maior definição às guitarras de Dave e Adrian. "O que eu faço é bem simples", comentou Birch, "mas o fato de estar acostumado com as bandas com as quais trabalhei me ajuda a saber instantaneamente o que elas querem... mesmo que elas próprias não percebam isso claramente". "Ele nos ajudou a trazer à tona o poder de cada música", concordou Dave, "e ele sabia como obter o melhor de todos nós". → p. 95

THE NUMBER OF THE BEAST
1982
[Álbum]

Concebida para o single "Purgatory", a arte da capa do terceiro álbum do Maiden está entre as mais icônicas do rock. Derek Riggs relembrou: "Na sexta à tarde, recebi uma ligação do Rod [Smallwood] dizendo que precisavam de uma arte para um single até segunda-feira. Ele explicou que a música era sobre o filme *As Bodas de Satã*... sobre um culto ao diabo. O Diabo deveria ser uma caricatura distorcida e deformada de Salvador Dalí... eu queria que ele parecesse um fantoche. A figura grande de Eddie também deveria ter um quê de marionete, assim como a figura minúscula. A ideia era 'Quem estava no controle de quem?' Passei as noites de sexta, sábado e domingo pintando: dois dias seguidos, sem dormir, para terminar. Cheguei ao escritório do Maiden e mostrei a pintura para o Rod. Ele olhou e disse: 'Vamos usar isso para o álbum, faça outra para o single.'" A decisão de Smallwood se mostrou acertada. A arte da capa criou uma metáfora inteligente para poder, controle e manipulação, complementando perfeitamente o tema central de *The Number of the Beast*: a luta entre o bem e o mal. Steve Harris, no entanto, fez uma ressalva bem-humorada: "Eu não fiquei muito feliz com o penteado... parecia muito arrumadinho!" O álbum liderou a parada do Reino Unido e ficou no Top 75 por 31 semanas.

RUN TO THE HILLS
1982
[Single]

O primeiro single de *The Number of the Beast* marcou a estreia de Bruce Dickinson no Maiden. O single trazia no lado B "Total Eclipse", fruto de rara parceria de Dave e Steve com Clive Burr. Mais tarde, a banda lamentou ter optado por "Gangland" em vez de "Total Eclipse" no álbum — embora ambas constem da versão japonesa — e a adicionou às edições remasterizadas e de aniversário. "Há algumas músicas que você consegue sentir de longe que serão grandiosas", escreveu Bruce sobre "Run to the Hills". E quaisquer dúvidas sobre o novo Maiden foram dissipadas quando a música alcançou a 7ª posição na parada do Reino Unido em março de 1982: seu primeiro single no Top 10 britânico. Reforçando os temas de luta e conquista da música, a arte da capa de Derek Riggs mostra Eddie empunhando um tomahawk em batalha contra Satanás.

THE NUMBER OF THE BEAST
1982
[Single]

Uma das músicas mais amadas do Maiden, "The Number of the Beast" — acompanhada por uma versão ao vivo de "Remember Tomorrow", do álbum de estreia — alcançou o 18º lugar no Reino Unido. Mais uma vez retratando o embate de Eddie com Satanás, a arte da capa de Derek Riggs agora o mostra no controle total. Essa disputa pela liderança ecoou eventos da vida real durante as filmagens do videoclipe da música no Newcastle City Hall, onde os ânimos se exaltaram entre o baixista e o vocalista. "Enquanto Rod nos separava, Steve gritava: 'Ele tem que sair dessa porra dessa banda!'", escreveu Bruce em sua autobiografia *Para Que Serve Esse Botão?*. "Bem, eu não saí da porra da banda. Não posso dizer que eu não os avisei, pessoal."

ABAIXO E NA PÁGINA AO LADO Fotos promocionais para *The Number of the Beast* foram tiradas por Simon Fowler em um dia escuro de janeiro de 1982. O local, apropriadamente, foi o Cemitério de Highgate, no norte de Londres. "Nossas primeiras fotos malvadonas!", lembrou Bruce.

ONDE OS BRAVOS OUSAM

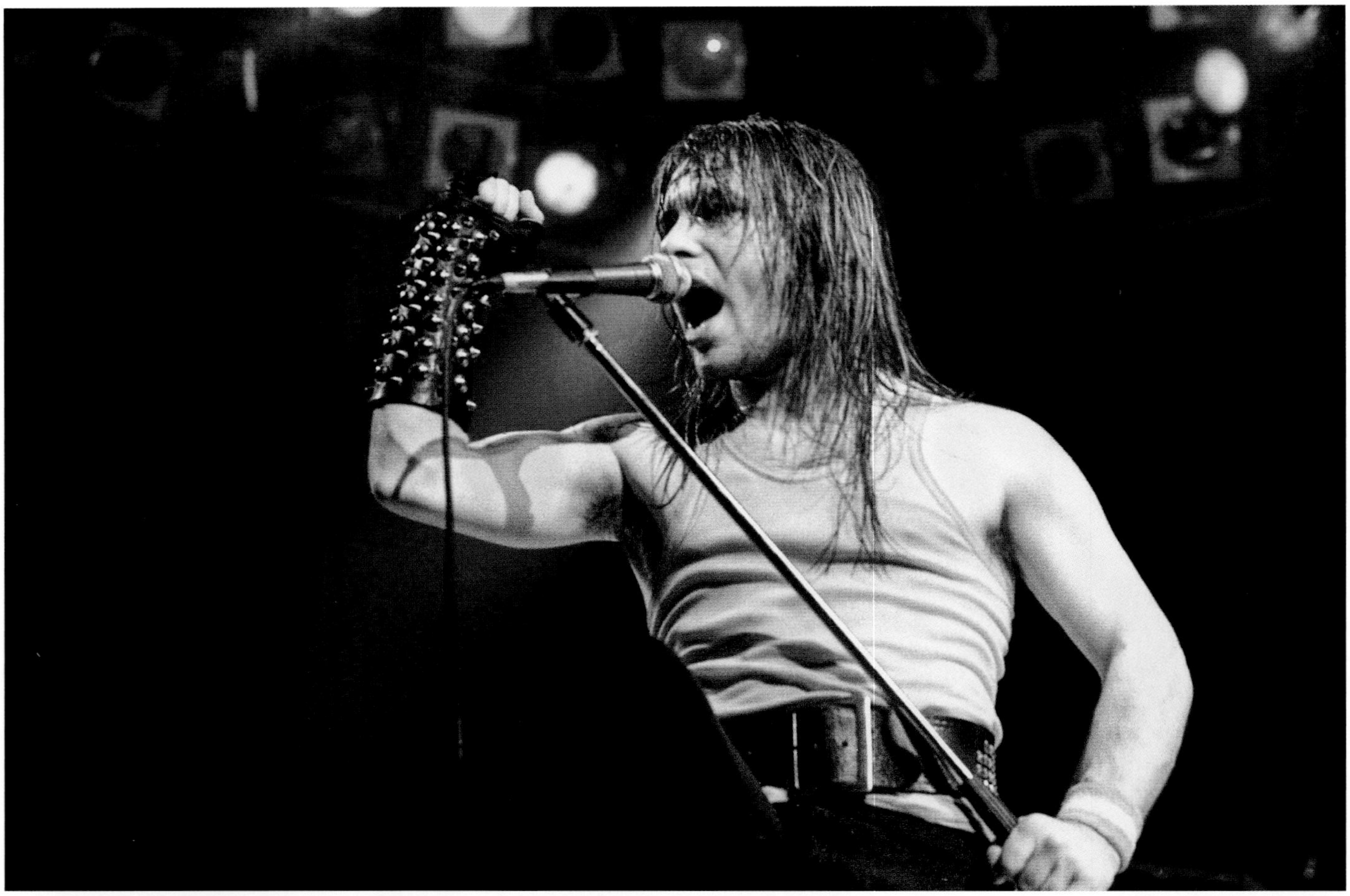

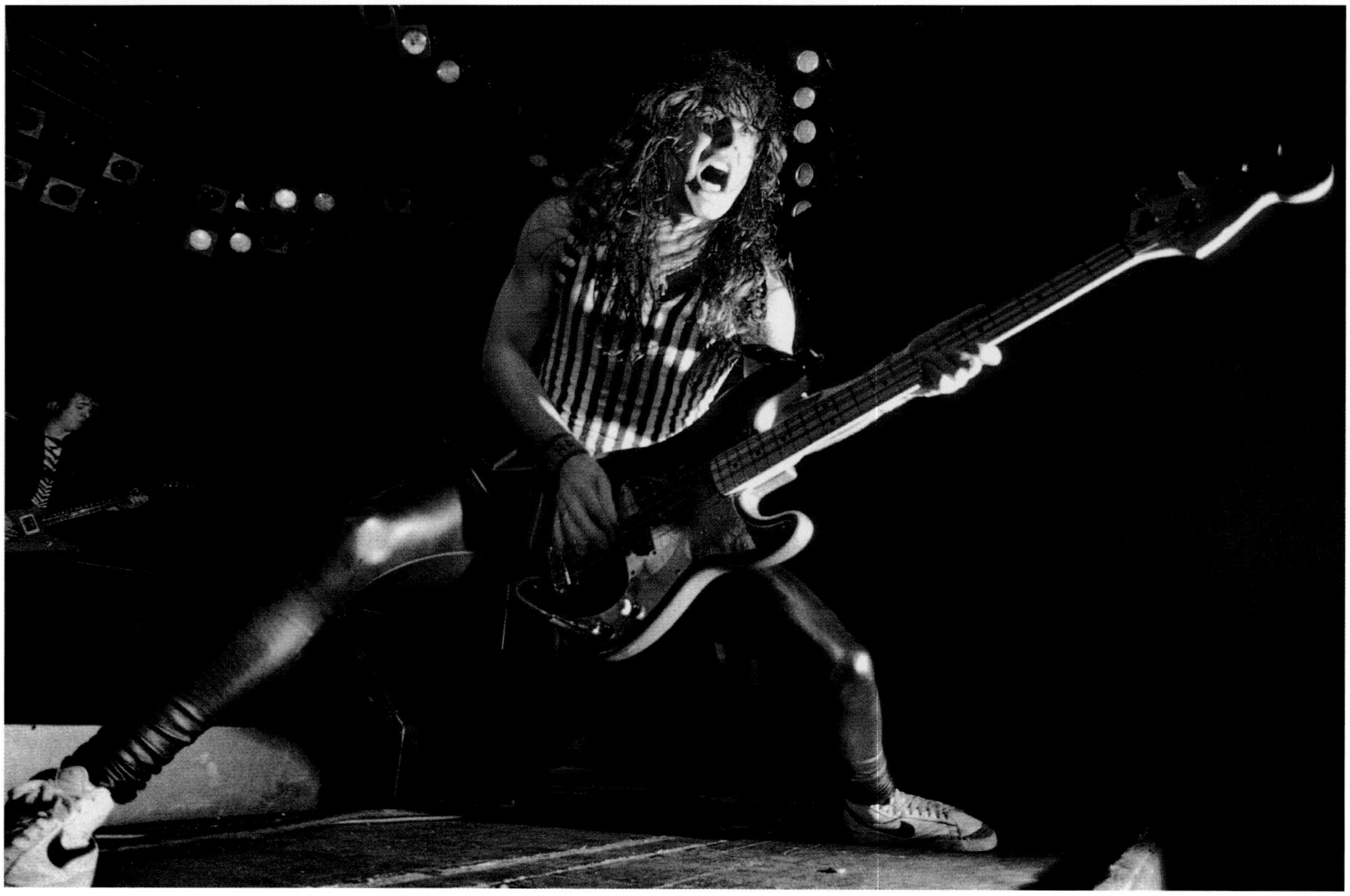

> "ANTES DE O ÁLBUM SER LANÇADO, FICAMOS TEMEROSOS. SABÍAMOS QUE TÍNHAMOS UM ÁLBUM MUITO FORTE E BRUCE COMO EXCELENTE VOCALISTA, MAS NUNCA SE SABE COMO AS PESSOAS VÃO REAGIR. FELIZMENTE, TODOS GOSTARAM DELE."
>
> – STEVE HARRIS

Entre as faixas que se tornaram favoritas dos fãs, destacam-se: "Children of the Damned", inspirada no filme de terror *A Estirpe dos Malditos*, de 1964; "Hallowed Be Thy Name", um épico de sete minutos sobre um homem à beira da execução; e a faixa-título, inspirada no poema "Tam O'Shanter", de Robert Burns e, é claro, "Run to the Hills". Adrian Smith também contribuiu com momentos memoráveis, como a ousada "22 Acacia Avenue" e a alegre "The Prisoner", escritas com Steve Harris.

UMA ESPÉCIE DE INFERNO

O Iron Maiden sempre se esforçou para impressionar o público nos lançamentos e turnês. Para o álbum *The Number of the Beast*, a banda elevou o nível da produção visual. Rod Smallwood diz: "A arte foi originalmente planejada para o single 'Purgatory' com Paul. A ideia era questionar quem controlava quem, Eddie ou o Diabo? A intenção era a ironia. No entanto, a arte criada por Derek era tão impressionante que decidimos usá-la no álbum e pedimos que ele criasse uma nova arte para 'Purgatory' com o mesmo tema, o Diabo se transformando em Eddie. Então, tínhamos a arte do álbum antes mesmo de a banda começar a compor as músicas. Aí Steve surgiu com a música 'The Number of the Beast' e, como dizem, o resto é história."

A capa de *The Number of the Beast* se tornou uma das mais icônicas do rock, influenciando toda a estética do metal. A imagem de Eddie, a mascote do Iron Maiden, também teve grande impacto, inspirando outras mascotes como Vic Rattlehead, do Megadeth. O magnata do marketing Gene Simmons previu a Smallwood que o Iron Maiden substituiria o KISS como a maior banda de merchandising da América. Eddie, persistente como o Exterminador, deixou sua marca em cada álbum e turnê.

ANIQUILANDO O PASSADO

Para preparar o terreno para *The Number of the Beast*, "Run to the Hills" foi lançada em 8 de fevereiro de 1982, tornando-se o primeiro single da banda a alcançar o Top 10 no Reino Unido, atingindo a 7ª posição e vendendo mais de 250 mil cópias. A letra da música, incomum para os padrões da banda, abordava o conflito entre os nativos americanos e a cavalaria dos Estados Unidos. Complementando a arte da capa do álbum de Riggs, o single mostrava Eddie lutando contra Satanás com um *tomahawk*. O lado B, "Total Eclipse", era tão forte que o Iron Maiden lamentaria tê-lo deixado de fora do álbum em favor de "Gangland".

"Run to the Hills" consolidou o Iron Maiden como uma força dominante. A ascensão meteórica da banda foi confirmada quando *The Number of the Beast* alcançou o topo da parada de álbuns do Reino Unido em abril de 1982, superando Barbra Streisand e ficando em primeiro lugar por duas semanas consecutivas. No entanto, a vida de uma banda no topo das paradas nem sempre é glamorosa, como Adrian Smith relatou: "Para nos locomover, tínhamos um ônibus velho caindo aos pedaços. Estávamos tentando fazê-lo pegar no tranco quando alguém nos disse: 'Seu álbum acabou de chegar ao primeiro lugar!'" Steve lembra: "Perguntei ao motorista o que havia acontecido com o ônibus, e ele respondeu com um forte sotaque de Norfolk: 'Ora, estava funcionando uma hora atrás.'"

Uma surpresa os aguardava quando a turnê Beast on the Road cruzou o Atlântico em maio. Levando o conteúdo e a arte do álbum ao pé da letra, grupos cristãos denunciaram o Iron Maiden como satanistas. Essa acusação infundada era tão persistente que, quando o televangelista (depois excomungado) Jimmy Swaggart publicou *Music: The New Pornography*, em 1984, a capa do livro trazia Steve Harris. "Foi uma loucura", disse o baixista, perplexo. "Entenderam tudo errado." → p. 116

NA PÁGINA AO LADO Noite de estreia da turnê Beast on the Road no Queensway Hall em Dunstable, Reino Unido, 25 de fevereiro de 1982.

NAS PÁGINAS SEGUINTES Filmagem do videoclipe de "The Number of the Beast" no Newcastle City Hall.

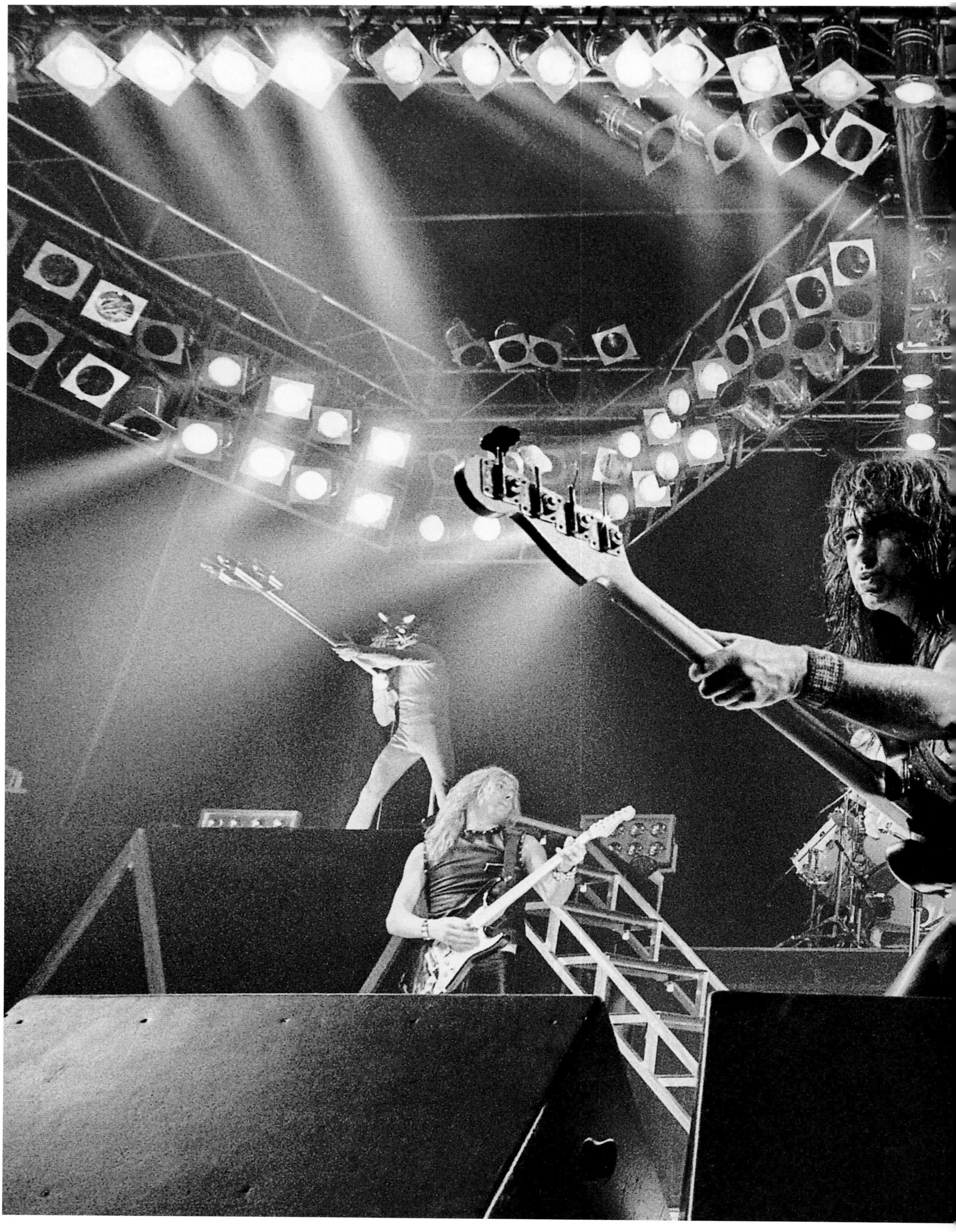

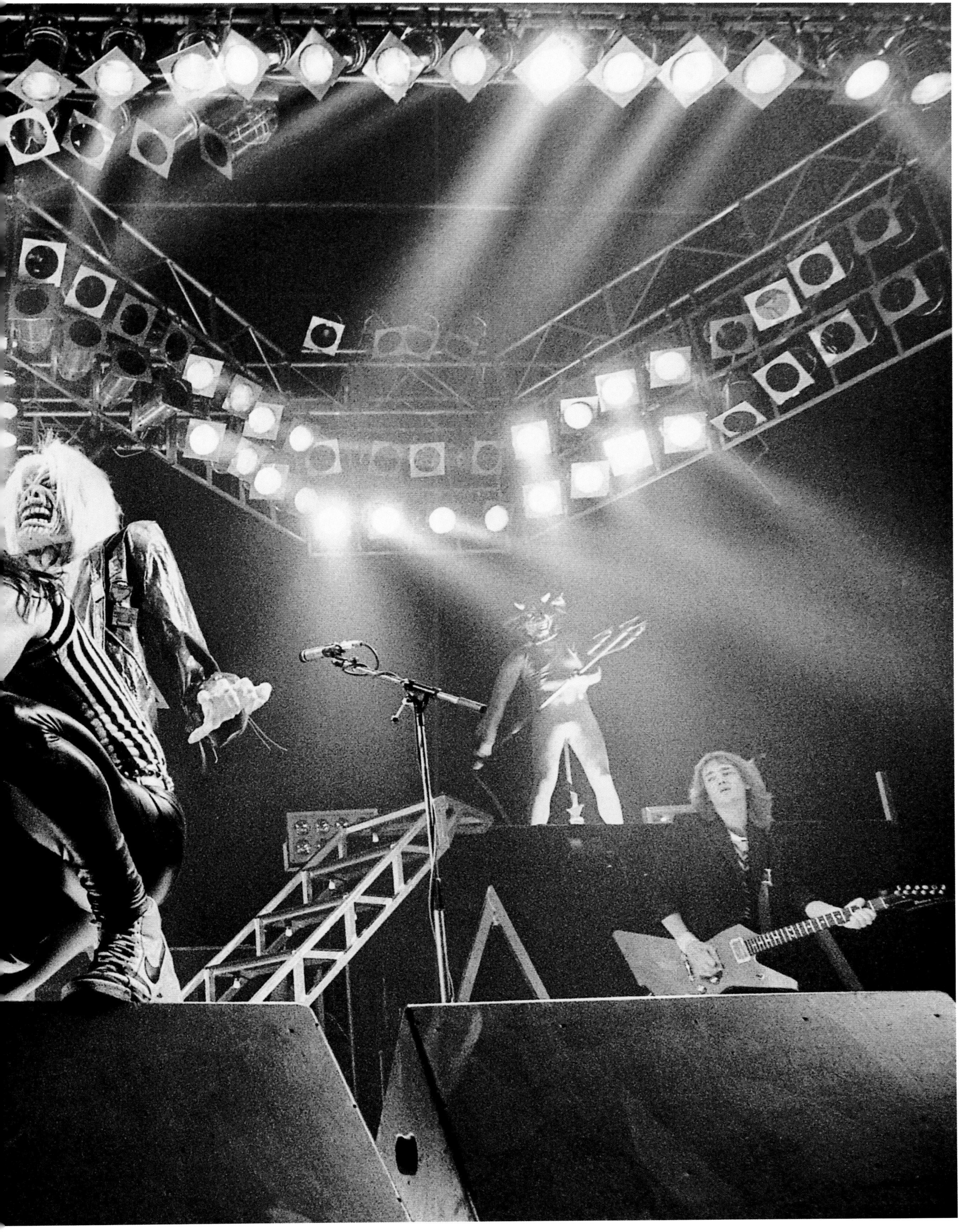

98 IRON MAIDEN: INFINITE DREAMS PARTE DOIS

NA PÁGINA AO LADO, ABAIXO Eddie na noite de estreia da turnê Beast on the Road, Queensway Hall, Dunstable, 25 de fevereiro de 1982.

NA PÁGINA AO LADO, ACIMA Steve e Adrian no histórico Pavillon Baltard, Nogent-sur--Marne, Paris, 24 de março de 1982.

ACIMA Em maio de 1982, durante a etapa do meio-oeste da turnê americana do Rainbow, Ritchie Blackmore (extrema esquerda) conhece Eddie enquanto o Maiden fazia a abertura dos shows.

GIBSON
LES PAUL HERITAGE SERIES STANDARD 80
[1980]
Cherry Sunburst

Corpo de mogno de peça única com tampo de flamed maple de duas peças, braço de mogno colado com escala de ébano, ponte Tune-O-Matic original, captadores "Shawbucker" originais substituídos por humbuckers DiMarzio. A Gibson produziu a série Heritage de guitarras Les Paul entre 1980 e 1982, para replicar modelos raros e muito procurados do final dos anos 1950. A Heritage 1980 de Dave foi adquirida em uma loja local enquanto o Maiden filmava o clipe de "The Number of the Beast" no Newcastle City Hall.

IBANEZ
DESTROYER II
[1981]
Sunburst

Corpo sólido de alder, braço de bordo, escala de jacarandá, ponte Gibraltar, captador de ponte Ibanez V2, captador de braço Ibanez Super 70. Muitas guitarras japonesas desse período copiavam modelos americanos famosos. A Ibanez Destroyer, inspirada na Gibson Explorer de meados dos anos 1970, era um modelo original de fábrica — sem nenhuma peça modificado — no caso da sunburst de Dave. Ele a utilizou brevemente durante a turnê Beast on the Road. Diferentemente da Fender Stratocaster, a Destroyer não possui sistema de vibrato, o que diminuía o risco de problemas de afinação no palco, especialmente em músicas mais longas.

À ESQUERDA A turnê Beast on the Road, Poole Arts Centre, Reino Unido, 26 de agosto de 1982.

DAVE MURRAY
GUITARRAS

Apesar de ser mais conhecido por usar a Fender Stratocaster (pp. 54-55), Dave também tocou diversas guitarras no palco e em estúdio com o Maiden. Assim como seu parceiro Adrian Smith (pp. 72–73), ele às vezes era visto no início dos anos 1980 empunhando uma Ibanez Destroyer II de fábrica. Durante a turnê Beast on the Road, essa guitarra marcou presença em "Total Eclipse", "Hallowed Be Thy Name" e "The Prisoner". Dave era só elogios à sua Gibson Les Paul Heritage de 1980: "É linda. Usei muito no estúdio em *Powerslave*." Embora a tenha usado algumas vezes no palco, ele hesitava em expô-la à dureza da estrada: "Ela é deslumbrante... e eu não queria que ficasse muito danificada."

Mais tarde, Dave retornaria às Les Pauls, equipando modelos Traditional e Classic com captadores humbuckers Seymour Duncan '59 e JB em *The Book of Souls*. Além dessas e de suas Stratos, ele também tocou guitarras Dean, ESP e Jackson, bem como um violão Gibson Hummingbird, que pode ser ouvido em "Journeyman" no álbum ao vivo de 2005 *Death on the Road*.

ONDE OS BRAVOS OUSAM

STEVE HARRIS
BAIXOS

Antes do Maiden, Steve Harris experimentou vários baixos: "Por um tempo, tive um Rickenbacker e um Gibson Thunderbird. A gente acaba experimentando diferentes baixos assim por causa de músicos que admiramos." (Chris Squire tocava um Rickenbacker; John Entwistle, um Thunderbird.) Emulando Pete Way, do UFO, Steve optou por um Fender Precision. "Eu realmente gosto do som encorpado das frequências graves de um Precision. Consigo muitos agudos, graves de verdade, médios, tudo. E tudo muito sólido." Seu baixo Fender Precision, datado de 1971 ou 1972, passou por diversas transformações ao longo dos anos. Originalmente Olympic White, foi repintado de preto fosco em algum momento da década de 1970. Em 1982, Steve o pintou com um acabamento azul brilhante. Em 1992, ele se tornou seu baixo "West Ham". "Ele não é um cara de ter um monte de equipamento", observou Michael Kenney, técnico de baixo de Steve por quatro décadas. "O único baixo que ele toca é aquele baixo. Ele teve vários acabamentos diferentes, então as pessoas pensam que são baixos diferentes — mas é o mesmo instrumento." (Foi usado em todos os álbuns do Maiden.) Kenney selou os captadores com silicone porque, segundo Steve, "Eu suo tanto que o suor entrava nos captadores e cortava o som, às vezes no meio de um show." A Fender celebrou o Precision com instrumentos Steve Harris Signature: modelos azul brilhante em 2009 e 2017, e o modelo "West Ham" em 2015. "Estou muito feliz com isso, porque sempre os usei", declarou Steve sobre as homenagens. "Eles sabem disso. Não é só eu tentando conseguir alguns instrumentos de graça!"

FENDER
PRECISION BASS
[início dos anos 1970]
West Ham United

Corpo de alder, repintado inúmeras vezes: Olympic White (acabamento original de fábrica); preto (final dos anos 1970–1982); azul metálico (1982–1992); branco com borda e escudo do West Ham (1992–presente). Braço e escala de bordo. Ponte original substituída por uma Leo Quan Badass II.

Captador Seymour Duncan SPB-4 Steve Harris Signature P-Bass, cordas Rotosound flatwound ("Eu adoro as cordas flatwound. Imagino que não sejam para todos — a espessura é tão grande que tendem a empenar o braço, a menos que ele seja realmente sólido… como o meu.")

ACIMA Sessão de autógrafos em uma loja de discos no Texas em agosto de 1982. Bruce: "Naquela época, fizemos muitas sessões de autógrafos e aparições pessoais, coisas desse tipo. Você construía seu público um fã de cada vez."

NA PÁGINA AO LADO A camiseta "Texas 1982" que Bruce veste nesta foto situa o registro em agosto de 1982, aproximadamente na metade de sua primeira turnê americana com o Maiden, a Beast on the Road.

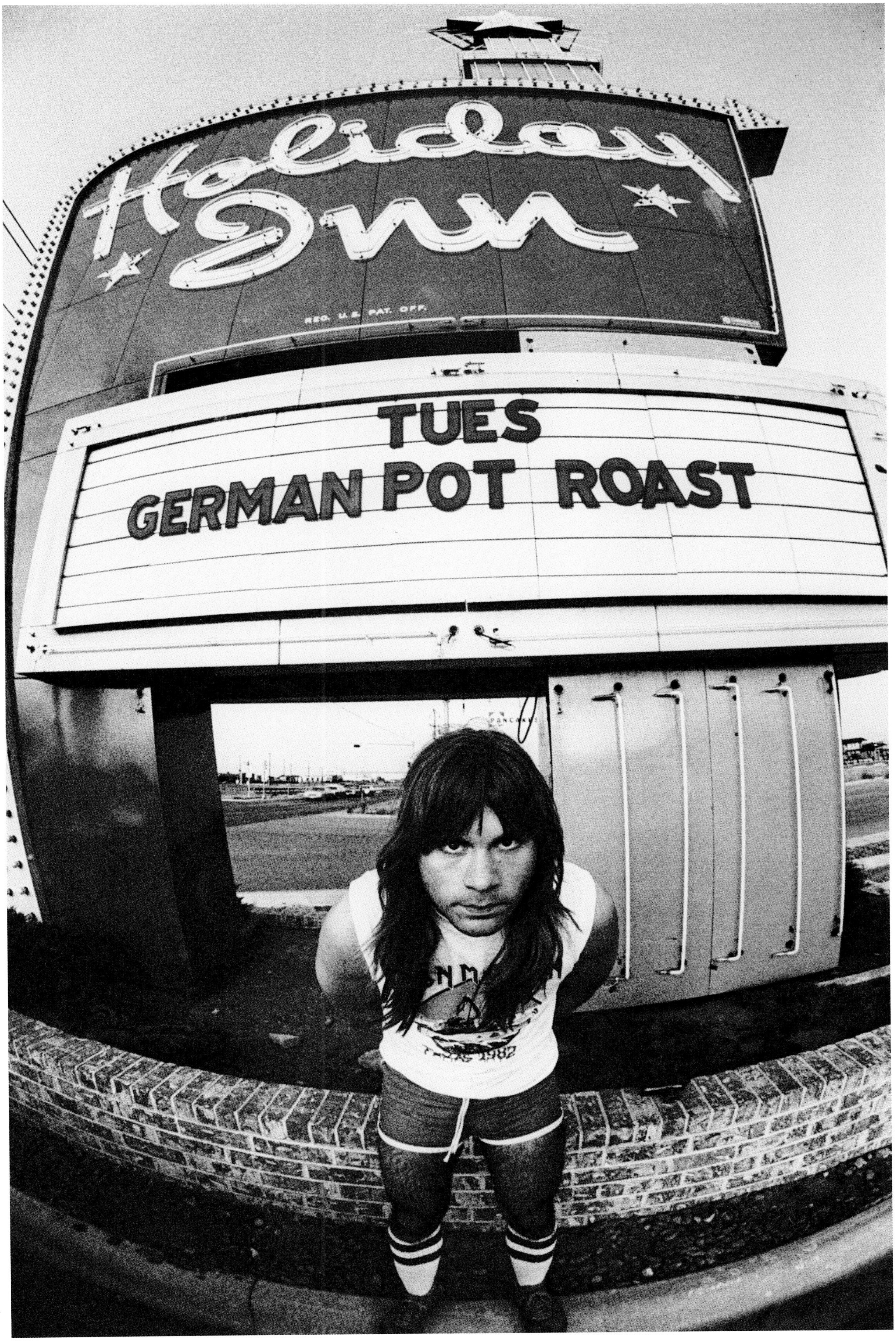
Holiday Inn
REG. U.S. PAT. OFF.
TUES
GERMAN POT ROAST

ACIMA E NA PÁGINA AO LADO Cliques da turnê Beast on the Road. "Rod Smallwood decidira que um ônibus era desperdício de dinheiro", lembrou Bruce. "Todo mundo tinha um — e nós andando por aí em peruas." Mas eles logo conseguiram o que queriam: "Era pura farra, como um puteiro sobre rodas." No entanto, como ele relembrou em sua autobiografia, "na parte da frente era a depressão que imperava: Rod tramando, jogando cartas e resmungando."

NA PÁGINA SEGUINTE Páginas da imprensa musical do Reino Unido, incluindo Dave e Steve na capa da *Sounds*, fotografados por Ross Halfin. Na edição de 28 de agosto de 1982, o jornalista Garry Bushell resenhou o show do Maiden em Corpus Christi, Texas. Bushell mais tarde escreveu a primeira biografia oficial da banda: *Running Free*, publicada em 1985, com fotos de Ross Halfin.

SOUNDS April 3, 1982

IRON MAIDEN
'THE NUMBER OF THE BEAST'

ONLY £3.99

Virgin

RECORDS · TAPES · HI-FI

---

8 May 1982

NME
NEW MUSICAL EXPRESS

North South Beast and Best

- STONES
- SOFT CELL
- KING TRIGGER
- ORSON WELLES
- ROBYN HITCHCOCK
- SURVIVALISTS
- Z'EV

JIVE WIRE CASSETTE OFFER & MANUAL

MALICE IN WONDERLAND
ARE IRON MAIDEN MORE THAN JUST A PRETTY FARCE?
BRITAIN'S TOP METAL MEN UNMASKED: CENTRE PAGES

SOUNDS AUGUST 28, 1982

KAS PRODUCT — SUNNY ADE — BOW WOW
GBH — GABRIEL BACK WITH GENESIS!

Sounds

T-shirts:
- "NO! We are not an English rock band..."
- "We are dental floss salesmen from Montana"

FAVOURITE SHIRTS
Iron Maiden in America, page 22

DAVE MURRAY and Steve Harris of Iron Maiden: pic by Ross Halfin

SOUNDS July 17, 1982

READING ROCK '82

FRIDAY 27TH AUGUST	SATURDAY 28TH AUGUST	SUNDAY 29TH AUGUST
BUDGIE	**IRON MAIDEN**	**MSG**
FROM FRANCE **TRUST**	**GARY MOORE** BAND	**DAVE EDMUNDS**
PRAYING MANTIS	TYGERS OF PAN TANG	WILKO JOHNSON
BARON ROJO	BERNIE TORMÉ	BERNIE MARSDEN'S S.O.S.
TANK	GRAND PRIX · ORE	JACKIE LYNTON BAND
OVERKILL	ROCK GODDESS	MARILLION
STAMPEDE	FROM JAPAN BOW WOW	SPIDER
THE ANGELS	FROM AUSTRALIA CHEETAH	CHINATOWN
AGAINST THE GRAIN		TWISTED SISTER
		TERRAPLANE
SPECIAL GUEST **DANDY CALIFORNIA**	SPECIAL GUEST **BLACKFOOT**	SPECIAL GUEST **Y&T**

SPECIAL WEEKEND TICKETS £15.50 IN ADVANCE ONLY

IRON MAIDEN

NEW ALBUM NUMBER OF THE BEAST OUT NOW

SEE THE BEAST ON THE ROAD

ACIMA Pôster belga promovendo *The Number of the Beast* e sua turnê, que passou pelo Forest National em Bruxelas em 18 de abril de 1982.

NAS PÁGINAS SEGUINTES Nos bastidores do Palladium de Nova York, 29 de junho de 1982. O local para 3.400 pessoas na East 14th Street era parada obrigatória

entrar no mercado americano. "Sempre o esquisito!", brincou Bruce ao se ver pendurado nos chuveiros. "Acho que as calças do Clive seriam crime hoje em dia.

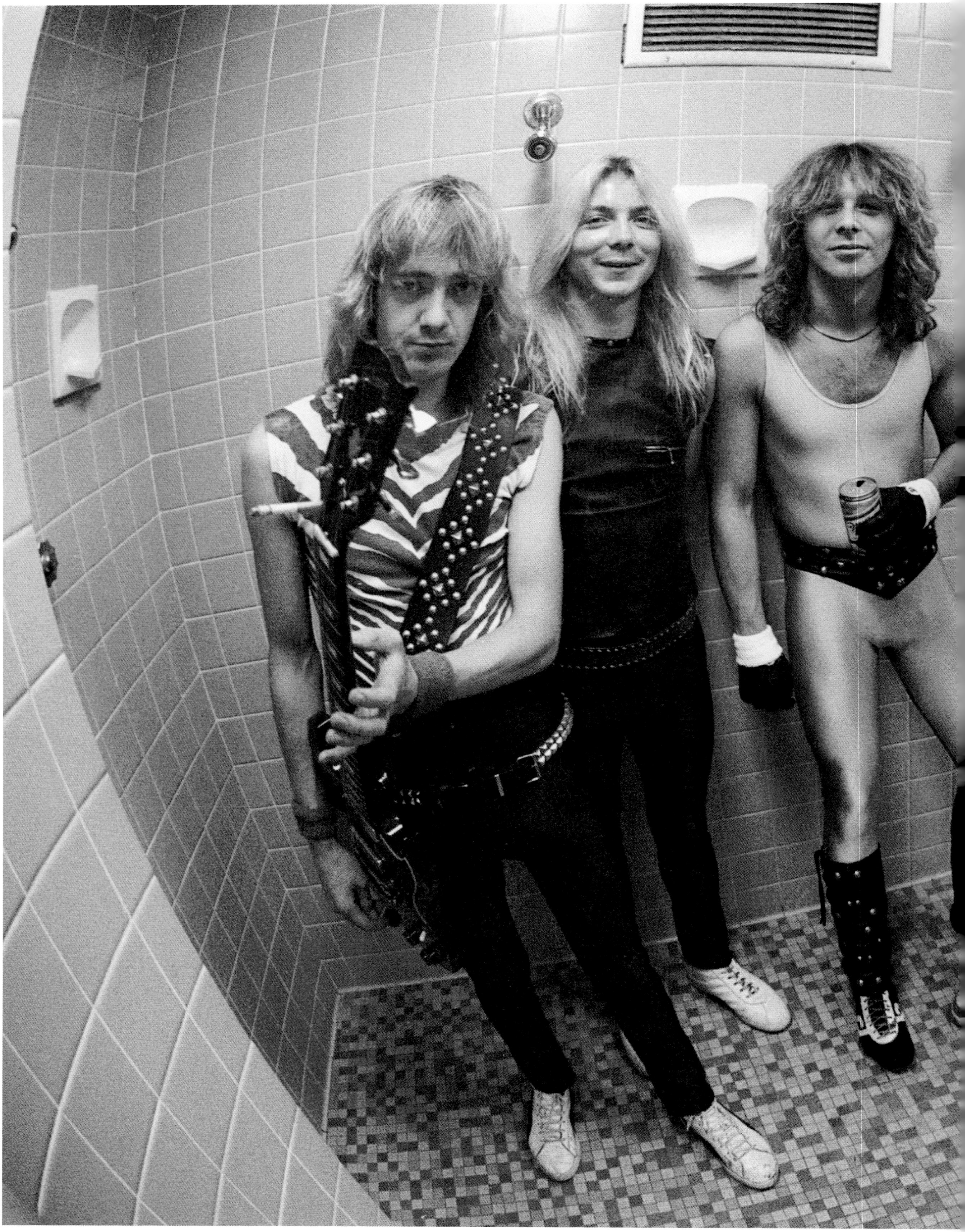

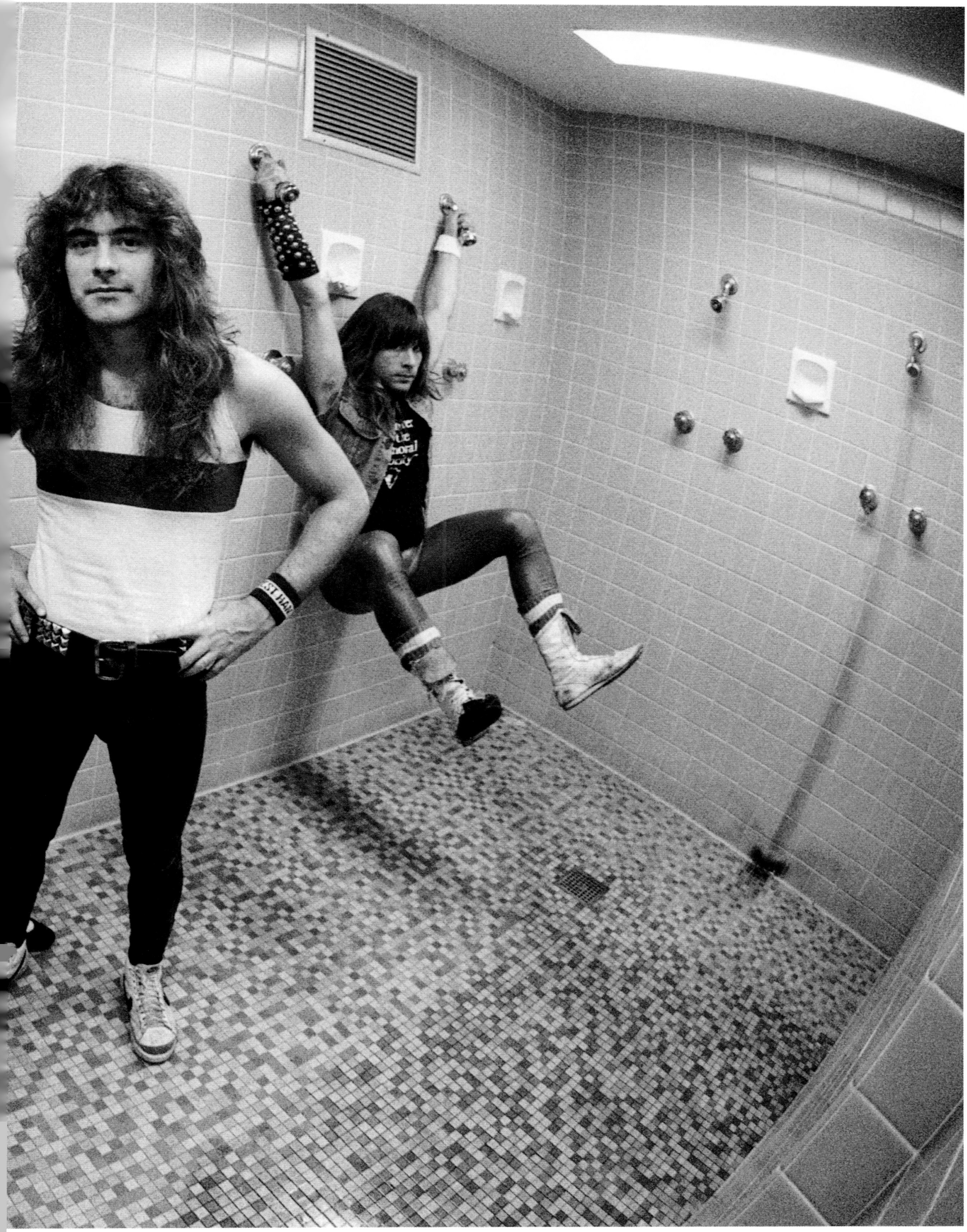

NESTA PÁGINA Nos bastidores do festival Reading Rock, onde o Maiden foi a atração principal em 28 de agosto de 1982. Embaixo, Bruce e Steve imitam a capa do álbum *Blackout* do Scorpions. A banda passou várias semanas naquele ano abrindo para os alemães.

NA PÁGINA AO LADO Bruce e Dave conquistando Reading. "Todas as minhas fantasias mais loucas haviam se realizado", escreveu Bruce em sua autobiografia. "Álbum número 1 na parada, sucesso no Japão, turnês americanas, atração principal do Reading Festival."

1982–1988

ONDE OS BRAVOS OUSAM

2a.

2b.

3a.

3b.

4a.

4b.

5a.

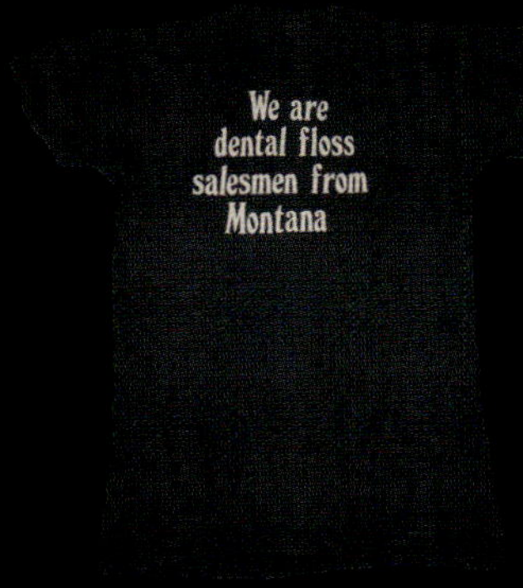

5b.

"Antes de *The Number of the Beast*, fazíamos parte da New Wave of British Heavy Metal", observou Rod. "Depois, o Maiden virou um grande nome mundial." A banda entrou para a história com a épica turnê The Beast On The Road, que os levou de Nuremberg a Nagoya. E aproveitaram a crescente demanda por merchandising com artes personalizadas para diferentes datas da turnê. O esforço valeu a pena, especialmente nos EUA. Em junho, enquanto o Maiden se apresentava no Tennessee como convidado do 38 Special, *The Number of the Beast* entrou no Top 40 da Billboard pela primeira vez. **1.** Camiseta The Beast

6a.  **6b.**

7a.  **7b.**  **8a.**  **8b.**

9a. 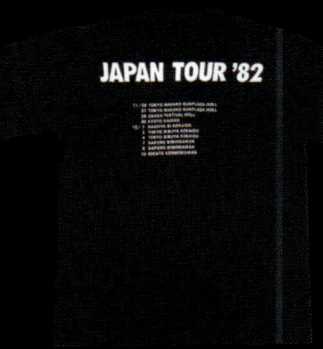 **9b.**  **10a.**  **10b.**

in New York, 1982. **2.** Camiseta da turnê australiana Unleash the Beast, 1982. **3.** Camiseta da turnê The Beast On The Road com datas europeias. **4.** Camiseta promocional de *The Number of the Beast*, 1982, distribuída pela rádio KRQR. **5.** Camiseta feita para a banda e equipe, cansados de responder se faziam parte de alguma banda. O texto nas costas fazia referência à música "Montana", de Frank Zappa. **6.** Versão raglan com mangas camufladas do Reading Festival, 1982. **7.** Camiseta da turnê mundial de *The Number of the Beast*, versão americana. **8.** Camiseta The Beast Cracks the West Coast, com Eddie surfando em um tubarão. **9.** Camiseta da turnê japonesa, 1982. **10.** Reading Festival (1982). As datas nas costas estão erradas: o Maiden tocou em El Paso em 18 de agosto e Long Beach em 1º de setembro.

1982–1988 ONDE OS BRAVOS OUSAM 115

uma pesquisa pública organizada pela HMV o elegeu o melhor álbum britânico das últimas seis décadas, superando nomes como Beatles, Pink Floyd e Queen. "Espantado e encantado" foi a reação de Bruce Dickinson.

ALGO PARA SE PENSAR

Um hotel fora de temporada na Ilha de Jersey foi o local de criação do tão aguardado quarto álbum do Iron Maiden. A banda se instalou no Le Chalet em janeiro de 1983 para seis semanas intensas. Situado em uma encosta arborizada com vista para a baía, o grande salão de jantar foi transformado em estúdio de ensaio, e os estoques de bebidas do hotel sofreram um duro golpe. "24 caras com um bar 24 horas", brincou Bruce.

O álbum marcou outra mudança drástica na formação da banda. Steve Harris estava preocupado com os excessos de Clive Burr e como isso impactava em suas performances. Bruce Dickinson sugeriu que, no fundo, havia um choque de personalidades: "Clive entrou em uma espécie de embate com Steve. Ele era teimoso e não recuava, e Steve era teimoso e definitivamente não daria o braço a torcer. Então, você podia ver essa espiral se formando."

"Clive, que Deus o abençoe, era um ótimo baterista", declarou Adrian. "Ele impulsionou muito o álbum *The Number of the Beast*, mas seu estilo de vida o afetou um pouco." "Acho que foi algo parecido com o Paul...", sugeriu Dave. "Estávamos em turnê sem parar e ele começou a sair dos trilhos."

Mesmo fora da banda, o baterista continuou sendo parte da família Iron Maiden. As notas do encarte de *Piece of Mind* incluíam: "Um agradecimento muito especial a Clive Burr – boa sorte, cara". E quando ele foi diagnosticado com esclerose múltipla no final dos anos 1990, o Maiden ajudou a criar o Clive Burr MS Trust Fund e realizou dois shows na Brixton Academy para arrecadar fundos para ele.

Com a morte de Clive Burr em março de 2013, quatro dias após seu 56º aniversário, Steve Harris expressou sua tristeza: "Clive era um velho amigo de todos nós, uma pessoa maravilhosa e um baterista incrível que contribuiu de forma valiosa para o Iron Maiden."

NESTA PÁGINA As primeiras fotos de Nicko McBrain como integrante do Iron Maiden, tiradas em Jersey durante os preparativos para *Piece of Mind*. "É um lugar bem agradável", lembrou Dave. "E ainda tínhamos nosso próprio mordomo!"

NA PÁGINA AO LADO Aproveitando ao máximo um bunker em La Corbière, na costa sudoeste de Jersey.

A segunda turnê da banda pela América do Norte, no verão de 1982, os levou a grandes arenas como convidados especiais do Rainbow no Centro-Oeste, do .38 Special e do Judas Priest no sudeste dos EUA e, finalmente, a estádios no oeste do Canadá e no noroeste americano com o Scorpions. Apesar da total falta de apoio nas rádios – geralmente considerado crucial nos EUA –, *The Number of the Beast* alcançou a 33ª posição no país, um salto de 45 posições em relação a *Killers*, em grande parte graças às apresentações ao vivo.

Na Grã-Bretanha, o álbum recebeu disco de ouro em menos de um mês e ficou nas paradas por 31 semanas. O sucesso se espalhou pelo mundo, com o Top 10 em países como Áustria e Austrália. Mas, mais importante, *The Number of the Beast* redefiniu o cenário do metal. Lars Ulrich, do Metallica, disse: "Ele mudou tudo para nós, mostrou o que o metal poderia ser." Trinta anos depois,

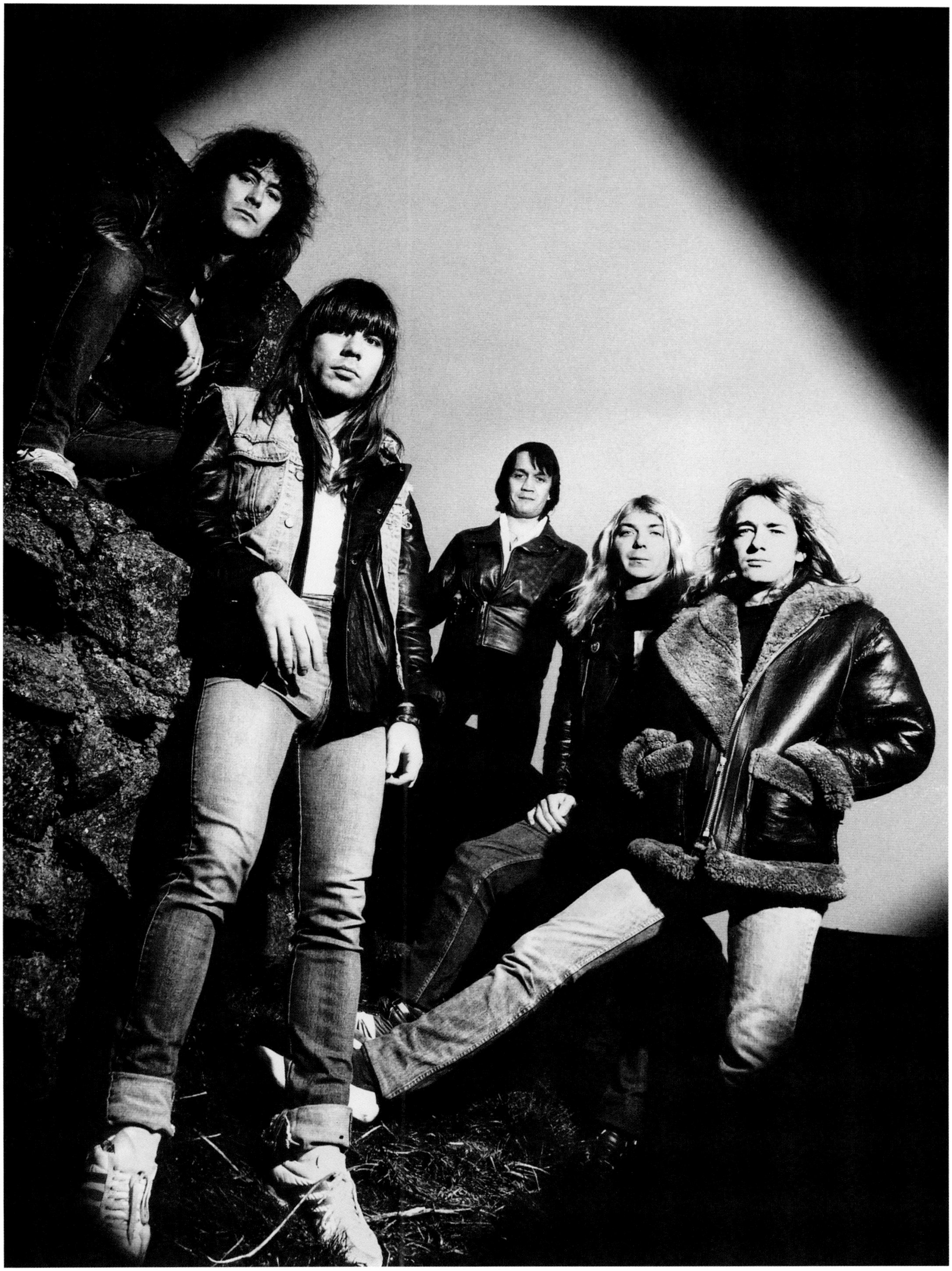

UMA CARTA FORA DO BARALHO

Steve e Dave conheceram Nicko McBrain em um pequeno festival indoor na Bélgica, no final de 1979, onde o Iron Maiden fez um show único. Nicko tocava com a banda McKitty, que também fazia parte do evento. Rod Smallwood, amigo de Nicko desde 1975, quando a banda dele, Streetwalkers, abriu para o Cockney Rebel em Nova York, os apresentou. Anos depois, Nicko se juntou à banda francesa Trust, que abriu os shows do Maiden na etapa britânica da Killer World Tour. Foi nessa época que eles se conheceram melhor.

Michael Henry McBrain, londrino apelidado de "Nicky" pelos pais e que mais tarde adotou "Nicko", iniciou sua jornada na bateria aos dez anos, inspirado por lendas do jazz como Buddy Rich, Gene Krupa e Joe Morello, do Dave Brubeck Quartet. Em 1975, ele se juntou à banda britânica Streetwalkers, com quem gravou dois álbuns. "Adorei. Cresci com muitas bandas de soul. Minha especialidade era o funk, e eu não me interessava muito por rock pesado até mais tarde na minha carreira", revelou Nicko. Ele ganhou destaque em um power trio liderado pelo guitarrista canadense Pat Travers e, em 1981, juntou-se à banda francesa Trust, o que o colocou na órbita do Iron Maiden.

O senso de humor e a natureza falastrona de Nicko às vezes causavam atrito, resultando em demissões de bandas. No entanto, sua habilidade técnica era inquestionável, impressionando Bruce Dickinson. "Ele tinha todas as habilidades que você poderia desejar... Nicko podia fazer qualquer coisa. É por isso que Steve o queria, tenho certeza, porque isso abriu a possibilidade do Maiden se tornar não apenas uma banda que fazia músicas de quatro minutos, mas uma que faria 'Rime of the Ancient Mariner'", disse Bruce. O novo baterista fez sua primeira aparição como membro do Maiden na TV alemã, mas, devido a um anúncio oficial pendente, ele estava mascarado como Eddie. Curiosamente, Clive Burr mais tarde se juntaria ao Trust.

A banda, em ritmo acelerado, logo começou a criar material novo. As músicas sofisticadas foram complementadas por letras inspiradas em obras de literatura e cinema, como G. K. Chesterton e Aleister Crowley ("Revelations"), Alfred, Lord Tennyson ("The

Trooper"), Yukio Mishima ("Sun and Steel") e Alistair MacLean ("Where Eagles Dare"). Já "To Tame a Land" foi inspirada no épico de ficção científica *Duna*, de Frank Herbert, mas ele se recusou a permitir que o Iron Maiden usasse o título, considerando a banda "desagradável".

Em tom de deboche à recém-descoberta reputação satânica da banda, uma mensagem ao contrário abriu a música "Still Life". "Estávamos fartos de sermos rotulados como adoradores do diabo e todas essas bobagens por esses idiotas dos Estados Unidos", disse Nicko McBrain, mais tarde um cristão regenerado. "Nós pensamos: 'Certo, vocês querem tirar sarro? Nós vamos mostrar como se tira sarro, meu filho!'" O baterista imitou o ator cômico John Bird, que imitava o notório presidente de Uganda, Idi Amin, concluindo: "Não se meta com coisas que você não entende". A gravação foi então invertida. "Se as pessoas iam ser estúpidas sobre esse tipo de coisa, poderíamos muito bem dar a elas algo para serem *realmente* estúpidas!"

VOE TÃO ALTO QUANTO O SOL

Com o sucesso, a banda saiu do frio da Ilha de Guernsey, onde compunham e ensaiavam. Em fevereiro de 1983, eles se instalaram no Compass Point Studios, nas Bahamas, para um mês de gravações. Martin Birch mais uma vez assumiu a produção do álbum.

As praias particulares de areia branca e mar cristalino do Compass Point tornaram o local um destino popular para astros de rock e reggae. O ambiente relaxante, no entanto, também representava tentações. As festas dos Rolling Stones na ilha, por exemplo, eram lendárias.

Apesar do cenário paradisíaco, a gravação não foi fácil. O estúdio não tinha ar-condicionado, e a banda enfrentou o calor intenso, com Bruce precisando interromper as gravações para se refrescar. A solução encontrada foi agendar as sessões para a noite e aproveitar o dia para relaxar com daiquiris de banana.

Nas Bahamas, o título provisório do álbum, *Food for Thought*, foi substituído por *Piece of Mind*. Steve Harris teve a ideia original de colocar Eddie em uma cela acolchoada, Rod Smallwood acrescentou a lobotomia e o título, e Derek Riggs criou a arte da capa: Eddie acorrentado em uma cela acolchoada, com uma cicatriz grotesca sugerindo uma lobotomia. "As letras falavam sobre lutas mentais, guerra e mitologia, então eu queria que Eddie parecesse intenso e um tanto contido", lembrou Riggs. "Era como se ele fosse perigoso demais até mesmo para seus captores; como se eles pudessem contê-lo fisicamente, mas nunca mentalmente." → p. 125

NESTAS PÁGINAS "Gravar nas Bahamas foi uma experiência incrível", recordou Adrian. "Era um verdadeiro paraíso tropical." Steve com Rod (página oposta); Bruce posa ameaçadoramente em frente a um carro queimado perto de Nassau (topo); Nicko provavelmente bebendo Coca-Cola batizada (centro); Bruce e Steve com o produtor, creditado no álbum como Martin "Marvin" Birch (embaixo). "Marvin" era o alter ego de Birch movido a rum.

PIECE OF MIND
1983
[Álbum]

O quarto álbum do Iron Maiden apresenta uma das capas mais icônicas da banda, embora a concepção de sua arte não tenha sido um processo linear. Derek Riggs: "A ideia inicial foi do Steve Harris. Ele insistia em ter o Eddie sentado no canto de uma cela acolchoada, com uma aparência insana. Ele pode ser bem enfático com certas coisas! Então comecei a trabalhar nessa ideia.

Uns dias depois, fui chamado para uma reunião e me pediram para recomeçar, para criar a imagem do meu jeito." Rod: "A criação de *Piece of Mind* foi um esforço conjunto. O Steve teve a ideia do Eddie numa cela acolchoada, mas achei que não era o bastante, então sugeri a lobotomia." O título do álbum também foi reconsiderado: "Por um tempo, pensamos em *Food for Thought*, com o cérebro na capa", recordou Rod. "Mas então surgiu *Piece of Mind*, e esse título simplesmente soou mais impactante." *Piece of Mind* alcançou o 3º lugar no Reino Unido e permaneceu nas paradas por dezoito semanas. Em 1983, foi eleito o melhor álbum de metal de todos os tempos em uma pesquisa da revista *Kerrang!*.

FLIGHT OF ICARUS
1983
[Single]

Inspirado no mito grego de Ícaro, que ousou voar perto demais do sol com asas de cera e penas, o single de estreia de *Piece of Mind* alcançou a 11ª posição no Reino Unido, quase entrando no Top 10. De forma ainda mais notável, proporcionou ao Maiden seu primeiro sucesso no Top 10 da parada Mainstream Rock da *Billboard*, impulsionado pela execução nas rádios americanas. O single trazia no lado B um cover de "I Got the Fire" — grafado "I've Got the Fire" — do Montrose, a banda que lançou Sammy Hagar. Essa foi a segunda vez que a música apareceu em um single do Maiden; uma versão ao vivo já havia sido o lado B de "Sanctuary" em 1980. "Éramos todos muito fãs do Montrose", exalta Steve. Derek Riggs relata que sua arte contém um *easter egg*. "Se você observar bem a capa do single", explicou ele, "há uma pequena caixa no céu. Aquela caixa é a cela acolchoada do Eddie!"

THE TROOPER
1983
[Single]

"The Trooper", um verdadeiro hino do metal, nasceu da inspiração no poema "Charge of the Light Brigade" de Alfred Tennyson, que narra uma heroica, porém fútil, carga da cavalaria britânica durante a Guerra da Crimeia em 1854. O segundo single de *Piece of Mind* alcançou a 12ª posição no Reino Unido. O lado B apresentava um cover de "Cross-Eyed Mary", do álbum *Aqualung* (1971), do Jethro Tull. "Junto com 'Flight of Icarus'", lamentou Rod, "esta foi a única faixa que realmente tocou nas rádios americanas. A gravadora queria que a adicionássemos ao álbum depois do lançamento... nem pensar." Sobre a capa, Steve declarou: "Derek Riggs estava no auge! Ainda considero essa uma das nossas melhores artes. E ela está tatuada no meu braço!" "The Trooper" é a música mais popular do Maiden no Spotify, com mais de 500 milhões de reproduções em 2025, e no YouTube, com mais de 108 milhões de visualizações. Também deu nome à linha de cervejas do Maiden — que, comentou Bruce, "tem um sabor que impressiona, superando as expectativas, mas sem chegar a nocautear!"

> Half a league, half a league,
>   Half a league onward,
> All in the valley of Death
>   Rode the six hundred.
> "Forward, the Light Brigade!
>   Charge for the guns," he said:
> Into the valley of Death
>   Rode the six hundred.

> Cannon to right of them,
> Cannon to left of them,
> Cannon in front of them
>   Volley'd and thunder'd;

> When can their glory fade?
>   O the wild charge they made!
> All the world wonder'd.
>   Honor the charge they made!
> Honor the Light Brigade,
>   Noble six hundred!

IRON MAIDEN: INFINITE DREAMS

PARTE DOIS

BANDEIRA DO REINO UNIDO EM "THE TROOPER"
SOMEWHERE BACK IN TIME WORLD TOUR 2008-2009

Nas apresentações ao vivo de "The Trooper", Bruce surge com um autêntico casaco vermelho de cavalaria britânica do século XIX, brandindo a bandeira do Reino Unido com desafio.

NA PÁGINA AO LADO Dirigido por Jim Yukich, o videoclipe de "The Trooper" misturou cenas do filme de 1936 *The Charge of the Light Brigade*, o que resultou em sua proibição pela BBC devido às imagens violentas. Rod resmungou: "Qualquer um pensaria que nós mesmos tínhamos matado os cavalos, em vez de usar um filme antigo do Errol Flynn."

the Clayton Inn

O god of earth and altar
Bow down and hear our cry
Our earthly rulers falter
Our people drift and die
Our walls of gold entomb us
And swords of scorn divide,
Take not thy thunder from us
But take away our pride.

Tie in a living tether
The prince and priest and ~~us all~~ thrall
Bind all our lives together
Smite us and save us all

A Member of the Preferred Hotels Association
SEVENTY-SEVEN FIFTY CARONDELET • ST. LOUIS, MO. 63105 • PHONE 314-726-5400

O God of Earth and altar
Bow down and hear our cry
Our earthly rulers falter
Our people drift and die
Our walls of Gold entomb us
The swords of scorn divide
Take not thy thunder from us
But take away our pride.

Just a babe in a black abyss
No reason for a place like this
The walls are cold.
And souls cry out in pain
There an easy way for the blind to go
But a clever path for the fools who know
The secret of the hanged man, — the smile on his lips

The light of the blind ya'll see
The venom that tears my spine
The eyes of the wise are opening ya'll see

She came to me with a serpents kiss
As the eye of the sun closed on her lips
The moonlight catches silver tears that I cry
So we lay in a black embrace
Bodies hollow but filled with grace
And I watched, and I waited for the dawn,

Sunlight falling on your steel
Death in life is your ideal
Life is like a wheel

You killed your first man at 13
Killer instinct animal supreme
By 16 you had learned to fight
The way of the warrior you took it as your right.

Through earth and water
Fire and wind you came at last
Nothing was the end
Make you a cut by fire and stones
Take a blade and break you both in two.

If your gonna die.

~~Rif~~. St Intro chorus chords. — riff.
V.
B.
Ch.
V
B
ch.
Arpeggio solo bits in A. x4
2 x A F D A with melody.
2 x " " " + vox chorus impro.
2 x " " + guitar solo nts.
Bridge
Chorus
Chorus.
End. Diddy dee bomp!!!

Lançado em maio de 1983, *Piece of Mind* foi mais um sucesso internacional, alcançando a 14ª posição nos Estados Unidos, um novo recorde para a banda no país. O álbum também contou com o sucesso do single "Flight of Icarus", que obteve boa performance na *Billboard*. A apreciação dos fãs, que foram homenageados como "Headbangers, Earthdogs, Hell Rats e Rivetheads" no encarte do álbum, foi ainda mais impressionante. Apenas quatro meses após o lançamento, os leitores da revista *Kerrang!* elegeram *Piece of Mind* como o melhor álbum de todos os tempos, com *The Number of the Beast* em segundo lugar.

"*Piece of Mind* foi, sem dúvida, o nosso melhor álbum até então", refletiu Steve Harris. "E essa opinião se manteve até o lançamento de *Seventh Son*. Foi o primeiro álbum com Nicko, sentíamos que estávamos em alta, e essa energia transparece nas músicas."

Poucas semanas após a finalização de *Piece of Mind*, o Iron Maiden embarcou em uma exaustiva turnê mundial de 139 datas, a primeira como atração principal. O giro incluiu uma extensa série de shows em arenas da América do Norte, com destaque para a primeira apresentação esgotada no Madison Square Garden, com capacidade para 19.500 pessoas.

Os frutos das turnês de apoio nos EUA finalmente começaram a aparecer. Essa etapa foi realizada sob a alcunha de British Metal Onslaught, com Saxon e Fastway como bandas de abertura. A World Piece Tour foi encerrada em dezembro com dois shows em Dortmund, que também tiveram apresentações de Ozzy Osbourne, Judas Priest, Scorpions e Def Leppard, transmitidas pela TV em toda a Alemanha.

ISSO SIM É MÚSICA, PORRA!

A fama aguçou o apetite do Iron Maiden. Sedentos por dominação mundial, eles retornaram às Ilhas do Canal em janeiro de 1984. "Não fazemos ideia do que vamos compor", revelou Steve Harris. "Será tudo totalmente novo... porque nunca compomos na estrada". E, mais uma vez, a gravação ocorreu nas Bahamas. "Nós nos divertimos tanto fazendo *Piece of Mind*", comentou Steve, "que tivemos que voltar". → p. 136

NA PÁGINA AO LADO Letras manuscritas de Bruce para "Revelations" (topo) e "Sun and Steel" (abaixo, à esquerda); e seus acordes para "Die with Your Boots On" (abaixo, à direita). "'Revelations'", disse ele, "foi uma alfinetada em todos os malucos 'defensores da moral e dos bons costumes' que acusavam o Maiden de ser satanista".

À DIREITA Dave e Bruce posando com um bolo em forma de cérebro na festa de lançamento de *Piece of Mind*.

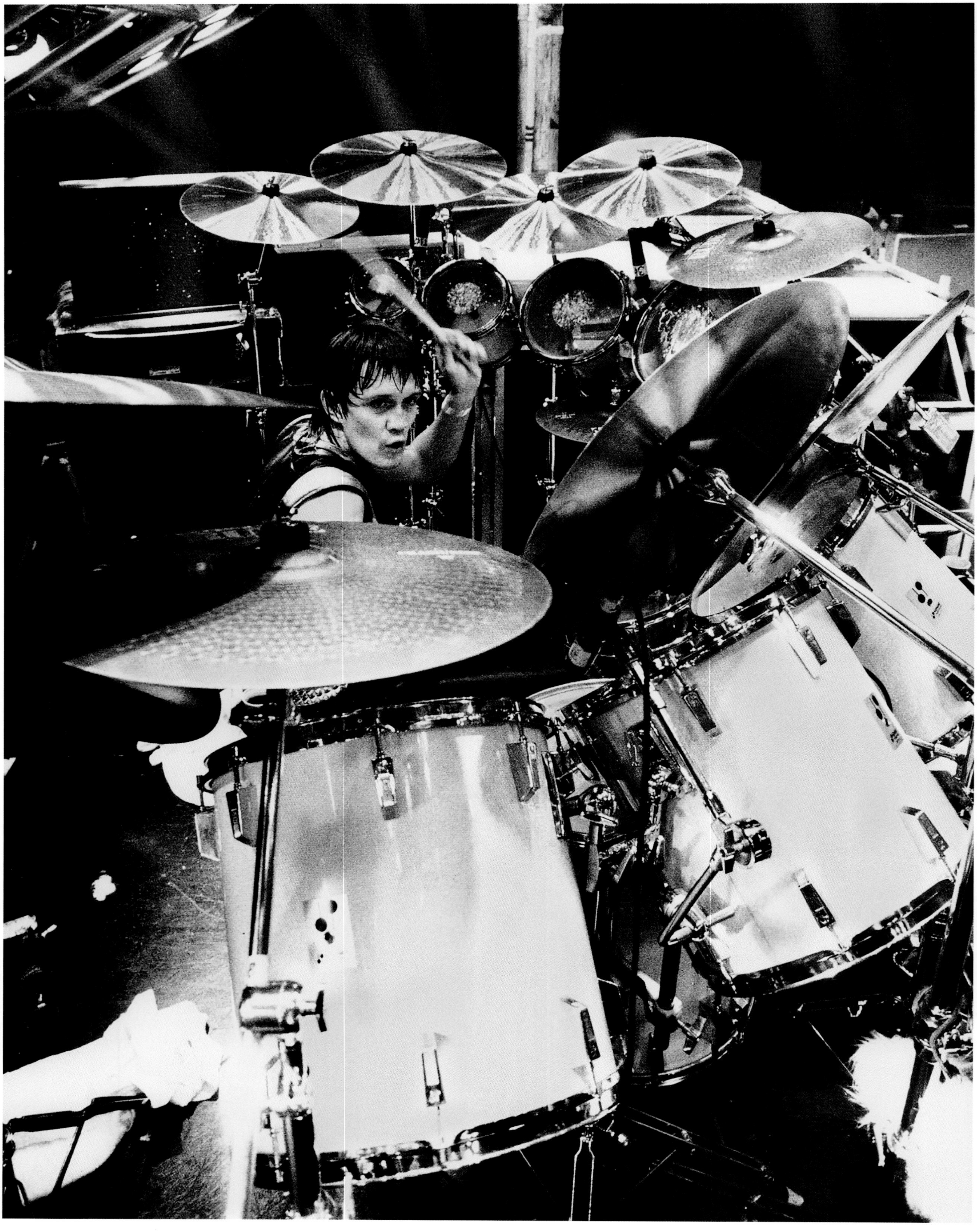

NA PÁGINA AO LADO Na World Piece Tour, Nicko estreou oficialmente com o Maiden, tocando uma bateria branca Sonor Phonic Plus, que ele havia modificado com sua caixa Ludwig Super Sensitive predileta. "Comprei-a em 1975", recordou. "Gravei todos os álbuns do Maiden até *No Prayer for the Dying* com ela."

ACIMA Os guitarristas do Maiden tocaram uma variedade de instrumentos na World Piece Tour de 1983. Apesar de serem conhecidos principalmente por suas Stratocasters, Dave e Adrian são vistos aqui utilizando guitarras Dean: Dave com uma Dean V (acima, à esquerda) e Adrian com uma Dean Baby ML cherry-burst (acima, à direita).

NAS PÁGINAS SEGUINTES Steve, Eddie, Dave e Bruce na World Piece Tour. À esquerda, Steve toca seu Fender Precision repintado; era preto, depois branco e, em 1983, azul. "Quest for Fire" e "Sun and Steel" foram as únicas músicas do álbum não tocadas na turnê.

IRON MAIDEN: INFINITE DREAMS

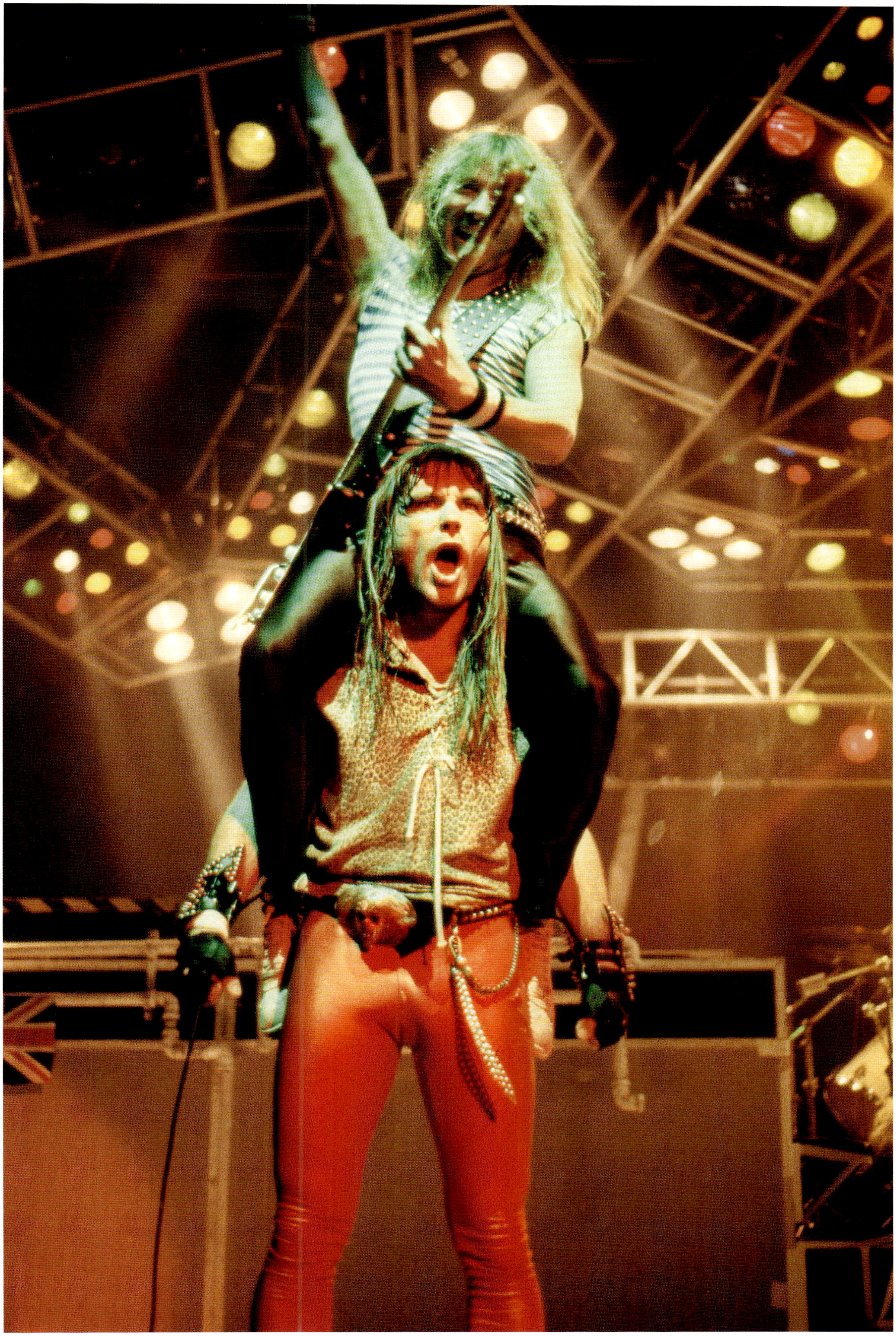

NESTAS PÁGINAS E NAS SEGUINTES Nos bastidores da etapa americana da World Piece Tour (acima e na página ao lado) e incendiando o palco em 1983 (nas páginas seguintes). Em entrevista à *Metal Attack* no final da turnê, Bruce se entusiasmou: "Pela primeira vez fomos *headliners* nos Estados Unidos, esgotamos os ingressos para mais de vinte shows, incluindo uma apresentação fantástica para 18 mil pessoas no Madison Square Garden, em Nova York." Embora a vida na estrada fosse implacável e cansativa, Bruce concluiu: "Talvez existam outros caminhos para a riqueza e a glória, mas a vida não se torna mais interessante quando nos questionamos constantemente?"

ONDE OS BRAVOS OUSAM

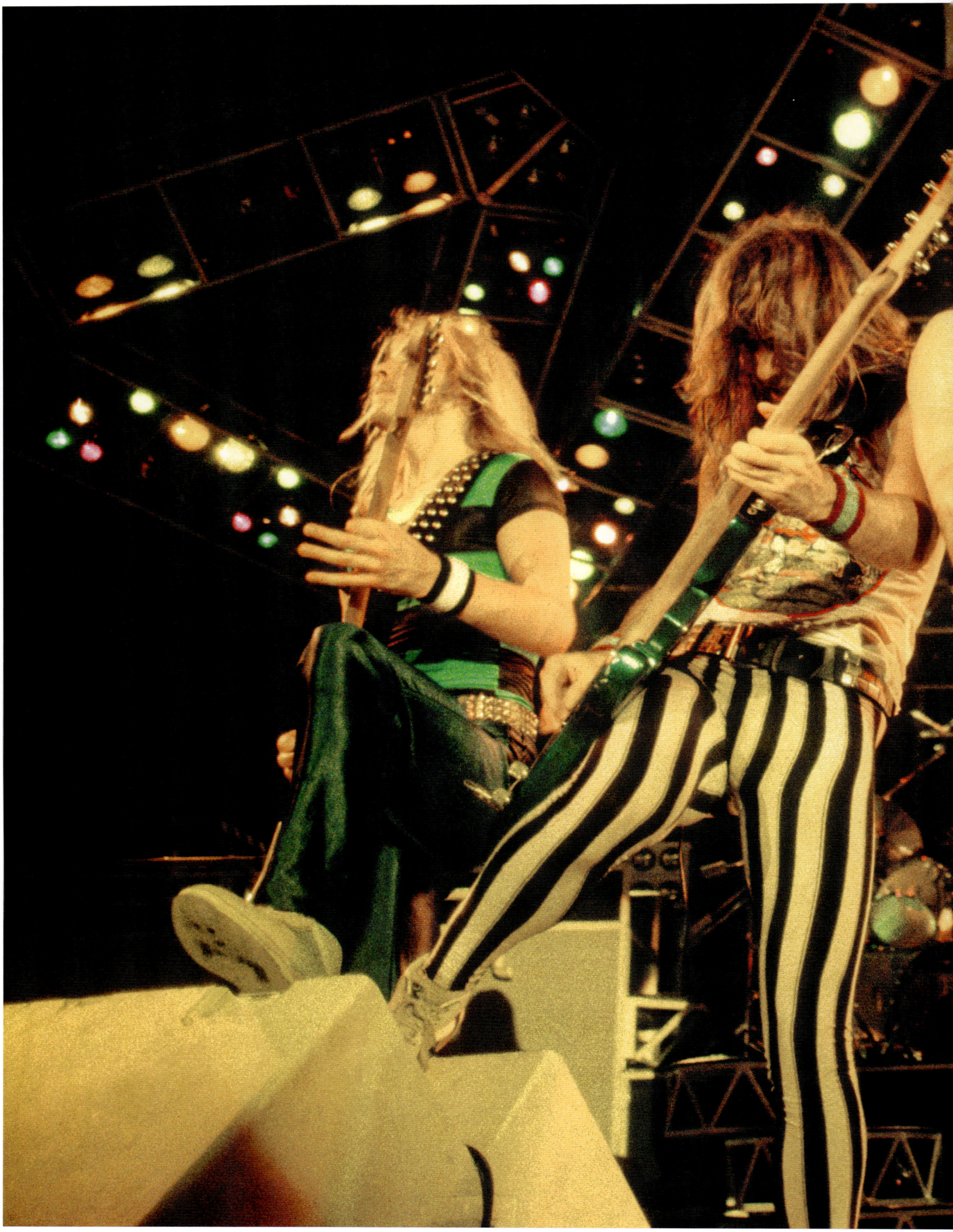

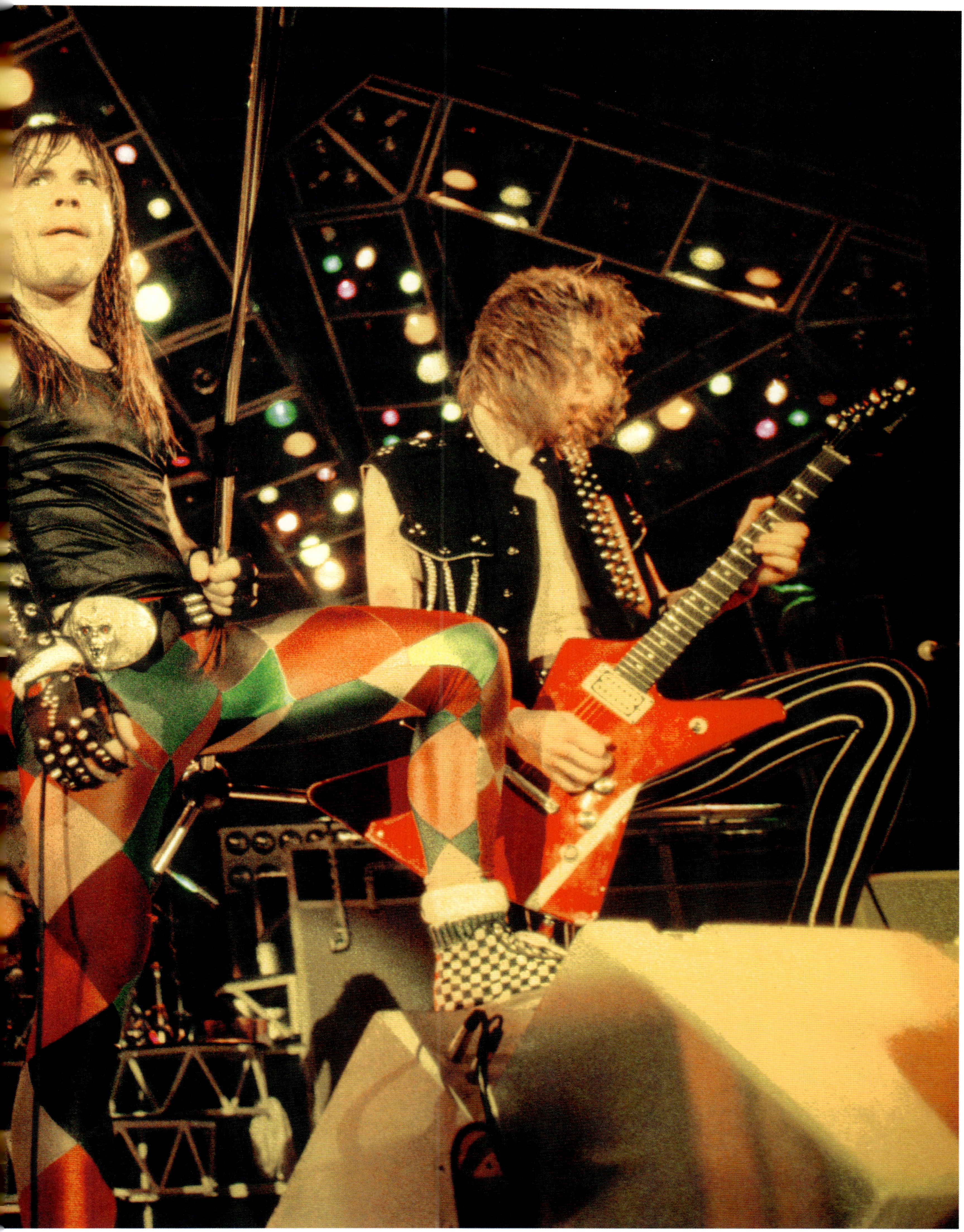

2a. **2b.** **3a.** **3b.**

4a. **4b.** **5.** **6.**

O merchandising da World Piece Tour aproveitou ao máximo os temas do cérebro e do Eddie lobotomizado do álbum, e a impactante arte do single "The Trooper". O Michael Schenker Group abriu a etapa europeia da turnê, em novembro e dezembro. Como membro do UFO, Schenker havia coescrito — e continuava a tocar — "Doctor Doctor", música que o Maiden adotaria como introdução em seus shows.

1. A arte do single "The Trooper" foi adaptada para esta regata "Remember the Alamo", de 1983 — como na The Beast On The Road Tour, camisas específicas foram feitas para os shows no Texas. **2.** Camiseta

7a. **7b.**

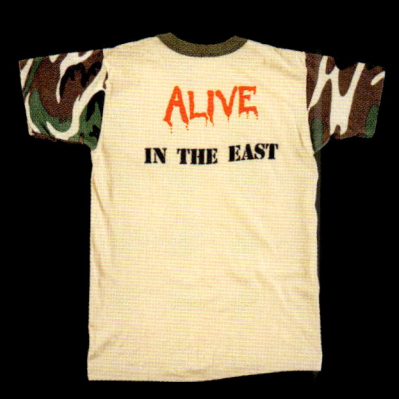

8a. **8b.** **9a.** **9b.**

10a. **10b.** **11a.** **11b.**

europeia da World Piece Tour, 1983. **3.** Camiseta raglan americana da turnê, 1983. **4.** Camiseta raglan de "Purgatory", supostamente feita para ser distribuída a executivos de TV americanos para fins promocionais.

5. Camiseta japonesa com efeito 3D de Eddie, 1983. **6.** Camiseta australiana de "The Trooper", 1983. **7.** Camiseta raglan de 1983 para o show em Nova York, esgotado antes mesmo da confecção da

camisa. Mostra Eddie sobrevoando o Madison Square Garden, com o skyline de Nova York do outro lado do R o Hudson ao fundo. **8.** Camiseta da World Piece Tour — parte 1 das datas europeias, 1983.

9. Camiseta americana da turnê, 1983. **10.** Camiseta camuflada de "Purgatory", 1983. **11.** Camiseta feita pela Zero Productions (responsável pela parte francesa da turnê), para a banda e equipe técnica.

1982–1988 ONDE OS BRAVOS OUSAM 135

"[POWERSLAVE É] UMA DAS MINHAS CAPAS FAVORITAS, POSSIVELMENTE DE TODOS OS TEMPOS, MAS CERTAMENTE DO MAIDEN."

– BRUCE DICKINSON

Bruce Dickinson sugeriu um tema egípcio para o álbum. "Ele fez a turnê de *Piece of Mind* levando um gravador japonês cheio de ideias, riffs, arranjos e tal, e o tema egípcio estava lá", lembrou Adrian Smith. "Todos com quem ele conversou sobre isso ficaram realmente impressionados, então foi nessa direção que seguimos."

A peça central do álbum era a épica "Rime of the Ancient Mariner", com seus treze minutos de duração, inspirada no poema homônimo do século XVIII de Samuel Taylor Coleridge sobre um marinheiro que amaldiçoa seu navio ao matar um albatroz. "A ideia maluca foi de Steve", declarou Adrian Smith. "Quando ele apresentou a música, eu soube que tínhamos que fazê-la, porque nunca tinha ouvido nada parecido antes... Steve estava tão empolgado que contagiou a todos. É tão dramática, como não gostar?"

"O engraçado é que ninguém imaginava que a música teria treze minutos", comentou Steve Harris. "Todos nós gostamos tanto que achávamos que tinha apenas oito ou nove minutos, no máximo." Bruce Dickinson revelou: "Enquanto canto, visualizo a cena de mim em pé no convés de uma grande embarcação".

Para aumentar a expectativa, "2 Minutes to Midnight" foi lançada em agosto de 1984. Escrita por Adrian Smith e Bruce Dickinson, a música critica a corrida armamentista nuclear e faz referência ao Relógio do Juízo Final, que simboliza a proximidade da autodestruição do mundo. Ele havia marcado dois minutos para a meia-noite em 1953, quando EUA e URSS testaram bombas H. Três décadas depois, em 1984, o relógio voltou a marcar perigosamente perto da meia-noite, coincidindo com o lançamento de *Powerslave* em setembro e com as relações entre as nações da Guerra Fria atingindo, como observou a *Bulletin of the Atomic Scientists*, "seu ponto mais frio em décadas".

Powerslave estreou em segundo lugar nas paradas de álbuns do Reino Unido, logo atrás do primeiro álbum da série *Now That's What I Call Music*, coletânea de grandes sucessos que se tornaria extremamente popular. Inacreditavelmente, a EMI decidiu lançar *Now That's What I Call Music Powerslave* no mesmo dia de *Powerslave* sem avisar a banda. Essas coletâneas logo seriam excluídas das principais paradas por razões óbvias, mas em setembro de 1984, a própria EMI impediu a banda de alcançar o primeiro lugar. A reação da banda foi enviar ao diretor administrativo da EMI uma camiseta com a mensagem: "POWERSLAVE – NOW THAT'S WHAT I CALL FUCKIN' MUSIC".

Enquanto isso, Derek Riggs criou uma das capas mais marcantes da banda, retratando Eddie como uma divindade egípcia. "A banda me pediu para fazer algumas pirâmides com o Eddie", relembrou ele. "Achei que seria mais interessante transformar o Eddie em faraó e dar um toque mais grandioso, como um monumento."

A capa é repleta de detalhes escondidos e *easter eggs*. "Gosto de colocar coisas extras para as pessoas encontrarem", declarou Riggs. "Se você olhar bem de perto, verá algumas coisas estranhas." De fato, o que parecem ser hieróglifos egípcios na pirâmide na verdade significam "Bollocks", gíria britânica para "testículos".

E O NAVIO SEGUE VIAGEM

O tema visual egípcio se estendeu ao show mais grandioso do Iron Maiden. A World Slavery Tour apresentou pirâmides, sarcófagos, um Eddie mumificado de nove metros e pirotecnia espetacular. "Nunca tive problemas em fazer um grande show", proclamou Steve Harris. "Não entendo quando as bandas não se esforçam na encenação. Quatro caras que parecem ter se trocado no banheiro antes de subir ao palco não me interessam. Se você vai fazer um show, faça um show muito bom... para que as pessoas se lembrem dele." Anos depois, ele afirmou que foi "provavelmente o melhor show que já fizemos".

Com 189 shows em 332 dias, a monumental turnê que passou por 24 países começou de forma inovadora em agosto de 1984, na Polônia, Hungria e Iugoslávia, que ainda estavam sob a influência da Cortina de Ferro. Foi a primeira vez que uma banda de rock ocidental tocou em territórios que na época faziam parte do Bloco Oriental. → p. 144

NA PÁGINA AO LADO Placas de aviso criadas pelos travessos capangas de Rod Smallwood na porta da sala de controle do Compass Point Studios, em Nassau.

NAS PÁGINAS SEGUINTES "Dave e eu tínhamos virado a noite" festejando em Nassau, disse Adrian. "E então Ross Halfin chegou e disse: 'Temos uma sessão de fotos'. Dave e eu nos olhamos e pensamos: 'Fudeu'. Mas quem diria."

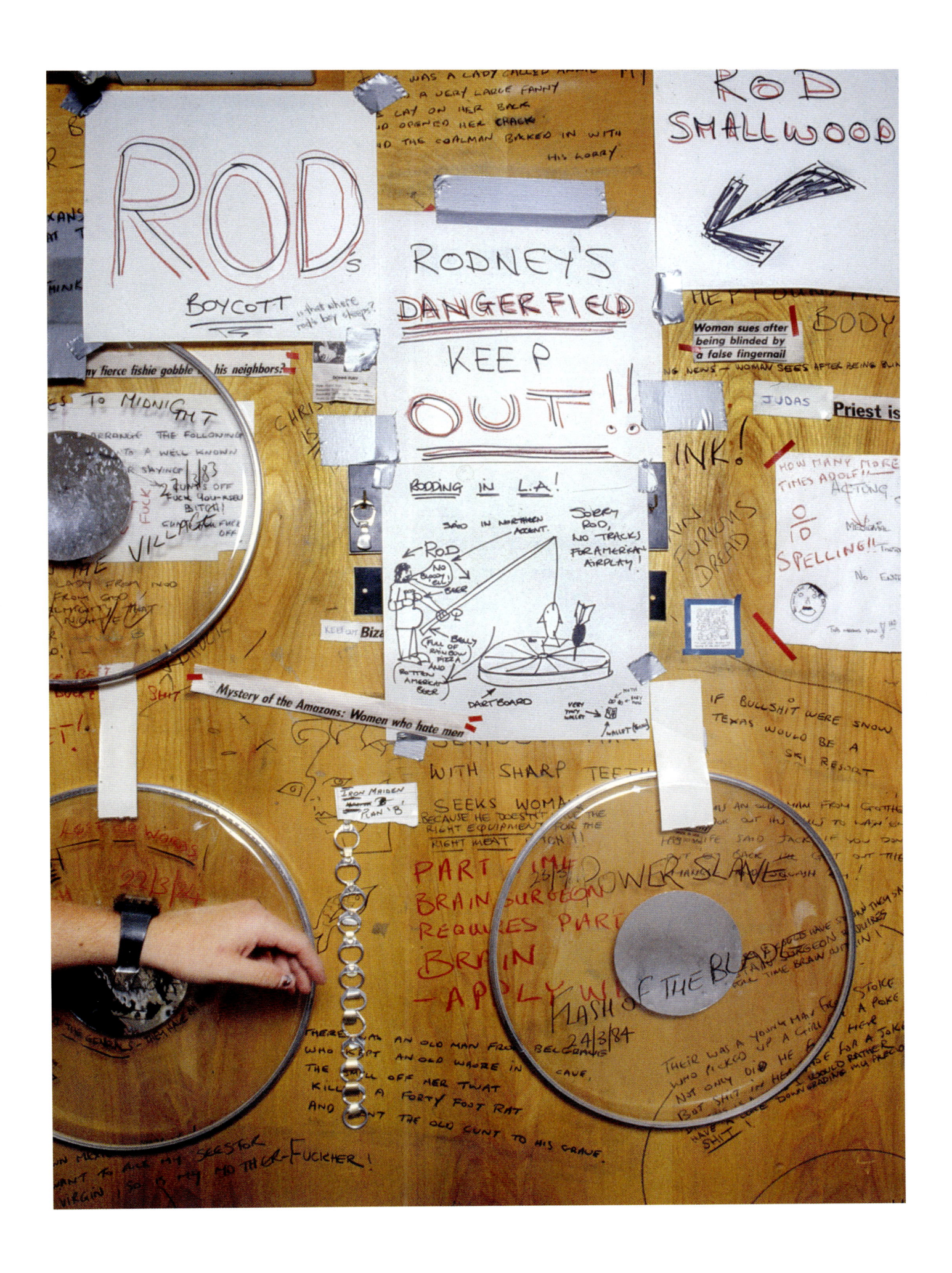

1982–1988

ONDE OS BRAVOS OUSAM 137

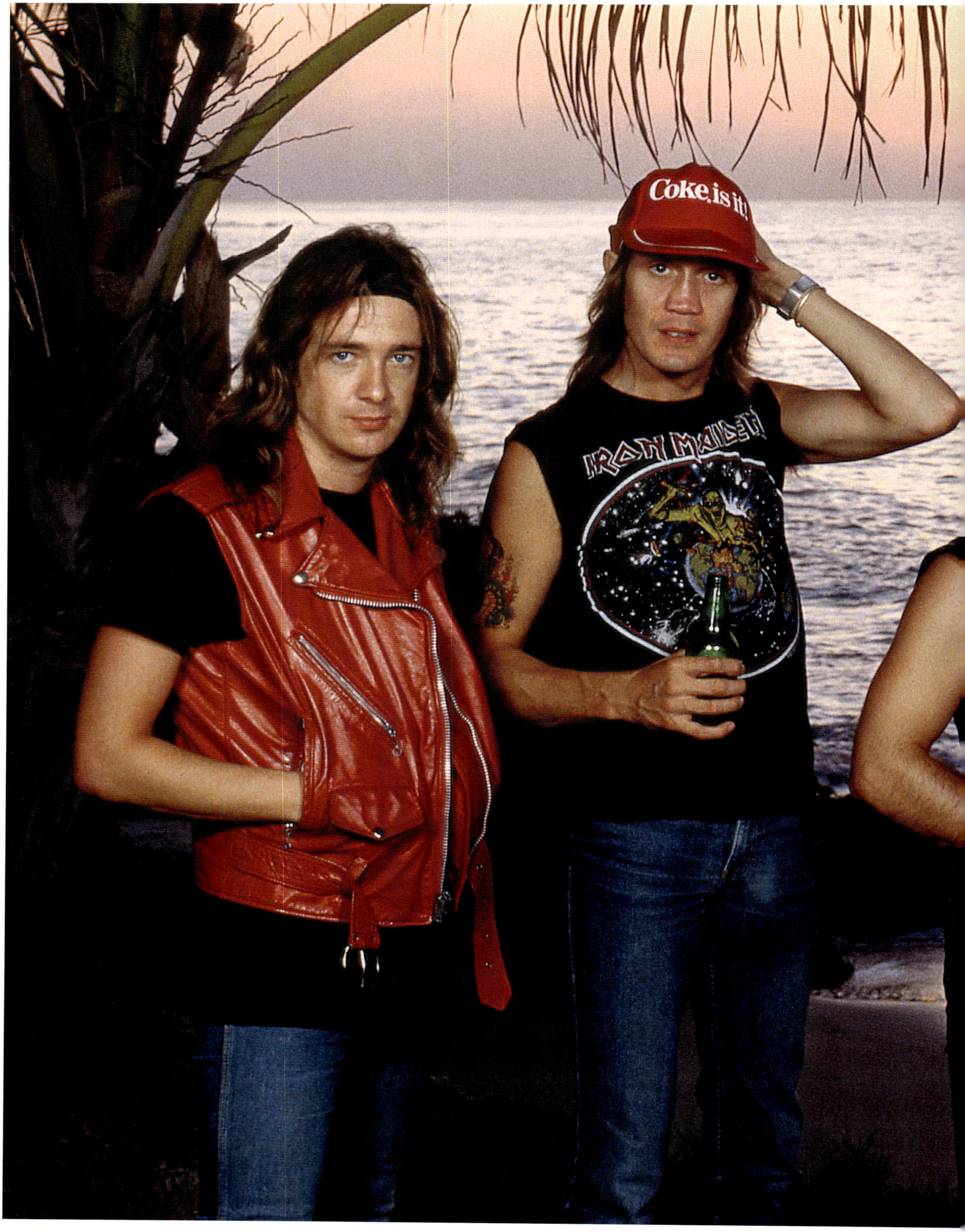
Coke is it!
IRON MAIDEN

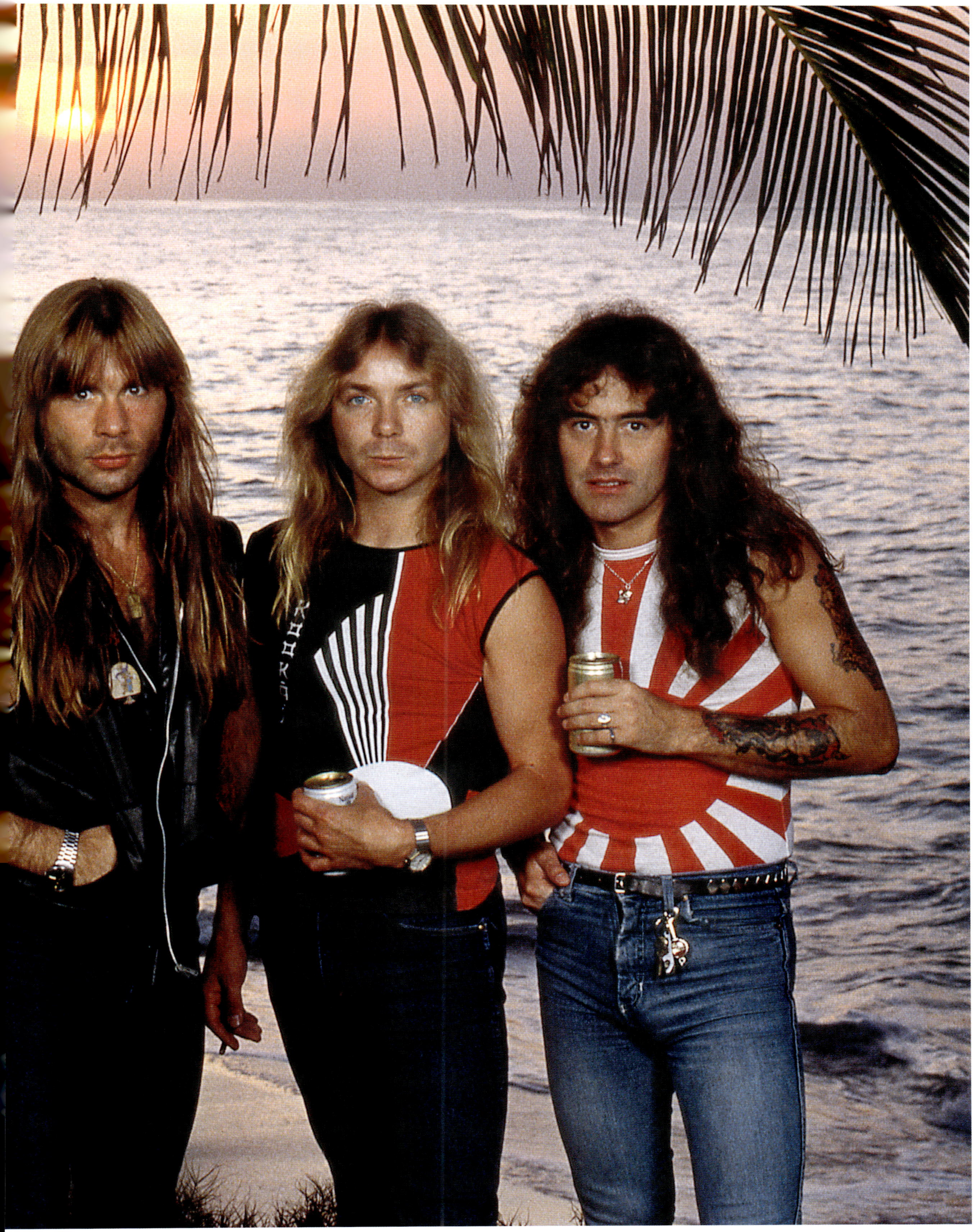

POWERSLAVE
1984
[Álbum]

O paraíso insular do Compass Point Studios, em Nassau, mostrou-se um local produtivo para a criação do quinto álbum do Maiden. No entanto, para um membro da equipe, representou um desafio. "É muito úmido nas Bahamas", observou Derek Riggs, que havia sido trazido para incentivar um espírito colaborativo no processo de design. "Eu não conseguia as tintas que queria, e o aerógrafo começou a espirrar na pintura." Seus esforços para combater a umidade foram inconsistentes. "Fui forçado a usar o mínimo de aerógrafo", explicou, "e a usar apenas tinta comum, com a qual felizmente sou bom." No fim das contas, porém, ele solicitou retornar à Grã-Bretanha para finalizar o trabalho. O marcante tema do antigo Egito para *Powerslave* encontrou inspiração, em parte, na faixa-título de Bruce Dickinson, "uma alegoria parcial da vida de um faraó astro do rock" que se inicia com os versos: "Into the abyss I'll fall, the eye of Horus". Na edição original em vinil do álbum, o Olho de Hórus — um símbolo de proteção — ilustrava o rótulo do segundo lado. Riggs recordou: "Steve me mostrou algumas gravuras antigas de pessoas arrastando partes de estátuas egípcias e disse que queria algo parecido. Então

POWERSLAVE IS COMING

comecei com a forma de uma pirâmide e fui adicionando elementos. O design final acabou lembrando um pouco Abu Simbel, o templo de Ramsés II." Eddie renasceu como uma divindade: um faraó colossal incrustado na fachada de uma pirâmide e cercado por motivos do antigo Egito. "Eu não queria apenas uma cena egípcia direta", explicou Riggs. "Achei que seria mais interessante transformar Eddie no faraó e torná-lo mais grandioso — mais um monumento." (Nos créditos de *Powerslave*, o artista é listado como Derek "The Master" Riggs.)

Como em muitos designs de Riggs, há *easter eggs* para aqueles com um olhar atento. Entre eles, pequenos rostos do onipresente Eddie adornam as paredes. Um divertido grafite com erro ortográfico questiona: "Wot? No Guiness?!", enquanto outro declara: "Indiana Jones esteve aqui em 1941". (Considerando que *Os Caçadores da Arca Perdida* se passa na década de 1930, Riggs pode ter feito referência a outro filme de Steven Spielberg, *1941*.) Há também um rato de desenho animado que certamente parecerá familiar a quem já visitou parques temáticos na Flórida, Califórnia ou Paris, e — discretamente inscrito para não ofender — o conciso "Bollokz". O notável conceito e design — creditados a "Derek Riggs, Rod Smallwood e Iron Maiden" — fazem jus ao que muitos fãs consideram uma das obras-primas musicais do Maiden. "Essa é uma arte de respeito, não é?", maravilhou-se Nicko McBrain quarenta anos depois. "E um álbum fantástico também!"

ACIMA Pôster promocional para o lançamento de *Powerslave*, com hieróglifos.

À DIREITA Folha de contato para o encarte de *Powerslave*, tirada na garagem da casa

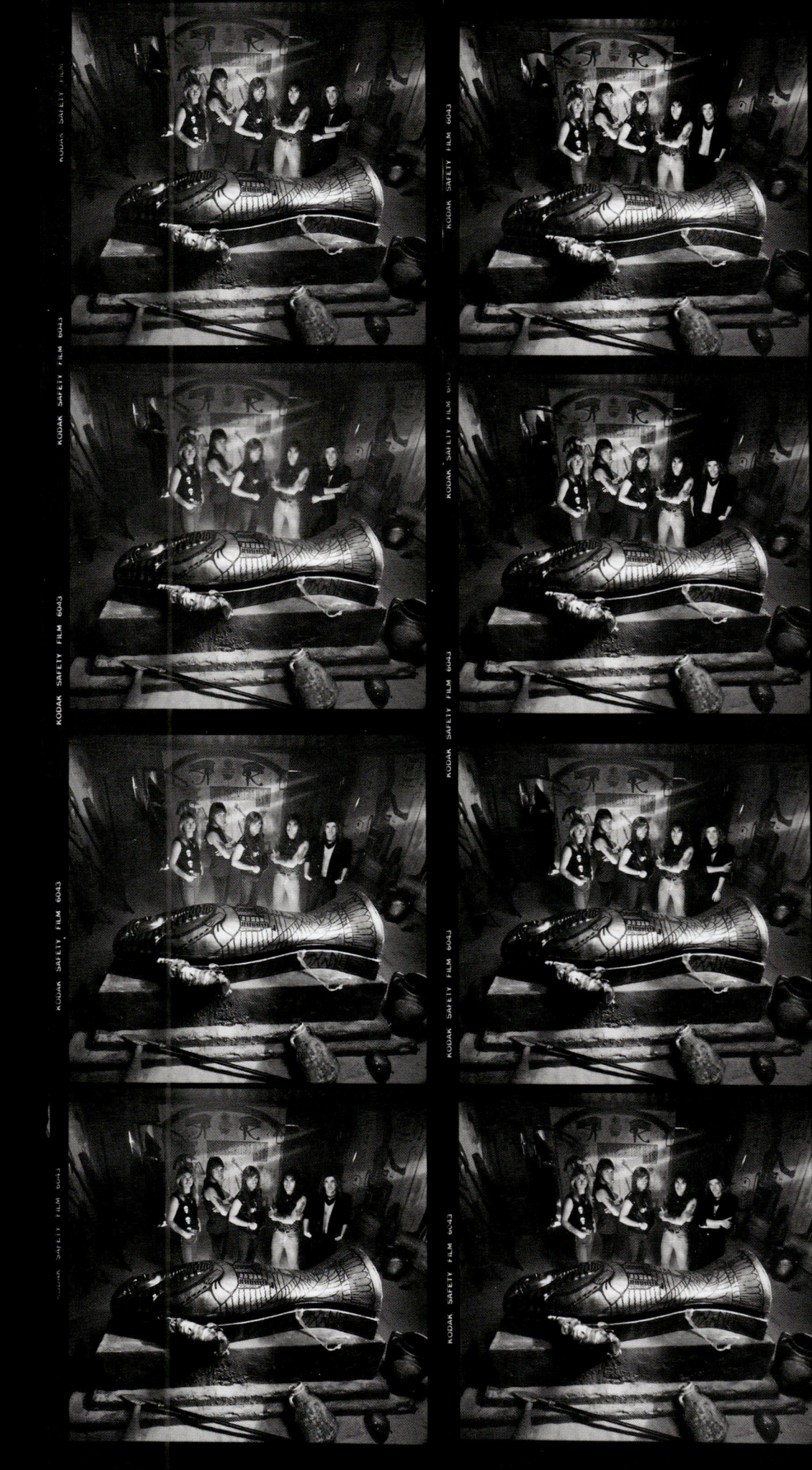

2 MINUTES TO MIDNIGHT
1984
[Single]

Impulsionado por riffs frenéticos, o single principal de *Powerslave* se destaca como uma das músicas mais carregadas de crítica política da banda, transmitindo uma mensagem poderosa. O single alcançou a décima primeira posição no Reino Unido, impulsionado pelas vendas de uma versão em vinil de doze polegadas que incluía a notória "Mission from 'Arry": a gravação de uma discussão entre Steve e Nicko durante a World Piece Tour, que Bruce achou tão hilária que decidiu registrar. Na capa, um Eddie empunhando um fuzil de assalto repousa à sombra de uma nuvem de cogumelo, cercado por bandeiras de nações fortemente armadas. Bruce Dickinson — que compôs a música com Adrian Smith — disse em 2018: "'2 Minutes to Midnight' capturou com precisão tanto o clima de 1984 quanto o que ainda vemos hoje: grandes potências vendendo armas, genocídios espalhados pelo mundo, guerras privadas ceifando milhares de vidas — tudo alegremente financiado pelos Estados Unidos, por nós [Reino Unido], pelos russos e pelos franceses."

ACES HIGH
1984
[Single]

"Aces High", o segundo single de *Powerslave* com temática bélica, adota a perspectiva de um piloto da Força Aérea Real lutando para decolar e entrar em combate aéreo durante a Batalha da Grã-Bretanha em 1940. A arte da capa mostra Eddie na cabine de um caça britânico Supermarine Spitfire. Uma nota irônica declara: "Shoot the Fokker", piada que seria ressuscitada nas populares camisetas da turnê No Prayer on the Road (1990-91) (ver p. 236). O videoclipe da música, dirigido por Jim Yukich, foi filmado durante as datas polonesas da World Slavery Tour, intercalando cenas com discursos do líder britânico em tempos de guerra Winston Churchill e imagens de combate originais da Segunda Guerra Mundial. Com um cover de "King of Twilight" do Nektar (e também interpolando "Crying in the Dark" deles) no lado B, "Aces High" alcançou a 20ª posição no Reino Unido.

NA PÁGINA AO LADO Cliques da sessão de fotos de Ross Halfin usadas na contracapa do single "2 Minutes to Midnight".

1982–1988

ONDE OS BRAVOS OUSAM 143

> "EU REALMENTE NÃO PENSEI MUITO NO LADO POLÍTICO... NÓS ESTAMOS FORNECENDO ENTRETENIMENTO PARA OS FÃS. ELES ESTÃO VENDO ALGO NOVO. E SE NOSSA APRESENTAÇÃO AQUI ABRIR AS PORTAS PARA OUTRAS BANDAS VIREM, ENTÃO A VISITA TERÁ CUMPRIDO SEU PROPÓSITO."
>
> – STEVE HARRIS, 1984

"Ir para a Polônia foi uma experiência incrível", disse Rod Smallwood. "E foi fantástico levar nossa música para pessoas que não tinham acesso a esse tipo de entretenimento. Os fãs ficaram maravilhados." Apesar de a Polônia ser um dos regimes comunistas menos rígidos, as autoridades, sem experiência em shows de rock de grande porte, escalaram jovens recrutas do exército para fazer a segurança, posicionando-os de frente para a multidão. Assim que o Iron Maiden subiu ao palco, os recrutas se viraram para assistir à banda e jogaram seus quepes para o alto. "Foi a coisa mais engraçada", lembrou Smallwood, "mas foi muito legal".

Em um momento surreal, a banda e a equipe foram a Poznań em busca de uma boate. A única aberta oferecia uma festa de casamento, na qual se infiltraram. Convidado a subir ao palco, o Iron Maiden tocou versões improvisadas de "Smoke on the Water", do Deep Purple, e "Tush", do ZZ Top. "Tivemos que parar de contar aos amigos que o Iron Maiden tocou no nosso casamento, porque ninguém acreditava!", lembrou o noivo, Piotr Żmudziński. A noite seguiu com excesso de bebida, e Bruce Dickinson admitiu: "Não me lembro de nada".

Outro marco ocorreu na passagem da banda pelo Brasil, com a participação no Rock in Rio em 11 de janeiro de 1985. Diante de uma multidão de 350 mil pessoas, um dos maiores públicos da história do rock, o Iron Maiden se apresentou entre o Whitesnake, também da EMI, e o

TOPO Um jato da Polish Airlines construído na União Soviética leva o Maiden ao aeroporto de Varsóvia para sua inovadora turnê por trás da Cortina de Ferro em agosto de 1984.

ACIMA E AO CENTRO Fãs da cidade de Szczecin, Polônia, aguardam e depois saúdam a banda. "Foi uma grande revelação observar a reação deles a nós e o comportamento", admirou-se Nicko.

NA PÁGINA AO LADO Fora do Torwar Hall em Varsóvia, Polônia, a primeira parada da World Slavery Tour, 9 de agosto de 1984.

Queen, atração principal da noite. Transmitido ao vivo para todo o continente, o show "lançou o Iron Maiden em órbita", segundo Bruce Dickinson. "Provavelmente somos a banda de metal mais popular na América do Sul... e tudo graças àquele show."

Ao finalizar a World Slavery Tour na Califórnia, em julho de 1985, o Iron Maiden havia passado quase um ano na estrada, sem tempo para compor ou gravar. A agenda exaustiva, no entanto, resultou no lançamento do surpreendente *Live After Death* em outubro. Gravado durante quatro noites na Long Beach Arena, com o quarto lado do vinil duplo gravado em Londres, o álbum capturou o Iron Maiden em seu auge. A revista *Kerrang!* o aclamou como "possivelmente o melhor álbum ao vivo de todos os tempos".

MAR DE LOUCURA

A World Slavery Tour, a mais longa da carreira do Iron Maiden, quase levou Bruce Dickinson ao limite. "Achei que nunca ia acabar. Eu estava pronto para ir para o hospício, de verdade. Pensei em desistir completamente... Ia virar instrutor de esgrima", confessou o vocalista.

A banda exausta tirou o resto de 1985 para se recuperar. Nesse período, Steve Harris, Adrian Smith e Dave Murray começaram a experimentar sintetizadores de guitarra. Bruce Dickinson, por outro lado, explorou sonoridades acústicas inspiradas no rock progressivo. Quando a banda se reuniu nas Ilhas do Canal para preparar o próximo álbum, as diferenças musicais se tornaram evidentes.

"Minha ideia era revolucionar o Iron Maiden", confessou o vocalista. "Propus: 'Após essa imersão no metal, que tal experimentarmos um som mais acústico?'. A resposta foi um olhar de incredulidade, como se eu fosse um alienígena."

"Achei que ele tinha perdido a noção da realidade", admitiu Steve Harris. "Eu só disse: 'Olha, muitas dessas músicas são boas, mas não combinam com a gente.'" Bruce, por sua vez, recuou, sem apresentar opções. "Eu não precisei me preocupar em compor músicas", disse ele, "e foi ótimo. Eu só aproveitei a turnê e relaxei". → p. 169

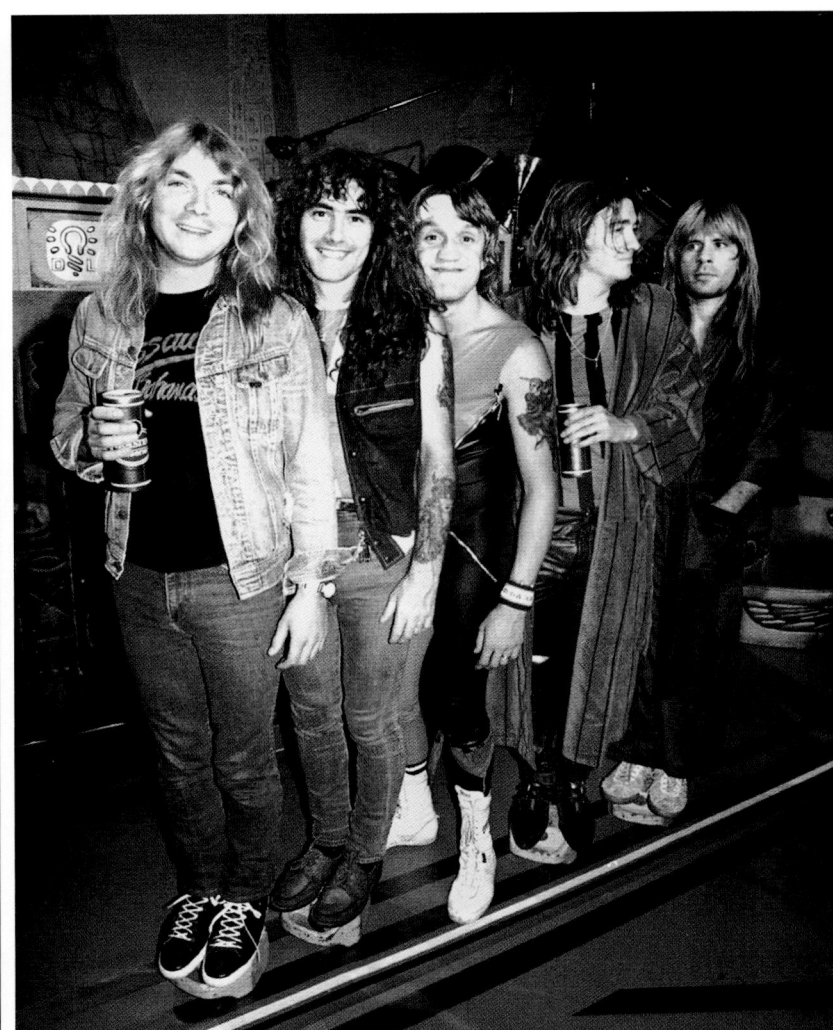

146 IRON MAIDEN: INFINITE DREAMS PARTE DOIS

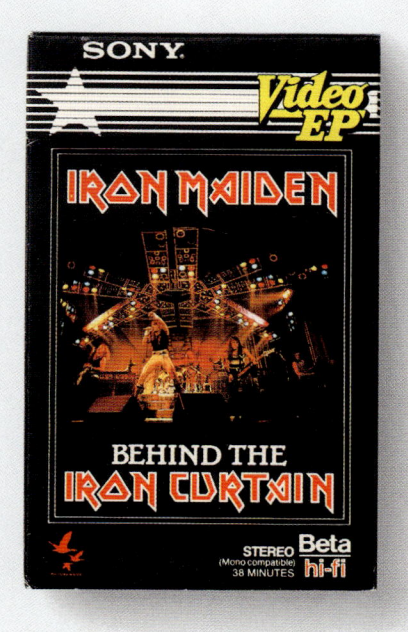

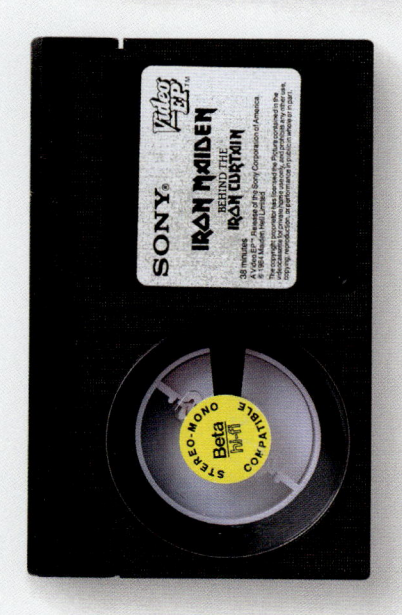

POR TRÁS DA CORTINA DE FERRO
WORLD SLAVERY TOUR
1984

Poucos astros do rock ousaram cruzar a Cortina de Ferro, a barreira que dividia a Europa Oriental Comunista do Ocidente. "Fomos a primeira banda a levar toda a estrutura de palco e o espetáculo completo", lembrou Nicko. "Havia uma forte presença militar na maioria dos locais: caras todos uniformizados e de chapéu. Ficamos com um dos chapéus." O documentário em vídeo *Behind the Iron Curtain* mostra a banda tocando "Smoke on the Water" após invadirem um casamento em Poznań.

NAS PÁGINAS SEGUINTES 30/12/1994: A Múmia Eddie no palco, no Maple Leaf Gardens, Toronto, durante a execução de "Powerslave".

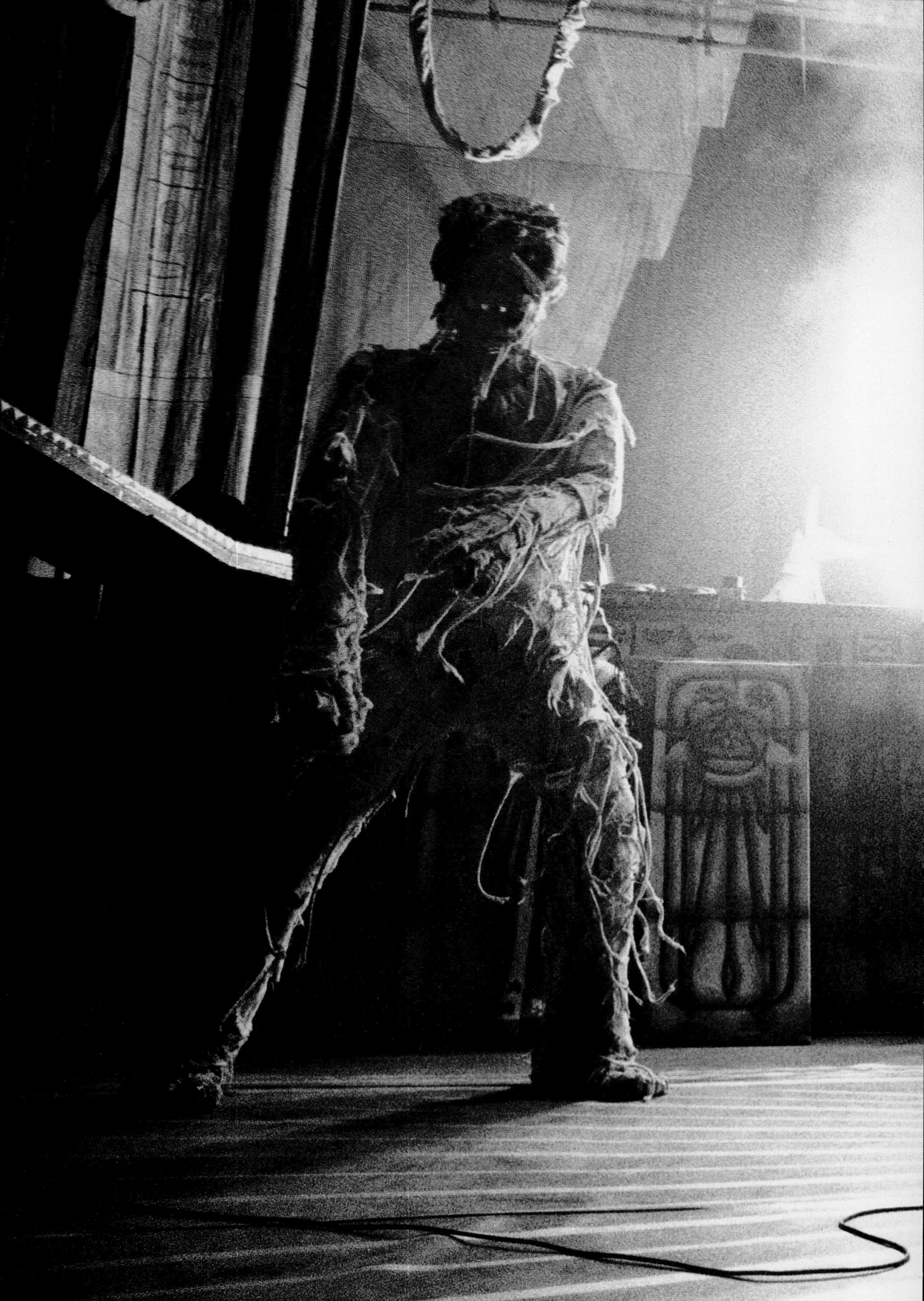

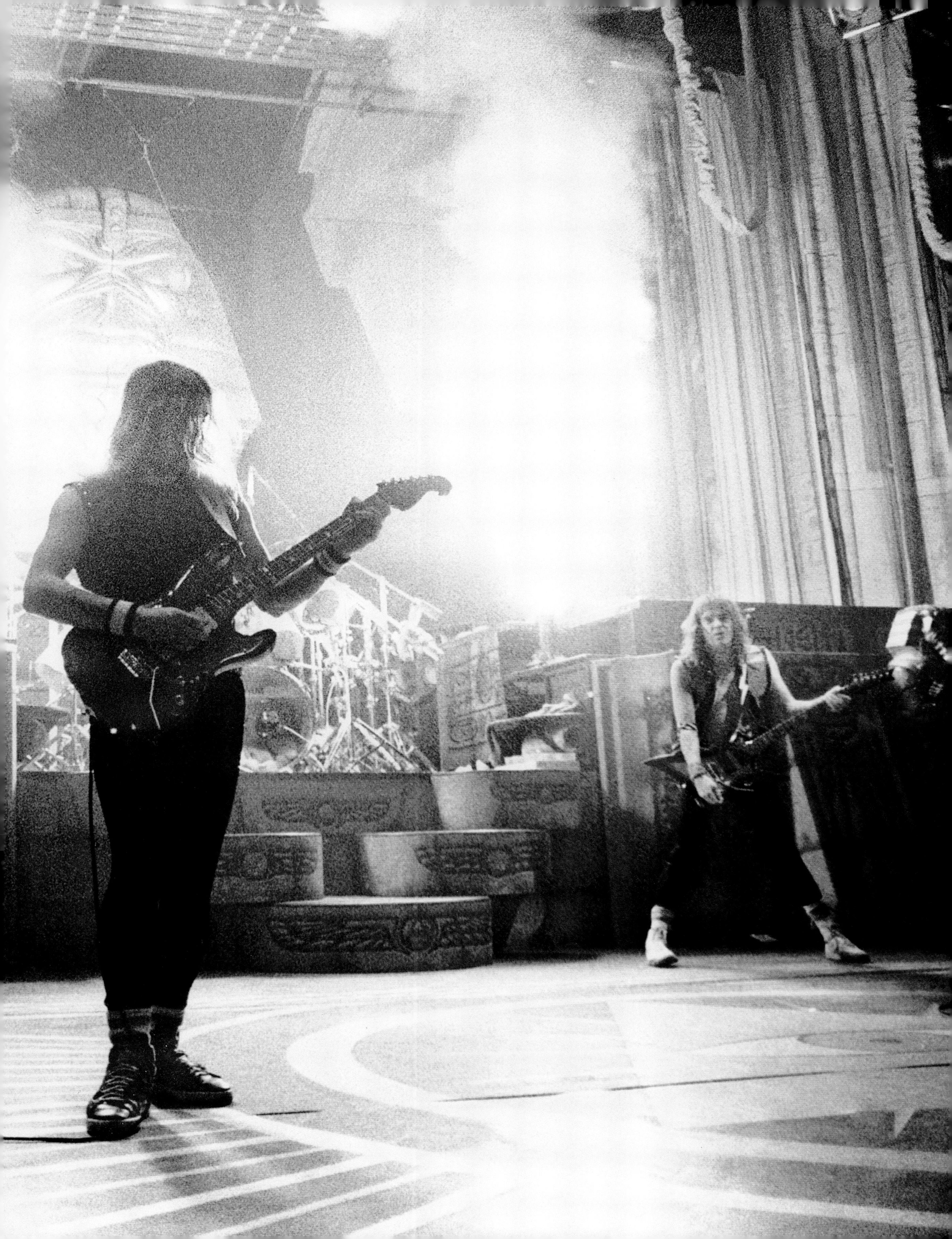

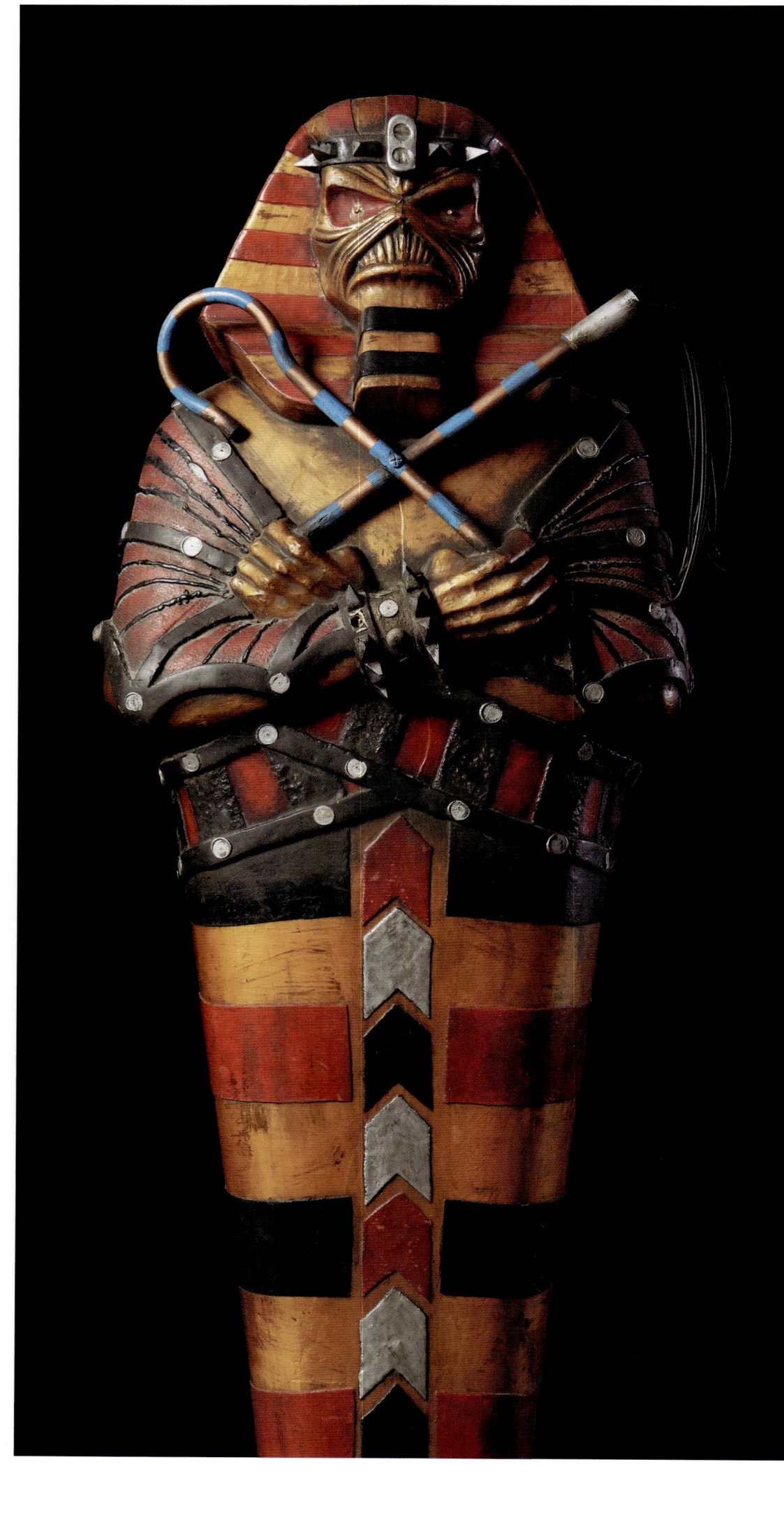

SARCÓFAGO DO EDDIE DE *POWERSLAVE*

WORLD SLAVERY TOUR
1984

Com sarcófagos, uma Múmia Eddie e sua contraparte faraó pairando sobre o palco (na página ao lado), a World Slavery Tour trouxe à vida a incrível arte de *Powerslave*. Bruce ainda a considera o melhor show do Maiden: "Era a combinação ideal de elementos épicos, sem soar exagerado. E não era tão dependente da tecnologia e de recursos como hidráulica e infláveis que surgiram depois — tudo com o potencial para erros ao estilo *Isto é Spinal Tap* a cada instante!" A versão do sarcófago mostrada aqui foi refeita para a turnê Somewhere Back in Time (2008–2009), com base no adereço usado na World Slavery Tour, de 1984.

NAS PÁGINAS SEGUINTES No clímax do set principal da World Slavery Tour, durante "Iron Maiden", o cenário se dividia para revelar a Múmia Eddie.

1982–1988 ONDE OS BRAVOS OUSAM

IRON MAIDEN: INFINITE DREAMS

PARTE DOIS

1982–1988

ONDE OS BRAVOS OUSAM 153

154   IRON MAIDEN: INFINITE DREAMS   PARTE DOIS

LADO
EARTH 2000
[1984]
Dark Sunburst

Esta guitarra apresenta um corpo e braço em bordo encaracolado, com escala em jacarandá e construção "neck-through-body" (onde o braço se estende por todo o corpo). O captador humbucker original da ponte foi substituído por um DiMarzio Super Distortion. O hardware foi atualizado com um sistema de vibrato com trava Rockinger Tru Tune e um nut Kahler, visando maior estabilidade da afinação. A construção "neck-through-body" envolve o braço e uma seção central do corpo serem feitos de uma única peça de madeira, uma característica que alguns músicos acreditam contribuir para um melhor sustain. Essa técnica construtiva difere das guitarras Fender, que utilizam braços parafusados, e dos modelos Gibson, onde os braços são colados.

LADO
EARTH 2000
[1984]
Black Gold

As duas guitarras Lado Earth de Adrian são modelos idênticos de 1984, diferenciando-se apenas nos acabamentos da pintura. O modelo preto e dourado foi amplamente utilizado no palco durante os primeiros shows da World Slavery Tour. Essas guitarras também foram cruciais na gravação do solo de Adrian na faixa "Powerslave": "Eu estava com uma ressaca daquelas", relembra. "Às dez da manhã, Martin [Birch] — que entornava mais que qualquer um de nós — me chamou para o estúdio... Ele me fez sentar à mesa e gravar o solo." Adrian continua: "Eu estava usando as guitarras Lado. A única coisa que as acompanhava era um Marshall de 100 watts e um Ibanez Tube Screamer. Acredite ou não, era só isso em termos do som de guitarra em *Powerslave*... Eu estava realmente na pior, mas consegui. Engraçado, é o meu solo favorito!"

À DIREITA Adrian com sua Lado na World Slavery Tour, 1984.

ADRIAN SMITH
GUITARRAS

Adrian Smith ajudou a consolidar a reputação da marca canadense de guitarras Lado ao adquirir dois modelos Earth — um cinza sunburst e um preto — para a World Slavery Tour. Com seus corpos no formato de barbatana de tubarão, elas se tornaram um complemento visual marcante às Ibanez Destroyers que Adrian já utilizava. "Um bom amigo nosso, Andy Curran, da banda canadense Coney Hatch, nos apresentou a Lado", recordou Adrian. O Coney Hatch havia feito a abertura para o Maiden na World Piece Tour. O luthier croata Joseph Kovacic — hoje conhecido como Joe Lado — fez seu aprendizado em Zagreb, emigrou para o Canadá aos vinte e poucos anos e fundou a Lado Musical Inc. em 1973. "Ele trabalhava em Toronto", explicou Adrian. "Andy nos apresentou a ele, fomos à sua fábrica e ele fez várias guitarras para nós." O modelo Earth, lançado em 1984, é um instrumento de alta qualidade com um braço construído com múltiplas camadas de madeira e um design "neck-through-body". Ele conquistou um lugar no *Guinness World Records* quando um modelo promocional — com 434 cm de comprimento — foi reconhecido como a "maior guitarra elétrica tocável já construída e, presumivelmente, a mais alta".

"Eu adoro essas guitarras", continua Adrian. "Esta é uma bela peça de madeira e a cor, eu me apaixonei por ela... mas o hardware não era dos melhores." Com o tempo, os captadores da ponte originais em ambas as guitarras foram substituídos por DiMarzio Super Distortions, e outros componentes de hardware foram adicionados, incluindo sistemas de vibrato Rockinger com mecanismos de trava no nut. A Lado pode ser vista em ação durante a música "Can I Play with Madness" no vídeo *Maiden England*. "Eu as usei bastante", disse Adrian sobre suas Lados. "Máquinas realmente eficientes e poderosas!"

ADEREÇOS DE PALCO EGÍPCIOS
WORLD SLAVERY TOUR 1984
SOMEWHERE BACK IN TIME 2008-2009

O elaborado cenário da World Slavery Tour "levou dois meses para ser construído", revelou o engenheiro de palco Charlie Kail à *Metal Hammer*. "Implementamos detalhes como iluminação embutida nos hieróglifos, o que realmente o tornou especial. Tudo provavelmente custou £ 145.000 — uma quantia considerável para a época." O cenário com temática egípcia era tão adorado pela banda e pelos fãs que alguns de seus elementos foram recriados para a turnê Somewhere Back in Time de 2008–2009, incluindo sarcófagos (ver p. 150) e a cabeça de faraó de Eddie, que se desmontava para revelar a Múmia Eddie (acima, uma maquete para o adereço de 2008; na página ao lado, em 1984). "Poderia ter ficado totalmente *kitsch*", ponderou Steve. "Mas o cenário era realmente bom. Tinha uma aparência fantástica... provavelmente o melhor palco que já tivemos."

ACIMA Charlie Kail para a *Metal Hammer*: "Num certo show, eles posicionaram a plataforma elevatória muito perto do palco e, quando a grande revelação aconteceu, a única coisa visível era a cabeça de Eddie balançando incessantemente atrás de Nicko McBrain. Eu podia sentir o olhar furioso de Rod queimando a lateral da minha cabeça."

IRON MAIDEN

World Slavery Tour 1984-5

ACIMA Para a capa do programa e os pôsteres da World Slavery Tour, Derek Riggs adaptou a manifestação ao vivo da Múmia Eddie no palco. O design evocava "power" através dos flashes elétricos e "slave" através das algemas e correntes da múmia.

NA PÁGINA AO LADO A máscara que Bruce usava durante a apresentação de "Powerslave" tem uma origem surpreendente: "Essa peça meio egípcia é, na verdade, de uma loja de fetiches em Los Angeles. Vi na vitrine e pensei que funcionaria muito bem, pois remete a Osíris, a lenda do Deus com cabeça de falcão. Então, eu a comprei." Sobre os aspectos menos autenticamente antigos de seu figurino de palco, Bruce brincou com um tom de resignação: "Ah, lá vamos nós de novo: ainda com as meias por cima das calças e duas pulseiras em cada braço!"

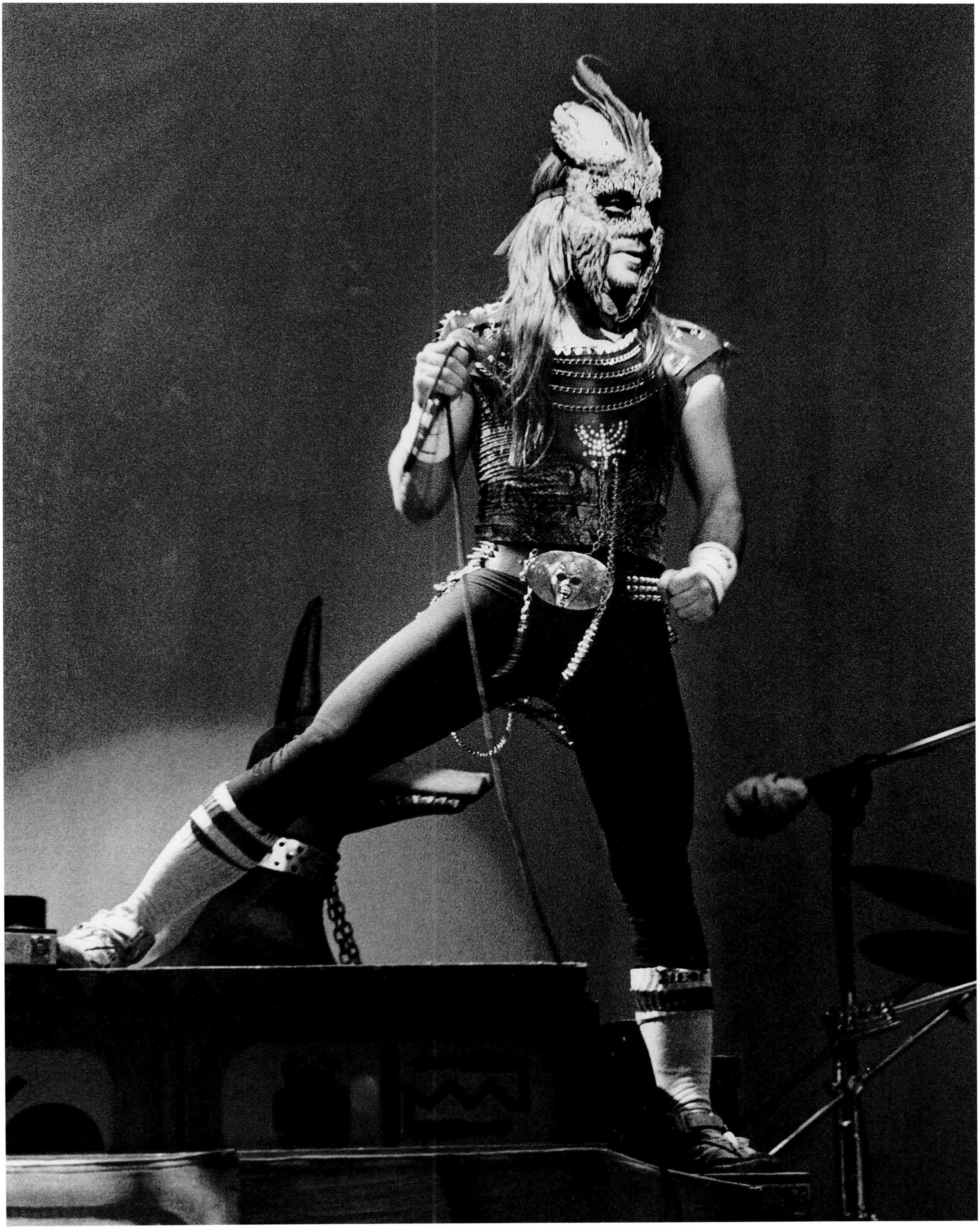

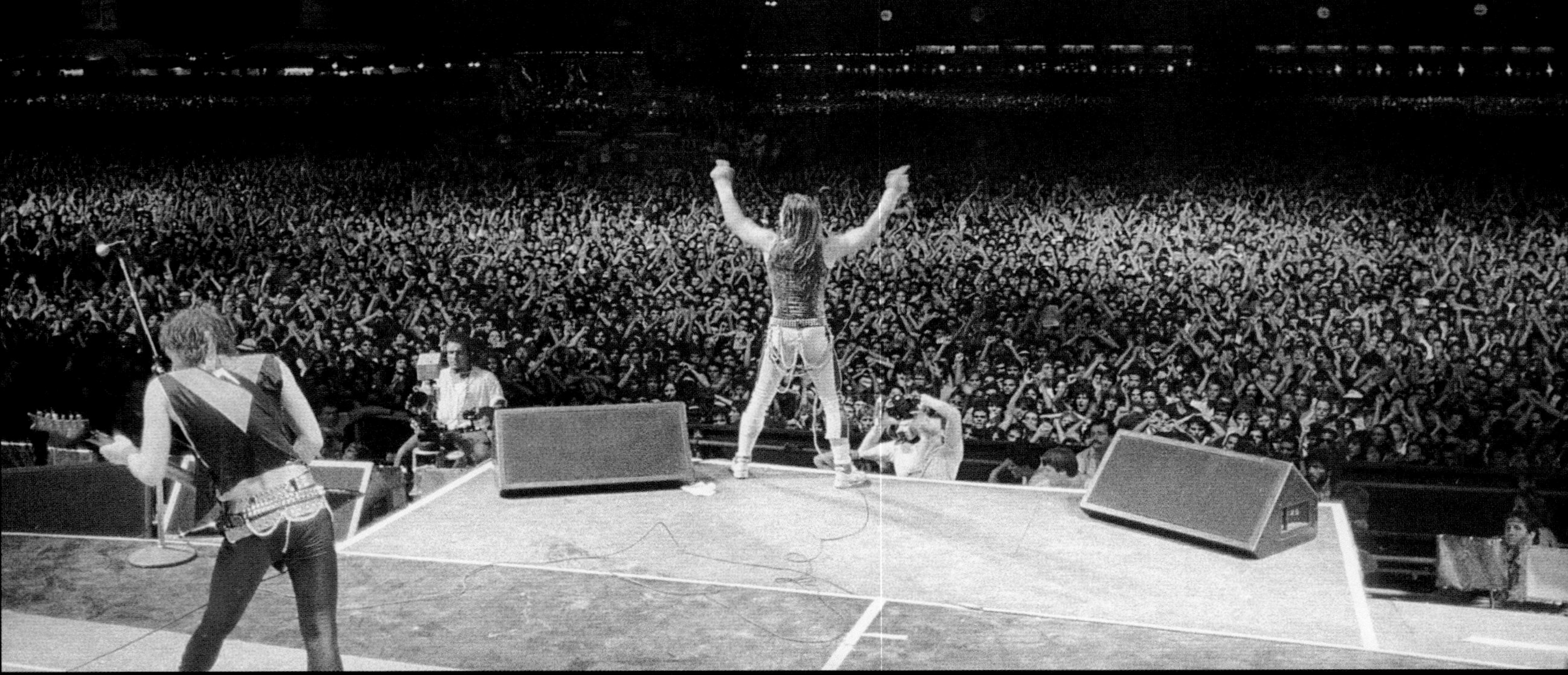
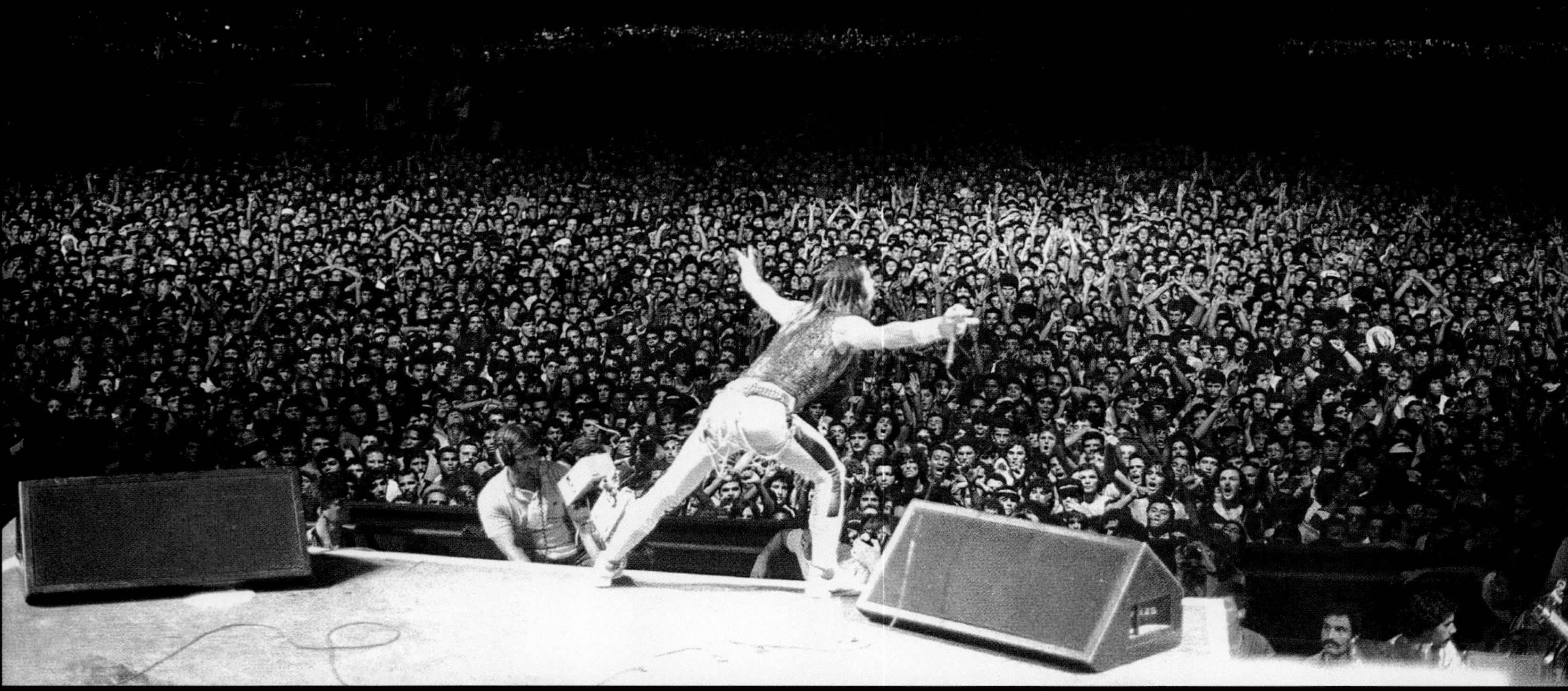
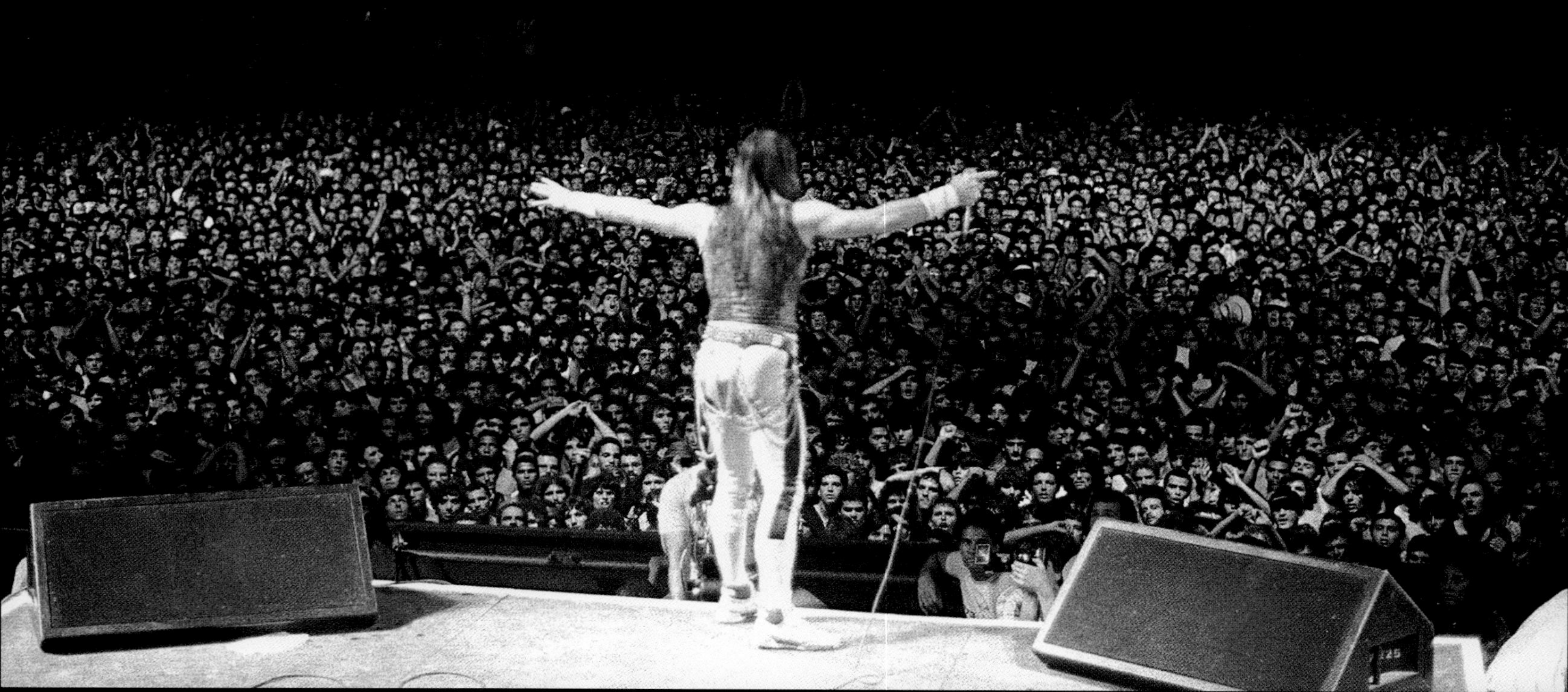

NA PÁGINA AO LADO E ACIMA Diante de um público recorde de 350 mil pessoas, o Maiden tocou antes do Queen na primeira noite do inaugural Rock in Rio, 11 de janeiro de 1985. Nicko: "Aquela apresentação foi maravilhosa. Lembro-me de olhar para a plateia e ver apenas um mar de braços erguidos — não se via o fim deles." Bruce: "Foi um evento incrível, a adrenalina estava a mil. E, claro, aquele foi o show que basicamente nos consagrou na América do Sul — um único show."

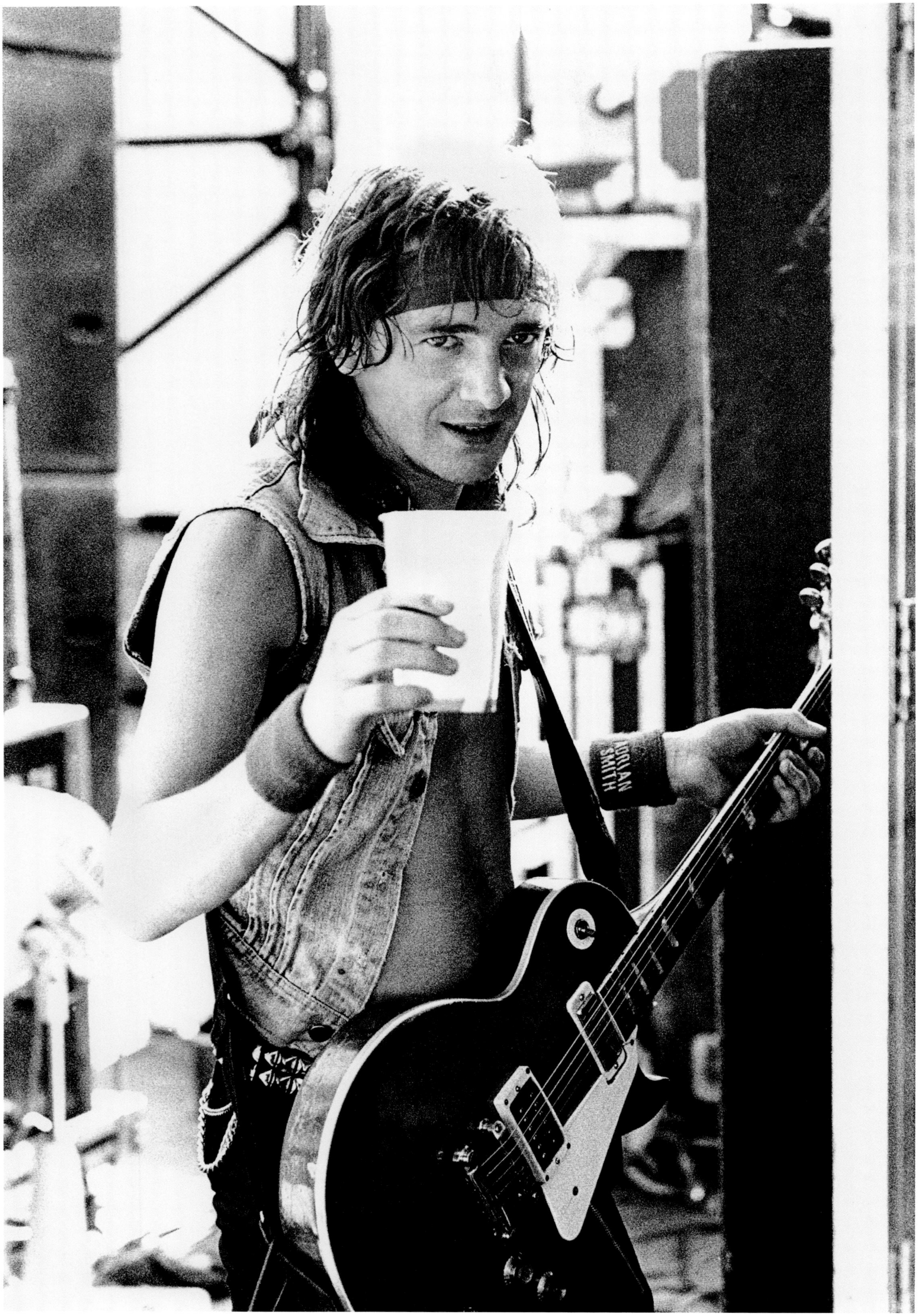
ADRIAN
SMITH

NESTAS PÁGINAS O penúltimo dos 189 shows da World Slavery Tour, Sacramento, Califórnia, 4 de julho de 1985. Steve veste uma camiseta da banda Waysted (acima), que abriu para o Maiden na etapa britânica em 1984.

"Não tivemos descanso naquela turnê, nenhuma folga de verdade", lamentou Adrian. "Você passa um ano inteiro fora e sua vida inteira vai por água abaixo."

LIVE AFTER DEATH
1985
[Álbum]

"Não houve overdubs", afirmou Steve sobre *Live After Death*. "Foi exatamente como tocamos no palco, com todas as imperfeições — e é por isso que soa tão emocionante... Era a pura verdade." Compilado a partir de apresentações na Long Beach Arena em março de 1985 (lados 1-3) e no Hammersmith Odeon de Londres em 1984 (lado 4), o resultado foi, como exaltou a revista *Classic Rock*, "o último grande álbum ao vivo da era do vinil". Alcançou o 2º lugar no Reino Unido e gerou dois singles: "Running Free" e "Run to the Hills". "Era a sequência de *Powerslave*, então coloquei Eddie acorrentado novamente: as correntes da morte, e Eddie se libertando delas", disse Derek Riggs. "Coloquei a citação de H.P. Lovecraft na lápide porque sempre gostei dela e tinha tudo a ver com a imagem." O fundo era uma visão das paisagens apocalípticas do artista inglês John Martin: raios e nuvens, com o mundo sendo destruído por tudo aquilo."

ONDE OS BRAVOS OUSAM

1a.

1b.

2a.    2b.    3.    4.

5a.    5b.    6a.    6b.

CAMISETAS DO MAIDEN
1984–1985

Como já era costume, camisetas especiais foram produzidas para diferentes locais da World Slavery Tour. Sua escala colossal — onze meses de duração, de Varsóvia a Worcester, do Porto a Osaka — proporcionou muitas oportunidades para versões exclusivas de Eddie. "Desde o começo, sempre vi o Maiden como uma banda verdadeiramente internacional", disse Rod ao *Independent*. "Como na música: 'Iron Maiden vai pegar você, não importa onde esteja!'" **1.** Camiseta de 1984 feita para a banda e para a Killer Krew na World Slavery Tour. **2.** Camiseta europeia da turnê, 1984. **3.** Camiseta japonesa de *Powerslave*, 1984.

7a.

7b.

8a.    **8b.**    **9a.**    **9b.**

10a.   **10b.**    **11.**   **12.**

4. Camiseta australiana de "Aces High", 1985. **5.** Apesar das datas na Europa Oriental, esta camiseta americana foi feita para promover o lançamento do vídeo *Behind the Iron Curtain* em abril de 1985. **6.** Camiseta raglan de 1985 para a etapa havaiana da turnê, com o Eddie surfista de 1982 (p. 115). **7.** Camiseta raglan de 1985 para os shows na Flórida, com Eddie mumificado destruindo a Disneylândia na frente e enfrentando um jacaré nas costas. **8.** Camiseta japonesa da turnê, 1985. **9.** Camiseta da equipe americana da World Slavery Tour, com Dicky Bell, gerente de produção da banda, no lugar de Eddie. **10.** Camiseta raglan, com Eddie laçando gado, é a variação mais rara feita para os shows no Texas em 1985. **11.** Camiseta do Reino Unido de *Powerslave*, 1984. **12.** Camiseta britânica de *Live After Death*, 1985.

1982-1988

ONDE OS BRAVOS OUSAM

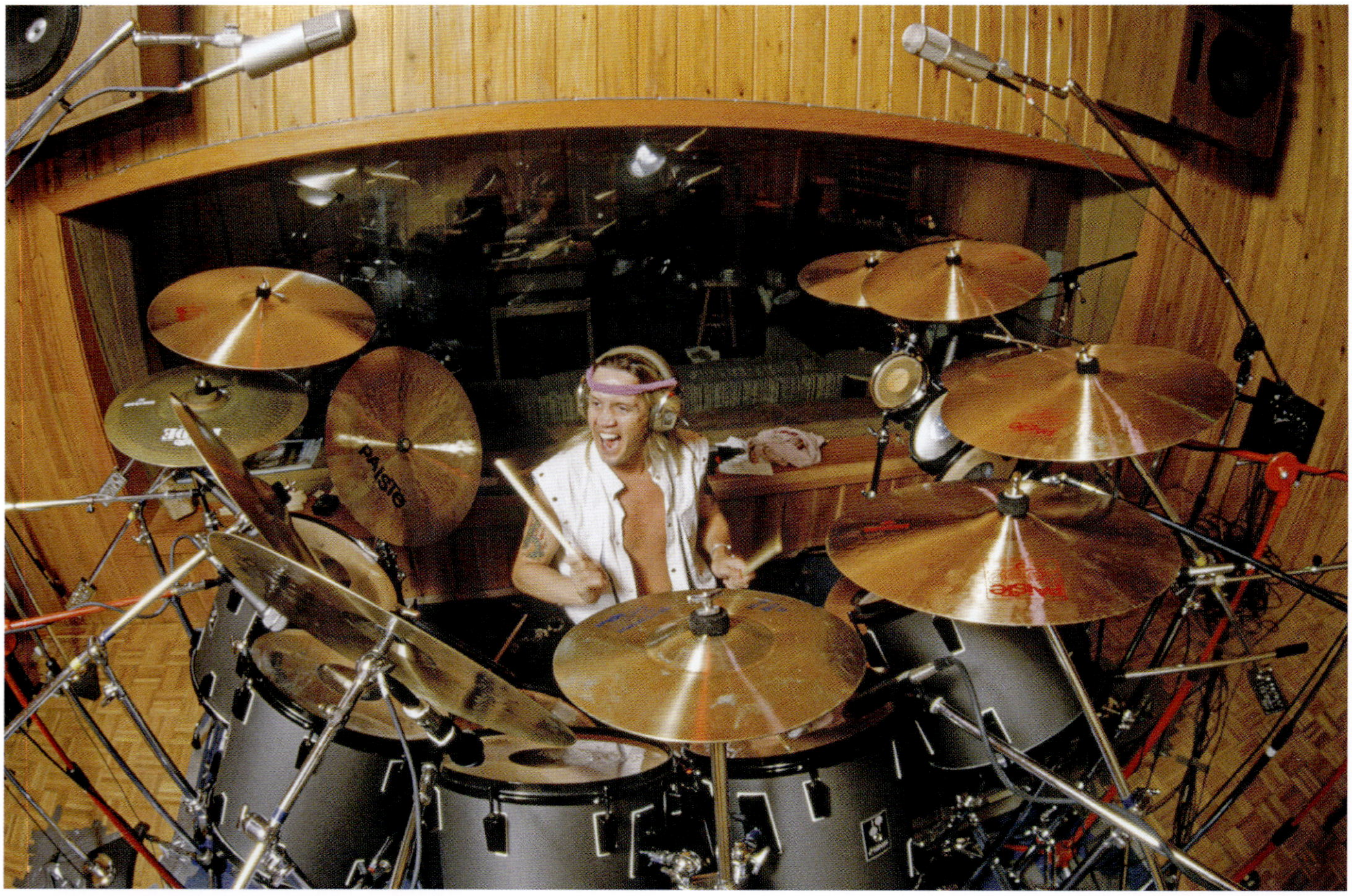
PAISTE

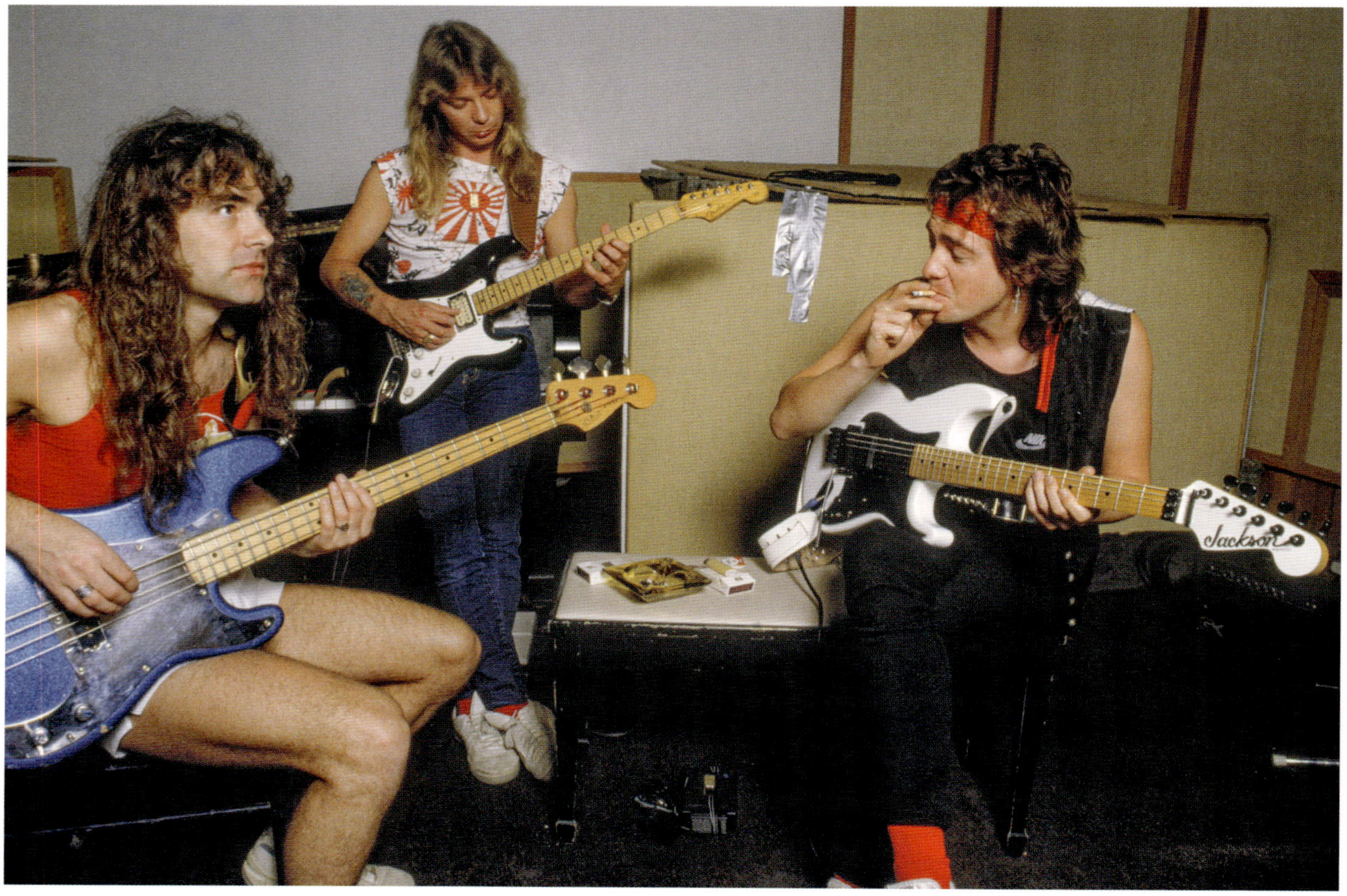
Jackson

"A beleza de ter bons compositores na banda é que, se um deles está sem ideias ou confuso, outros podem assumir o comando", explicou Steve Harris. Nesse caso, Adrian Smith se destacou, contribuindo com "Sea of Madness", a melódica "Stranger in a Strange Land" e a marcante "Wasted Years", um clássico do rock e um lamento pela saudade de casa que se tornou queridinha dos fãs. "Deu muito certo", disse Steve. "Três músicas excelentes". Nicko McBrain concordou: "Adrian é o compositor 'comercial', por assim dizer... Ele cria músicas incríveis".

As mudanças na instrumentação e na composição resultaram em uma sonoridade diferente em *Somewhere in Time*. O tom futurista dos sintetizadores de guitarra complementou o tema de ficção científica de "Caught Somewhere in Time", de Steve Harris, e a experiência extracorpórea de "Heaven Can Wait". O álbum foi gravado entre janeiro e junho de 1986, com a bateria e o baixo gravados no Compass Point Studios, as guitarras e os vocais adicionados no Wisseloord Studios, na Holanda, e a mixagem finalizada no Electric Lady Studios, em Nova York. Martin Birch, mais uma vez, assumiu a produção.

Para a capa, Derek Riggs criou uma obra de arte futurista. Uma paisagem urbana inspirada em *Blade Runner* apresenta arranha-céus imponentes, letreiros de neon vibrantes, carros voadores e um Eddie ciborgue. O design intrincado da capa esconde dezenas de referências ao filme e à banda, incluindo uma placa para o Ruskin Arms, o pub de East London onde a banda começou sua carreira, e uma homenagem ao West Ham United, o time de futebol para o qual Steve torce.

A experimentação sonora de *Somewhere in Time* não prejudicou o sucesso da banda. O álbum foi mais um sucesso mundial, levando-os perto do Top 10 dos Estados Unidos. No entanto, qualquer expectativa de que a banda seguiria essa fórmula de sucesso ou optaria por caminhos mais seguros foi dissipada com a gravação daquele que se tornaria seu álbum mais ambicioso até então.

A Somewhere on Tour levou o Iron Maiden a mais uma aventura global exaustiva, com 151 shows e encerramento no Japão em maio de 1987. A etapa europeia contou com bandas de abertura como Waysted (cujo baixista Pete Way era um herói de Steve graças ao seu tempo no UFO), Empire (de Paul Samson, antigo empregador de Bruce) e W.A.S.P., que Rod Smallwood e Andy Taylor tinham acolhido. A turnê exigiu uma produção técnica impressionante, com plataformas hidráulicas, naves espaciais, Eddie empunhando uma arma laser, um sistema de som Turbosound potente e Bruce utilizando uma jaqueta iluminada de nove quilos, que frequentemente apresentava defeitos. "Tudo foi posteriormente doado para o Rock and Roll Hall of Fame", escreveu ele depois, "onde está guardado ou sendo usado como abajur".

A SÉTIMA DIVINDADE

Seventh Son of a Seventh Son, o sétimo álbum de estúdio do Iron Maiden, é frequentemente considerado sua obra-prima. Os sintetizadores de guitarra de *Somewhere in Time* foram substituídos por teclados, adicionando uma nova dimensão à sonoridade da banda. O álbum é um épico de metal progressivo que narra a história de um garoto do século XIX com poderes místicos.

"Vi uma notícia sobre a morte de Doris Stokes no jornal e escrevi 'The Clairvoyant', me perguntando se ela poderia ter previsto a própria morte", conta Steve Harris. "Então me lembrei da lenda do sétimo filho de um sétimo filho, uma figura mística com dons paranormais, como a clarividência. Liguei para Bruce e a ideia se desenvolveu." → p. 193

NA PÁGINA AO LADO Gravando *Somewhere in Time* no Compass Point Studios em Nassau.

ACIMA Cyborg Eddie paira sobre o Hammersmith Odeon de Londres em novembro de 1986.

SOMEWHERE IN TIME
1986
[Álbum]

A World Slavery Tour deixou o Maiden exausto. "Todos nós precisávamos de descanso, e era importante que pudéssemos relaxar individualmente", explicou Steve. "Desfrutamos de cinco meses inteiros de descanso completo da banda." Durante esse período de inatividade, Bruce se dedicou à esgrima, enquanto Nicko e Adrian mantiveram-se ativos com o projeto The Entire Population of Hackney. Eles fizeram apresentações ao vivo e criaram material que posteriormente encontrou espaço nos lados B do Maiden (p. 174).

O sexto álbum da banda adotou uma sonoridade mais futurista, o que justificou a reimaginação de Eddie como um ciborgue. "O Maiden queria uma imagem de ficção científica", recordou Derek Riggs, "algo no estilo de *Blade Runner*". O álbum também caminhou em uma direção mais comercial. "Steve compôs músicas ótimas, com refrões e melodias realmente belíssimas", elogiou Bruce. A banda se dividiu quanto ao local de gravação. Nicko e Steve defenderam o Compass Point Studio em Nassau devido à sua expertise com o som de bateria e baixo, mas Bruce e os guitarristas estavam menos propensos: "Não gostamos da ideia de voltar para lá. A vida é muito tranquila. Você fica mais inclinado a cochilar numa cadeira de praia do que a pegar sua guitarra." Como um meio-termo, as faixas de base foram gravadas nas Bahamas, mas as guitarras e os vocais foram registrados separadamente na Holanda.

ABAIXO A arte de Derek Riggs para *Somewhere in Time* em sua fase de esboço (topo) e como uma versão final inicial (abaixo). Riggs comentou: "É muito difícil para mim deixar grandes espaços vazios em uma imagem. Eu sempre quero preenchê-los com algo interessante ou engraçado. Quero que o espectador veja e diga: 'Ei, olha aquele cara!' Foi a capa de álbum mais complexa já pintada, por qualquer um! A pintura levou dois meses e meio, mas precisei parar por uma semana no meio... Eu ficava sentado olhando para a imagem, imaginando para onde as pessoas estavam indo e o que estavam fazendo. Você pode enlouquecer fazendo essa merda." O resultado foi perfeito para o formato de álbum em vinil, com a cena continuando na contracapa. O nome da rua no canto superior direito do esboço era Ogle Street (onde a equipe de gerenciamento trabalhava), mas na pintura final tornou-se Acacia Avenue, em referência à faixa de *The Number of the Beast*.

Easter eggs na arte da capa: **A18**: O gato preto com auréola da capa de Live After Death está sentado sob o beiral da loja de departamentos. **B1**: Nos seus primeiros anos, o Iron Maiden se apresentou no Ruskin Arms, no East End de Londres. **B5**: O Philip K. Dick Cinema é uma referência ao autor cujo livro *Androides Sonham Com Ovelhas Elétricas?* inspirou o filme *Blade Runner*, de 1982. **B6**: Sanctuary Music Shop se refere ao single de 1980 do Maiden e à gravadora formada por Rod e Andy Taylor com o mesmo nome. À direita lê-se EMI, primeira a assinar com o Maiden, em 1979. **B7**: A Phantom Opera House é uma homenagem à música "Phantom of the Opera". Logo abaixo, uma placa da HMV – uma das primeiras lojas a ter a música da banda. **B14**: Refletido na janela inclinada, há um letreiro que diz: "Esta é uma pintura muito chata". "Eu já estava pintando o quadro por quase dois meses e começava a me sentir enjoado de fazer aquilo", explicou Riggs. **B18**: Acima da placa do Pizza Hut, Riggs nota um texto em cirílico que ele reconhece como russo e que se traduz como "leite azedo". **B22**: Um poste com uma lixeira plástica amarela fixada faz referência à capa do álbum de estreia homônimo do Iron Maiden. **C2**: "Charlotte the Harlot": Riggs se inspirou em uma passagem acidental pelo distrito da luz vermelha de Amsterdã, após uma reunião do Iron Maiden na cidade. **C7**: Uma placa em um prédio mais adiante informa aos fãs que o Gypsy's Kiss (primeira banda de Steve) está em cartaz. **C10**: O Maiden reclamou que o desenho não se parecia com eles. Riggs retrucou: "Os retratos têm só meio centímetro de altura, menores até que um selo postal!" **C12**: Bruce segura um cérebro, uma referência ao álbum *Piece of Mind*, de 1983. **C17**: Os membros do Eddie robótico foram inspirados em documentários que Riggs assistiu na década de 1970 sobre o possível uso de estruturas de gel para reconstruir membros humanos, ancoradas a tendões e nervos. Para seu Eddie mecânico, Riggs conectou esses músculos de gel a juntas metálicas e fios. **C19**: A região pélvica de Eddie é o ponto central de sua principal descarga de energia nuclear. **D4**: "Herbet Ails" é uma homenagem ao autor de *Duna*, Frank Herbert, que morreu em 1986. **D7**: Um relógio digital na ponte sobre a estrada marca 23:58. "2 Minutes to Midnight" é uma música de *Powerslave*, de 1984. Também na ponte há um placar (especialmente solicitado por Steve) de uma partida em que o West vence o Arsenal por 7 a 3. **D9**: O Ancient Mariner Seafood Restaurant faz uma homenagem à música "Rime of the Ancient Mariner", de *Powerslave*, por sua vez referenciando o poema de Samuel Taylor Coleridge. **D11**: "Maggie's Revenge" é uma referência à falecida primeira-ministra conservadora Margaret Thatcher, cujo apelido na imprensa era "Dama de Ferro". Ela aprece na arte dos singles "Sanctuary" (p. 47) e "Women in Uniform" (p. 60). **D13**: A placa de rua indica que Bradbury Towers fica no Upton Park, que já abrigou o West Ham United. **E3**: Rainbow, um bar em Los Angeles bastante frequentado pelo público roqueiro nos anos 1980. **E6**: Dekkers Department Store provavelmente é uma referência a Rick Deckard, o personagem de Harrison Ford em *Blade Runner*. Na placa, Tyrell Corp é o nome da empresa no filme que produz os humanos sintéticos conhecidos como replicantes.

E7: Referência ao escritor de ficção científica Isaac Asimov. **E8**: Syncon, cujo logotipo aparece aqui e pontua a imagem, é uma marca criada por Riggs para essa cidade fictícia. Abaixo, um letreiro diz "Mekon mora em L.A.", uma pista de onde o herói de quadrinhos Dan Dare pode encontrar seu arqui-inimigo. **E10**: A nave espacial de Eddie. **E11**: O símbolo japonês se refere ao crítico, economista e filósofo Akira Asada. **E12**: Bradbury Towers faz menção ao escritor de ficção científica Ray Bradbury e ao Bradbury Building, em Los Angeles, onde várias cenas de *Blade Runner* foram filmadas. **E16**: O neon em russo significa "Vou vomitar" ou "Está me destruindo". **F2**: Assim como a capa de "Wasted Years" (na página seguinte), esta arte apresenta uma Tardis, de *Doctor Who*. **F10**: Uma placa em hebraico anuncia gim, embora Riggs uma vez tenha afirmado que se traduz como "uísque". **F18**: Se você reparar, os dois canhões de raios de Eddie estão integrados ao seu corpo. Riggs: "Os canhões disparam um fluxo de matéria concentrada e muito desagradável." **G2**: O L'Amours era um clube no Brooklyn frequentado pelo Maiden, que fez um show secreto em 1988 usando o nome Charlotte and the Harlots. **G4**: Sobre a ponte há uma placa para Sand Dune Nightclub and Grill, em referência à música de 1983 "To Tame a Land", baseada em *Duna*, de Frank Herbert. **G5**: Uma placa vertical para o Marquee Club acima da ponte faz referência ao local do West End de Londres. **G7**: O Ceifador aparece nas capas de *Live After Death* e "The Trooper". **G10**: Abaixo de Hammerjacks há uma placa de neon para o Tehe's Bar, onde os gang vocals para "Heaven Can Wait" foram gravados. **G16**: Uma placa de neon diz "Webster", em referência ao diretor artístico da EMI, Charlie Webster. **G19**: A pose de Eddie foi baseada nas figuras de cowboy ou soldado dos anos 1960. **H3**: Club Waterloo era um dos bares que o Maiden frequentava quando gravou nas Bahamas. **H7**: Riggs: "Não dá para ter uma grande pirâmide mágica sem um grande céu mágico para combiná-la, senão os deuses espaciais não sabem onde pousar sua grande nave espacial mágica." **H9**: O Maiden gravou *Live After Death* na Long Beach Arena. **H17**: À esquerda da arma de Eddie há um Olho de Hórus em neon. Este antigo símbolo egípcio de proteção é mencionado na faixa-título de *Powerslave*, de 1984. **H19**: Como em "2 Minutes To Midnight" (p. 142), Eddie está sem um olho. Desta vez, ele foi preenchido com uma mira telescópica cibernética. **H26**: À direita de Eddie há um pôster do álbum de estreia da banda, de 1980. **I11**: Hammerjacks é uma boate em Baltimore que o Maiden frequentava. **J2**: Letras hebraicas que formam o nome de Deus iluminam a lateral de um prédio com formato de um homem. **J3**: Inspirado na arte de "Aces High", um Spitfire voa sobre um bar batizado em homenagem ao single. À direita, aparecem as luzes de discos voadores. **K4**: Três estrelas cadentes — elemento frequente nas obras de Riggs. **L5**: Riggs: "Aquele grande planeta com anéis está ali simplesmente porque... sempre me decepcionou que a Terra não tivesse um planeta gigantesco assim no céu, mas acho que não se pode ter tudo." **L12**: Despencando pela lateral de um arranha-céu está Ícaro (de "Flight of Icarus"). **M26**: Uma referência meio obscura a "22 Acacia Avenue", de *The Number of the Beast* (1982).

WASTED YEARS
1986
[Single]

A belíssima "Wasted Years" de Adrian revelou um lado mais melódico e comercial do Maiden. Surpreendentemente, alcançou apenas a 18ª posição na parada britânica, mas desde então se consagrou como uma das músicas mais queridas e executadas da banda. Menos celebrados são seus lados B: "Reach Out" (uma canção do The Entire Population of Hackney) e, no single de doze polegadas, "Sheriff of Huddersfield", que zomba de Rod Smallwood. "Wasted Years" surgiu das experimentações de Adrian com um sintetizador de guitarra Roland: "Eu liguei o equipamento e ele começou a emitir um som maluco. Instintivamente, comecei a tocar junto — era algo com ritmo. A música simplesmente surgiu na hora. Tinha até um quê de U2. Eu nem pensava em mostrar isso pro Steve, mas ele me ouviu tocando num ensaio e disse: 'Isso é bom. Devíamos trabalhar nisso.'" Como o single foi lançado antes do álbum, a banda decidiu manter a transformação ciborgue de Eddie como uma surpresa para *Somewhere in Time* — portanto, a arte da capa exibe apenas seu reflexo.

STRANGER IN A STRANGE LAND
1986
[Single]

Adrian Smith também foi o responsável pelo segundo single do álbum, cuja origem curiosa remonta a uma ida ao dentista: "Eu tive que fazer um tratamento de canal. Fiquei na cadeira por horas... Estava voltando para o hotel de táxi, chovia muito, e o riff simplesmente surgiu na minha cabeça. Cheguei ao hotel e tomei nota... Engraçado como essas coisas acontecem!" O single, que alcançou a 22ª posição no Reino Unido, trazia como lado B um cover de "That Girl", do FM — e, no disco de doze polegadas, um de "Juanita", do Marshall Fury. O elo entre as faixas era o guitarrista Andy Barnett, que tocou em ambas as bandas. Derek Riggs sugeriu que Eddie fosse retratado como o Homem Sem Nome de Clint Eastwood, da trilogia de spaghetti western *Dólares*, de Sergio Leone, enquanto Rod acrescentou que a cena para a arte da capa deveria ser a Cantina de Mos Eisley, de *Star Wars*.

NA PÁGINA AO LADO O clipe de "Wasted Years" deu vislumbres da vida do Maiden dentro e fora do palco, enquanto mantinha a nova persona ciborgue de Eddie em segredo.

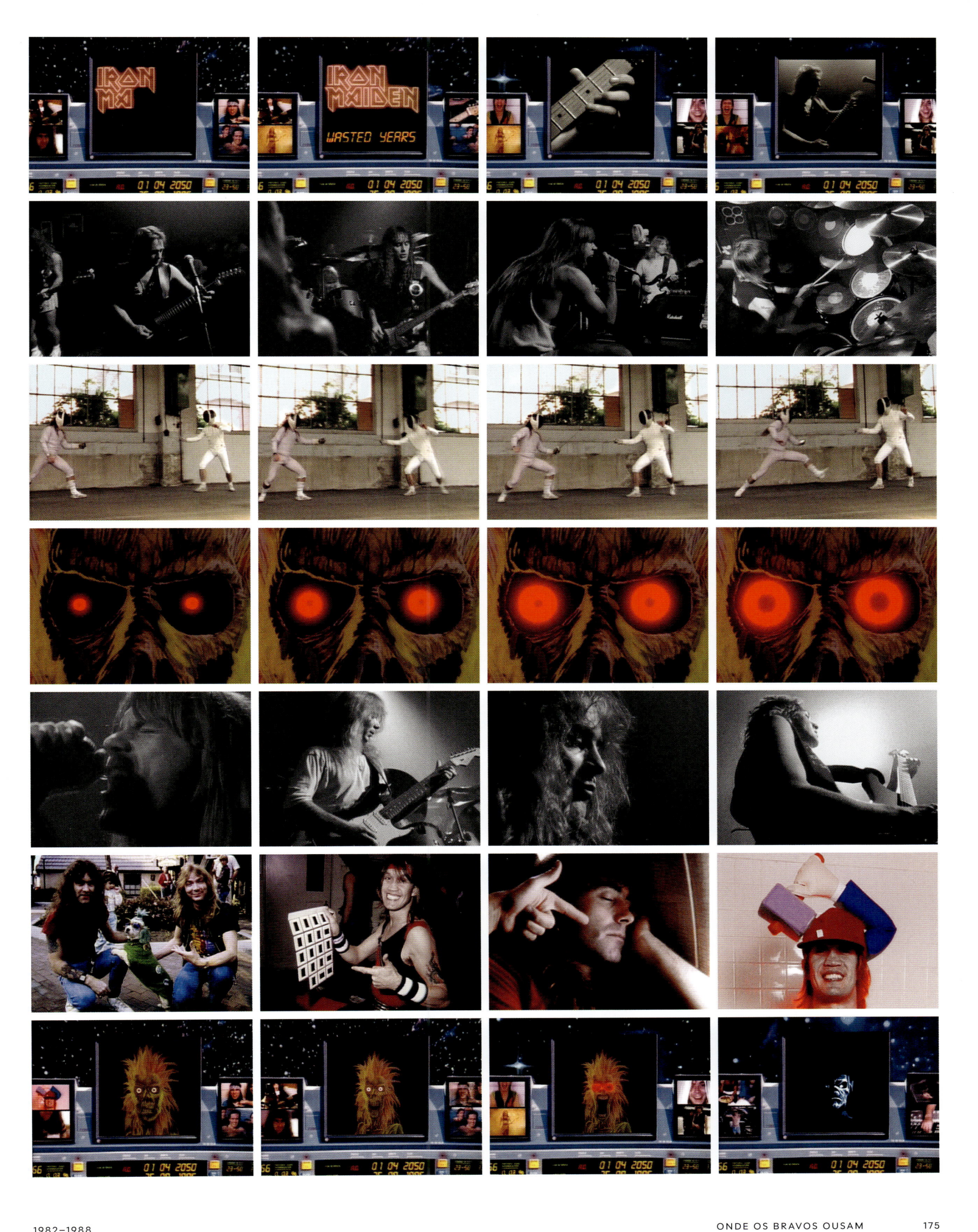

1982–1988

ONDE OS BRAVOS OUSAM

175

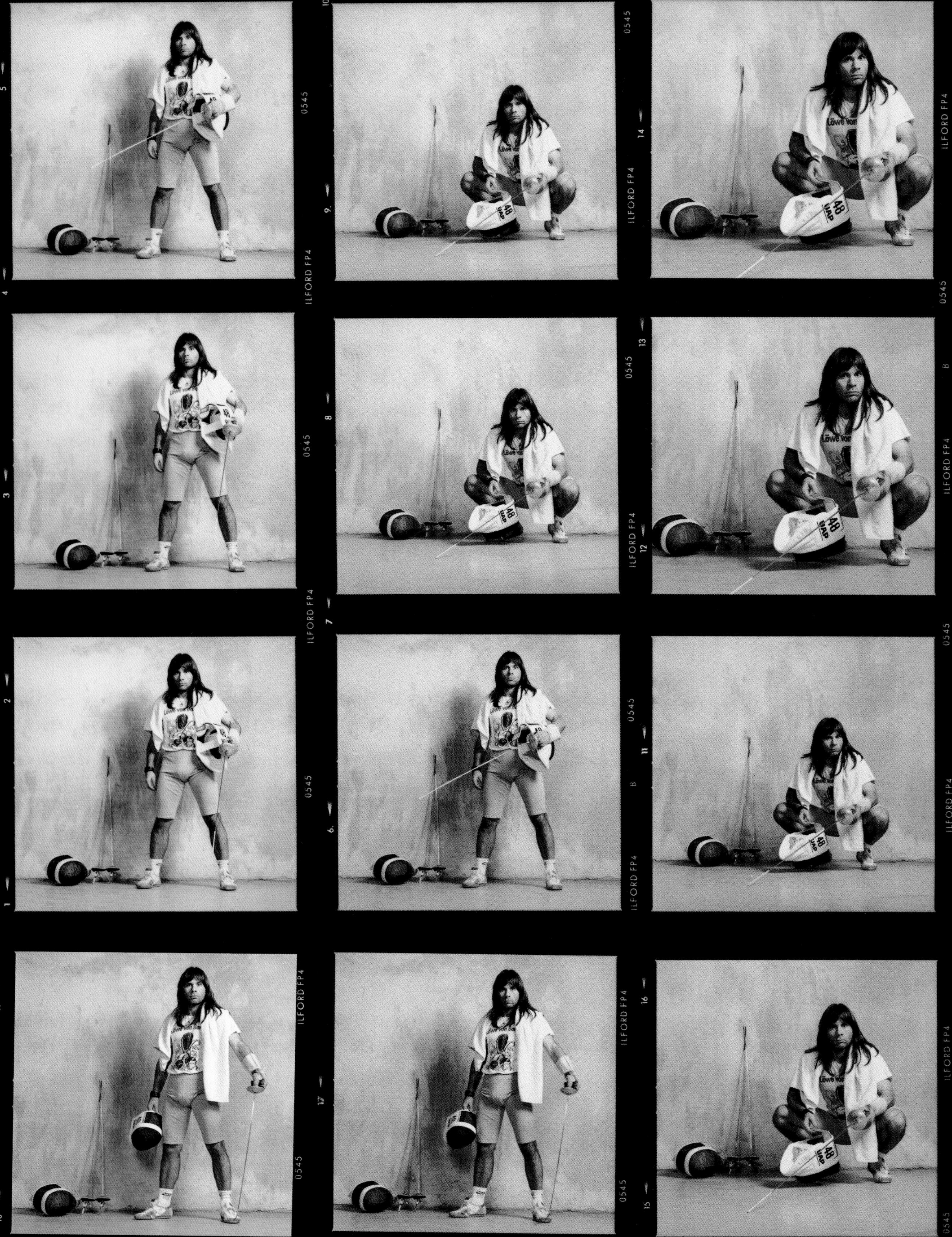

MÁSCARA E FLORETE DE ESGRIMA DE BRUCE DICKINSON
1986-1987

"A esgrima envolve corpo, mente e espírito", disse Bruce. "É uma prática que te absorve por completo, da alma aos dedos dos pés." Em 1981, ele chegou a ser o sétimo colocado no ranking nacional de esgrima. "O esporte me desenvolve fisicamente", observou ele, "e as turnês me mantêm em forma." Embora não sejam sobre esgrima, "Sun and Steel" de *Piece of Mind*, e "Flash of the Blade" de *Powerslave* — ambas escritas por Bruce —, garantiram que espadas tivessem seu papel na história do Maiden.

NA PÁGINA AO LADO "A esgrima é o esporte mais incrível que existe", relatou Bruce. "Como não há dinheiro envolvido, você sabe que a motivação de todos é puramente esportiva."

NAS PÁGINAS SEGUINTES Somewhere on Tour, 1986. "Dave Lights ainda cuidava da nossa iluminação, e ele estava muito na onda dos infláveis", Bruce contou à *Classic Rock*. "Na verdade, ele tinha uma certa tara por infláveis."

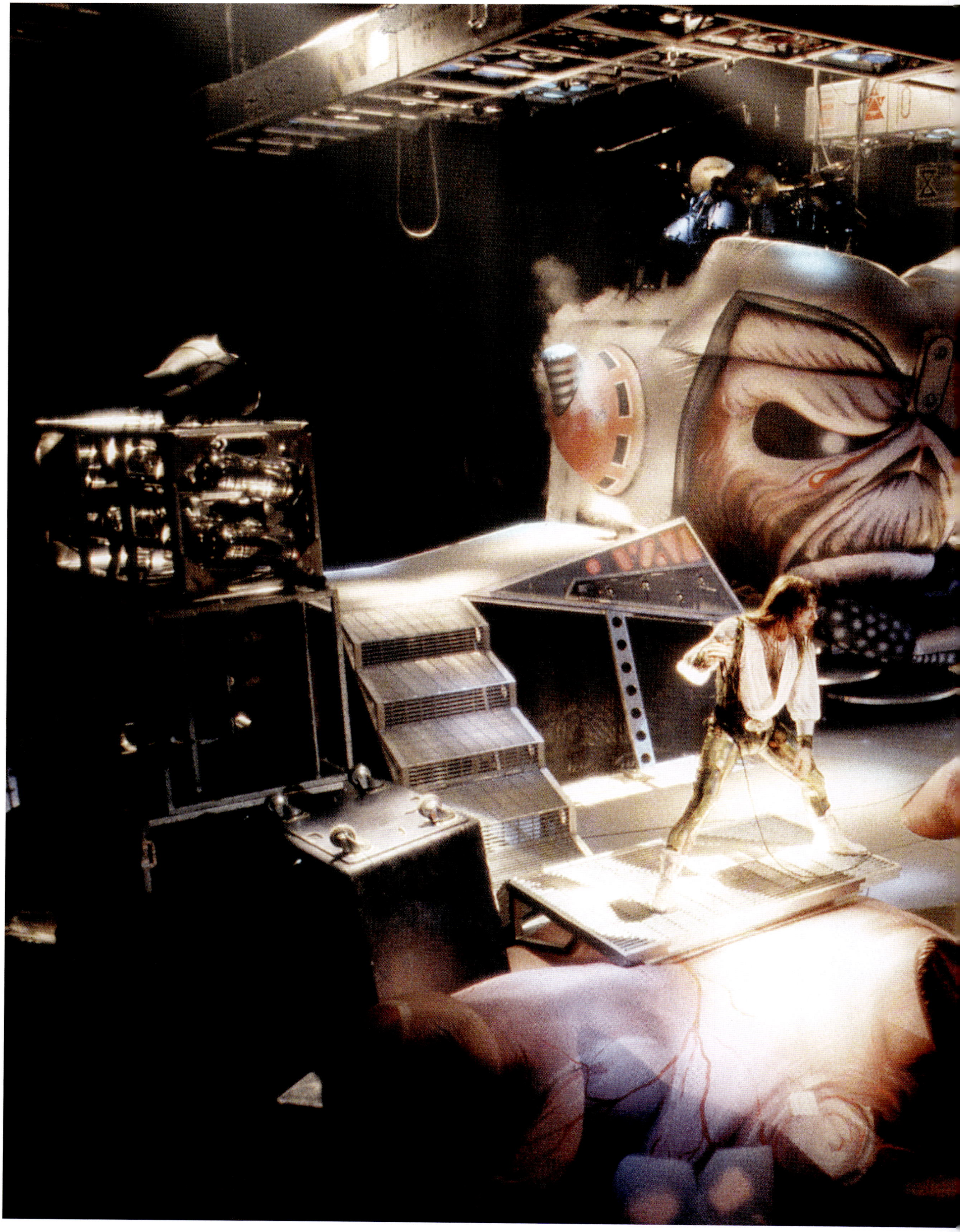

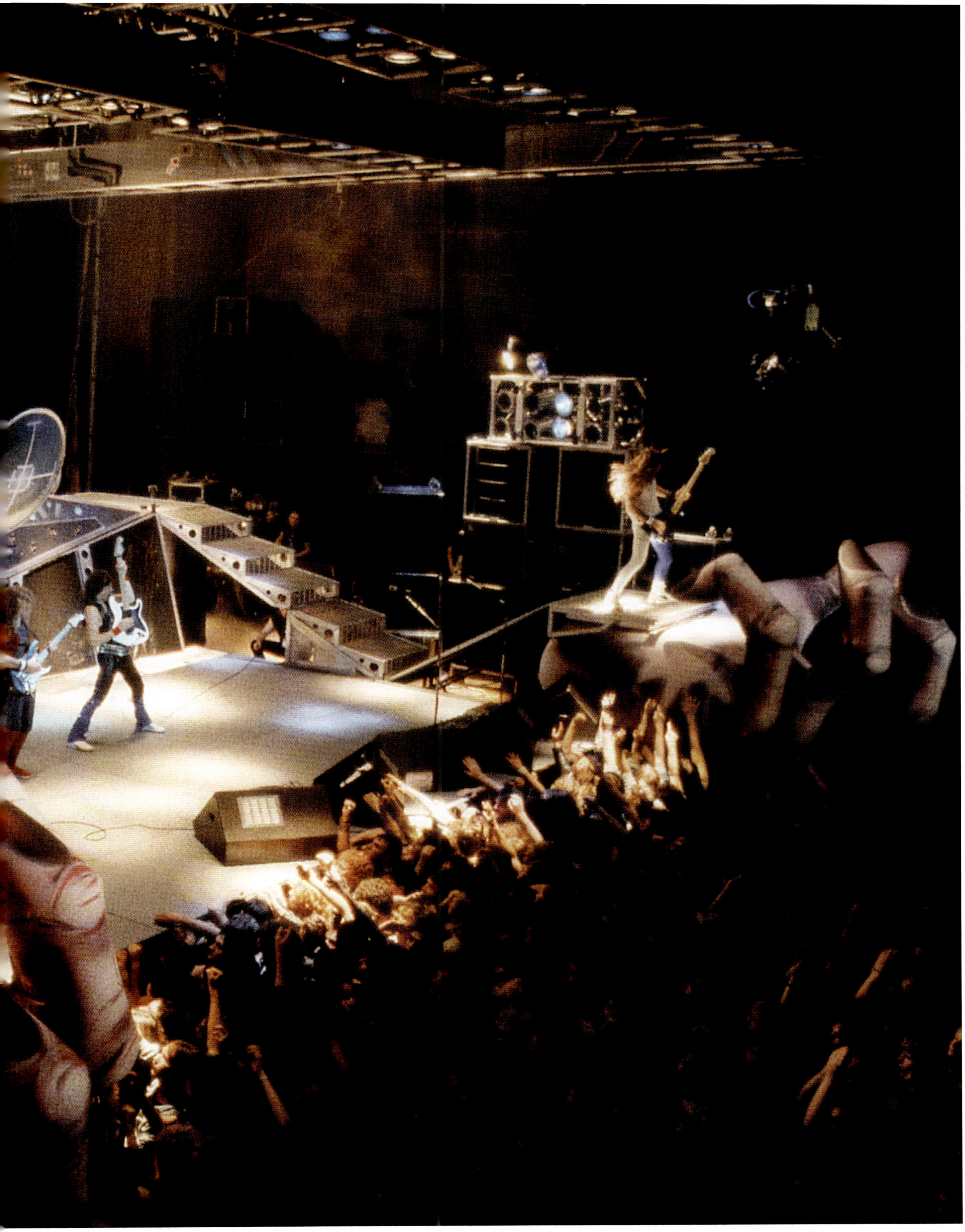

ACIMA Os adereços nem sempre funcionavam como planejado. Em um show, uma mão inflável gigante murchou. "Para o show seguinte, fizeram um remendo", lembrou Steve. "Mas, ao amarrarem os dedos para trás, a mão acabou ficando com o dedo do meio levantado!"

NA PÁGINA AO LADO O Maiden toca um show de caridade para a NSPCC no Hammersmith Odeon, em Londres. A abertura foi da Bad News, uma banda de rock de paródia da série de TV *The Comic Strip Presents...*, com dois membros convidados: Jimmy Page e Brian May.

NAS PÁGINAS SEGUINTES Somewhere On Tour, Rosemont Horizon, Illinois, 11 de março de 1987. "Eu queria filmar a turnê, mas Rod foi totalmente contra", reclamou Steve à *Classic Rock*. "E olha que o visual estava fantástico!"

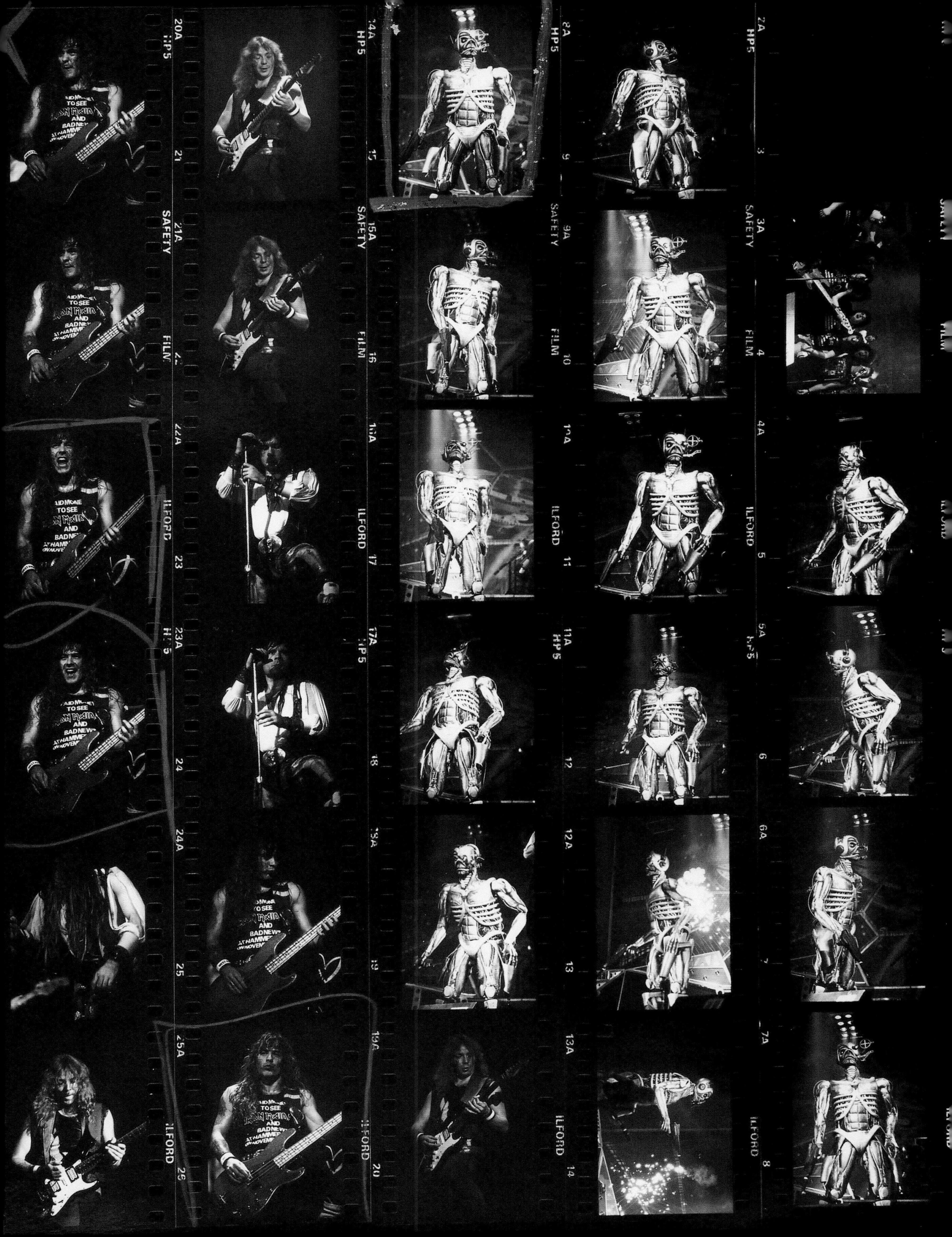
HP5
SAFETY
FILM
ILFORD

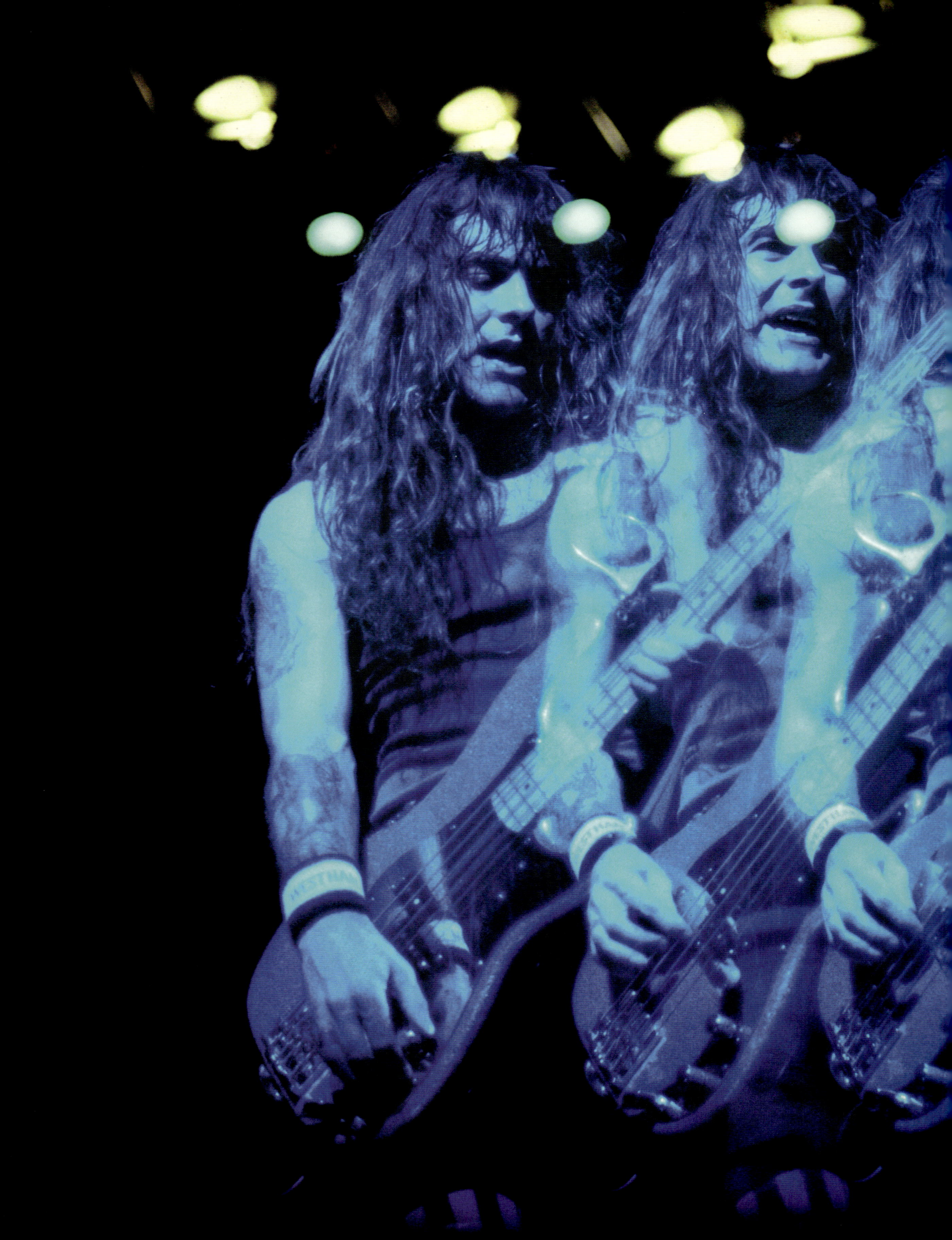

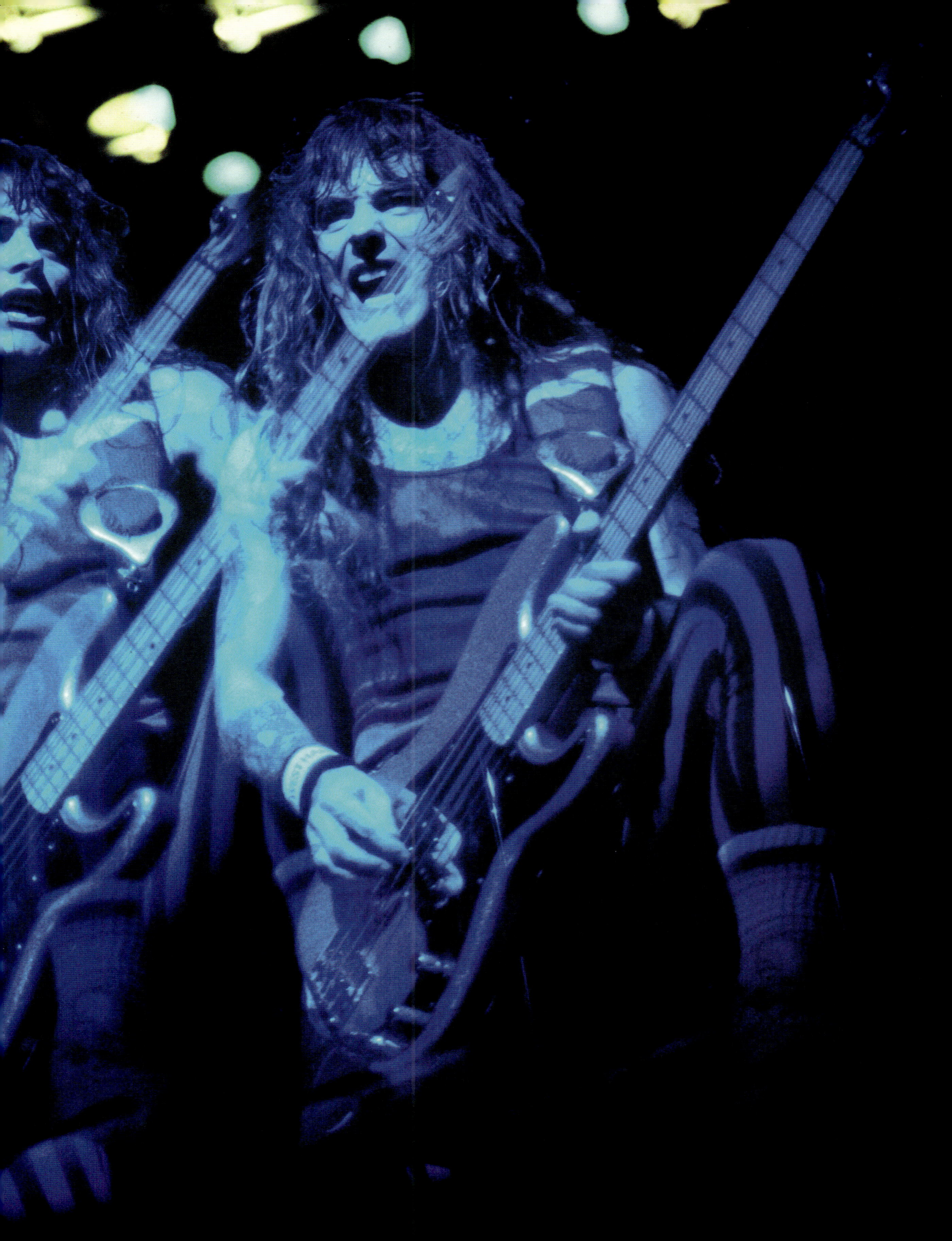

IRON MAIDEN: INFINITE DREAMS

PARTE DOIS

À DIREITA Bruce Dickinson vestindo a jaqueta exoesqueleto durante a turnê Somewhere On Tour (1986–1987).

JAQUETA EXOESQUELETO
1986

Recordando a Somewhere On Tour, Bruce observou: "Sempre buscamos um forte elemento visual em nossos shows... e definitivamente estávamos tentando incorporar aquela atmosfera de ficção científica e viagem no tempo. Toda a vibe futurista do álbum se traduziu muito bem no palco." O objetivo era que o palco criasse uma marcante estética visual cyberpunk, refletindo tanto a música do álbum quanto o design futurista de Derek Riggs. Bruce buscava um figurino de palco singular: "Quero algo meio traje de D'Artagnan, só que espacial!" Ele imaginou calças feitas para parecerem "um estranho lagarto espacial", cobertas por "um casaco de couro com um enorme coração pulsante" e o sangue circulando em torno do exoesqueleto de metal. A jaqueta final pesava cerca de 9 kg. O fio de cobre era alimentado por uma bateria chumbo-ácida de 6 volts presa a um cinto de peso. Embora isso possa parecer tecnologia rudimentar para os padrões atuais, em 1986 criou um efeito impressionante que certamente capturou a atenção do público.

186   IRON MAIDEN: INFINITE DREAMS   PARTE DOIS

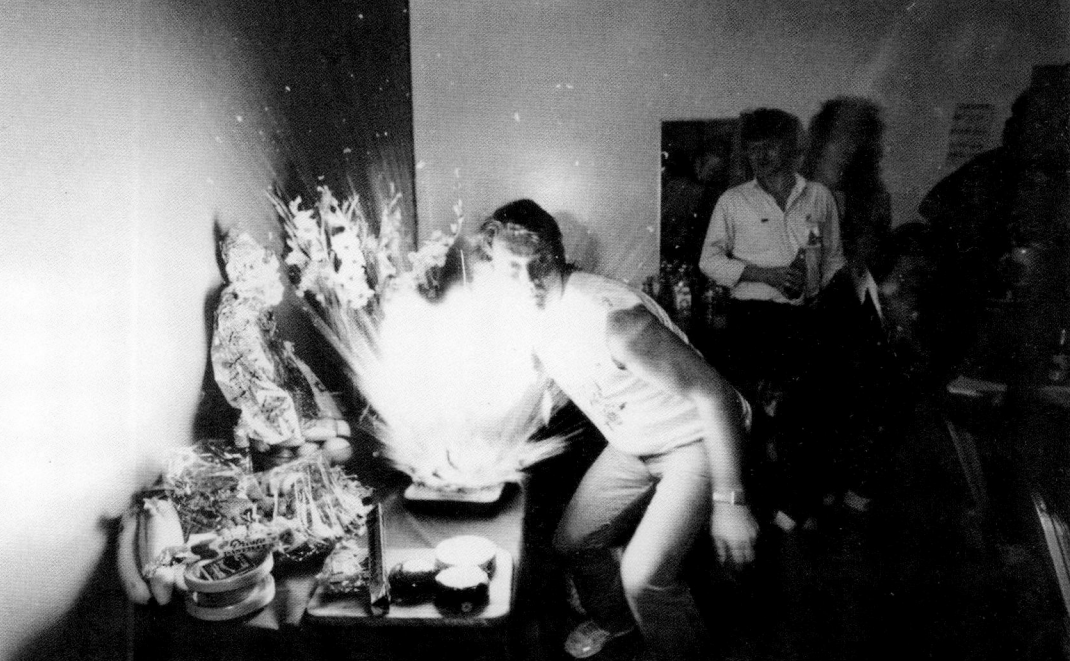

NA PÁGINA AO LADO Steve e Nicko desfrutam de uma cerveja após a passagem de som durante a Somewhere on Tour.

NESTA PÁGINA O aniversariante Rod Smallwood é vítima de uma pegadinha nos bastidores da Long Beach Arena. Nicko lembrou que "O Pyro Pete [técnico de pirotecnia Pete Cappadocia] armou essa. Estávamos todos tipo, 'Ei Rod, vem cortar seu bolo, camarada.' Ele parecia tão contente — e então soltou um 'Seus filhos da puta!'" Steve concordou: "Foi impagável!"

1982–1988

ONDE OS BRAVOS OUSAM 187

1a.

1b.

2a.

2b.

3a.

3b.

4a.

4b.

5a.

5b.

CAMISETAS DO MAIDEN
1986-1987

Para os membros da banda, a segunda metade da década não foi exatamente um auge estilístico. Fora dos palcos, o que dominava era o estilo esportivo — a banda chegou a aparecer em anúncios da marca Puma na Alemanha. "Para mim, o Iron Maiden estava em sua pior fase visual", reclamou o fotógrafo Ross Halfin à *Classic Rock*. "Agasalhos coloridos dos anos 1980 e pochetes amarradas na cintura. Lembro que o Rod — embora vestido do mesmo jeito — odiava o visual... Falei com os caras em nome do Rod: 'Façam eles usarem preto', e ouvi de volta: 'A gente não é o caralho do Metallica!'" Já os fãs foram melhor atendidos com a

7a. **7b.** **8a.** **8b.**

9a. **9b.** **10a.** **10b.**

linha costumeiramente colorida e bem-humorada de produtos da Somewhere On Tour. **1.** Camiseta raglan do show de Chicago em 1987, com Eddie estilo gângster *à la* Al Capone. **2.** Camiseta raglan com datas europeias, 1986. **3.** Camiseta europeia de "Stranger in a Strange Land", 1986. **4.** Camiseta de "Wasted Years", com datas da turnê europeia, 1986. **5.** Camiseta americana de "Phantom of the Opera", 1986. **6.** Camiseta da turnê da Flórida, 1987, com Eddie de terno branco, clara homenagem ao seriado *Miami Vice*. **7.** Camiseta da equipe local americana da Somewhere On Tour, 1987. **8.** Camiseta japonesa da turnê, 1987. **9.** Camiseta francesa de *Somewhere in Time*, 1986. **10.** Camiseta da turnê canadense, 1987; Eddie como jogador de hóquei no gelo, com uniforme baseado no time Edmonton Oilers, que dominava a Stanley Cup na época.

IRON MAIDEN F.C.

Para atender às crescentes legiões de fãs fervorosos, o Iron Maiden Fan Club — conhecido como Iron Maiden F.C., numa brincadeira com "Football Club" — foi fundado no final dos anos 1970 por Keith Wilfort.

"Eu ia aos shows no East End [de Londres] regularmente e conheci os caras", recordou Keith. "O Maiden se tornou um ritual semanal. Algo na música te fisgava imediatamente. Nós aparecíamos toda semana e comprávamos bebidas para eles; às vezes, dávamos uma carona para casa. No início de 1977, eu disse: 'Vocês estão ganhando um público considerável. Por que não pedem para alguém fazer um informativo, para evitar que sejam incomodados toda vez que saem?'"

"Quando eles assinaram com o Rod, o Steve mencionou meu nome. Então foi um caso de estar no lugar certo, na hora certa."

Wilfort se tornou o presidente quando o fã-clube foi oficializado. O Iron Maiden F.C. continua a manter os fãs mais dedicados conectados por meio de newsletters, revistas digitais e um site (fanclub.ironmaiden.com), completo com um fórum on-line e uma loja onde os fãs podem adquirir camisetas e outros itens exclusivos para membros pagantes.

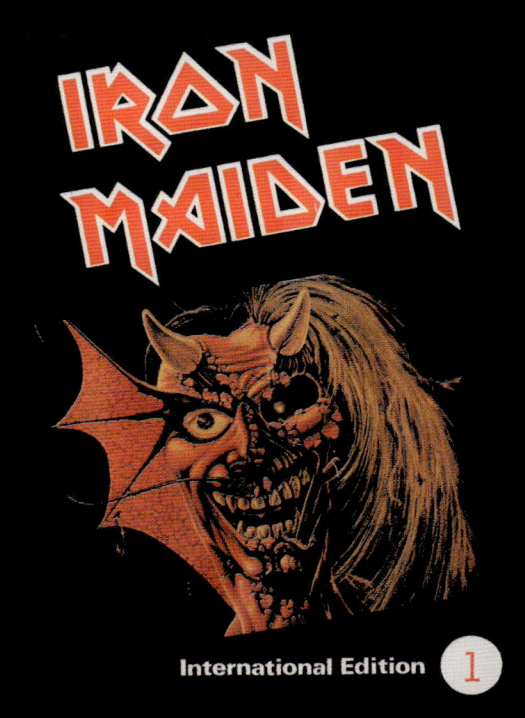

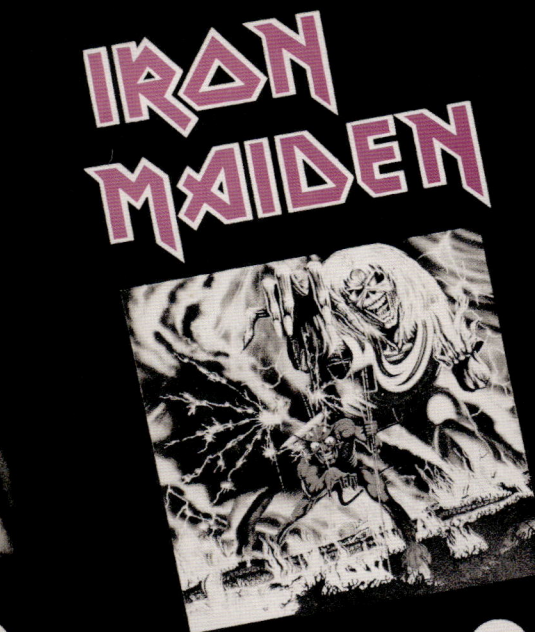

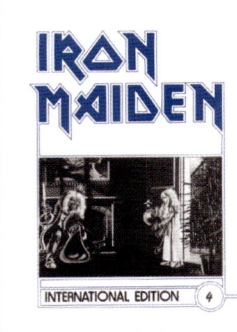

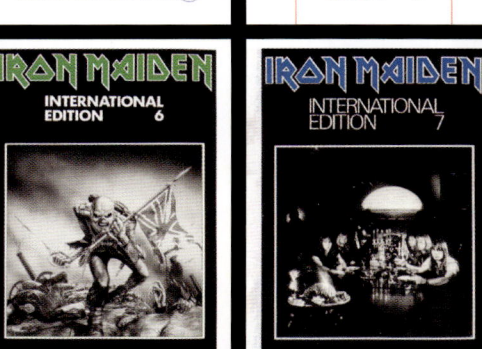

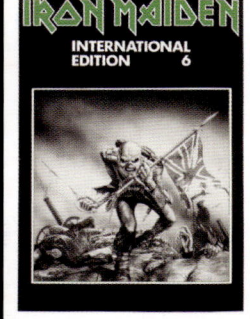

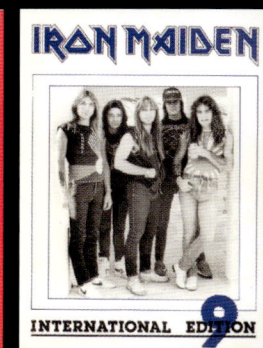

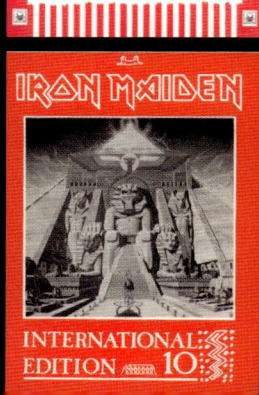

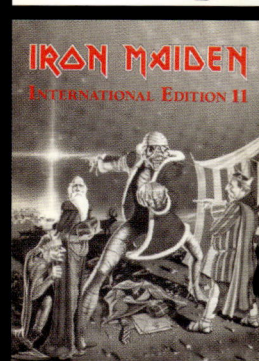

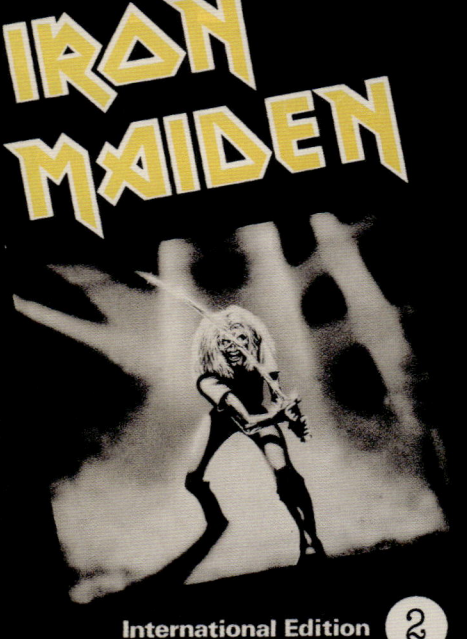

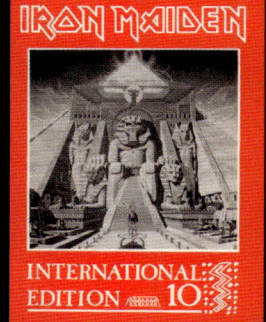

NA PÁGINA AO LADO, ACIMA À DIREITA O fundador do Iron Maiden F.C., Keith Wilfort (creditado em *Killers* como Keith "Bloody Arsenal Supporter" Wilfort), com uma camiseta da Metal for Muthas.

NA PÁGINA AO LADO, ABAIXO A primeira newsletter do Iron Maiden F.C. (arquivo de Steve), e as 11 primeiras edições da *Iron Maiden Magazine*.

NA PÁGINA AO LADO, ACIMA À ESQUERDA Primeiro distintivo do F.C.

À ESQUERDA Das edições 3, 4, 6 e 10.

ABAIXO Cartões desejando aos fãs "A Very Eddie Christmas" (1980 a 2001). Os fãs enviavam desenhos, e os melhores ilustravam os cartões de Natal. Há um desenho de Derek Riggs (no centro, à esquerda).

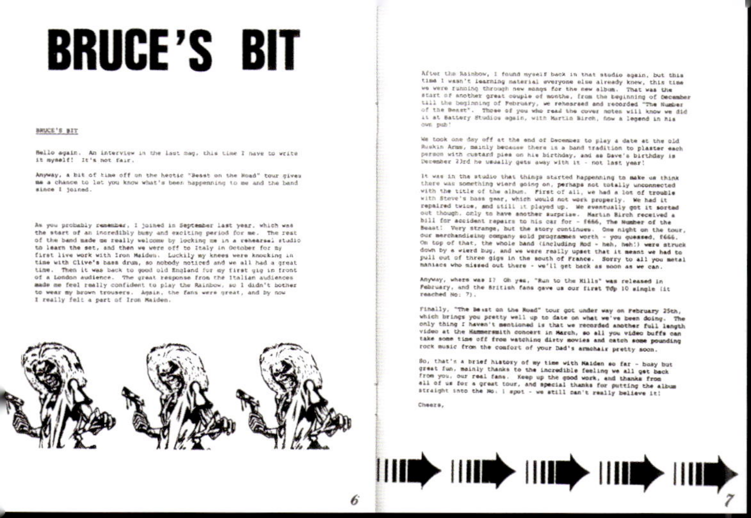

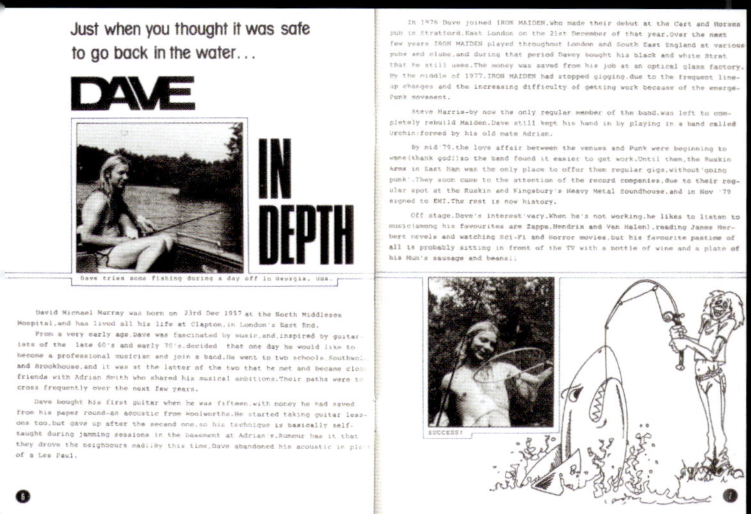

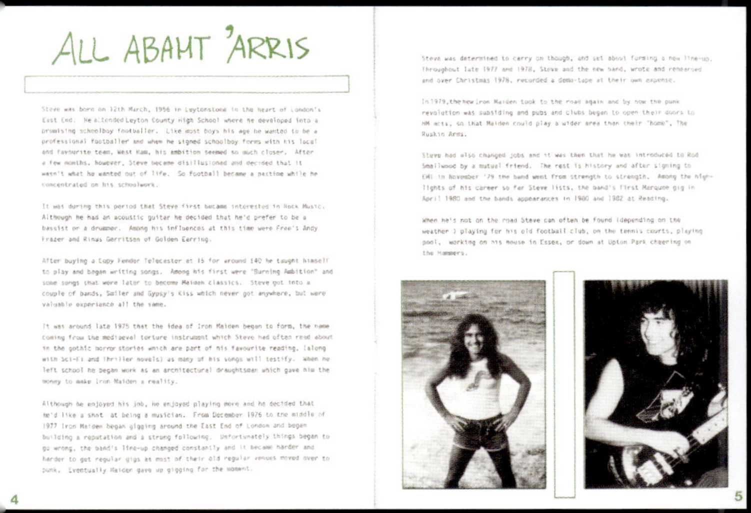

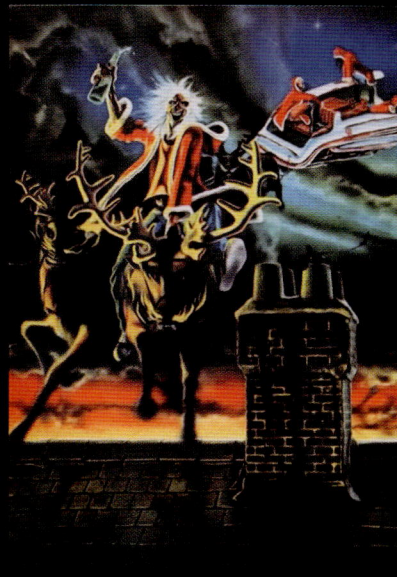

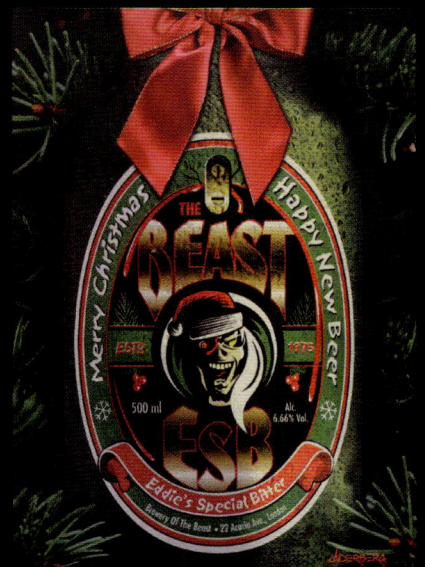

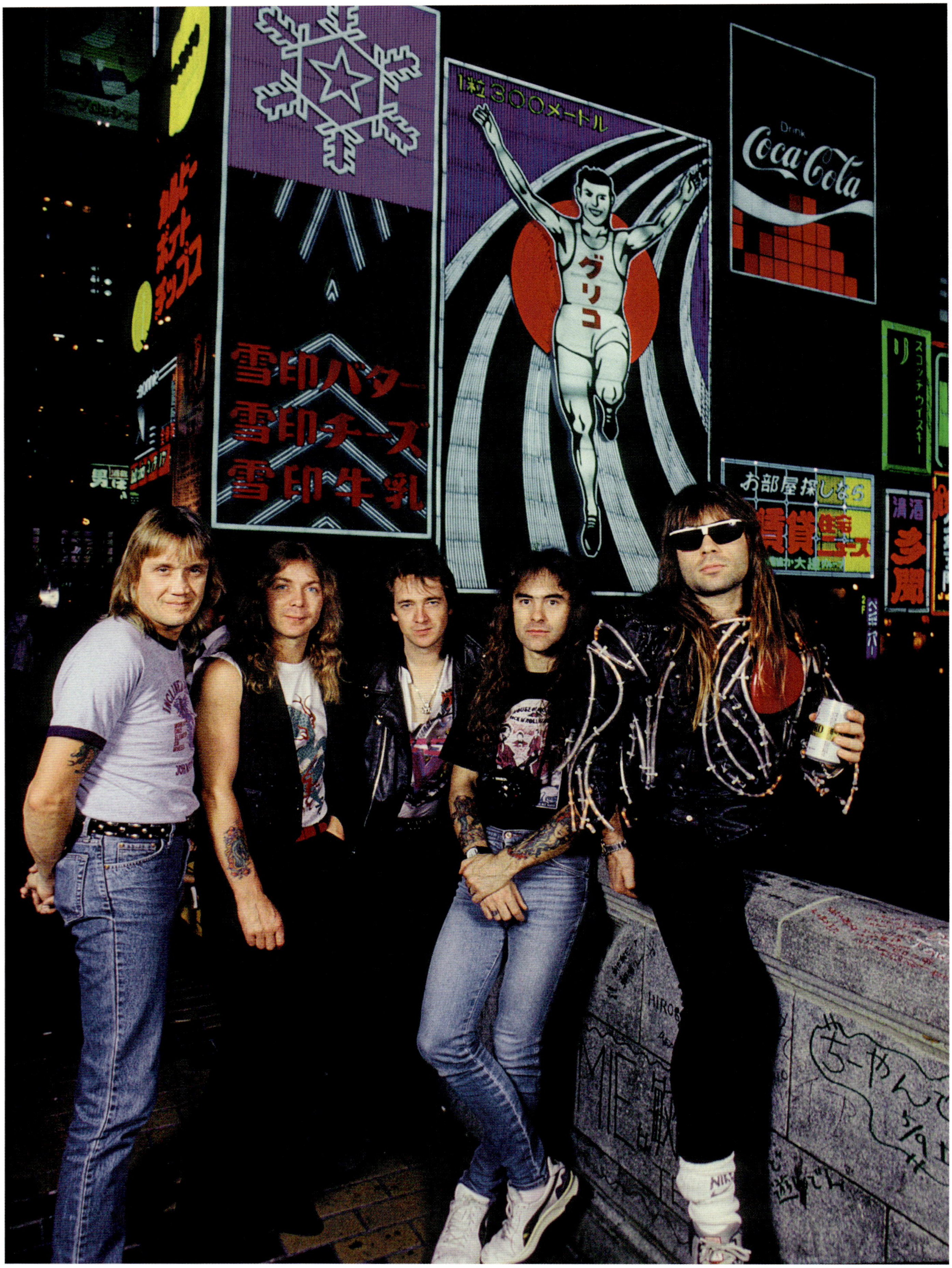
1粒300メートル
グリコ
Drink
Coca-Cola
雪印バター
雪印チーズ
雪印牛乳
お部屋探しなら
清酒

Ele expressou sua satisfação por se sentir incluído novamente: "Fiquei muito feliz porque ele me ligou para conversar e me perguntou se eu tinha alguma música que se encaixasse no tema".

O álbum foi resultado de um esforço mais colaborativo, com cinco das oito faixas compostas em conjunto pelos membros da banda. A música "Can I Play with Madness", cativante e com apelo radiofônico, começou como uma balada de Adrian Smith chamada "On the Wings of Eagles". Bruce Dickinson adicionou versos sobre um jovem que enlouquece após ter visões do futuro. A mudança de andamento na seção instrumental foi uma contribuição de Steve Harris, que, segundo Bruce Dickinson, "Adrian odiou!". O videoclipe da música contou com a participação de Graham Chapman, do Monty Python, em uma de suas últimas aparições antes de falecer, e a música se tornou a primeira do Iron Maiden a alcançar o Top 3 no Reino Unido.

Bruce Dickinson refletiu sobre a arte da capa de Derek Riggs: "O que Salvador Dalí faria com um álbum do Iron Maiden? Imagine um Eddie desencarnado em algum lugar... Pense em fogo e gelo, pense no Eddie elemental, mas segurando seu feto. Esse é o sétimo filho, desencarnado". O resultado foi uma imagem surreal e gélida de Eddie, com a caixa torácica exposta e um feto brilhante em sua mão. "É uma das nossas capas mais incríveis", disse Bruce.

Seventh Son of a Seventh Son foi aclamado pela crítica. A revista *Kerrang!* declarou que o álbum "devolveu ao Maiden sua direção e seu orgulho" e previu que ele seria "aclamado ao lado de marcos como *Tommy*, *Tubular Bells* e *The Dark Side of the Moon*". O álbum alcançou o topo das paradas no Reino Unido.

A natureza conceitual do álbum é motivo de debate. Steve o considera como um verdadeiro trabalho conceitual, mas Bruce tem uma visão mais ambivalente: "É conceitual apenas em parte. Não exploramos a história até o fim como deveríamos. O álbum não possui uma narrativa linear, mas sim uma temática que permeia as músicas: o eterno conflito entre o bem e o mal, o céu e o inferno. Essa temática, no entanto, é recorrente em toda a discografia do Iron Maiden."

NESTA PÁGINA Nos bastidores da Seventh Tour of a Seventh Tour, 1988.

NA PÁGINA AO LADO Somewhere on Tour chega à sua etapa final no Japão em maio de 1987. A fotografia de Ross Halfin se tornou capa do vídeo documentário daquele ano, *12 Wasted Years*.

A Seventh Tour of a Seventh Tour, iniciada em maio de 1988, levou o Iron Maiden a se apresentar para mais de dois milhões de pessoas em sete meses. Como as partes de teclado eram, nas palavras de Bruce Dickinson, "coisas de um dedo", o trabalho ficou a cargo de Michael Kenney, técnico de baixo de Steve Harris, que se vestiu com capa e máscara pretas e assumiu o personagem The Count.

Em 20 de agosto de 1988, o Iron Maiden foi a atração principal do festival Monsters of Rock, no Reino Unido, apresentando-se para um público de 107 mil fãs, o maior já registrado em Donington. O show, que teve seus melhores momentos registrados no box set *Eddie's Archive* de 2002, entrou para o Guinness com o sistema de som mais potente já utilizado em um show, um feito do Turbosound que levou cinco dias para ser montado.

A turnê foi encerrada em 12 de dezembro de 1988, coroando um ano de grande sucesso para o Iron Maiden. No entanto, a banda não sabia que esse momento marcava o fim de uma era.

SEVENTH SON OF A SEVENTH SON

1988
[Álbum]

Uma notícia de jornal sobre a morte da médium britânica Doris Stokes forneceu uma inspiração inesperada para o sétimo álbum do Maiden. "Eu escrevi 'The Clairvoyant' e então comecei a ter a ideia para uma música, 'Seventh Son of a Seventh Son'", recordou Steve. "Bruce disse: 'Sabe de uma coisa? Nós deveríamos fazer um álbum conceitual sobre isso!'" Inspirando-se ainda mais no romance de Orson Scott Card, *Seventh Son*, o álbum se tornou mais temático do que conceitual, mas, mesmo assim, emergiu como a obra-prima do Maiden dos anos 1980.

Foi especialmente significativo para Bruce, cujas ideias haviam sido rejeitadas durante os preparativos para *Somewhere in Time*. Ele coescreveu quatro das oito músicas, incluindo — com Adrian — a faixa de abertura, "Moonchild", e o primeiro single, "Can I Play with Madness".

A arte da capa de *Seventh Son* destoava bastante das de seus antecessores. "Quando você fez *Somewhere in Time*", observou Derek Riggs, "é melhor fazer algo bem diferente na sequência!" O artista recebeu um briefing simples de Rod Smallwood: "Crie algo surreal e incrivelmente estranho."

IRON MAIDEN
SEVENTH SON OF A SEVENTH SON

E foi exatamente o que ele fez. "Eu queria algo sombrio e distante... e o gelo simplesmente surgiu na minha mente. Foi Steve Harris quem sugeriu os Eddies congelados ao fundo — um para cada álbum. Na contracapa, da esquerda para a direita, aparecem os Eddies de *Killers*, *Iron Maiden*, *The Number of the Beast*, *Piece of Mind* e *Powerslave*.

O Eddie desmembrado reflete os temas sobrenaturais do álbum. Riggs explicou: "Eu fiz apenas um Eddie parcial e coloquei o bebê em sua caixa torácica (representando o futuro nascendo) e a maçã (simbolizando o pecado original), com partes vermelhas e verdes na forma de um yin-yang (forças opostas da vida ou energia). Todos esses são símbolos visuais que podem ser lidos e interpretados de várias maneiras... ou não!"

Seventh Son of a Seventh Son foi aclamado pela crítica. "Unido a um tema dramático e envolvente", exclamou a *Kerrang!*, "[e] entregue com uma confiança e um entusiasmo frequentemente almejados e raramente alcançados."

"Ainda considero um álbum muito forte", refletiu Steve anos depois. "Ele sobreviveu ao teste do tempo. E, se tocarmos alguma dessas músicas ao vivo, elas ainda se equiparam a qualquer coisa que fizemos — antes ou depois."

CAN I PLAY WITH MADNESS
1988
[Single]

Para os singles do álbum, Derek Riggs criou uma série de artes temáticas em guache: "Eu queria algo estranho e maluco para acompanhar a pintura de *Seventh Son*. Transformei todos os singles em uma série, para que tivessem a mesma estética: cabeças de Eddie com coisas bizarras acontecendo." Lançado um mês antes do álbum — com um clipe estrelado por Graham Chapman, do Monty Python —, "Can I Play with Madness" se tornou o single do Maiden com a melhor colocação nas paradas do Reino Unido até então, entrando em 4º lugar e alcançando o Top 3. Seus lados B eram a animada "Black Bart Blues" de Bruce e Steve e, no disco de doze polegadas, um cover de "Massacre", do Thin Lizzy.

THE EVIL THAT MEN DO
1988
[Single]

O décimo sétimo single do Maiden — escrito por Bruce, Adrian e Steve — retirou seu título de *Júlio César,* de Shakespeare: "O mal que os homens fazem sobrevive a eles; o bem geralmente é sepultado com seus ossos." Com uma arte evocando um pacto com o Diabo, rendeu ao Maiden outro sucesso no Top 10 em sua terra natal, chegando ao número 5. As versões de sete e doze polegadas adicionaram regravações de "Prowler" e "Charlotte the Harlot". "A banda nunca ficou completamente satisfeita com as versões originais", observou Nicko.

THE CLAIRVOYANT
1988
[Single]

A faixa favorita de Steve em *Seventh Son* foi seu terceiro single, e o terceiro hit consecutivo no Top 10 no Reino Unido, alcançando o 6º lugar. Foi o primeiro single a ser escrito apenas por Steve — exceto pelas versões ao vivo de "Running Free" e "Run to the Hills" de 1985 — desde "Aces High", quatro anos antes. O lado B do disco de sete polegadas foi "The Prisoner", gravada no show do Maiden como *headliner* do Monsters of Rock em Castle Donington em agosto de 1988.

NA PÁGINA AO LADO Letra manuscrita de Steve para "Infinite Dreams" (em cima, à esquerda), "The Clairvoyant" (em cima, à direita), "Moonchild" (embaixo, à esquerda) e "The Evil That Men Do" (embaixo, à direita).

Lyrics/Music Harris.

INFINITE DREAMS

Infinite dreams I can't deny them
Infinity is hard to comprehend
I couldn't hear those screams
even in my wildest dreams

Suffocation waking in a sweat
scared to fall asleep again
In case the dream begins again
Someone chasing I cannot move
Standing rigid nightmare's statue
What a dream when will it end
And will I transcend?

Restless sleep the minds in turmoil
One nightmare ends another fertile
Getting to me so scared to sleep
but scared to wake now, in too deep.

The Clairvoyant   Lyrics/Music Harris.

Feel the sweat break on my brow
is it me or is it shadows that are
dancing on the walls.
Is this a dream or is now
Is this a vision or normality I see
before my eyes

• I wonder why I wonder how
that it seems the powers getting stronger
every day
I feel a strength an inner fire
but I'm scared I won't be able to control
it anymore.

Chorus!
There's a time to live and a time to die
when it's time to meet the maker
There's time to live but isn't it strange
that as soon as you're born you're dying.

• Just by looking through your eyes
He could see the future penetrating right
in through your mind
See the truth and see your lies
but for all his power couldn't foresee his own demise.

Chorus!
There's a time to live and a time to die
when it's time to meet the maker
There's time to live but isn't it strange
that as soon as you're born you're dying.......
........and reborn again??

Lyrics - Dickinson.
Music - Smith/Dickinson.

Moonchild.

I am he the bornless one,
The fallen angel watching you
Babylon — the scarlet whore
I'll infiltrate your gratitude,
Don't you dare to save your son
Kill him now and save the young ones
Be the mother of a birth strangled babe
Be the devils own, Lucifer my name

• Moonchild — Hear the Mandrake scream
Hear the mandrake scream Open the seventh seal
Moonchild — You'll be mine soon child
Moonchild — you're mine tonight Take my hand tonight.

I count the heads of those unborn
The accursed ones I'll find them all
If you die by your own hand
As a suicide you shall be damned
And if you try to save your soul
• I will torment you — you shall not grow old
With every second and passing breath
You'll be so alone your soul will bleed to death.

Bridges. The twins they are exhausted, seven is this night,
Gemini is rising as the red lips kiss to bite,
Seven angels seven demons battle for his soul,
When Gabriel lies sleeping, this child was born to die.

I will pray for you her
and I will call her name out loud
I would bleed for you her
If I could only see her now

Living on a razors edge
Balancing on a ledge

• Love is a razor and I walked the line on that silver blade,
Slept in the dust with his daughter, her eyes red with slaughter of
innocence

Circle of fire my baptism of joy at an end it seems,
As the seventh lamb slain the book of life opens before me,
I will pray for you,
Some day I may return,
Don't you cry for me,
Beyond is where I learn,

And I will walk beyond that wall of death and fear,
I will draw back the veil reveal the truth

The evil that would live on and on and on
Now I know there is

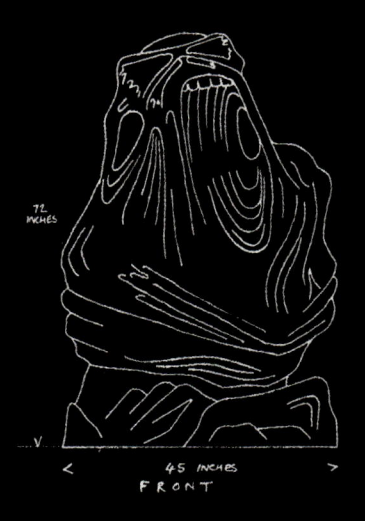

EDDIE DE GELO #1
ADEREÇO DE PALCO E DIAGRAMAS ESQUEMÁTICOS
SEVENTH TOUR OF A SEVENTH TOUR
1988

O espetacular cenário de palco era inspirado no clima gélido do álbum. Dominando a cena, um gigantesco e esquelético "Eddie de gelo" elevava-se dramaticamente, brilhando durante a execução de "Seventh Son of a Seventh Son". Ao redor do Eddie gigante, estátuas hidráulicas menores, com alturas entre 1,5 e 2 metros, giravam e se moviam, intensificando o dinamismo visual do espetáculo.

EDDIE DE GELO #2
ADEREÇO DE PALCO E DIAGRAMAS ESQUEMÁTICOS
SEVENTH TOUR OF A SEVENTH TOUR
1988

Bruce deu a entender à BBC que o tema glacial talvez tenha sido inspirado em *A Divina Comédia*, de Dante: "Existe o rio das almas, onde corpos estão presos no gelo, com cabeças e braços expostos… Tenho uma grande ilustração de Gustave Doré [artista francês do século XIX] com essa cena, e a mostrei a Derek [Riggs]. Talvez tenha sido daí que a ideia surgiu."

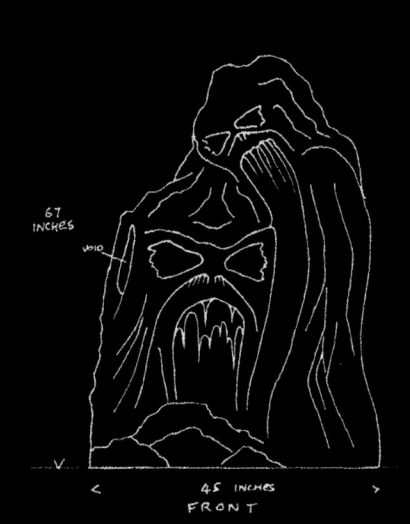

10 10A 11 11A 12 12A 13

16 16A 17 17A 18 18A 19

22 22A 23 23A 24 24A 25

27 27A 28 28A 29 29A 30

32 32A 33 33A 34 34A 35

ACIMA E NA PÁGINA AO LADO Lotando locais de Nova York a Newport, a espetacular Seventh Tour of a Seventh Tour confirmou o lugar do Maiden entre as maiores atrações do rock — e nenhum fã suspeitou que seria a última turnê de Adrian com a banda até 1999.

NESTAS PÁGINAS A produção de palco da Seventh Tour of a Seventh Tour foi incrivelmente ambiciosa. "Dave ['Lights' Beazley] criou projetos fantásticos", lembrou Steve. "Luzes móveis e todo esse tipo de coisa, algo que poucos faziam. Foi bem espetacular para a época."
"Acho que a única coisa que me deixava um pouco inseguro eram aquelas projeções de gelo. Com certas luzes, ficavam ótimas. Com outras, nem tanto... Pareciam um pouco a gruta do Papai Noel."

ONDE OS BRAVOS OUSAM

NESTAS PÁGINAS O show no Monsters of Rock em Castle Donington, em 20 de agosto de 1988, ficou marcado ao lado do Rock in Rio de 1985 como um momento histórico do auge do Iron Maiden nos anos 1980. Com 97.800 pessoas presentes — extraoficialmente, 107 mil — tornou-o o show com maior público na história do evento, e o Maiden fez a apresentação mais barulhenta a sacudir os campos de Leicestershire.

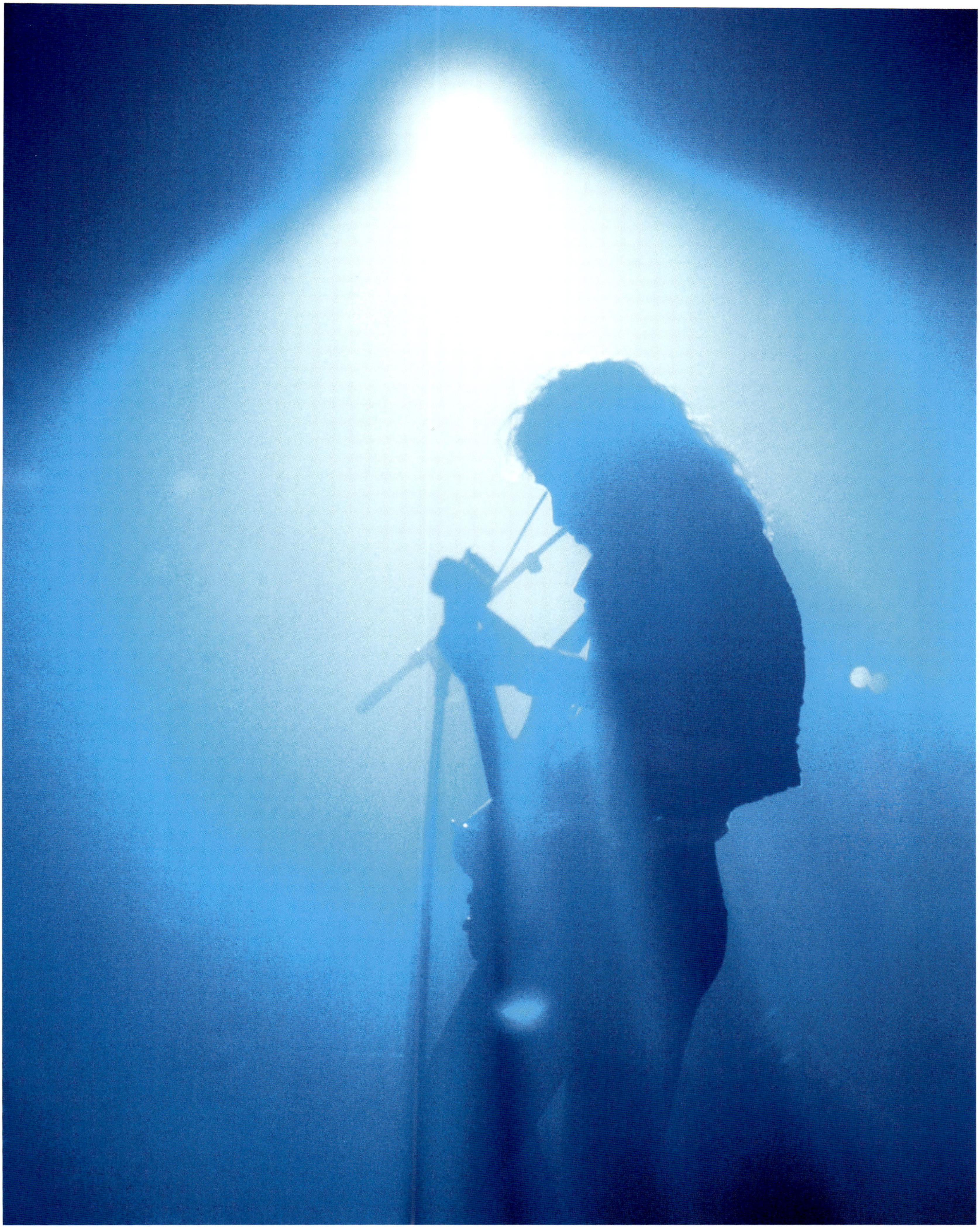

1a. 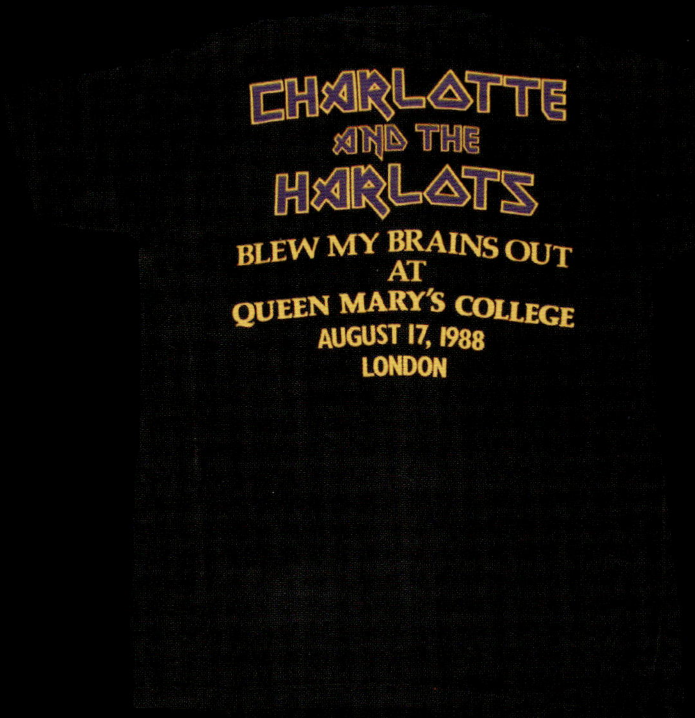 1b.

2  3  4a.  4b.

5a.  5b.  6a.  6b.

CAMISETAS DO MAIDEN
1988–1989

Camisetas de *Seventh Son of a Seventh Son* e da Seventh Tour of a Seventh Tour: **1.** Camiseta de 1988 do show secreto no qual o Iron Maiden se apresentou como Charlotte and the Harlots, como aquecimento para sua participação como *headliner* no festival Monsters of Rock, em Castle Donington, Reino Unido. **2.** Camiseta de 1988 da Capitol Records, criada para promover *Seventh Son of a Seventh Son* nos Estados Unidos. **3.** Camiseta de 1988 com a bandeira do Reino Unido, feita para a etapa britânica da Seventh Tour of a Seventh Tour. **4.** Camiseta de 1988 para a parte americana da turnê. Entre as muitas datas listadas, há um erro curioso: um dos shows é mencionado como sendo em "Hollywood, FL". **5.** Camiseta de

7a.  **7b.**

8b.  **8b.**  **9a.**  **9b.**

10a.  **10b.**  **11a.**  **11b.**

1988 para os shows em Nova York da Seventh Tour of a Seventh Tour. Nas costas, o punho que agarra um cérebro (da arte do single "Can I Play With Madness") atravessa a cabeça da Estátua da Liberdade. **6.** Camiseta de 1988 para a etapa canadense da turnê, com uma folha de bordo (símbolo do Canadá) atrás de Eddie. **7.** Camiseta de 1988 com a temática de "The Clairvoyant", feita para os shows da turnê no Reino Unido. **8.** Camiseta de 1988 para a etapa californiana da Seventh Tour of a Seventh Tour. **9.** Camiseta de 1988 da turnê feita para a American Killer Krew, distribuída aos membros da pequena legião de técnicos responsáveis por montar o gigantesco palco da turnê. **10.** Camiseta oficial de 1988 do Monsters of Rock, com todas as datas dos festivais europeus impressas nas costas. **11.** Camiseta de 1988 para o festival Monsters of Rock, impressa para ser vendida como item adicional ao merchandising oficial do evento.

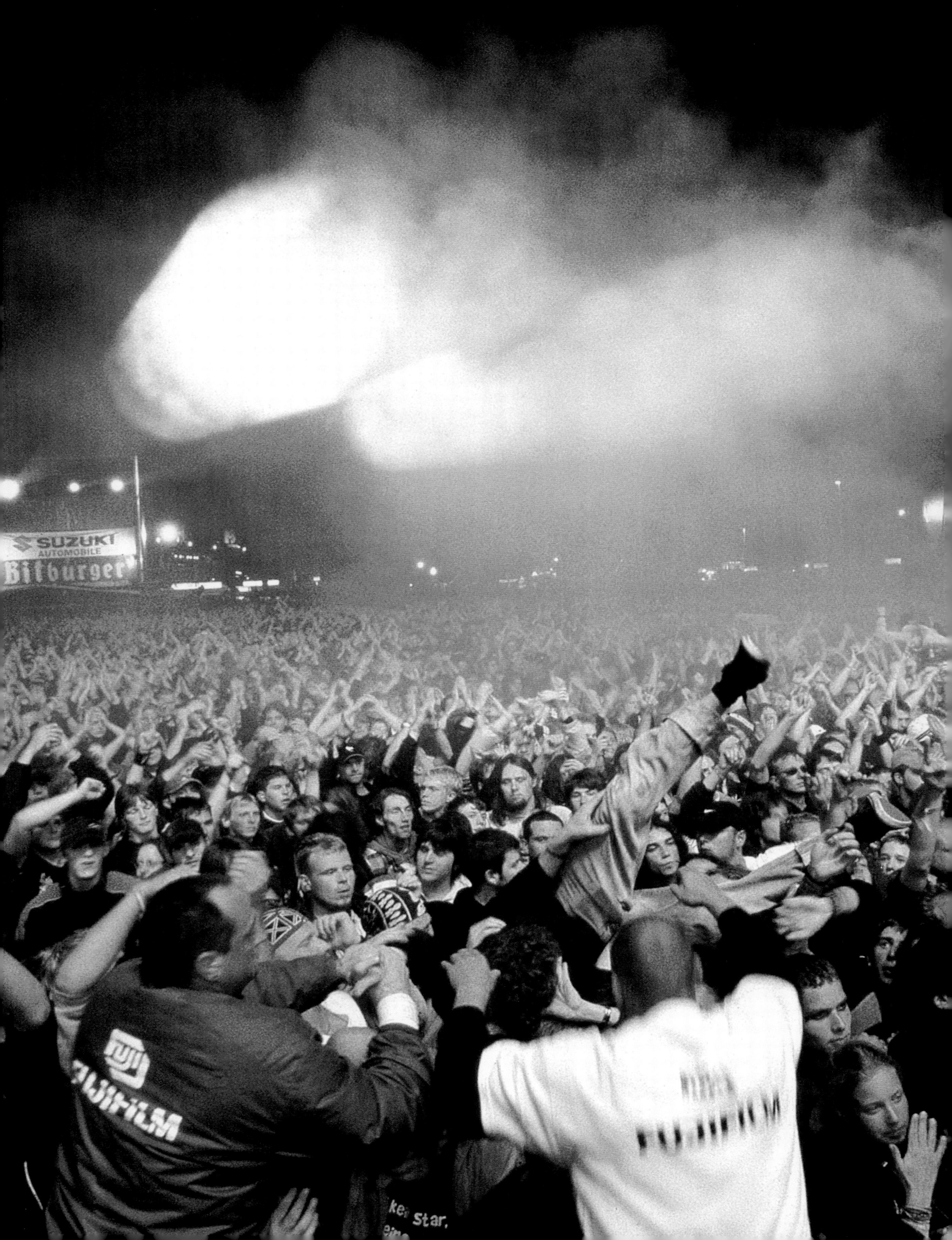
SUZUKI
AUTOMOBILE
Bitburger
FUJIFILM

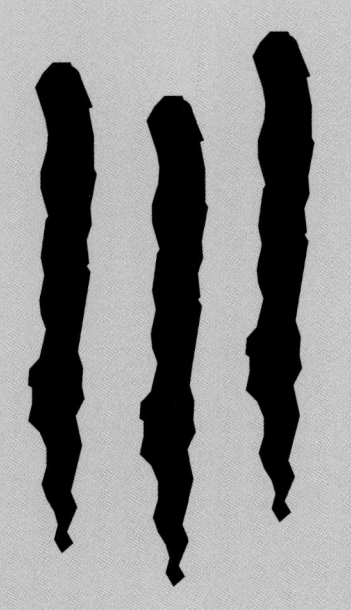

NO LIMIAR DA ESCURIDÃO 1988–2000

JANICK ENTRA | NO PRAYER FOR THE DYING | FEAR OF THE DARK | BLAZE ENTRA | THE X FACTOR | VIRTUAL XI ED HUNTER

UMA TRAJETÓRIA DE SHOWS E SONS LEVOU O IRON MAIDEN DOS PUBS DO EAST END DE LONDRES AOS PALCOS DO MUNDO. DO RIO DE JANEIRO A TÓQUIO, A BANDA CONSOLIDOU SUA IMAGEM DE FORÇA INDOMÁVEL E ESTILO ÚNICO.

A legião de fãs se espalhava pelo mundo. Em novembro de 1988, três meses após o show histórico no Monsters of Rock, a banda gravou um registro definitivo de sua ascensão, de um grupo de pub a *headliner* de estádios. Lançado um ano depois, o vídeo do show *Maiden England*, filmado na NEC Arena em Birmingham, captura a essência da supremacia do Iron Maiden nos anos 1980. O show triunfante marcou o fim de uma temporada de um mês, encerrando a Seventh Tour of a Seventh Tour. Pela primeira vez desde 1975, o Iron Maiden fez uma pausa, interrompendo o ciclo intenso de lançamentos, turnês e pressões. "Nós compomos, gravamos e lançamos um álbum por ano desde 1980, com toda a promoção e grandes turnês", explicou Rod. "Era hora de darmos um tempo." A banda alcançou o Top 10 com uma versão ao vivo de "Infinite Dreams", seu quarto single no Top 10 do Reino Unido do álbum *Seventh Son of a Seventh Son*. Embora fosse o momento de promover *Maiden England*, 1989 foi um ano de descanso para a banda.

O SOFRIMENTO NÃO TEM CURA FÁCIL

A pausa incomum nas atividades serviu como catalisador para uma grande mudança. Os primeiros sinais surgiram em meados de 1990, durante os preparativos para o oitavo álbum, gravado na propriedade de Steve Harris em Essex, utilizando a unidade móvel de gravação dos Rolling Stones. "Estávamos nos preparando para trabalhar em *No Prayer for the Dying* e eu estava desesperado", lembrou Adrian Smith. "Estava com bloqueio criativo e queria muito que o álbum fosse ótimo, mas eu simplesmente não tinha nada. Senti que precisávamos de mais tempo, mas a ideia era: 'Vamos alugar o estúdio móvel e simplesmente fazer acontecer.'"

"Eu tinha muito orgulho de *Somewhere in Time* e *Seventh Son*, e senti que estávamos retrocedendo, gravando de forma improvisada no celeiro do Steve. Comecei a me desmotivar, e isso não passou despercebido. Quando isso acontece em um grupo, acaba afetando os outros. Eles perceberam que eu não estava totalmente comprometido, então decidi sair da banda."

"Ele queria seguir um caminho diferente", explicou Dave Murray, amigo de longa data de Adrian Smith. "Acho que a exaustão também pesou. Ele simplesmente decidiu que não daria certo. Foi difícil, porque amávamos o Adrian e foi doloroso vê-lo partir, mas a decisão estava tomada. Foi um dos momentos mais tristes para nós, e as coisas estavam um pouco instáveis. Estávamos todos cansados e desiludidos, mas continuamos em frente."

"Nos reunimos na minha casa em Bayswater, e após uma conversa difícil, Adrian deixou a banda", recordou Rod Smallwood. "No Iron Maiden, o comprometimento precisa ser total."

Janick Gers, do norte da Inglaterra, juntou-se à banda. O guitarrista, com experiência nas bandas White Spirit, Gillan e Gogmagog (projeto de curta

NA PÁGINA AO LADO Janick Gers (extrema direita) fez sua primeira aparição como membro do Maiden no Woughton Centre em Milton Keynes, em 19 de setembro de 1990. "Começamos com alguns shows de aquecimento nos quais tocamos sob um pseudônimo", lembrou ele. "The Holy Smokers!" Uma turnê enxuta de sete meses se seguiu.

1988–2000

NO LIMIAR DA ESCURIDÃO   211

RON MAIDEN: INFINITE DREAMS

NA PÁGINA AO LADO Arte da turnê No Prayer on the Road por Derek Riggs, cujo símbolo está na jaqueta da vítima.

À DIREITA O cenário de palco da No Prayer foi simplificado, e o guarda-roupa da banda seguiu o mesmo caminho. Foram-se a lycra, as camisetas listradas e os acessórios extravagantes dos anos 1980, amplamente substituídos — exceto pela camiseta rosa de Bruce no clipe de "Holy Smoke" — por jeans e couro.

duração de Paul Di'Anno e Clive Burr completado por Pete Willis, do Def Leppard, e Neil Murray, do Whitesnake), estava afastado da cena musical e cursando sociologia quando Bruce Dickinson, um amigo de longa data dos tempos de White Spirit e Samson, o convidou para participar do Iron Maiden.

Bruce Dickinson foi convidado a criar uma música para o filme *A Hora do Pesadelo 5 - O Maior Horror de Freddy* (1989) e chamou Janick Gers para colaborar. A parceria resultou na música "Bring Your Daughter... to the Slaughter", que Steve Harris gostou tanto que insistiu em incluí-la em *No Prayer for the Dying*. A colaboração entre Dickinson e Gers também levou ao primeiro álbum solo de Bruce, *Tattooed Millionaire*, lançado em maio de 1990 e certificado com disco de prata dez dias depois.

Após um hiato, o Iron Maiden retornou aos estúdios com *No Prayer for the Dying*, com uma mudança significativa em relação a *Somewhere in Time* e *Seventh Son*, álbuns marcados por sintetizadores e elementos progressivos. À exceção da faixa-título, que reflete sobre o sentido da vida, as letras abordavam temas mais cotidianos e sociais, como a hipocrisia do televangelismo na música "Holy Smoke", enquanto "Hooks in You" – única coescrita por Adrian – completava a trilogia iniciada com "Charlotte the Harlot" e "22 Acacia Avenue". Apesar da mudança de sonoridade, o álbum recebeu disco de ouro tanto nos EUA quanto no Reino Unido.

A turnê No Prayer on the Road, com 106 shows, começou com uma apresentação secreta sob o nome The Holy Smokers, em Buckinghamshire, em setembro. Janick Gers trouxe nova energia ao palco, em um cenário mais simples, contrastando com a grandiosidade da Seventh Tour of a Seventh Tour. A proposta de um retorno às raízes se estendeu aos locais dos shows: na Grã-Bretanha e na Europa, o Iron Maiden optou por teatros, que poderiam facilmente lotar, em vez de arenas.

O ano novo começou com um grande feito para a banda. Apesar da controvérsia gerada pela BBC em relação ao título e às letras violentas, a regravação de "Bring Your Daughter... to the Slaughter" alcançou o primeiro lugar na parada de singles do Reino Unido na primeira semana de janeiro de 1991. Este marco representou o primeiro single número um do Iron Maiden no Reino Unido, consolidando uma sequência impressionante de dez músicas no Top 10 do país. Além de "Holy Smoke" e do álbum *No Prayer for the Dying*, a banda também emplacou nove EPs, que reuniam singles das eras Di'Anno e Dickinson. A única exceção foi o EP que combinava "The Clairvoyant" e "Infinite Dreams", que perdeu o Top 10 por uma posição.

Com a chegada da nova década, o Iron Maiden passou por transformações. A primeira turnê solo de Bruce Dickinson, com 41 shows em clubes em 1990 para promover *Tattooed Millionaire*, deu a ele uma amostra de como era a vida fora da banda. A semente da mudança continuou a florescer durante a produção de *Fear of the Dark* (1992), gravado na propriedade de Steve Harris, mas dessa vez no estúdio que ele construiu. O álbum trouxe um dos maiores clássicos da banda, a dinâmica faixa-título, e, impulsionado pelo single "Be Quick or Be Dead", levou o Iron Maiden ao topo das paradas do Reino Unido pela terceira vez, um testemunho do poder duradouro da banda. No entanto, *Fear of the Dark* marcou a última colaboração com o produtor Martin Birch, que deixou um legado de álbuns magistralmente produzidos e um grande vazio a ser preenchido.

A mudança não se limitava à produção musical. Desentendimentos entre Rod Smallwood e Derek Riggs após *No Prayer for the Dying* levaram à contratação do ilustrador de fantasia Melvyn Grant para criar o Eddie estilo Nosferatu da capa de *Fear of the Dark*. "Steve e eu não ficamos muito satisfeitos com *No Prayer for the Dying*, e às vezes é preciso mudar", explicou Rod. → p. 223

NO PRAYER FOR THE DYING

1990
[Álbum]

O oitavo álbum de estúdio do Maiden marcou um retorno à energia despojada de seus primórdios. Eles até cogitaram um retorno ao Battery Studios de Londres — berço de *Killers* e *The Number of the Beast* —, mas acabaram no home studio de Steve Harris, localizado em sua propriedade em Essex. (O álbum foi, no entanto, mixado no Battery.)

"Gravamos no celeiro que usamos para os ensaios, então estávamos todos muito relaxados, sem nenhuma pressão externa, o que explica o som 'ao vivo' do álbum", lembra Steve sobre sua criação. Os fãs que talvez tivessem tido dificuldades com a direção mais grandiosa recente da banda, pensou ele, "ficariam felizes em ver que estamos voltando a uma sonoridade mais agressiva e poderosa. A *Kerrang!* aclamou devidamente o "Maiden retornando às suas raízes, ficando mais pesado, cru e robusto". Foi o primeiro álbum do Maiden com Janick Gers, que tocou em *Tattooed Millionaire*, de Bruce. "Ele tem ótima pegada, ótima destreza, muita fluidez", comentou Dave Murray. "Ele é um guitarrista completo, que abrange todos os aspectos, desde sons mais limpos

IRON MAIDEN

até os mais pesados e distorcidos... ele toca tudo. E é um ótimo showman!" A arte do álbum refletiu o retorno a uma estética igualmente mais despojada. "Era apenas uma imagem de terror direta", observou Derek Riggs. "É um cara com uma lanterna desenterrando o monstro da tumba." Pela primeira vez, Riggs fez concessões no design para se adequar ao tamanho e estilo da capa do CD: "A original era enorme porque tinha que caber em um novo formato de publicidade de CDs. Ocupava muito espaço nas prateleiras e era mais atraente visualmente." *No Prayer for the Dying* perdeu por pouco o topo da parada do Reino Unido, superado pelos pesos pesados José Carreras, Placido Domingo e Luciano Pavarotti. Permaneceu nas paradas por 14 semanas.

ACIMA Quando o álbum foi relançado em 1998 como parte da série de CDs remasterizados, a capa foi modificada para adicionar uma inscrição e remover o coveiro. Derek Riggs: "Rod não gostava muito da figura humana, então eu recortei a parte do Eddie e a coloquei sobre um chão de esqueletos."

HOLY SMOKE
1990
[Single]

A resposta mordaz de Steve e Bruce aos televangelistas que há muito os demonizavam igualou o terceiro lugar no Reino Unido de seu single anterior de maior sucesso, "Can I Play with Madness". Inclui um cover de "All in Your Mind", do britânico Stray, cujo baixista Gary Giles influenciara Steve. O disco de doze polegadas adicionou um cover de "Kill Me Ce Soir", do Golden Earring — que, disse Rod, era "junto com o Jethro Tull... provavelmente a banda favorita de Steve de todos os tempos". (Coincidentemente, Smallwood era o agente dos holandeses na época de seu maior sucesso, "Radar Love", em 1973.) O piso em chamas e as nuvens azul-escuras da capa de Derek Riggs lembravam *The Number of the Beast*, o álbum que primeiro colocou o Maiden em maus lençóis com gente como Jimmy Swaggart, também conhecido como "Jimmy Reptile". E a arte tinha outra referência ao passado, com a TV nas mãos de Eddie mostrando o que parece ser uma variação do Olho de Hórus de *Powerslave*.

BRING YOUR DAUGHTER... TO THE SLAUGHTER
1990
[Single]

Lançado, com um timing sombriamente cômico, na véspera de Natal, "Bring Your Daughter... to the Slaughter" entrou no topo da parada do Reino Unido na semana seguinte, tornando-se o primeiro single nº 1 do Maiden. Inclui um cover de "I'm a Mover", do Free, e, no disco de doze polegadas, "Communication Breakdown", do Led Zeppelin. Houve versões em vinil de sete polegadas e cassete com um Eddie empunhando uma foice em um cemitério na capa (à esquerda). A arte do single principal (na página ao lado) é repleta de *easter eggs*. Eddie e sua bela ao estilo Jessica Rabbit estão em frente ao The Paradise Club (o programa da BBC em que Bruce e a banda de sua turnê solo apareceram em 1990); um pôster anuncia Genghis Khan, Charlotte and the Harlots, 999 e os Inverted Morons (ou seja, "666" de cabeça para baixo) e Ron Maiden and the Dixie Chickens. As criaturas na parte inferior parecem primas daquelas na arte de "Run to the Hills".

NAS PÁGINAS SEGUINTES Nicko detona na turnê No Prayer on the Road.

IRON MAIDEN
BRING YOUR DAUGHTER... TO THE SLAUGHTER
paradise CLUB
TONIGHT
IRON MAIDEN.
PLUS...
GHENGHIS KHAN.
CHARLOTTE AND
THE HARLOTS.
999 AND THE
INVERTED MORONS.
RON MAIDEN AND
THE DIXIE CHICKENS.
IRON MAIDEN
LIVE
ONE
NIGHT
ONLY
Tonight
at the PARADISE CLUB

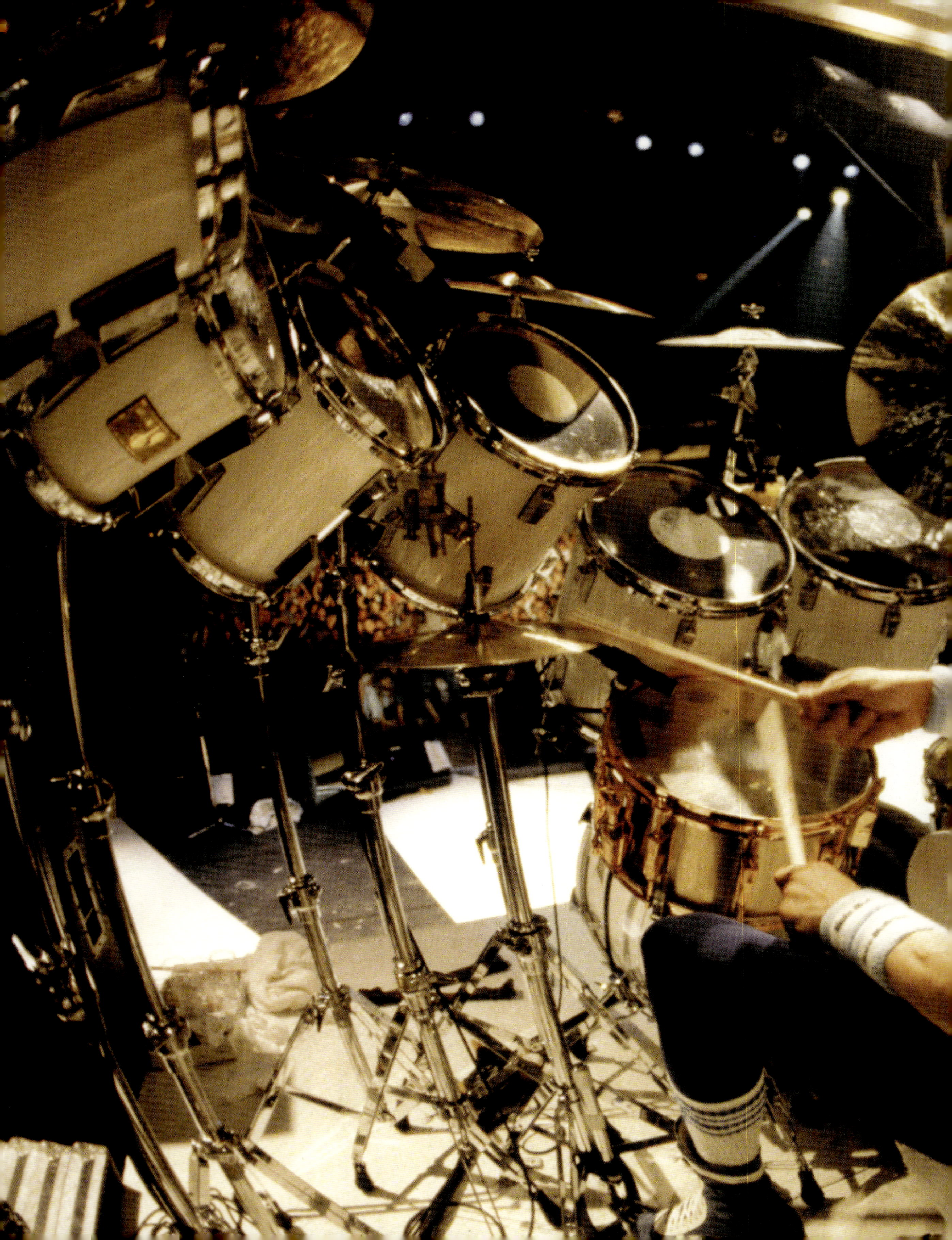

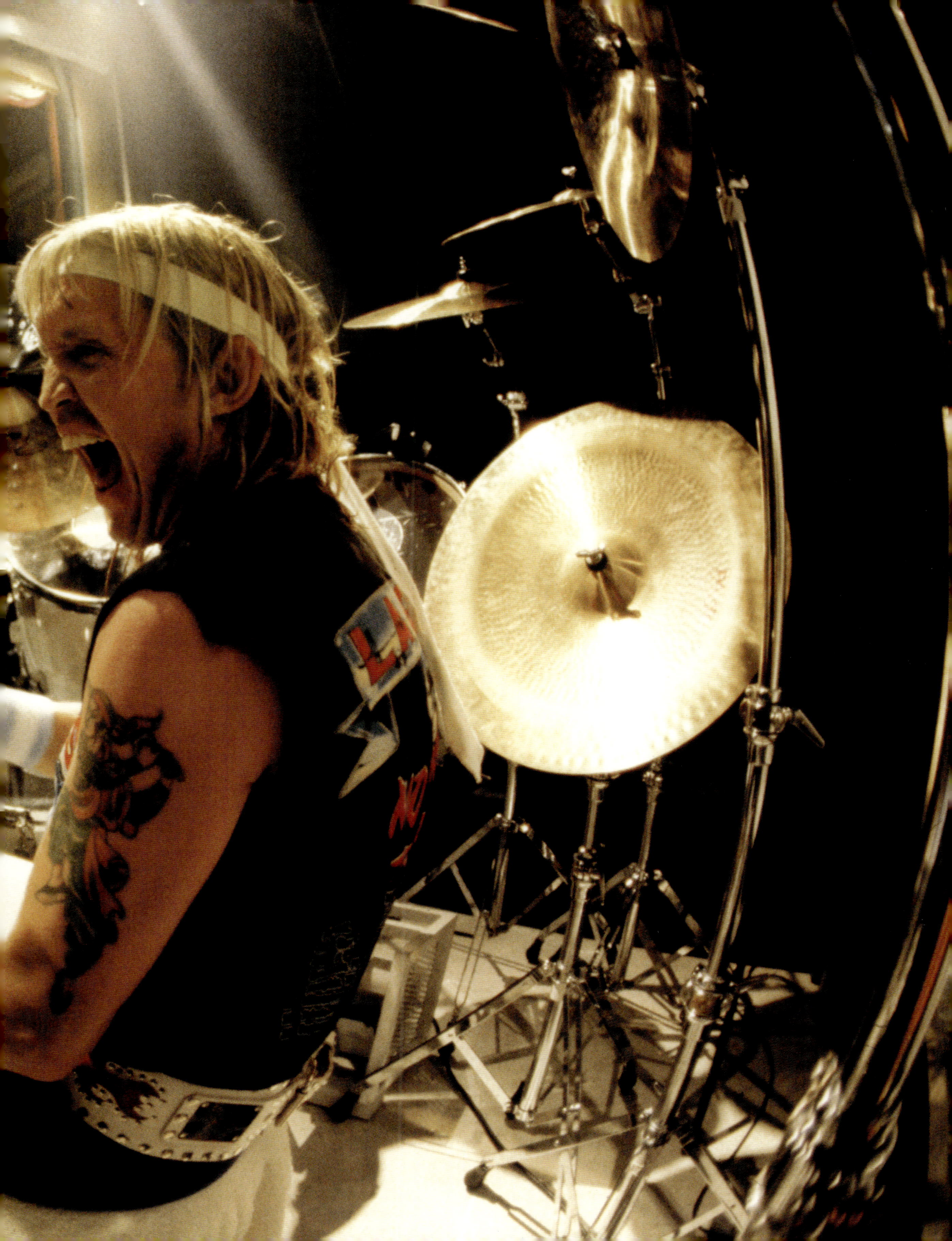

IRON MAIDEN: INFINITE DREAMS

PARTE TRÊS

**FENDER
STRATOCASTER
[1963]
Olympic White**

Corpo em alder, braço em maple (muitas vezes substituído); braço em rosewood; captadores single-coil originais substituídos por humbuckers Seymour Duncan JB-1 (ponte e braço) e Hot Rail (meio); braço frequentemente substituído. "Eu toco essa guitarra desde que eu tinha uns 17 ou 18 anos", comentou Janick. "Isso mostra como as Stratocasters são ótimas!"

**FENDER
STRATOCASTER
[1992]
Black**

Corpo em alder, braço em maple, escala em rosewood; humbuckers Seymour Duncan JB-1 (ponte e braço) e Hot Rail (meio). Réplica da Fender Custom Shop da Strato preta original de 1966 de Janick. As Stratos originais de Janick passaram por inúmeros reparos, incluindo pelo menos três braços quebrados. No início dos anos 1990, os preciosos instrumentos foram aposentados dos palcos e substituídos por réplicas criadas para ele pela Fender.

À DIREITA Janick tocando sua Strat na Wembley Arena, Londres, 18 de dezembro de 1990.

JANICK GERS
GUITARRAS

Como muitas de suas principais influências — Ritchie Blackmore do Deep Purple e Rainbow, Rory Gallagher e Stevie Ray Vaughan —, Janick Gers gravitou imediatamente para a Fender Stratocaster. "Simplesmente me caiu bem", recordou. "É como carros: alguns preferem Lamborghinis ou Ferraris, e muito se resume ao design. Acredito que o formato da Strato sempre me pareceu o ideal, desde o início." Ele tocou uma cópia japonesa barata da Gibson ES-335 em sua primeira banda, White Spirit: "Era o que o orçamento permitia!" Mas quando substituiu Bernie Tormé na banda de Ian Gillan, o ex-vocalista do Purple o presenteou com uma Stratocaster. Stratos road worn dos anos 1960 e 1970 desde então se tornaram sua marca registrada. Como Janick descobriu, usar guitarras Fender originais não o isenta de problemas em um ambiente de rock alto e pesado: "Usei muitos captadores single coil na época do Gillan e captávamos a [rádio da] polícia. E se os dimmers estivessem perto de mim, todos esses ruídos passavam pelos amplificadores Marshall." A solução foi instalar captadores single coil empilhados, transformando-os em humbuckers: "Acabei adotando os Seymour Duncan. É um som ligeiramente diferente, mas simplesmente livres de ruído. Em uma banda como o Maiden, é impossível usar single coils, porque o ruído seria tremendo." Em 2011, ele foi endossado pela Sandberg e, em turnê, frequentemente usa as guitarras California ST-S estilo Strato "envelhecidas" da empresa alemã nas cores tabaco e creme para músicas específicas. Mas, no fim das contas, um design permanece o mais próximo do coração de Janick: "Para mim, os maiores guitarristas usam Strato", conclui ele. "E mesmo que tocassem Les Pauls, como Jeff Beck, voltariam para a Strato porque ela oferece muitas opções... Acho que as Strato têm algo especial."

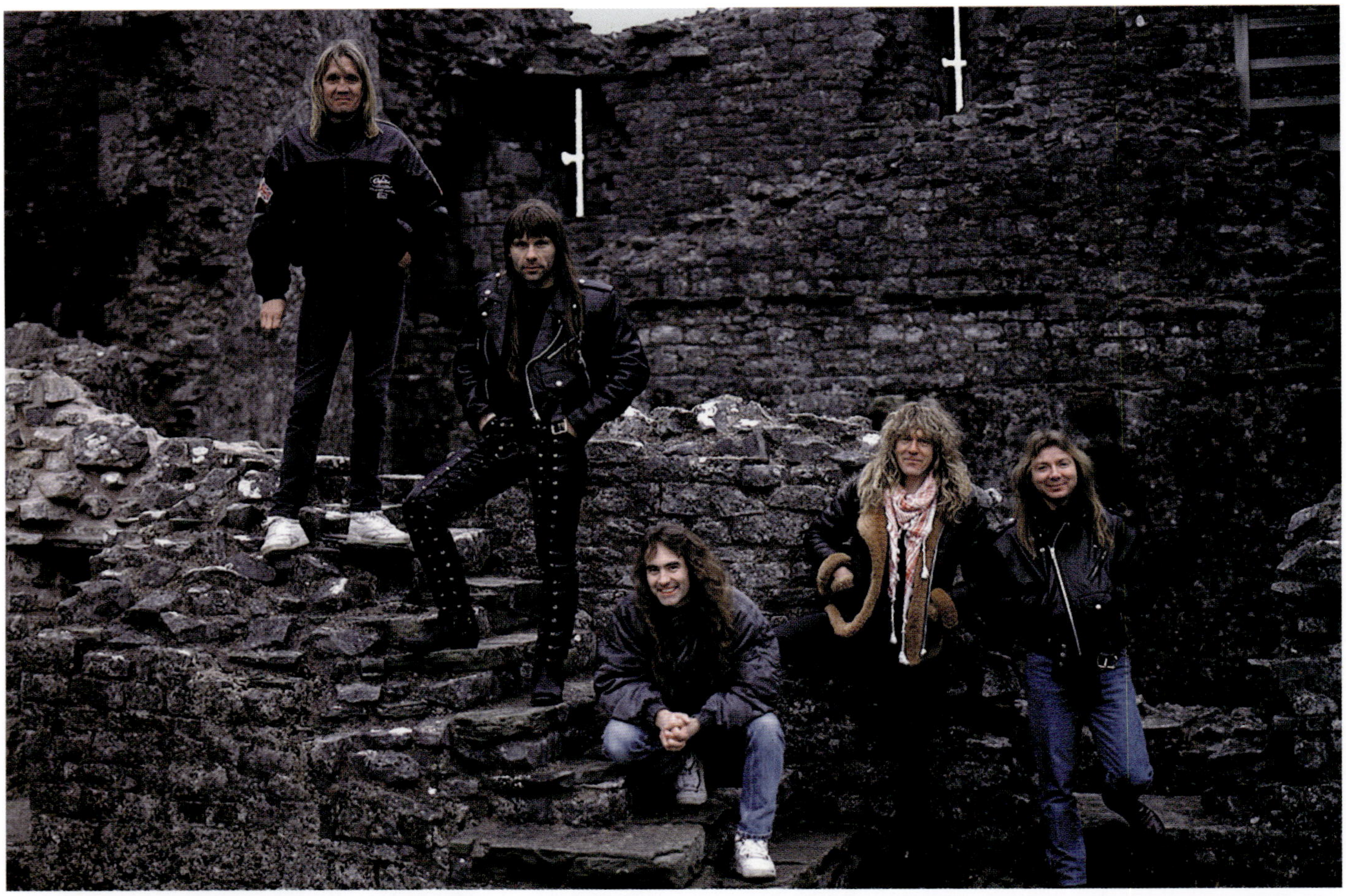

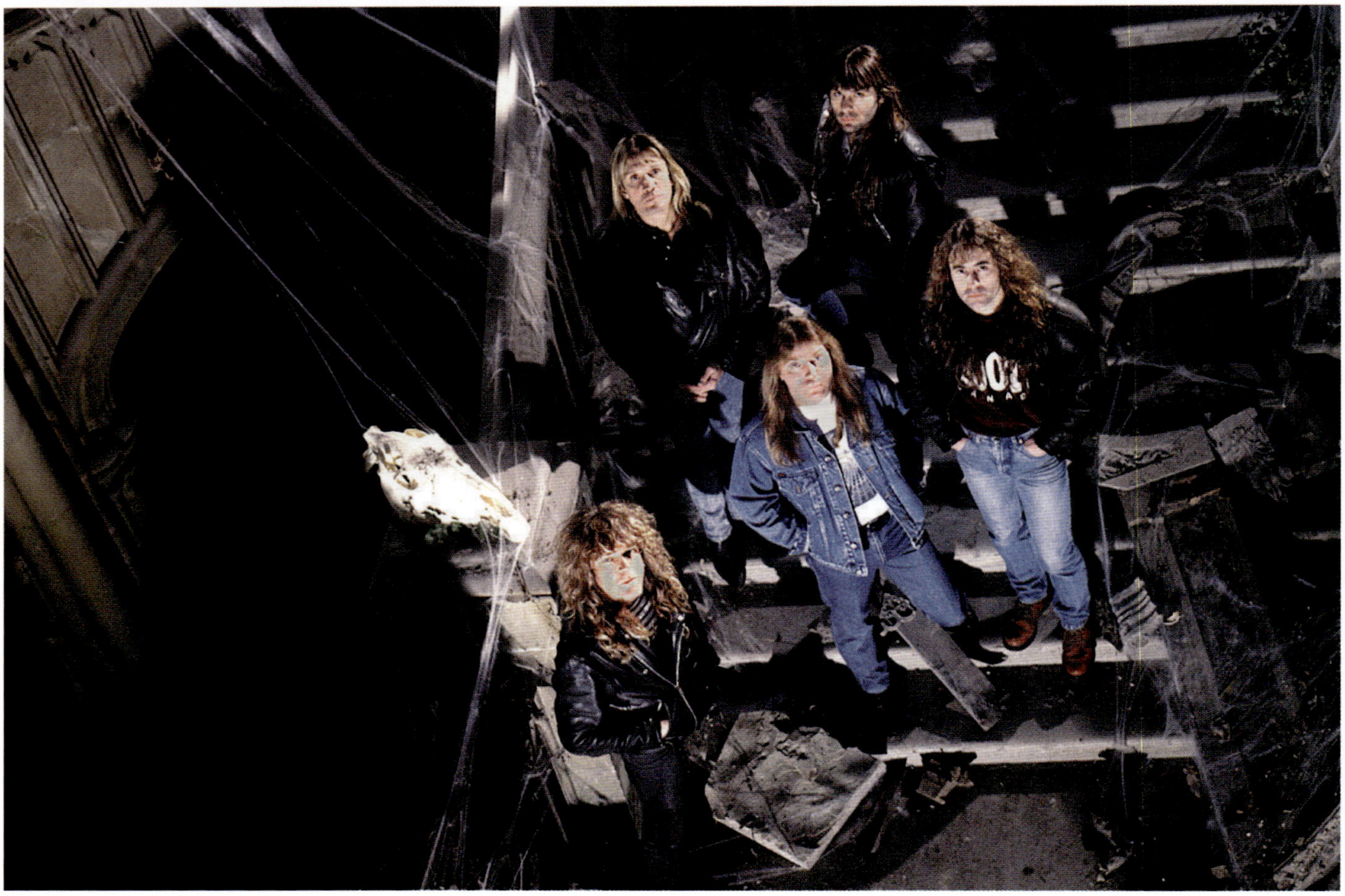

"Cada um de nossos álbuns recebeu o nome de uma faixa específica, e desenvolvemos a arte em torno disso. Na época, acho que Derek talvez estivesse um pouco de saco cheio, porque não estávamos nos conectando como antes. Então, procuramos outros artistas, e Melvyn criou uma arte da qual realmente gostamos; gostamos muito da maldade no olhar do Eddie. Era um pouco diferente, mas era uma nova década; queríamos inovar um pouco."

Fear of the Dark representou um retorno à boa forma para a banda, que sempre se destacou pela inovação. A recepção de público e crítica foi positiva, e a banda embarcou em uma turnê de 66 shows, que começou com uma apresentação secreta chamada The Nodding Donkeys, em Norwich, Norfolk, em junho de 1992. Mas o grupo ainda enfrentava resistência de setores mais conservadores. Um show que seria o primeiro da banda no Chile foi cancelado devido a pressões da Igreja Católica, que expressou preocupação sobre o suposto satanismo das letras e das apresentações da banda.

Apesar do sucesso de *Fear of the Dark* e da turnê subsequente, o Maiden enfrentava tensões internas. Em 1993, Bruce nutria dúvidas sobre seu futuro na banda, o que levaria a mudanças profundas na estrutura do grupo.

SOU UM HOMEM SOLITÁRIO

"Minha decisão de sair teve vários fatores, nenhum deles decisivo individualmente", refletiu Bruce Dickinson. "A saída de Adrian Smith foi significativa para mim, e a entrada de Janick Gers levou todos a presumirem que eu seguiria o estilo de *Tattooed Millionaire*. Eu me perguntava: 'Por que eu faria isso?'. Foi um pouco divertido, e eu cheguei a fazer três versões diferentes, porque percebi, para meu terror e pânico, que não sabia mais fazer nada fora do Iron Maiden."

"Pensei: 'Meu Deus, estou chegando aos trinta e me sinto institucionalizado... acho que preciso sair da banda'. Então, eu disse ao Rod: 'Tenho boas e más notícias'. Ele perguntou: 'Quais?' E eu respondi: 'Bem, você terá dois grandes artistas para administrar agora.'"

A saída de Dickinson gerou grande impacto na comunidade do Iron Maiden. Rod Smallwood passou a gerenciar a carreira solo do vocalista, enquanto Steve

NA PÁGINA AO LADO, ACIMA A foto usada na parte de trás do livreto do CD *Fear of the Dark*, 1992.

NA PÁGINA AO LADO, ABAIXO Foto alternativa da sessão fotográfica no Castelo de Margam, no sul do País de Gales, para a contracapa de *Fear of the Dark*.

"PERCEBI QUE NÃO TINHA IDEIA DE COMO SER CRIATIVO FORA DA ESTRUTURA DO IRON MAIDEN, E ISSO ME APAVOROU. EU PENSAVA: 'ESTOU NUMA INSTITUIÇÃO E MORREREI NESSA INSTITUIÇÃO SE NÃO FIZER ALGO A RESPEITO. O QUE POSSO FAZER?'"

— BRUCE DICKINSON, 2017

Harris avaliava as opções para a banda. A turnê Real Live Tour, com 46 shows iniciados em Portugal em março de 1993, ocorreu sob a sombra da iminente saída de Bruce. Uma versão ao vivo de "Fear of the Dark", presente no álbum *A Real Live One*, tornou-se um dos maiores sucessos da banda. No entanto, a atmosfera da turnê foi melhor capturada na arte da versão ao vivo de "Hallowed Be Thy Name" (outro hit no Top 10 do Reino Unido), onde Derek Riggs retornou para criar um Eddie no estilo de *The Number of the Beast*, empalando Bruce Dickinson com um tridente.

"Ficamos putos", admitiu Steve Harris. "Se algo assim acontecesse hoje, sentaríamos e diríamos: 'Por que diabos você está indo embora?'. Talvez o convencêssemos a ficar. Naquela época, não havia tempo: ele estava decidido. Talvez quisesse resolver algumas questões pessoais."

"Durante os testes, um dos candidatos, cujo nome prefiro não citar, ora soava como Glenn Hughes, ora como Ronnie Dio. Em seguida, imitava Geoff Tate. Eu disse: 'Queremos ouvir quem você é, não quem eles são'. Eu procurava alguém com identidade própria, não uma mera cópia."

"Contratamos Blaze Bayley e seguimos em frente. É assim que funciona. Digo aos meus filhos: 'Vocês têm duas horas para lamentar quando as coisas dão errado. Depois, levantem a cabeça e continuem.'"

À BEIRA DO ABISMO

Nascido em Birmingham, berço do heavy metal britânico, Blaze Bayley já havia cruzado o caminho do Maiden em 1990, quando sua banda, Wolfsbane, abriu um show para eles. → p. 240

IRON MAIDEN

Fear Of The Dark

FEAR OF THE DARK
1992
[Álbum]

O nono álbum de estúdio do Maiden foi o primeiro a não apresentar capa de Derek Riggs, embora ele tenha sugerido Eddie como uma figura de pesadelo debruçada sobre a cama de uma vítima. Em vez disso, o Maiden recorreu ao ilustrador Melvyn Grant, mais conhecido na época por capas de livros britânicos de ficção científica e fantasia (além das compilações *Metal Inferno* e *Metal Concussion* de 1985). "Eu só queria ver se podíamos fazer algo novo com Eddie", explicou Steve.

"Não significava que não queríamos mais o Derek envolvido", acrescentou. "Eu não conhecia muito sobre o Iron Maiden, pois não era muito fã de rock pesado", lembrou Grant. No entanto, ele rapidamente se "converteu" e procurou colocar sua própria marca no mascote da banda: "Minha abordagem para *Fear of the Dark* foi ver o quão sinistro eu poderia tornar Eddie. Já tivemos toda a violência física com o sangue e as coisas afiadas — agora vamos instilar algo mais psicológico." A impactante releitura de Eddie feita por Grant o funde a uma árvore retorcida: "Os ombros, a cabeça e os braços de Eddie, à primeira vista, se encaixam no corpo [vertical] fundido à árvore", explicou Grant. "Mas, olhando melhor, eles também pertencem ao outro corpo, menos evidente, que desce pelo tronco" – uma forma "mais serpentina".

ABAIXO "Eu queria redesenhar extensivamente a aparência de Eddie", revelou Melvyn Grant a um fanzine italiano. "Eles não me deram nenhuma direção além do título. Tive total liberdade. Então eu fui e produzi alguns desenhos a lápis, um dos quais era o Eddie-árvore."

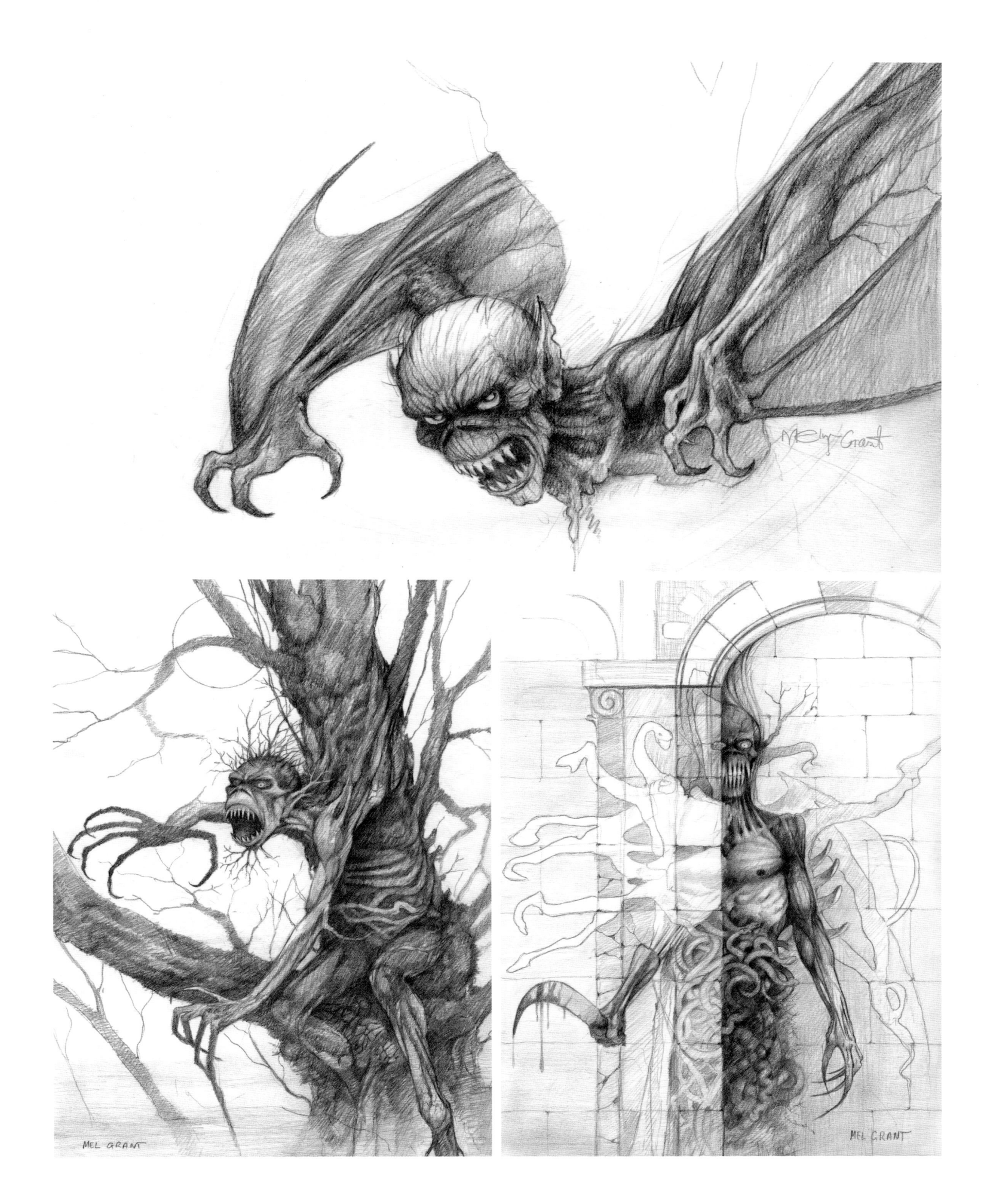

BE QUICK OR BE DEAD
1992
[Single]

O primeiro single de *Fear of the Dark* foi escrito por Bruce e Janick na esteira dos escândalos políticos e financeiros da época. Na arte de Derek Riggs, Eddie aparece agarrando uma figura inspirada no magnata da mídia Robert Maxwell, então em desgraça e recém-falecido, que utilizara indevidamente fundos de pensão de seus funcionários para manter seu império empresarial em ruínas. Impedido de chegar ao primeiro lugar pelo Right Said Fred, o single entrou na parada do Reino Unido em 2º. Seu lado B era "Nodding Donkey Blues", que apresentava um raro crédito de composição para toda a banda. As versões em disco de doze polegadas e CD incluem um cover de "Space Station No.5" do Montrose e uma faixa não listada de oito minutos zombando de Rod Smallwood, intitulada "Bayswater Ain't a Bad Place to Be".

FROM HERE TO ETERNITY
1992
[Single]

Vista pela última vez em "Hooks in You", de *No Prayer for the Dying*, Charlotte fez sua quarta aparição no catálogo do Maiden, desta vez como garupa na motocicleta do Diabo. Embora a música e a frase "o inferno não é um lugar ruim" nesta letra de Steve Harris devam algo ao AC/DC, as referências à "besta" e aos "sonhos loucos" a ligam firmemente à tradição do Maiden. O single alcançou uma modesta 21ª posição na parada do Reino Unido, apesar de uma variedade de lados B. No disco de sete polegadas estava a bastardização de Chuck Berry "Roll Over Vic Vella", apresentando o esteio da Killer Krew que havia se aposentado em meados dos anos 1980, mas que continuou trabalhando na casa de Steve. No picture disc estava um cover de "I Can't See My Feelings", dos galeses do Budgie. Havia uma versão ao vivo de "No Prayer for the Dying" no disco de doze polegadas e outra de "Public Enema Number One" no CD. O single foi o primeiro do Maiden desde a versão ao vivo de seu sucesso de 1985 "Running Free" a apresentar a banda na capa, em vez de Eddie. Mas em outra referência a *The Number of the Beast*, a arte apresenta os membros do Maiden em meio a chamas, sob um céu escuro e ameaçador.

GUITARRA-ARMA DE "FROM HERE TO ETERNITY"
1992

O clipe de "From Here to Eternity" era uma mistura heterogênea de clichês do metal: motocicletas, fogo, demônios, jeans, couro e, inevitavelmente, uma bela garota. Esta é Samantha Phillips, que recebe a guitarra-arma de presente. O clipe foi dirigido por Ralph Ziman, que havia aprimorado sua arte de agradar ao público com promos para L.A. Guns, Faith No More, Alice Cooper e Ozzy Osbourne.

SESSÃO DE FOTOS DE FEAR OF THE DARK
2 DE MARÇO DE 1992

Um "Eddie-morcego" paira sobre Dave, Steve, Bruce, Nicko e Janick nesta sessão de George Chin em Londres. Chin começou sua carreira fotográfica em 1979 e registrou a era Paul Di'Anno da banda enquanto ela conquistava a capital. Ele permaneceu na família pelos trinta e cinco anos seguintes, fotografando tanto a banda quanto seu ex-vocalista. A figura do "Eddie-morcego" — inspirada, por sugestão de Bruce, no demônio alado de "Uma Noite no Monte Calvo" de *Fantasia*, da Disney — foi criada por Mark Cordory na Talismen, uma empresa galesa de marionetes e modelos. A figura foi moldada em látex, preenchida com espuma e depois pintada. "Na nossa primeira tentativa de preencher o molde do corpo com aproximadamente cinquenta litros de látex líquido, a pressão fez com que as costuras se rompessem, derramando cerca da metade do material por todo o chão da oficina", lembrou Cordory. "Foi engraçado." "Eddie-morcego" apareceu pela primeira vez em uma sessão de fotos de *Fear of the Dark* no Castelo de Margam, no País de Gales (ver p. 222), suspenso por um guincho de motor. Ele agora pertence ao colecionador de memorabilia do Maiden Rasmus Stavnsborg. "Considerando sua idade, ele não está nada mal!", relatou Cordory sobre sua criação. A imagem do "Eddie-morcego" foi usada no encarte do CD do álbum e posteriormente apareceu em estampas para camisetas e no banner de palco da turnê de *Fear of the Dark*.

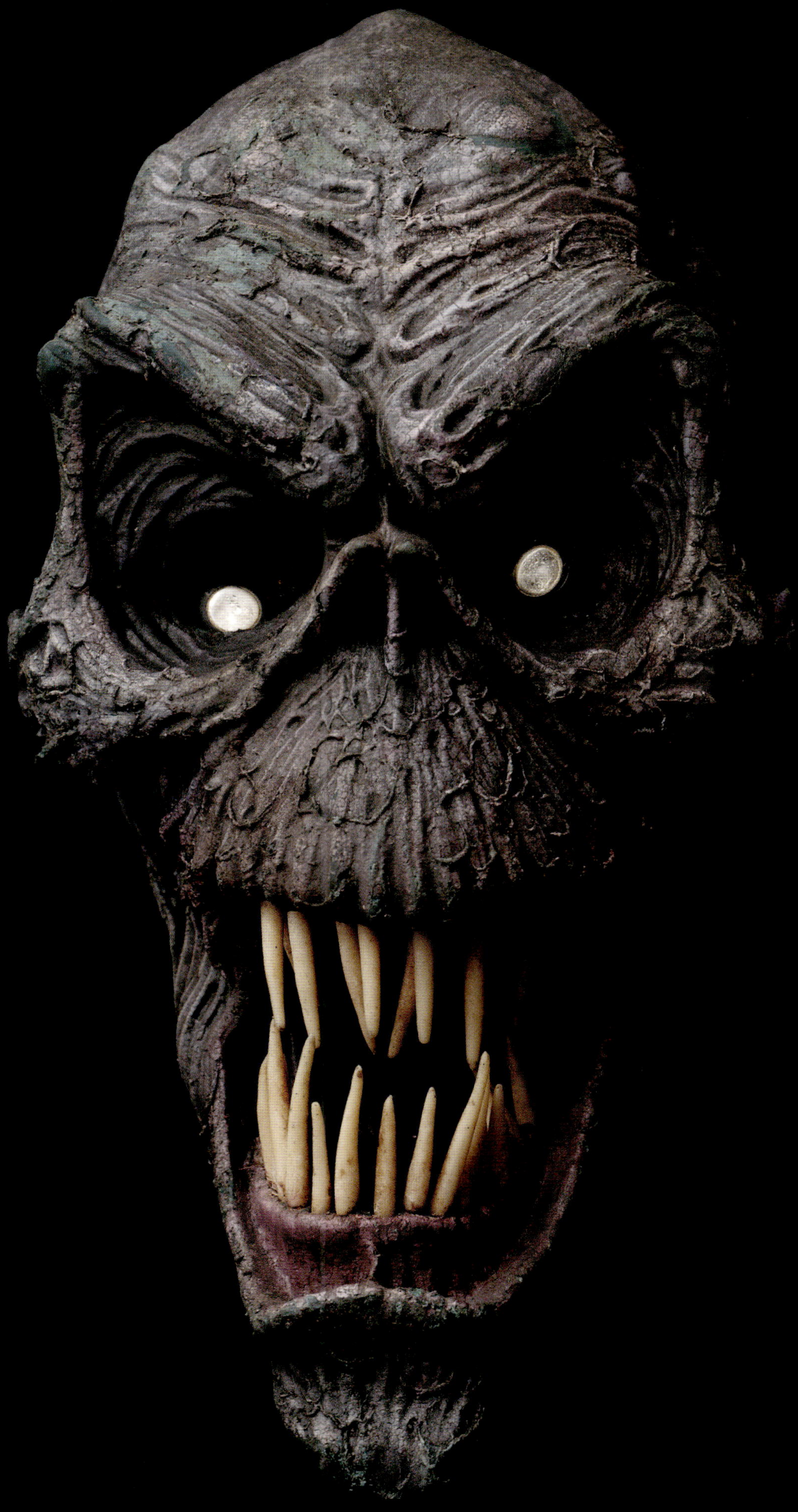

SUPER ROCK 1992
FROM HERE TO ETERNITY

IRON MAIDEN

SPECIAL GUEST:

Black Sabbath

SLAYER   HELLOWEEN
W.A.S.P.
TESTAMENT   THE ALMIGHTY

Mannheim • Donington • Règgio nell'Emilia

NA PÁGINA AO LADO O line-up de primeira para o festival Super Rock em Mannheim, Alemanha, 15 de agosto de 1992. Na época, o Black Sabbath era liderado por Ronnie James Dio, que foi uma grande influência para Bruce.

ACIMA Festival Monsters of Rock, Castle Donington, Reino Unido, 22 de agosto de 1992. Foi a segunda vez do Maiden no festival, como atração principal acima de Skid Row, Thunder, Slayer, W.A.S.P. e The Almighty. Seu set foi posteriormente lançado como *Live at Donington*.

STEVE HARRIS
BAIXOS

O baixo preferido de Steve Harris é seu famoso West Ham Fender Precision; seu baixo reserva — e baixo principal quando toca com sua outra banda, British Lion — também é um Fender Precision. Este data do início dos anos 1980 e recebeu o acabamento azul brilhante pelo próprio faz-tudo do Maiden, Vic Vella.

Antes dos Precisions, Steve experimentou modelos Rickenbacker e Fender Jazz Bass. Fotos dele com sua banda Gypsy's Kiss o mostram tocando um Danelectro Longhorn (p. 11). Ele também teve breves flertes com baixos Lado e pode ser visto tocando um Ibanez Roadster no clipe de "The Trooper". Incomumente entre os músicos de rock e metal, Steve prefere cordas de baixo flatwound de calibre pesado. "As flatwounds eliminam todos os chiados quando você está tocando coisas mais calmas e lentas. E essa é uma das razões pelas quais parei de tocar com roundwounds." Em 2018, a Rotosound, a marca preferida de Steve, produziu um conjunto de cordas exclusivo, o SH77.

FENDER
PRECISION
[início dos anos 1980]
Azul Sparkle

O corpo em alder provavelmente ostentava originalmente um acabamento sunburst, braço e escala em maple, escudo cromado, ponte original substituída por uma Leo Quan Badass II, captador Seymour Duncan SPB-4 Steve Harris Signature P-Bass. (Steve: "Eu vinha tendo alguns problemas com os captadores originais do meu baixo e a Seymour Duncan disse que poderia fazer captadores que dessem conta do que eu precisava — dito e feito!")

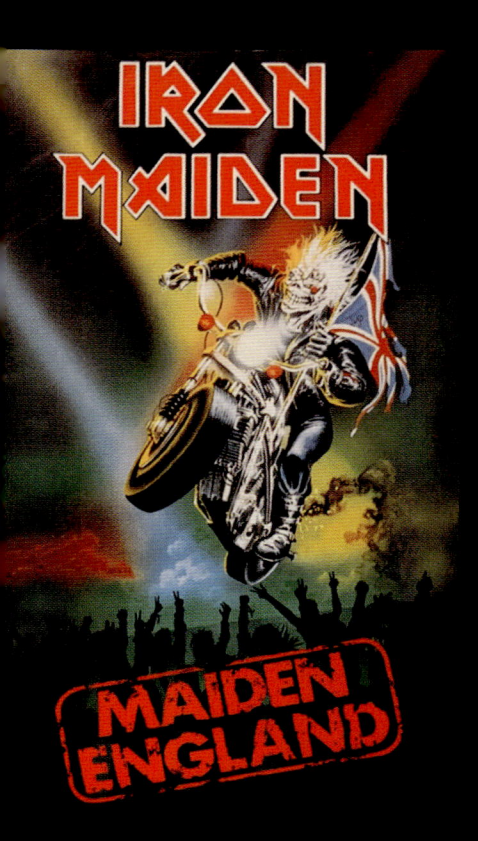

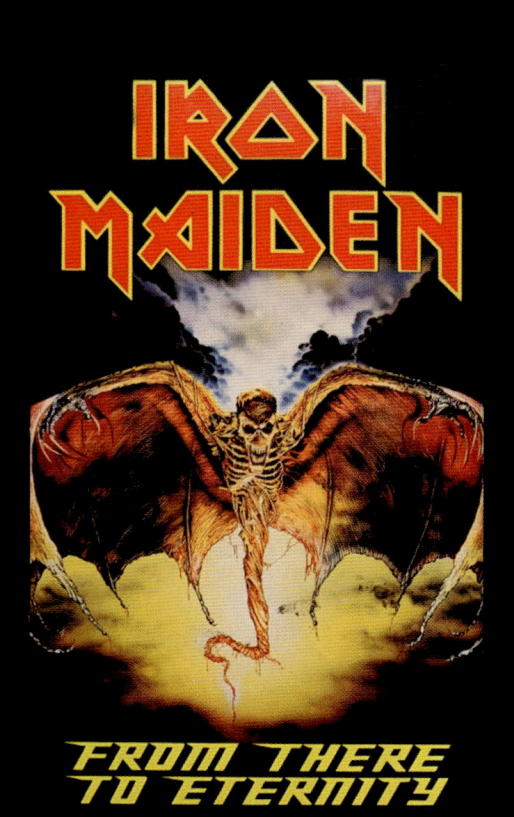

ACIMA A saída de Bruce foi marcada por três álbuns ao vivo em 1993: *A Real Live One* (acima à esquerda), *A Real Dead One* (acima) — ambos com arte de capa de Derek Riggs — e *Live at Donington*. De *A Real Live One* consta uma versão muito amada de "Fear of the Dark", gravada em Helsinque em 27/08/1992. Lançada como single, tornou-se o 8º hit do Maiden no Top 10 em seu país natal. O nono foi uma versão de "Hallowed Be Thy Name" gravada em Moscou em 04/07/1993. Com um humor mórbido apropriado, sua capa (acima à direita) retratava Eddie empalando Bruce com um tridente.

NA PARTE DE BAIXO Compilações ao vivo e em vídeo 1989–1993: *Maiden England* (VHS), *From There to Eternity* (VHS), *The First Ten Years* (Laser Disc) e *Raising Hell* (Laser Disc). A gravação de *Raising Hell* do último show de Bruce com o Maiden (até 1999) — no Pinewood Studios de Londres em 28 de agosto de 1993 — apresentava a arte de Derek Riggs com Eddie como Steve, que também foi usada no single ao vivo de "Fear of the Dark".

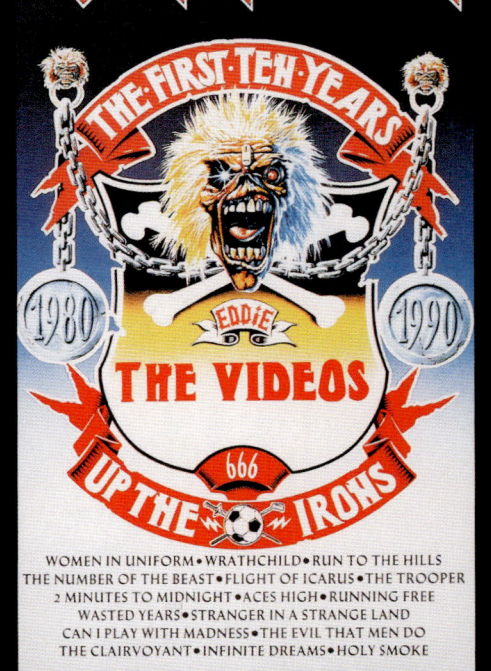

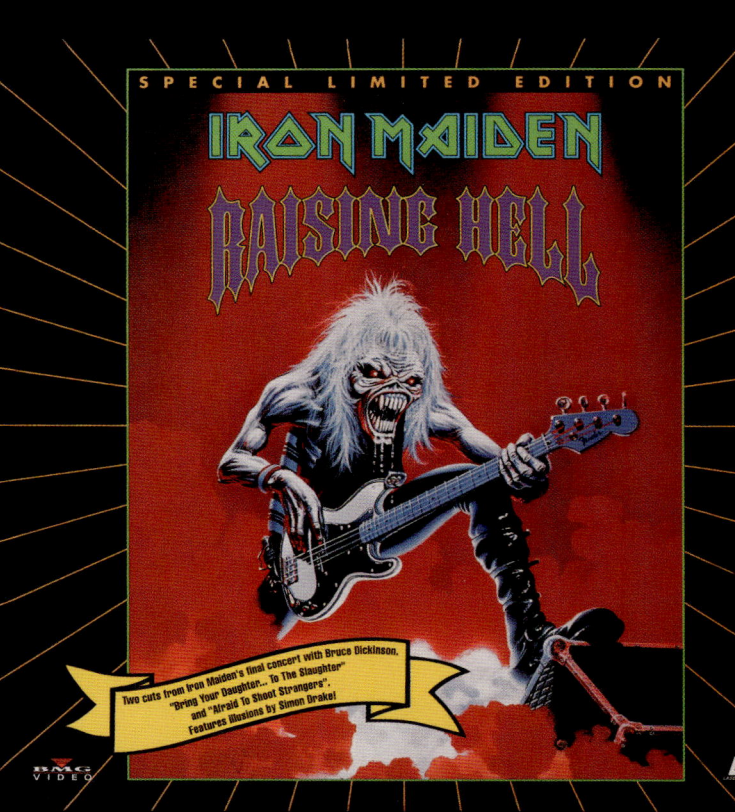

IRON MAIDEN

THE FIRST TEN YEARS — UP THE IRONS
1980 — 1990 — THE VIDEOS — 666 — EDDIE

TOSHIBA EMI — LaserDisc

アイアン・メイデン／ファースト10イヤーズ

ヘヴィ・メタルの王道を駆け抜けるアイアン・メイデン。今なお情熱を放射し続ける彼らの10年間の軌跡。デビュー曲「ウーマン・イン・ユニフォーム」から最新ヒット「ホーリー・スモーク」まで、ビデオ・クリップ16曲を一挙収録！！

- ウーマン・イン・ユニフォーム
- 撃予夜
- ラン・トゥ・ザ・ヒルズ
- 魔界の刻印
- イカルスの墜落
- 明日なき戦い
- 2分間の戦慄
- エイセス・ハイ
- ランニング・フリー
- ウェイステッド・イヤーズ
- ストレンジャー・イン・ストレンジランド
- キャン・アイ・プレイ・ウィズ・マッドネス
- ジ・イーヴィル・ザット・メン・ドゥ
- 透視能力者
- インフィニット・ドリームス
- ホーリー・スモーク

WOMEN IN UNIFORM • WRATHCHILD • RUN TO THE HILLS
THE NUMBER OF THE BEAST • FLIGHT OF ICARUS • THE TROOPER
2 MINUTES TO MIDNIGHT • ACES HIGH • RUNNING FREE
WASTED YEARS • STRANGER IN A STRANGE LAND
CAN I PLAY WITH MADNESS • THE EVIL THAT MEN DO
THE CLAIRVOYANT • INFINITE DREAMS • HOLY SMOKE

SPECIAL LIMITED EDITION
IRON MAIDEN — RAISING HELL

Two cuts from Iron Maiden's final concert with Bruce Dickinson, "Bring Your Daughter... To The Slaughter", and "Afraid to Shoot Strangers". Features Illusions by Simon Drake!

BMG VIDEO

1a.　1b.

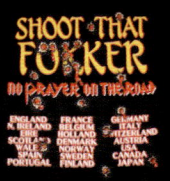

2.　3.　4a.　4b.

5a.　5b.　6a.　6b.

CAMISETAS DO MAIDEN
1990-1993

1. Camiseta de 1990 do show de aquecimento em Milton Keynes, no qual o Iron Maiden se apresentou sob o nome Holy Smokers — uma referência ao primeiro single do novo álbum, "Holy Smoke". **2.** Camiseta tie-dye australiana de 1990 com o tema "Tailgunner". **3.** Camiseta tie-dye de 1990 baseada no álbum *No Prayer for the Dying*. **4.** Camiseta de 1990 para promover *No Prayer for the Dying* na rádio KNAC, de Los Angeles. **5.** Camiseta da turnê japonesa de 1991, com o trocadilho "Shoot That Fokker", que apareceu pela primeira vez na contracapa do single "Aces High" e foi reaproveitado na letra de "Tailgunner". **6.** Camiseta de 1991 para um show do Dia de São Patrício na Califórnia, promovido pela Avalon e pela rádio KNAC. Relatos indicam que

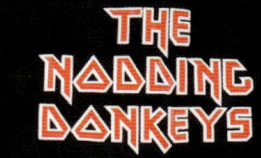

7a.

7b.

8a.

8b.

9a.

9b.

10a.

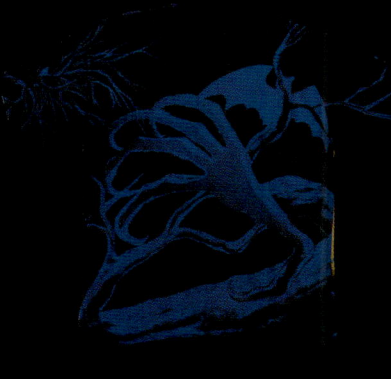

10b.

11a.

11b.

a venda deste modelo foi cancelada em cima da hora e os estoques destruídos, restando pouquíssimas unidades. **7.** Em junho de 1992, antes da turnê de *Fear of the Dark*, o Maiden fez um show de aquecimento no pub The Oval, em Norwich, como agradecimento ao dono do bar. Tocaram para 400 pessoas sob o nome The Nodding Donkeys, inspirado no lado B do single "Be Quick Or Be Dead" ("Nodding Donkey Blues"). A arte da camiseta adapta a capa do single, inserindo um burro de óculos escuros. **8.** "Eddie-morcego" (ver pp. 228–229) estampa uma camiseta da turnê de *Fear of the Dark*, 1992. **9.** Camiseta de 1992 do single "Be Quick Or Be Dead", para os shows da turnê na Oceania. As datas aparecem camufladas em uma notícia fictícia nas costas da camiseta, com uma provável referência a Rod Smallwood: "Empresário do rock atira em banda." **10.** Camiseta de 1992 com o "Eddie Árvore". **11.** Camiseta de 1993 da turnê *A Real Live One*.

1a.

1b.

2a.

2b.

3a.

COLETES

O Iron Maiden fez patches para vender em sua primeira turnê em 1980 e continua a fazer patches exclusivos para singles, álbuns e turnês desde então. Suas legiões de fãs, por sua vez, ficaram conhecidas por jaquetas e coletes altamente personalizados.

1. Esta notável criação de couro reversível tem patches na frente e atrás (1a e 1b, acima) e dentro (1c e 1d, na página ao lado). Pertence a Rasmus Stavnsborg, da Dinamarca, que detém o recorde mundial do Guinness para a maior coleção de memorabilia do Iron Maiden. Quando o recorde lhe foi concedido em 2012, o acervo incluía 4.168 itens. "O Sr. Stavnsborg começou a ouvir Iron Maiden em 1981, aos 8 anos", relatou o Guinness, "e começou a colecionar

1c.

1d.

3b.

4a.

4b.

memorabilia da banda alguns anos depois. Ele já foi vê-la em shows por todo o mundo, incluindo Japão, Índia, Rússia, Peru e Dubai."
2. O colete cravejado de Amber Steel é adornado com patches de álbuns, singles e turnês. A parte de trás (2b) traz um patch oficial de caixão de *The Number of the Beast* de 2021.
3. Além de patches e bottons, a parte de trás da jaqueta de Jason Pantaleo (3b) apresenta uma arte personalizada de "Purgatory" aerografada e pintada à mão por Eric Karalis. É baseada na arte do single (ver p. 67) e apresenta a assinatura e o emblema do artista original, Derek Riggs. **4.** Além de uma impressionante colagem de patches e bottons, a frente do colete de Ben Howell (4a) exibe um patch de *Powerslave* de 2021. Este é cortado ao meio de uma maneira que lembra o adereço de palco do Faraó Eddie da World Slavery Tour, que se dividia para liberar a Múmia Eddie (ver pp. 156–57).

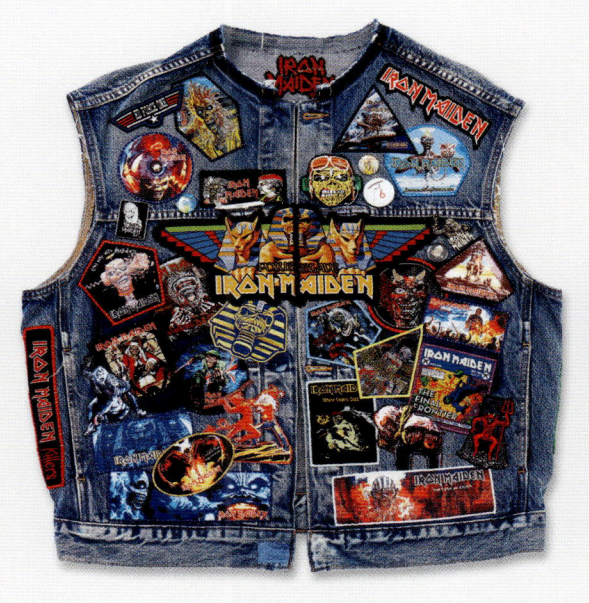

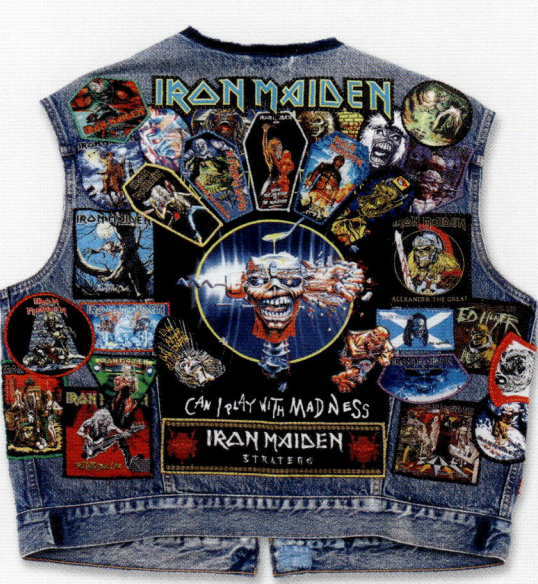

> "VOCÊ ESTÁ JOGANDO PELA INGLATERRA NA COPA DO MUNDO E É A FINAL, VOCÊ TEM QUE VENCER... ISSO É TODO SHOW DO IRON MAIDEN. ESSA É A PRESSÃO QUE VOCÊ SE COLOCA."
>
> – BLAZE BAYLEY

Escolhido por Steve Harris, Bayley trazia uma atitude crua que gerou controvérsias entre os fãs. "Fiz um teste como todos os outros", relembrou Bayley. "A vantagem que eu tinha era que Steve já tinha me visto cantar ao vivo. Acho que cerca de 1.500 pessoas enviaram suas fitas, e tive muita sorte de ser selecionado entre os doze para fazer o teste. Foi uma experiência incrível. Aprendi dez músicas que estavam no setlist e cantei com a banda. Se não fosse um desastre, eu gravaria para que eles pudessem ouvir como eu soava. É indescritível a sensação de ouvir Dave Murray tocando aquelas melodias de guitarra na mesma sala que você. É algo que você nunca experimentará em um show ou álbum. E a bateria de Nicko parece um brinquedo comparada ao que ele usa no palco, mas é perfeitamente afinada. Era um nível de profissionalismo que eu nunca tinha visto antes. Fantástico!"

"Fiquei surpreso com a escolha. Steve me disse desde o início: 'O que fazemos, fazemos juntos. Não me importa quem escreve as músicas.' Não se tratava de ganhar campeonatos regionais, mas sim de conquistar a Copa do Mundo pelo seu país."

Um acidente de moto adiou a estreia de Blaze com o Maiden. Enquanto isso, os fãs receberam dois álbuns ao vivo no final de 1993: *A Real Dead One*, com clássicos das turnês de *Fear of the Dark* e *Real Live One*, e *Live at Donington*, registro da segunda apresentação da banda no Monsters of Rock, em 1992. Em 1994, um ano atipicamente tranquilo, foram lançados apenas o vídeo *Raising Hell*, do último show de Bruce no Pinewood Studios, e *Maiden England* em CD, que passou despercebido e não entrou nas paradas. (Uma reedição em 2013 corrigiu isso, alcançando o Top 30 no Reino Unido.)

The X Factor foi lançado em outubro de 1995. Steve Harris assumiu novamente o papel de coprodutor, como em *Fear of the Dark*, desta vez ao lado de Nigel Green, que já havia trabalhado em álbuns como *For Those About to Rock*, do AC/DC, e *High 'n' Dry*, do Def Leppard, além de colaborações anteriores com o Iron Maiden. Green é creditado em *The Number of the Beast* como Nigel "It Was Working Yesterday" Hewitt-Green e, curiosamente, também mixou o álbum solo de Bruce, *Tattooed Millionaire*.

The X Factor apresenta um tom sombrio, atribuído ao recente divórcio de Steve e à saída de Bruce, diferenciando-o dos trabalhos anteriores da banda. Enquanto o single "Man on the Edge", inspirado no filme *Um Dia de Fúria* (1993), segue um estilo mais direto, a ambição do álbum se destaca na faixa de abertura, "Sign of the Cross", uma música de onze minutos com atmosfera gótica e elementos gregorianos.

As vendas do álbum foram modestas, alcançando apenas a 147ª posição nos Estados Unidos e levando dezessete anos para receber disco de prata no Reino Unido. No entanto, o Iron Maiden manteve sua postura desafiadora. A força construída nos anos 1980 transformou a banda em um fenômeno cultural, e a determinação em alcançar os fãs, independentemente de onde estivessem, gerou grandes resultados. → p. 248

ACIMA Blaze Bayley com Steve em um ensaio no home studio do chefe, em sua propriedade em Essex.

NA PÁGINA AO LADO Uma folha de contato da primeira sessão de fotos de Blaze com o Maiden. "Recebi uma ligação dizendo: 'Parabéns, a vaga é sua!'", disse ele sobre seu recrutamento. "Foi uma loucura, realmente, a partir daí."

1988–2000

NO LIMIAR DA ESCURIDÃO

241

THE X FACTOR

1995
[Álbum]

O décimo álbum do Iron Maiden foi o primeiro com o vocalista Blaze Bayley. "Na Grã-Bretanha", reclamou Blaze, "a imprensa especializada em heavy metal dizia: 'O Maiden já era. Agora temos o Nirvana. Temos o grunge. Esse é o futuro.'" No entanto, o Maiden continuou a trilhar seu próprio caminho nesse período, criando seu repertório mais sombrio e melancólico — refletido em sua capa macabra. Em uma mudança radical de suas imagens usuais no estilo de histórias em quadrinhos, o Maiden recorreu a Hugh Syme, conhecido por seu longo relacionamento com o Rush, para criar um gráfico impressionante de Eddie sendo vivisseccionado por uma máquina e transformado em um monstro lobotomizado. "Foi um projeto divertido", entusiasmou-se Syme. "Essa capa representou uma tentativa de ancorar em uma realidade mais tangível o estilo ilustrativo predominantemente fantástico que a antecedeu." Para atender aos varejistas que consideraram a arte da capa muito explícita, o álbum trazia uma imagem mais suave na parte de trás. *The X Factor* se tornou o nono álbum do Maiden a alcançar o Top 10 no Reino Unido. Na esteira da morte e do divórcio, foi "muito pessoal" para Steve Harris, que mais tarde refletiu: "Eu gosto muito desse álbum. Lembro-me de ter dito que as pessoas passariam a apreciar muito mais os álbuns que fizemos com o Blaze, com o tempo. E parece que isso está começando a acontecer agora."

FRYING SOON

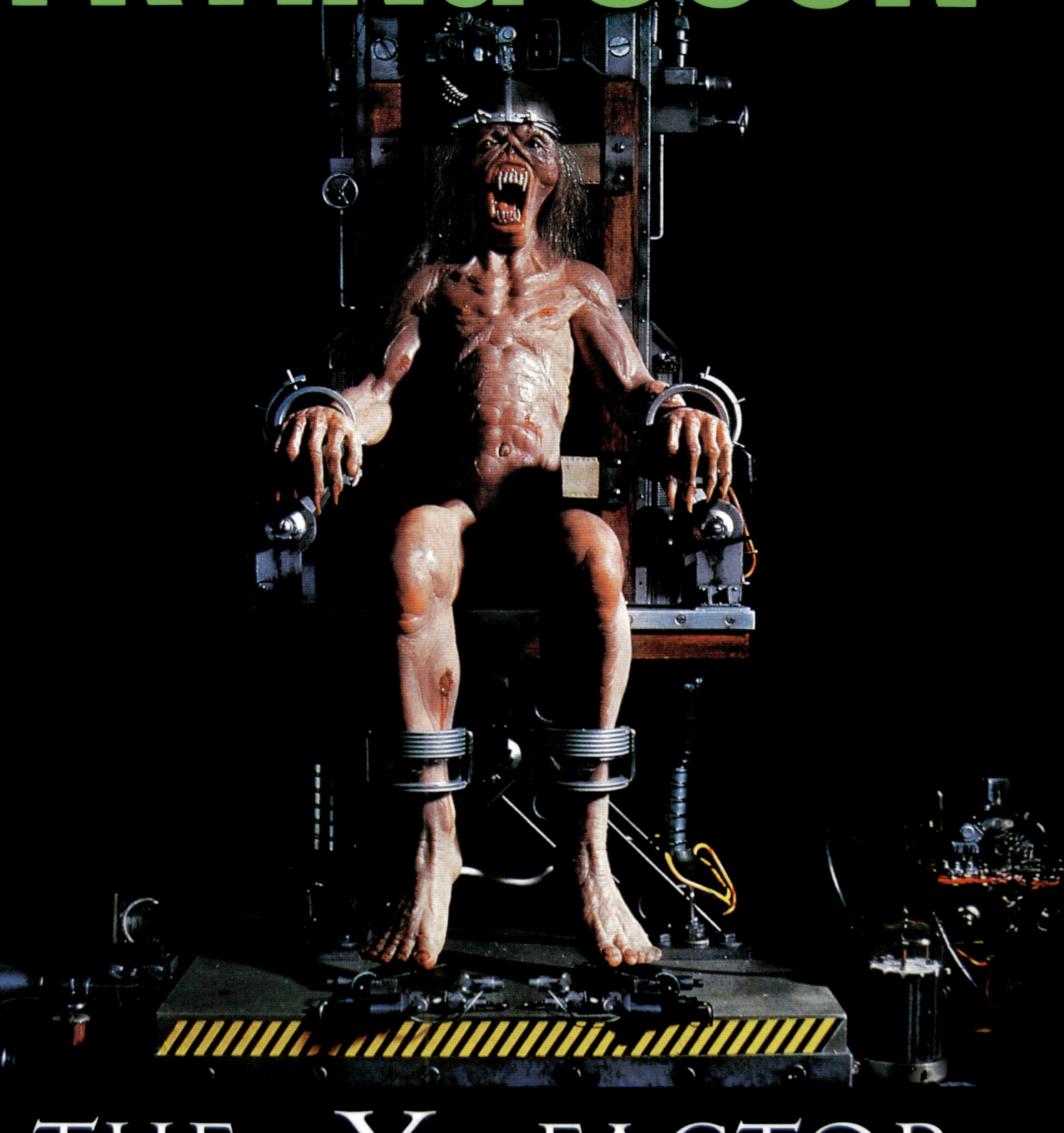

THE · X · FACTOR
OCTOBER 2

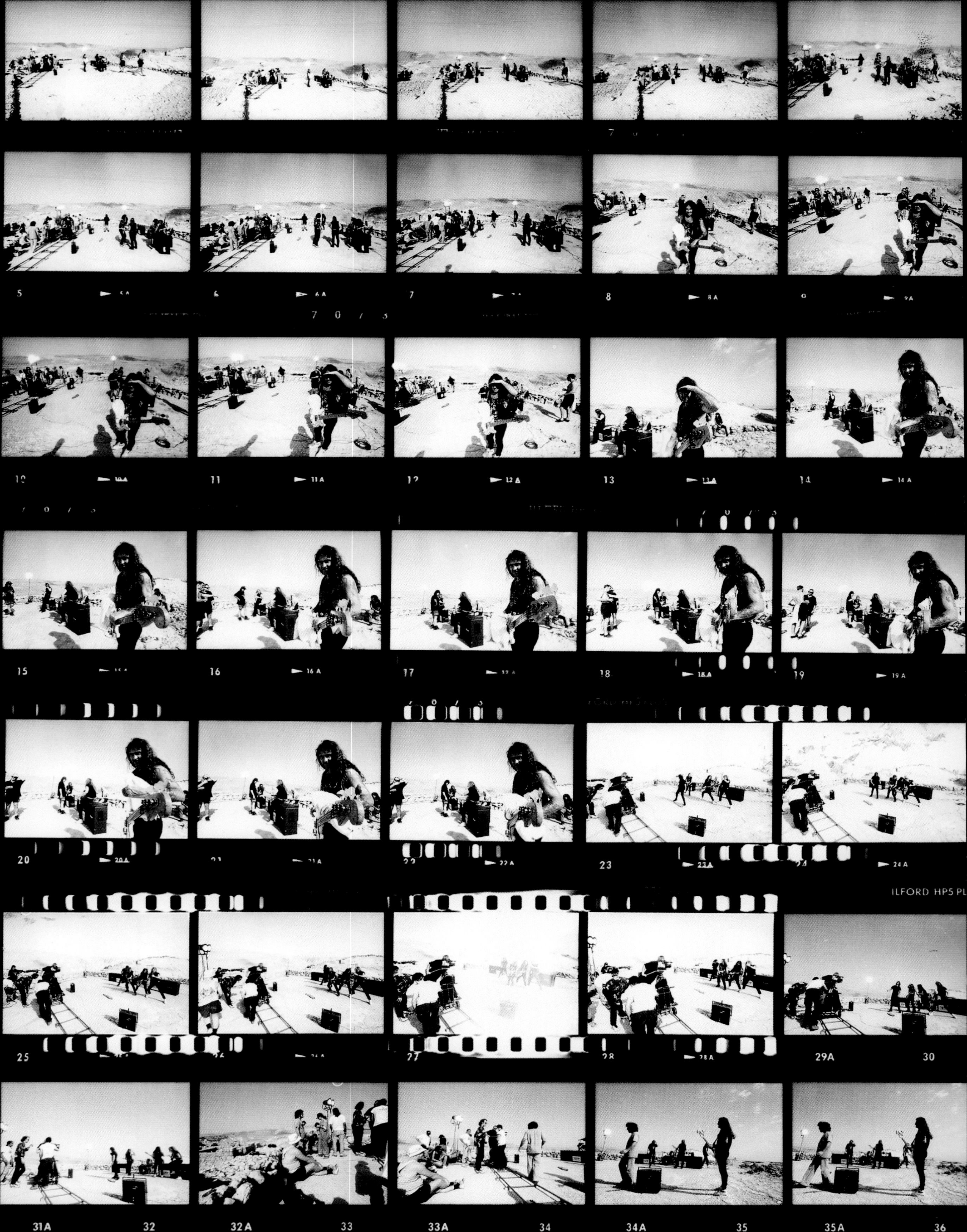
ILFORD HP5 PL

À DIREITA E NA PÁGINA AO LADO Setembro de 1995: com a X Factour começando em Israel antes de seguir para a África do Sul, o Maiden não pôde se apresentar no influente programa de TV da BBC *Top of the Pops*, já que era filmado na Grã-Bretanha. Aproveitando a oportunidade, eles filmaram um clipe para "Man on the Edge" para o programa em Massada, uma fortaleza no topo de uma montanha com vista para o Mar Morto. "Foi simplesmente incrível", lembrou Janick. "Tudo graças ao Rod — ele nos fez levar todo o nosso equipamento até lá em cima. Épico!"

246   IRON MAIDEN: INFINITE DREAMS   PARTE TRÊS

NA PÁGINA AO LADO E ACIMA Blaze, Steve e Janick fazem um show triunfante na Brixton Academy, Londres, 10 de novembro de 1995. Repleto de faixas novas e clássicos, o setlist abriu com "Man on the Edge" e fechou com "The Number of the Beast", "Hallowed Be Thy Name" e "The Trooper".

> "NÃO IMPORTA SE EU ESTOU LÁ OU NÃO: O PLANETA TERRA É UM LUGAR MELHOR POR TER O IRON MAIDEN NELE."
>
> – BLAZE BAYLEY

"Na Grã-Bretanha", observou Blaze Bayley, "a imprensa especializada dizia: 'O Iron Maiden está morto. Agora temos o Nirvana, o grunge: esse é o futuro.' Mas nós íamos para a Grécia e esgotávamos os ingressos, íamos para a Espanha e lotávamos todas as grandes cidades, fazendo shows para 10 mil pessoas por noite ao redor do mundo. Tocamos em São Paulo para 55 mil fãs incríveis. Então, voltamos para tocar na Brixton Academy, no Reino Unido, e todos estavam um pouco nervosos por causa das críticas, mas o rugido dos fãs britânicos foi algo como: 'Esta é a nossa banda, nós não abrimos mão dela'. Saímos do palco nos abraçando. Os jornalistas estavam errados, porque subestimaram os fãs do Iron Maiden e o que a banda representa." (Os fãs que chegaram cedo ganharam um presente extra: a nova banda de Adrian Smith, Psycho Motel, abriu os shows da etapa britânica da turnê.)

Após o término da The X Factour em setembro de 1996, o Iron Maiden lançou "Virus", uma nova música que integrou a primeira coletânea de grandes sucessos da banda, *Best of the Beast*. A edição limitada em CD duplo trouxe Blaze Bayley interpretando "Afraid to Shoot Strangers", da era Bruce Dickinson, e finalmente deu um lar para a versão de "Strange World", que havia sido excluída de *The Soundhouse Tapes* (1979). Com uma capa que reunia diversos Eddies criados por Derek Riggs, o álbum recebeu disco de prata no Reino Unido em apenas uma semana.

Depois do lançamento de *Best of the Beast*, o Iron Maiden iniciou a produção de *Virtual XI*, o segundo álbum com Blaze Bayley nos vocais. Lançado em abril de 1998, o álbum teve vendas modestas, mas continha duas músicas marcantes com mais de nove minutos de duração: "The Clansman", inspirada no filme *Coração Valente*, e "The Angel and the Gambler", homenagem às bandas UFO e The Who. Ambas foram incluídas na turnê de 83 shows, que começou no Reino Unido com uma apresentação secreta chamada The Angel and the Gamblers.

"A era Blaze Bayley no Iron Maiden teve seus momentos altos, mas também muitos baixos", admite Nicko McBrain. "O alcance vocal de Bruce Dickinson é imenso, quase operístico. Blaze Bayley tem um tom mais grave, de barítono. Em alguns shows, principalmente os mais fracos, quando ele tinha dificuldades, Janick Gers, Dave Murray e eu nos esforçávamos mais, tocando de forma mais agressiva para compensar. Blaze Bayley realmente lutava para alcançar algumas notas."

"Não posso negar, ele amava a banda, e nós o amávamos. Eu era como um mentor para ele, sempre dizendo: 'Pode me procurar para conversar sobre o que quiser'. E ele o fazia. Fiquei triste quando tudo acabou, porque é difícil perder um companheiro, alguém com quem você trabalhou por cinco anos e gravou dois álbuns. Mas foi uma decisão da banda. Não foi só o Steve ou o Rod, fomos todos nós. Sentamos juntos e dissemos: 'Chegou a hora.'"

Enquanto isso, Bruce Dickinson seguia sua carreira solo. Após lançar seu segundo álbum, *Balls to Picasso* (1994), ele embarcou em turnês, incluindo um show único na Bósnia devastada pela guerra, um evento que desafiou a morte e que serviu de base para o documentário *Scream for Me Sarajevo* (2017). Os álbuns seguintes tiveram vendas modestas, mas *Accident of Birth* (1997) marcou o reencontro de Dickinson com Derek Riggs e Adrian Smith, que permaneceu para o álbum *The Chemical Wedding* (1998).

"E então, recebi a ligação", relembrou Bruce Dickinson. "Eles perguntaram: 'Como você se sentiria em voltar para a banda?'"

DE VOLTA À ALDEIA

"Steve reconheceu que as coisas não estavam funcionando como deveriam", disse Rod Smallwood. "Organizei uma reunião para toda a banda e Bruce em Brighton, onde eu morava na época. Bruce estava do lado de fora da sala, enquanto os outros o esperavam no lounge. Quando Bruce entrou, Steve perguntou: 'Por que você quer voltar?'. E ele respondeu: 'Porque quero fazer grandes shows novamente e acho que seríamos ótimos juntos'. Steve disse: 'Tudo bem, então'. E fomos ao pub. Foi só isso. Uma pergunta feita no pub da Marina. No dia seguinte, fomos ao estúdio do fotógrafo Ross Halfin com a nova formação, e a foto foi divulgada no domingo. Foi tudo muito rápido."

"Eu sabia que as coisas não estavam indo como as pessoas esperavam", disse Bruce Dickinson. → p. 253

NA PÁGINA AO LADO Prestes a explodir: Steve e Blaze na Virtual XI Tour, tocando no Stadthalle Fürth na Alemanha, em 16 de setembro de 1998.

NO LIMIAR DA ESCURIDÃO

VIRTUAL XI
1998
[Álbum]

"Steve escreveu coisas realmente ótimas para *Virtual XI*", entusiasmou-se Nicko para a revista *Classic Rock*. "É um álbum do qual todos nós estamos muito orgulhosos." Blaze concordou: "Um álbum verdadeiramente forte, positivo e cheio de confiança. Sentíamos que éramos uma banda de verdade, trilhando nosso caminho." As vendas foram decepcionantes para os poderosos padrões do Maiden, e nenhum de seus singles — a homenagem ao The Who/UFO "The Angel and the Gambler" e "Futureal", parceria de Blaze e Steve — causou muita impressão nas paradas. Mas a força do material é evidenciada por "Futureal" e "The Clansman" permanecerem nos setlists da banda mesmo após o retorno de Bruce. De fato, a última — inspirada nos filmes *Coração Valente* e *Rob Roy – A Saga de uma Paixão* — e a audaciosamente épica "Sign of the Cross" de *The X Factor* se tornariam momentos marcantes nos anos pós-Blaze. Para a capa de *Virtual XI*, o Maiden recorreu mais uma vez a Melvyn Grant. Ele conjurou a imagem de um adolescente jogando um jogo de futebol virtual, sem saber que Eddie está prestes a pegá-lo. "Ela liga o passado e o presente ao futuro", observou Janick. A arte introduziu a primeira modificação no logo do Maiden, com as hastes estendidas das letras R, M e N removidas. Em álbuns de estúdio, essa versão permaneceu em uso até que a original foi restabelecida para *The Book of Souls*, em 2015.

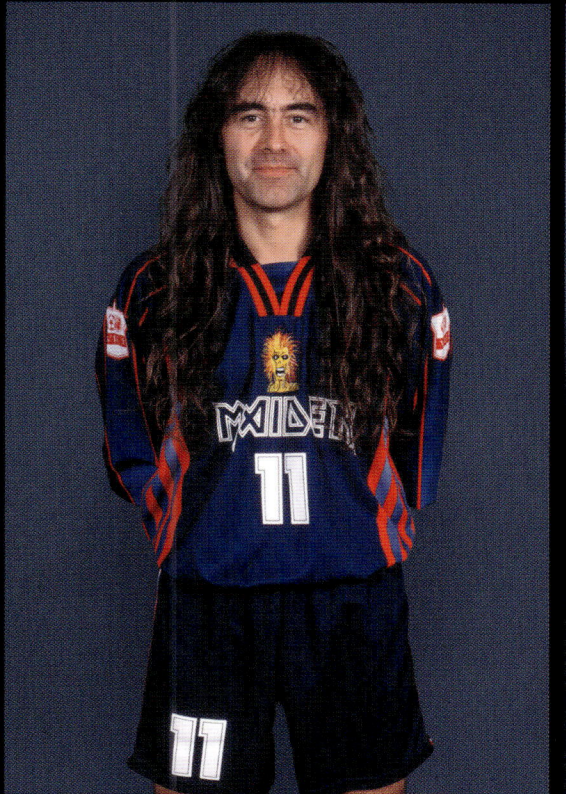

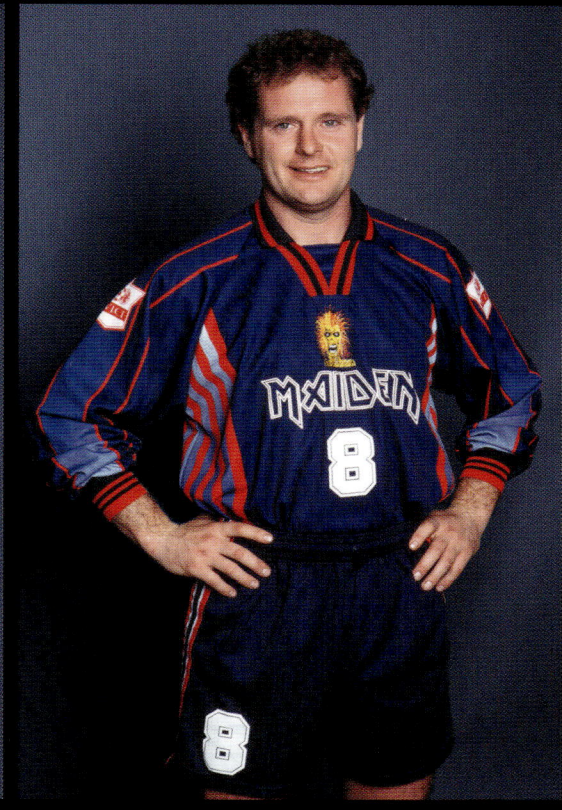

ViRTUAL XI

252 IRON MAIDEN: INFINITE DREAMS

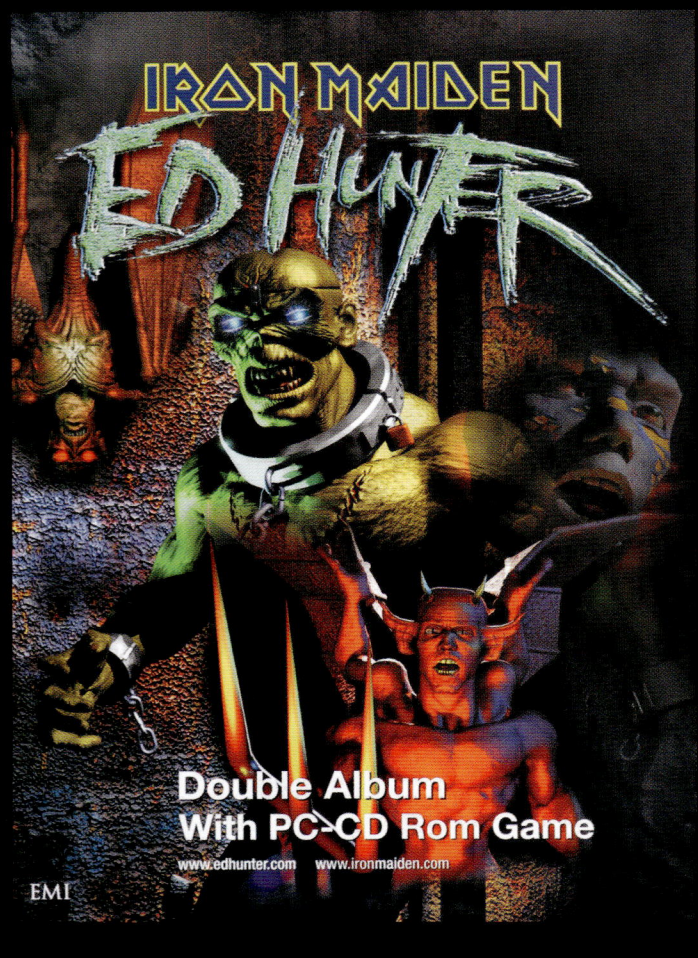

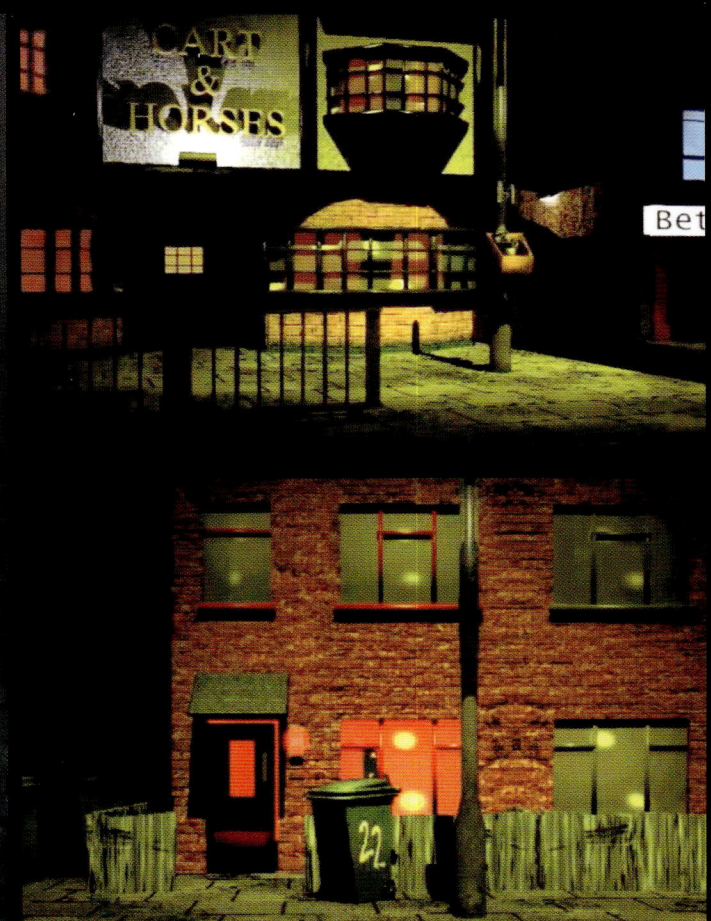

"Sentia pena do Blaze Bayley, porque ele tinha tido uma ótima carreira com sua própria banda. E eu realmente esperava que desse certo para ele, para tirar um pouco da pressão de mim, já que as pessoas sempre me perguntavam se eu voltaria para o Iron Maiden. Eles tinham todo o peso de uma grande gravadora por trás deles, estavam em todas as revistas, fizeram de tudo para promover o álbum *Virtual XI*. E eu estava lá, em contraste, promovendo *The Chemical Wedding* em pequenas turnês, dando entrevistas para fanzines. Mas é assim que as coisas funcionam. Então, pensei: 'Vamos ver o que acontece.'"

Bruce prossegue: "Voltar para o Iron Maiden foi como reunir a seleção inglesa campeã da Copa de 1966. Eu pensei: 'Vamos trazer o Adrian de volta?'. Para mim, essa era a pergunta óbvia, tão importante quanto meu próprio retorno. Deixei claro: 'Adrian precisa voltar. Ele é parte fundamental disso tudo. E, se vocês querem saber o que vai enlouquecer os fãs, será nós dois voltando ao mesmo tempo.'"

"Eu estava no telefone com Steve, e enfim concordamos em trazer Bruce de volta", disse Rod Smallwood. "Então ele disse que deveríamos trazer Adrian de volta também. Concordei plenamente e perguntei se três guitarras dariam certo. Ele disse que havia espaço suficiente nas músicas e que seria ótimo. E, claro, ele estava certo. Então, quando liguei para Bruce para dizer que a reunião estava certa, ele mencionou que queria Adrian de volta também. É bom estarmos em sintonia, e ao longo dos anos, geralmente estivemos."

O retorno de Bruce Dickinson e Adrian Smith ao Iron Maiden foi recebido com entusiasmo pelos fãs. A turnê de reunião, com 28 shows iniciados no Canadá em julho de 1999, apresentou um repertório que incluía três músicas da era Blaze Bayley: "The Clansman", "Futureal" e "Man on the Edge". As mesmas músicas também foram incluídas na coletânea *Ed Hunter*, que acompanhava o primeiro jogo de computador do Iron Maiden, um *rail-shooter* inspirado em *Doom*. O jogo, também chamado *Ed Hunter*, substituiu *Melt*, um projeto planejado para promover o álbum *Virtual XI* e descartado porque, nas palavras de Blaze Bayley, "era uma porcaria".

ACIMA Sessão de fotos de reunião no Algarve, em Portugal, com Bruce e Adrian de volta à formação (topo); bastidores da Ed Hunter Tour (abaixo).

NA PÁGINA AO LADO O jogo *Ed Hunter* foi lançado em julho de 1999, juntamente com uma turnê homônima. "É a coisa mais incrível que eu já vi", maravilhou-se Steve. "É como entrar em uma versão 3D da capa do *Somewhere in Time*, como entrar no Ruskin Arms, só que cheio de alienígenas!"

A volta de Adrian Smith ao Iron Maiden deu origem ao trio de guitarristas conhecido como "Three Amigos". "A combinação das três guitarras soou muito natural", disse Janick Gers. "Nunca nos sentamos para trabalhar em nada específico, apenas tocamos. Adrian tem um estilo muito rítmico, eu sou mais pirotécnico e Dave tem um som muito *legato*. Essa mistura criou uma atmosfera quase orquestral."

"Em qualquer banda existem egos, mas no Iron Maiden, a nossa convivência é excepcional. Nicko McBrain tem uma personalidade contagiante, Steve Harris demonstra uma motivação e espírito incansáveis, e Bruce Dickinson é um dos maiores frontmen do mundo, capaz de transformar uma arena de 30 mil pessoas em um clube intimista. E ainda temos três guitarristas que poderiam ser os únicos guitarristas de qualquer outra banda."

Os últimos dias do milênio foram dedicados ao planejamento do futuro da banda. O Iron Maiden havia completado 25 anos de carreira e, com a chegada do novo milênio, um novo capítulo se iniciava.

ACIMA E NA PÁGINA AO LADO O primeiro show da etapa europeia da Ed Hunter Tour, Palais Omnisports de Paris-Bercy, França, de setembro de 1999.

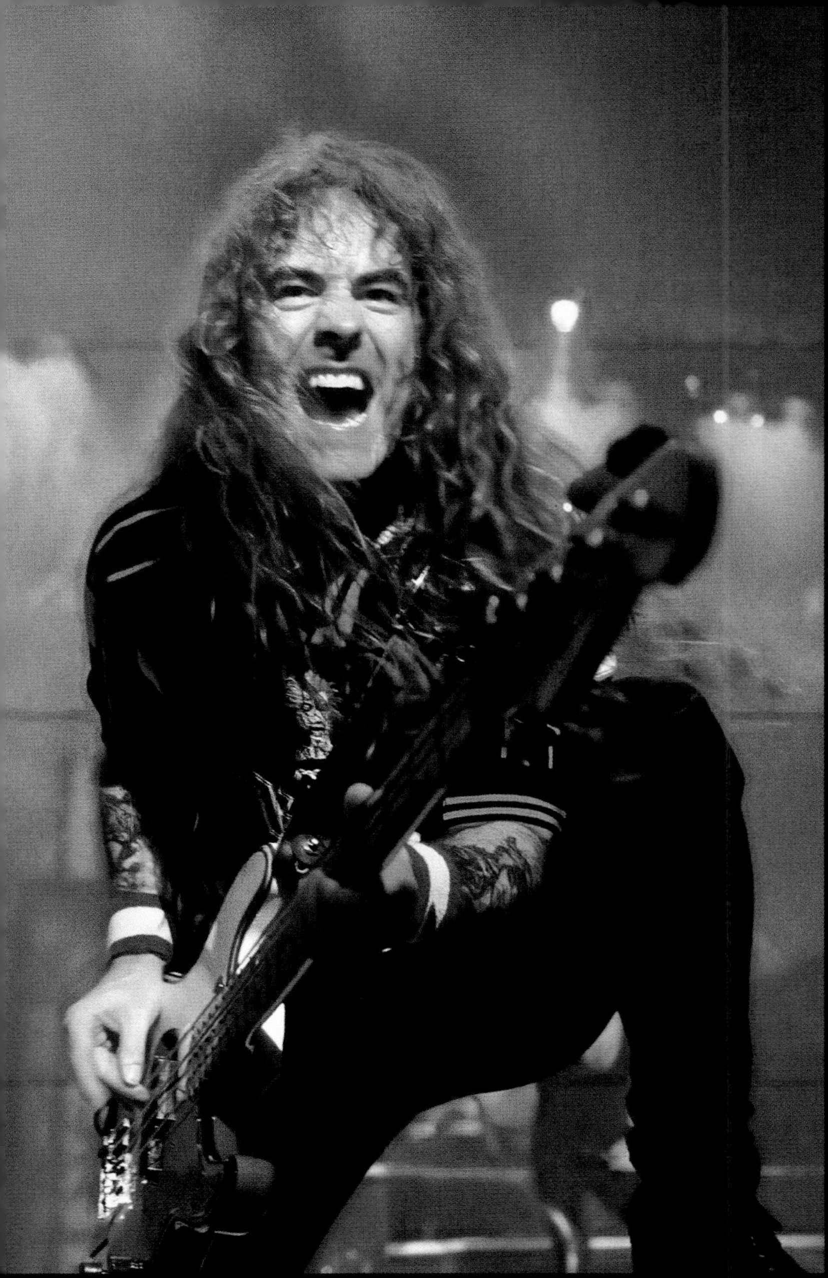

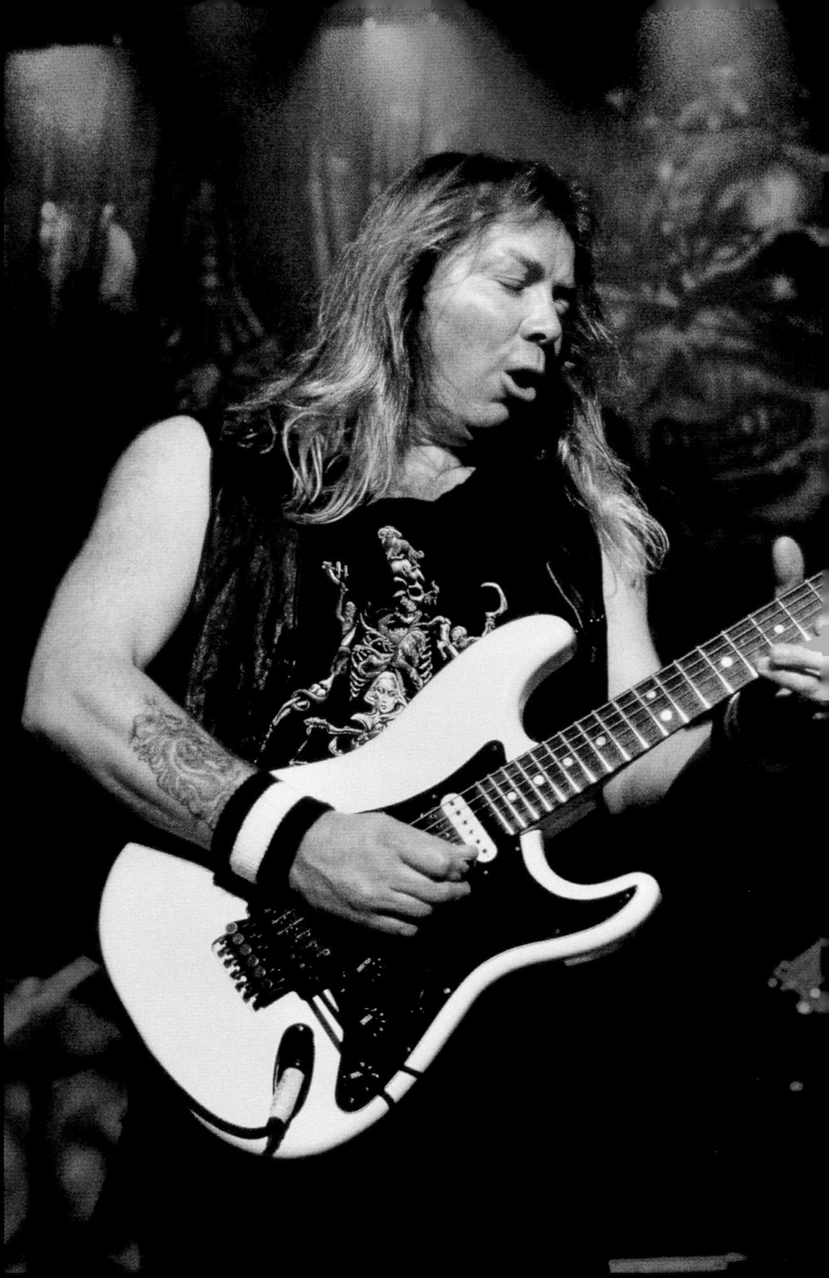

ACIMA E NA PÁGINA AO LADO 10 de setembro de 1999: dezesseis meses depois de tocar no Ahoy Hall de Rotterdam com Blaze, o Maiden retornou lá com Bruce. A camiseta de Nicko (acima) anuncia o Eddie's Bar, um pub no Algarve, de propriedade de Steve.

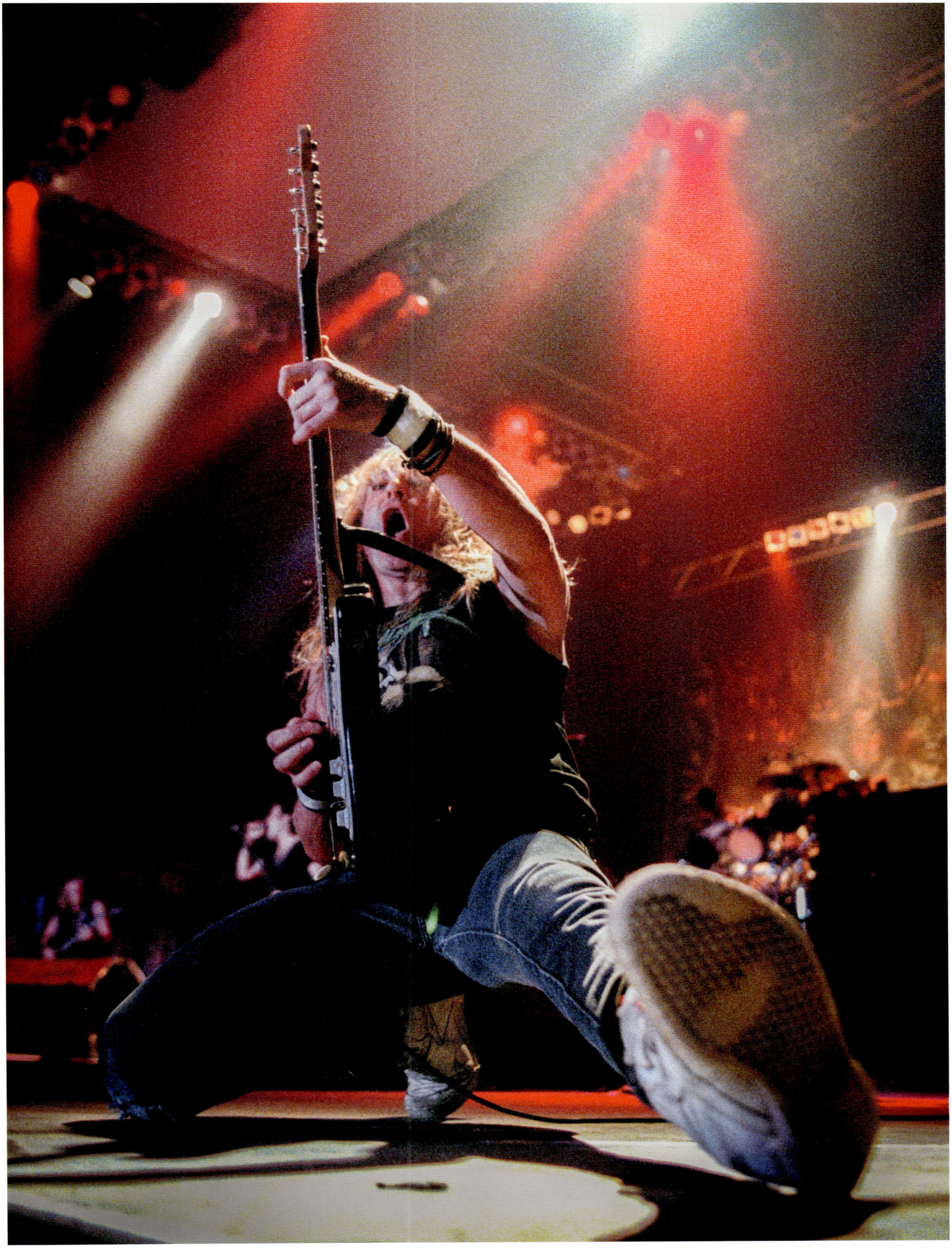

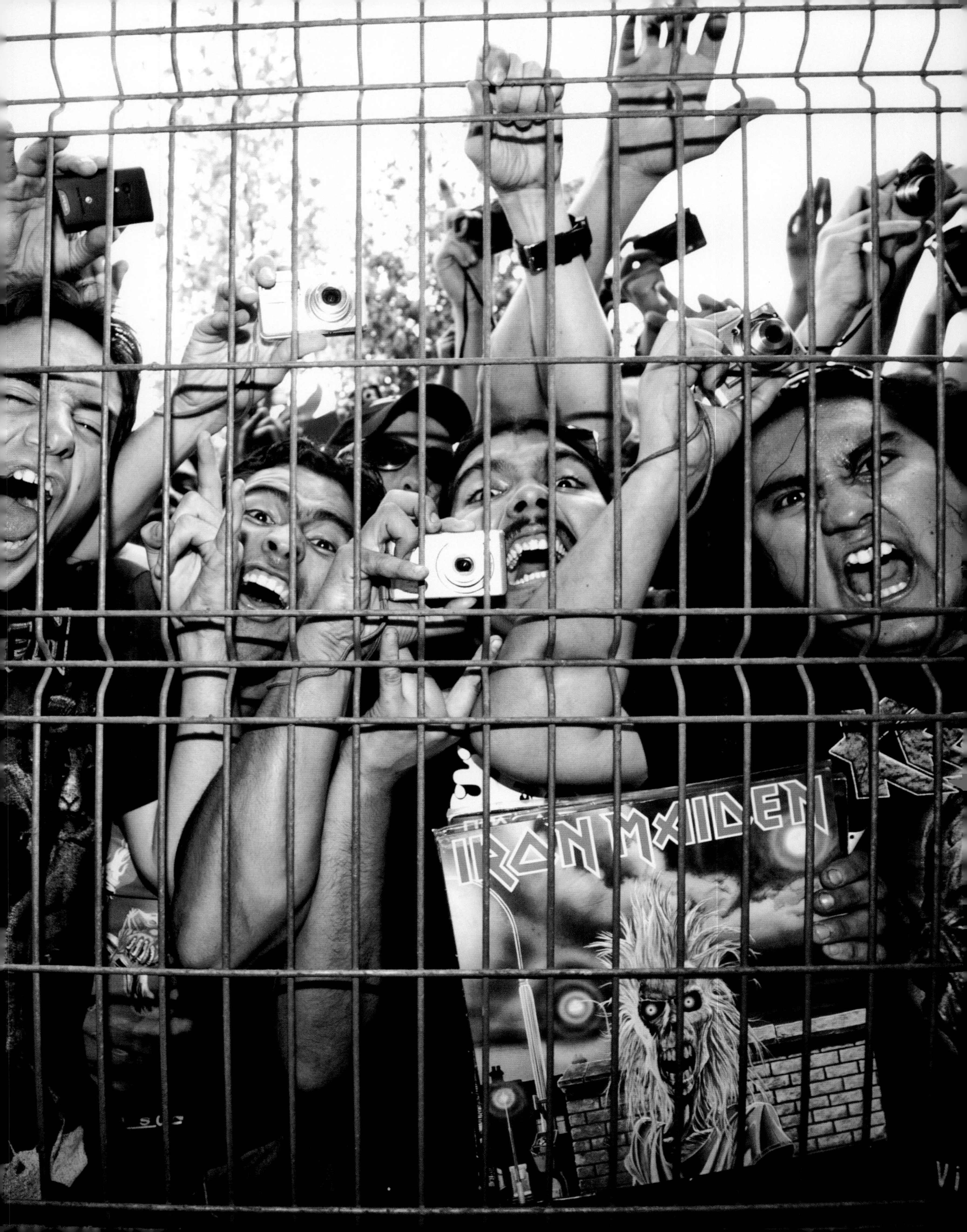
IRON MAIDEN

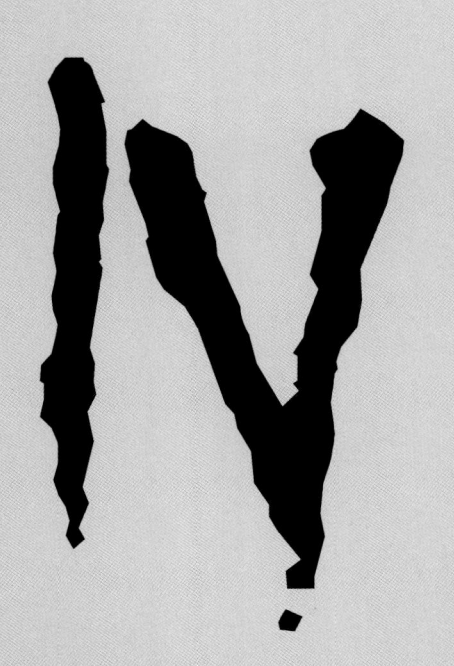

IV ADMIRÁVEL MUNDO NOVO 2000–

BRAVE NEW WORLD | DANCE OF DEATH | A MATTER OF LIFE AND DEATH SOMEWHERE BACK IN TIME | THE FINAL FRONTIER | MAIDEN ENGLAND TOUR THE BOOK OF SOULS | LEGACY OF THE BEAST | SENJUTSU | THE FUTURE PAST TOUR | RUN FOR YOUR LIVES

A LONGEVIDADE DO IRON MAIDEN SE DEVE AO SEU EQUILÍBRIO CERTEIRO ENTRE FUTURO E PASSADO. ISSO TRANSPARECE EM TUDO, DESDE O USO DE EDDIE COMO UM TOTEM ATEMPORAL ATÉ A CURADORIA INTELIGENTE DE SEUS ÁLBUNS DE "MAIORES SUCESSOS" E AS RESPECTIVAS TURNÊS.

O Iron Maiden soube se apresentar para novos públicos e gerações sem se prender ao passado, como tantos veteranos que vivem apenas de nostalgia. E isso fica ainda mais evidente na maneira como a banda superou os anos 1990 e iniciou o novo milênio com força total.

RUMO AO FUTURO

O retorno de Bruce Dickinson e Adrian Smith impulsionou uma nova fase para o Iron Maiden, e outras mudanças ocorreram nos bastidores. Quando a banda começou a trabalhar em um novo álbum no Guillaume Tell Studios, em Paris, Kevin "Caveman" Shirley assumiu a produção. Shirley, que não era fã da banda inicialmente, trouxe uma perspectiva objetiva para o projeto. Sua experiência com bandas como Journey e Aerosmith o preparou para lidar com os diferentes egos dentro do Iron Maiden. Além disso, seu trabalho anterior com o Dream Theater o familiarizou com bandas que gostavam de criar músicas longas e complexas.

"The Wicker Man" provou que a nova formação estava funcionando. A música, uma colaboração explosiva de Smith, Dickinson e Harris, alcançou o Top 10 no Reino Unido, com a adição de visuais impressionantes do artista Mark Wilkinson. Derek Riggs retornou para criar a capa do álbum, com Eddie observando uma paisagem urbana de Londres, ilustrada por Steve Stone. "Achei que deveríamos mostrar nossa música em vez de focar tanto no Eddie", comentou Rod Smallwood. "Queria que ele ficasse um pouco em segundo plano, para dar espaço à banda. Começamos a trabalhar com Stuart Crouch, um designer muito bom, e ele criou duas paisagens urbanas. Adicionamos a nuvem do Eddie, criada por Derek, por cima. Eu gostei da paisagem de Nova York, o Steve preferiu a de Londres, então ele venceu. Queríamos inovar, mas sem abandonar o passado."

Brave New World, o décimo segundo álbum do Iron Maiden, foi lançado em maio de 2000. Apesar de apresentar novidades, o álbum manteve a essência do Iron Maiden, combinando elementos clássicos com novas ideias. Dos refrões marcantes de "The Wicker Man" e do segundo single, "Out of the Silent Planet", à épica "Blood Brothers", com seus sete minutos de duração, que se tornou um hino para os fãs e presença constante nos shows da banda, garantiu que o Iron Maiden continuasse relevante no século XXI.

"A experiência solo me ensinou muito", explicou Bruce Dickinson. "Eu não teria conseguido criar *Brave New World* se não tivesse saído do Iron Maiden, pois seria apenas mais do mesmo. A empolgação na criação do álbum era evidente, e o resultado fala por si só. Foi o renascimento do Iron Maiden. Todos acharam que eu estava exagerando quando disse: 'Vamos voltar e ser a melhor banda do mundo. Claro que somos melhores que o Metallica!' Todos disseram: 'Você não pode dizer isso!' E eu respondi: 'Acabei de dizer. Venham nos ver. Eu desafio vocês.' Não tenho problemas com o Metallica. Foi uma bravata? Sim! Faz parte do meu trabalho!"

Nem todos estavam convencidos. O jornal britânico de música *NME* deu nota 4 de 10 a *Brave New World* e, previsivelmente, declarou a banda "obsoleta". → p. 269

NA PÁGINA AO LADO, ACIMA Bruce durante a Brave New World Tour, junho de 2000.

NA PÁGINA AO LADO, ABAIXO O exército do Maiden no festival Dynamo Open Air, Nijmegen, Holanda, 3 de junho de 2000.

ADMIRÁVEL MUNDO NOVO

BRAVE NEW WORLD
2000
[Álbum]

No admirável mundo novo do Maiden, a colaboração foi fundamental. Incomumente, apenas uma música foi composta unicamente por Steve: a épica "Blood Brothers". O restante das faixas foi escrito por Steve com outros membros da banda: Janick, Adrian, Bruce e Dave. "Para Bruce e eu", disse Adrian à *Classic Rock*, "foi como voltar para casa". O espírito de colaboração se estendeu à arte da capa: um Eddie de aparência particularmente sinistra, criado por Derek Riggs, paira sobre uma paisagem londrina futurista de Steve Stone. (Uma variante em disco de vinil duplo — agora muito procurada — isola diferentes elementos da arte com um efeito impressionante.) Após a fase Blaze, marcada por álbuns frequentemente introspectivos, as letras ganharam ambição: "Ghost of the Navigator" trazia inspiração viking e "The Nomad" retratava guerreiros do deserto, enquanto "Brave New World" e "Out of the Silent Planet" faziam alusão a clássicos da literatura e do cinema de ficção científica. A reação dos fãs foi imediata e unânime. *Brave New World* e seu single principal, "The Wicker Man", restauraram o Maiden ao Top 10 britânico pela primeira vez desde 1995. "*Brave New World* não era só o nome de um álbum", escreveu Bruce em sua autobiografia. "Era nossa própria existência."

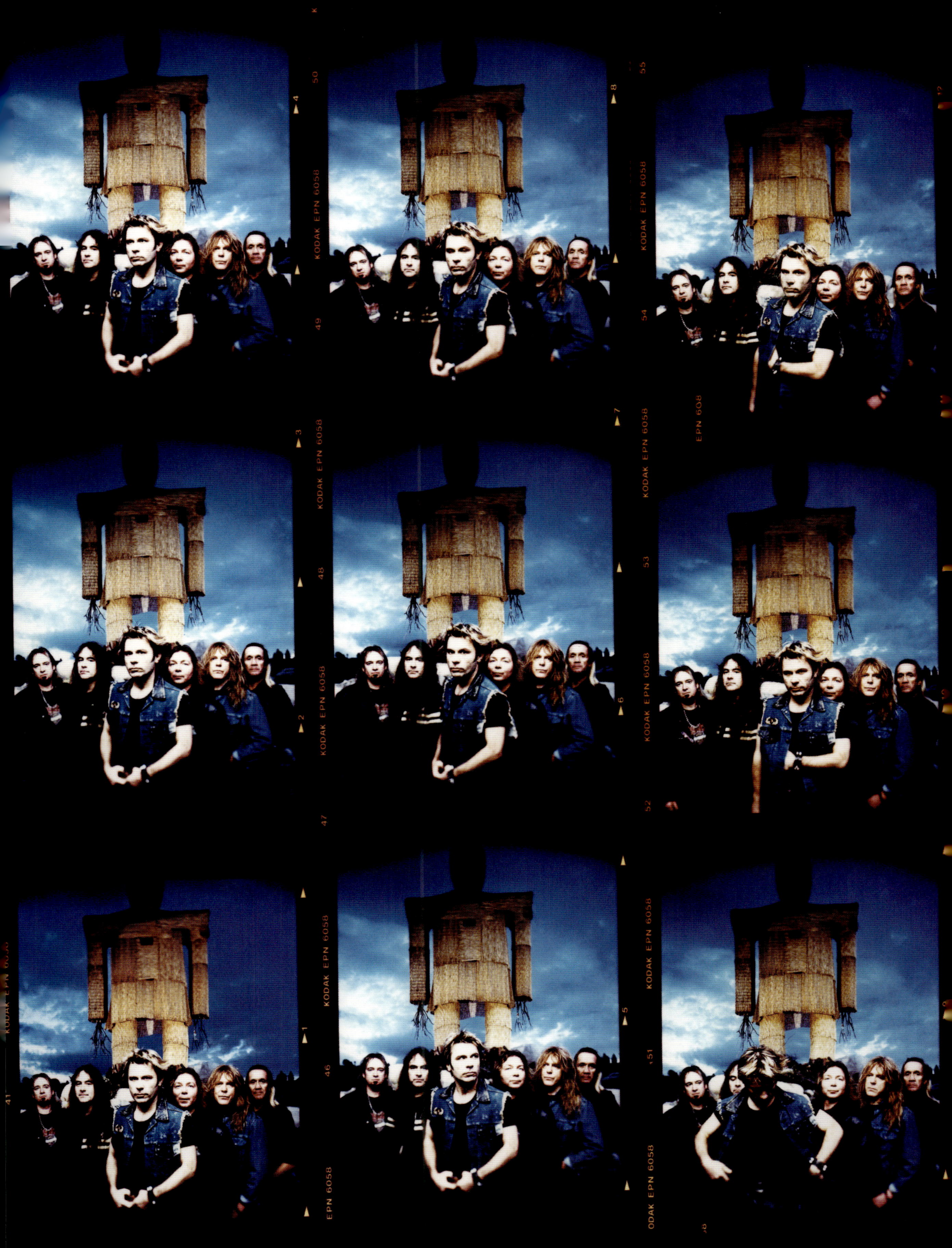

NA PÁGINA ANTERIOR A sessão de fotos para a contracapa do álbum *Brave New World* — também usada na capa de "The Wicker Man" — pelo diretor de vídeo Dean Karr. Rod Smallwood: "Acreditava que era hora de focar mais na nossa música, sem depender tanto do Eddie. Decidimos colocá-lo um pouco em segundo plano, para que a banda tivesse mais espaço. É difícil explicar exatamente o porquê, mas foi uma decisão deliberada."

ABAIXO Ilustrações de Mark Wilkinson para os singles "The Wicker Man" (topo) e "Out of the Silent Planet" (abaixo). O artista britânico, já renomado por *Painkiller* do Judas Priest e diversos álbuns do Marillion e de seu vocalista Fish, criou sua primeira representação de algo semelhante a Eddie em um pôster para o festival Monsters of Rock de 1992, onde o Maiden foi a atração principal. Essa mesma imagem acabou estampando a capa da remasterização de 1998 de *Live at Donington*.

NA PÁGINA AO LADO Testes de Eddie para o clipe de "The Wicker Man", dirigido por Dean Karr. O currículo do diretor ia de Duran Duran a Deftones, e ele filmaria o Maiden como atração principal do Rock in Rio em 2001.

ADMIRÁVEL MUNDO NOVO

EDDIE "WICKER MAN"
BRAVE NEW WORLD TOUR
2000–2001

O filme britânico de terror folclórico de 1973, que inspirou o título "The Wicker Man", teve como protagonistas Sir Christopher Lee, Edward Woodward e Britt Ekland. Sua trama culmina com aldeões de uma remota ilha escocesa queimando viva uma vítima sacrificial humana dentro de uma figura de palha, numa tentativa desesperada de garantir a prosperidade de suas plantações. Essa cena inspirou a arte de Mark Wilkinson (ver p. 264) de Eddie como um Homem de Palha, que foi realizado como um gigantesco adereço de palco mecânico e articulado na Brave New World Tour. Dentro, havia o Eddie lobotomizado de *Piece of Mind* e também, relatou Bruce, "quem estivesse disponível, das meninas do bufê às namoradas".

NA PÁGINA AO LADO O adereço de palco Eddie "Wicker Man" em ação durante a Brave New World Tour, que viu a banda tocar para 250 mil pessoas no Rock in Rio e esgotar o Madison Square Garden em apenas duas horas.

ADMIRÁVEL MUNDO NOVO

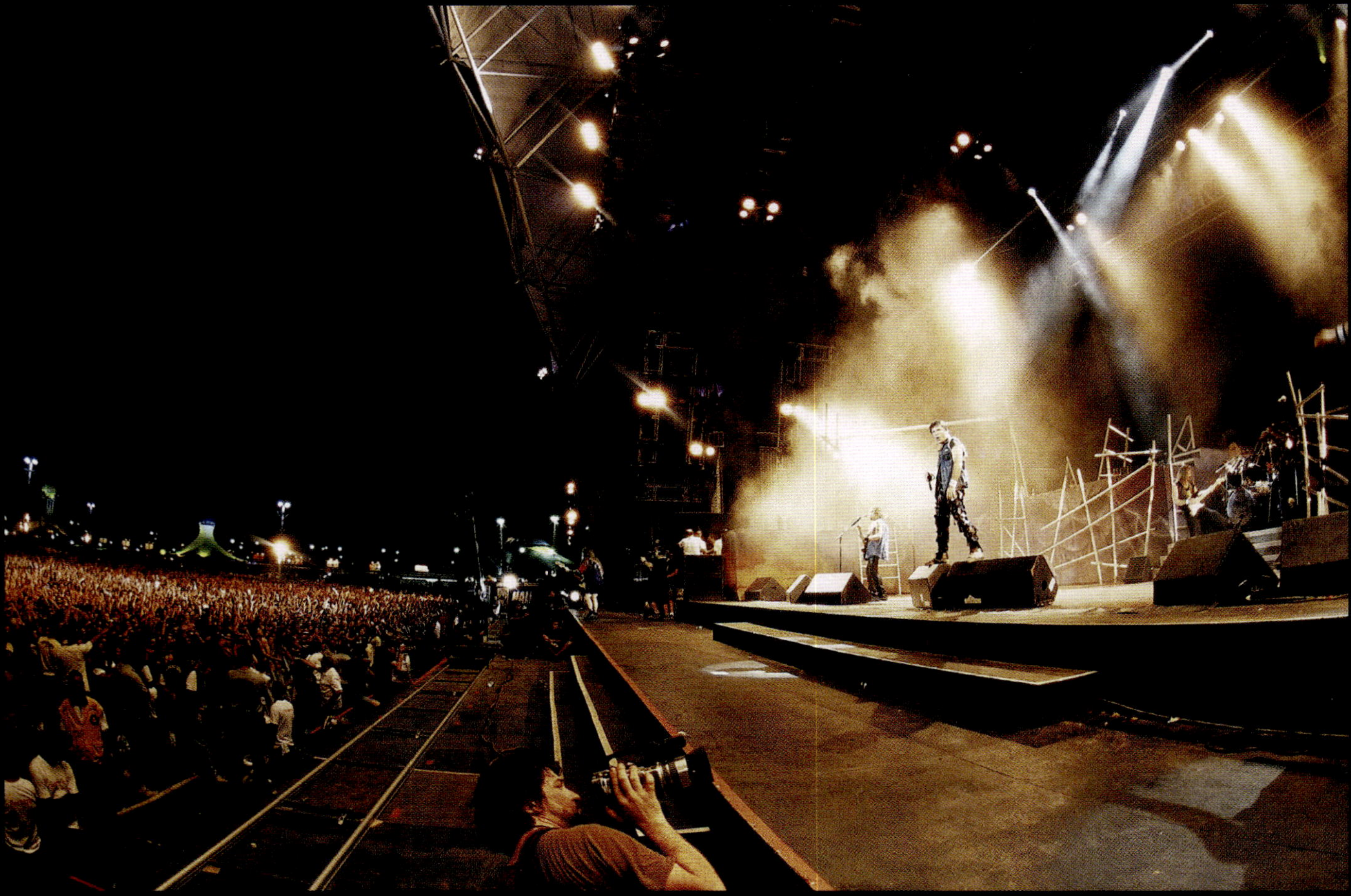

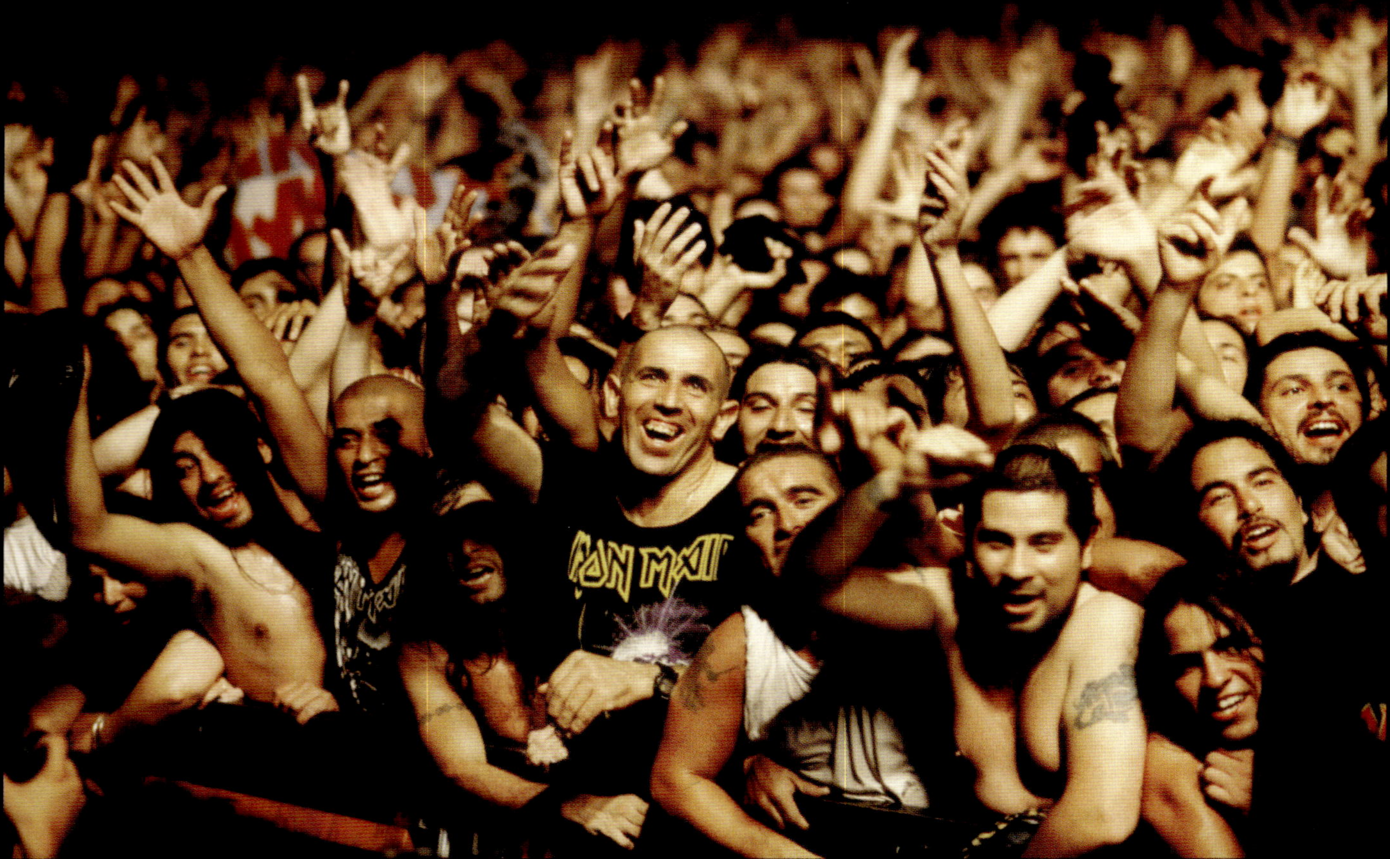
IRON MAID

No entanto, a Brave New World Tour, com seis meses de duração, provou o contrário. A turnê contou com 92 shows ao redor do mundo, incluindo 33 apresentações em arenas da América do Norte. Um dos destaques foi o show esgotado no Madison Square Garden, em Nova York, que culminou na apresentação para 250 mil fãs no festival Rock in Rio, em janeiro de 2001. No Rock in Rio, o Iron Maiden demonstrou a força de seu legado, com uma interpretação épica de "Sign of the Cross", música da era Blaze Bayley, que uniu o passado e o presente da banda em dez minutos mágicos.

A confirmação inesperada da relevância do Iron Maiden veio através de "Teenage Dirtbag", da banda nova-iorquina Wheatus. Com o refrão marcante *"I've got two tickets to Iron Maiden, baby/ Come with me Friday, don't say maybe"* ("Eu tenho dois ingressos para o Iron Maiden, baby/ Venha comigo na sexta, não hesite"), a música se tornou um sucesso mundial em 2001, vendendo milhões de cópias.

A atmosfera de celebração foi interrompida por uma notícia preocupante no final de 2001: Clive Burr, diagnosticado com esclerose múltipla, havia acumulado dívidas médicas significativas. O Iron Maiden prontamente criou um fundo fiduciário e realizou shows beneficentes na Brixton Academy, em Londres, em março de 2002. A música "Children of the Damned", do álbum *The Number of the Beast*, voltou ao setlist pela primeira vez desde 1987, em homenagem a Burr. O clássico "Run to the Hills", do mesmo álbum, foi relançado como single naquele mês, em formato original e em versão ao vivo gravada no Rio de Janeiro, com toda a renda destinada ao fundo de Burr. O resultado foi a terceira aparição da música na parada do Reino Unido, após o sucesso da versão ao vivo do álbum *Live After Death* em 1985.

SONHOS MAIS LOUCOS

Vinte anos após o lançamento de *The Number of the Beast*, álbum que os consagrou como astros do rock, o Iron Maiden celebrou seu legado com diversos lançamentos especiais. Em março de 2002, o álbum ao vivo *Rock in Rio* foi lançado, seguido pela coletânea *Edward the Great*, em novembro, para apresentar a banda a novos fãs. Para os fãs mais antigos, a banda lançou *Eddie's Archive* no mesmo mês. O box set de luxo incluía uma sessão da BBC de 1979, shows dos anos 1980 e 31 lados B, incluindo o cover de "Cross-Eyed Mary", do Jethro Tull, e a satírica "Sheriff of Huddersfield", sobre o empresário da banda Rod Smallwood.

O espírito de celebração continuou em 2003 com a turnê Give Me Ed... 'Til I'm Dead, que durou três meses e se inspirou musical e visualmente em *Edward the Great* e *Visions of the Beast*, um DVD recém-lançado com os videoclipes da banda. O repertório da turnê incluiu músicas de *Brave New World* e "The Clansman", além da inédita "Wildest Dreams", mas se concentrou principalmente na rica história da banda. Clássicos como "Die with Your Boots On" e "Revelations" retornaram ao setlist após anos de ausência, ao lado dos grandes sucessos da carreira do Iron Maiden.

A estratégia de intercalar turnês retrospectivas com lançamentos de material inédito se tornou uma marca registrada do Iron Maiden, mantendo seu vasto catálogo sempre relevante. Essa abordagem permite que diferentes gerações de fãs descubram a música da banda de maneiras diversas, seja através de álbuns que revisitam épocas específicas ou de novos trabalhos que exploram sonoridades contemporâneas.

NA PÁGINA AO LADO Festival Rock in Rio III, Rio de Janeiro, Brasil, 19 de janeiro de 2001. Os fãs sul-americanos, que permaneceram fiéis ao Maiden após a saída de Bruce, foram recompensados com um show arrasador, incluindo duas músicas da era Blaze: "Sign of the Cross" e "The Clansman".

ACIMA Essa imagem marcante foi usada tanto no CD ao vivo quanto no DVD do Rock in Rio.

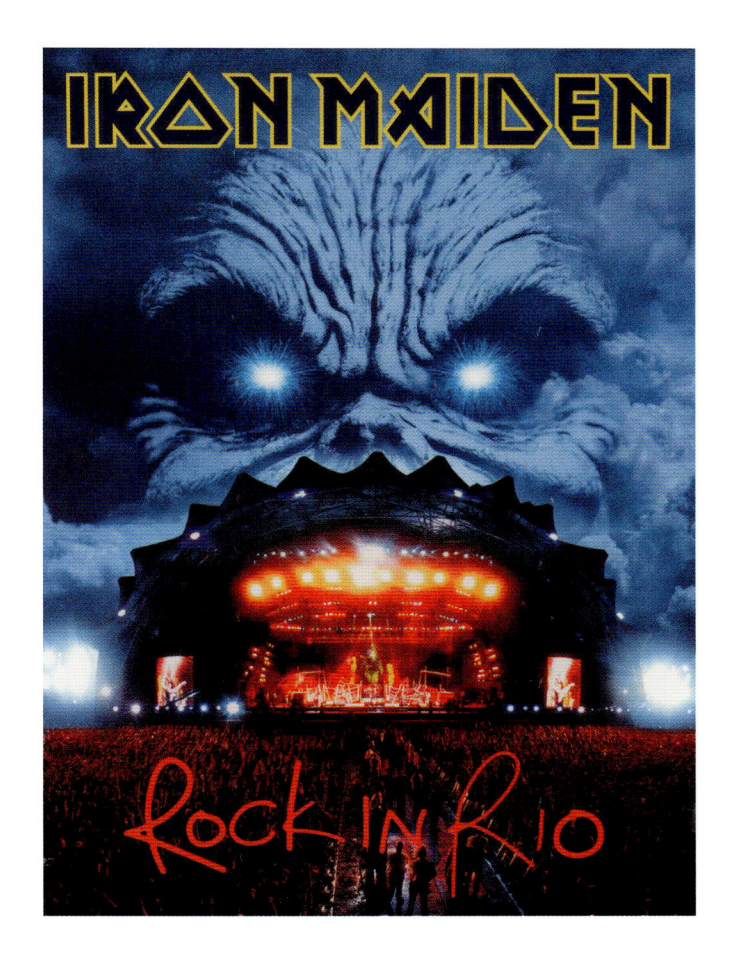

Rod comenta: "Quando os DVDs foram lançados, a gravadora queria explorar ao máximo, lançando todos os vídeos VHS anteriores em DVD imediatamente. A banda, no entanto, recusou essa proposta e optou por espaçar os lançamentos entre as turnês de novos álbuns. Essa estratégia permitiu que os fãs revivessem a história da banda e também proporcionou momentos de diversão entre os trabalhos mais intensos das turnês de novos álbuns. A banda adora fazer turnês e tocar ao vivo, mas não era viável lançar um novo álbum todos os anos, como faziam nos anos 1980. Essa estratégia permitiu que eles subissem ao palco em um ciclo de dois anos."

"Em um show no México, você vê famílias inteiras!", exclamou Janick Gers. "Pais, filhos... jovens de dezoito e vinte anos enlouquecendo na frente, e os mais velhos atrás. Pessoas trazem até crianças pequenas! Isso me emociona, é para isso que estou aqui. Tocamos para fãs que já nos viram cinquenta vezes, mas há jovens na frente que nunca nos viram, e eu dou tudo de mim para impressioná-los. Esse é o plano todas as noites, lutar até o fim. Busco aquele fator de impacto, como quando fui ao *meu* primeiro show."

Poucos dias após o término da Give Me Ed... 'Til I'm Dead, o 13º álbum do Iron Maiden, *Dance of Death*, foi lançado em setembro de 2003. Uma jornada musical diversificada, que varia da alegre "Wildest Dreams" à melódica "Journeyman", o álbum é especialmente celebrado pela épica "Paschendale", uma composição de Adrian Smith e Steve Harris que narra um episódio da Primeira Guerra Mundial, com elementos progressivos. Outro destaque é a música "New Frontier", que marca a primeira e única composição creditada a Nicko McBrain. *Brave New World* e *Dance of Death* demonstram um Iron Maiden mais democrático, com as composições de Steve Harris sendo superadas em número por músicas com coautoria. "A transição de um grupo de cinco para seis integrantes foi uma alegria", observou Nicko McBrain. "Se não tivéssemos trazido Bruce Dickinson e Adrian Smith de volta, não sei se a banda ainda existiria."

A revista *Kerrang!* concedeu a *Dance of Death*, produzido por Kevin Shirley e gravado em apenas seis semanas em Londres, a nota máxima de cinco estrelas, elogiando a qualidade do trabalho e a relevância contínua da banda: "Músicas estupendas e prova concreta de que o Maiden é tão eletrizante e importante quanto tem sido em muito tempo... Que eles reinem por muito mais."

A turnê que acompanhou *Dance of Death* se estendeu até 2004 e, juntamente com o documentário *The History of Iron Maiden – Part I: The Early Days*, lançado no mesmo ano, preparou o terreno para uma nova jornada nostálgica. Demonstrando as intenções da banda, uma versão renovada de *The Number of the Beast* alcançou a terceira posição na parada de singles do Reino Unido em janeiro de 2005. Em maio, a Eddie Rips Up the World Tour teve início, com um repertório composto exclusivamente por músicas dos quatro primeiros álbuns da banda. "Another Life", do álbum *Killers*, retornou ao setlist após 23 anos, e Bruce Dickinson cantou "Charlotte the Harlot", da era Paul Di'Anno, ao vivo pela primeira vez. → p. 276

ACIMA Maquetes de palco (modelos de cenário) para as turnês Give Me Ed Til I'm Dead de 2003 e Dance of Death de 2003–2004. Esta última apareceu no DVD ao vivo *Death on the Road*, lançado em 2006.

NA PÁGINA AO LADO Criando *Dance of Death* com Kevin "Caveman" Shirley, mostrado abaixo à direita. Bruce (acima à esquerda) segura o livro de 2001 de James Wasserman, *The Templars and the Assassins*.

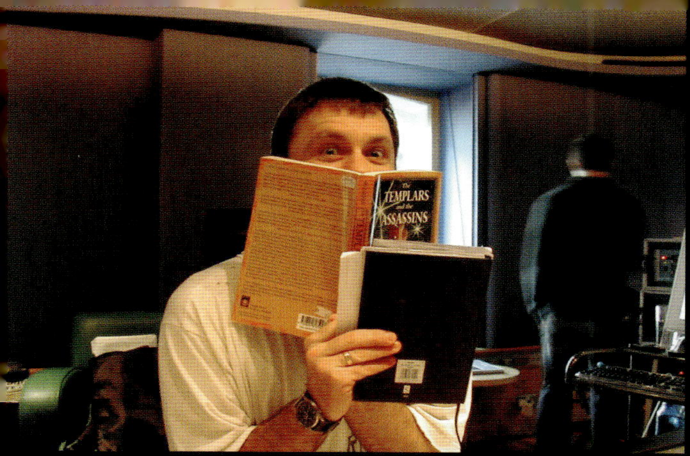
The
TEMPLARS
and the
ASSASSINS

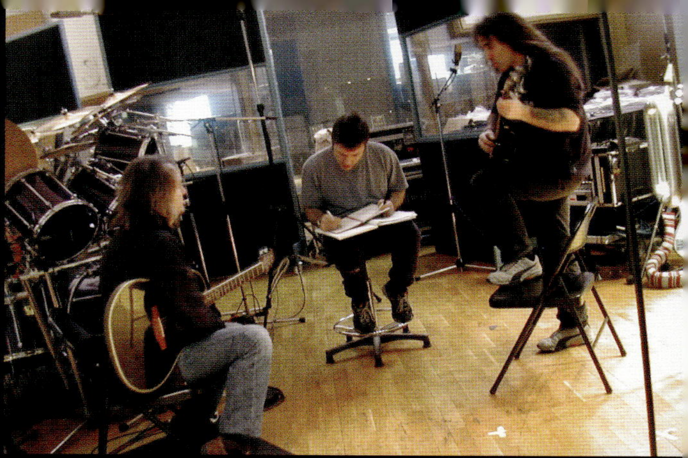

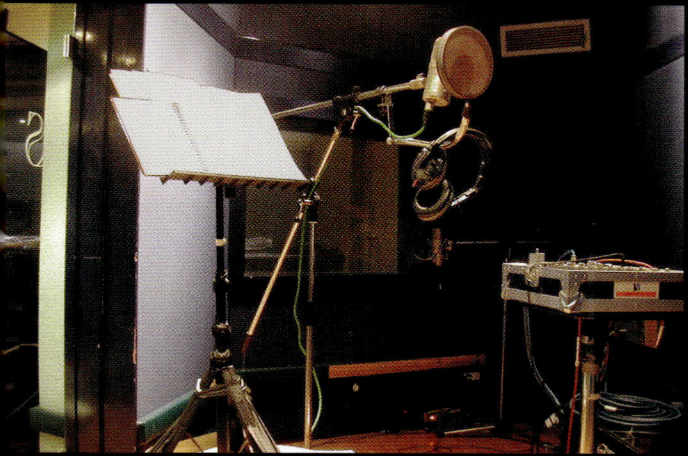

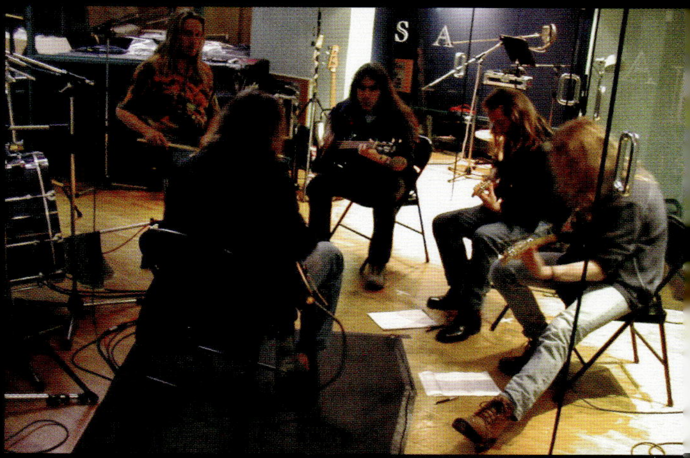

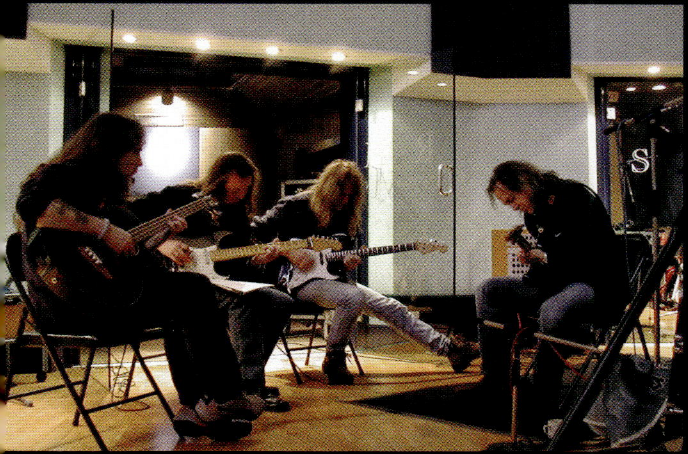

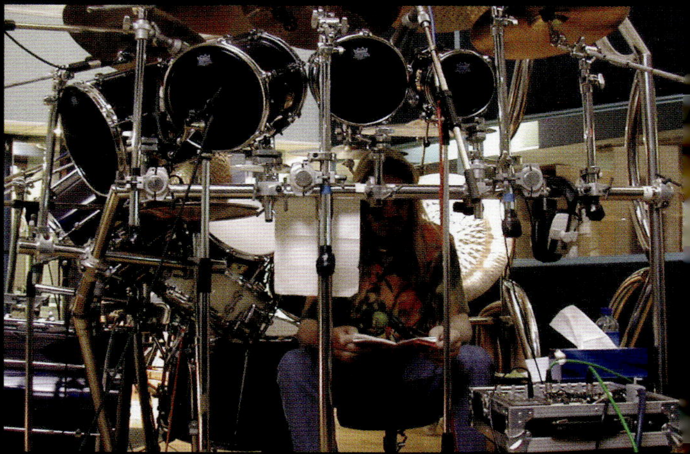

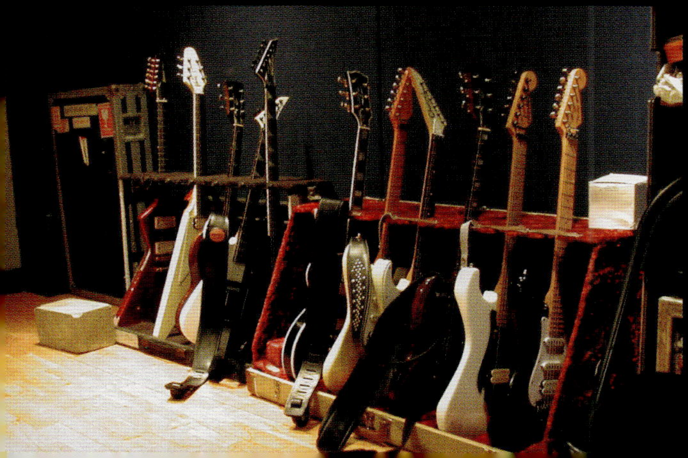

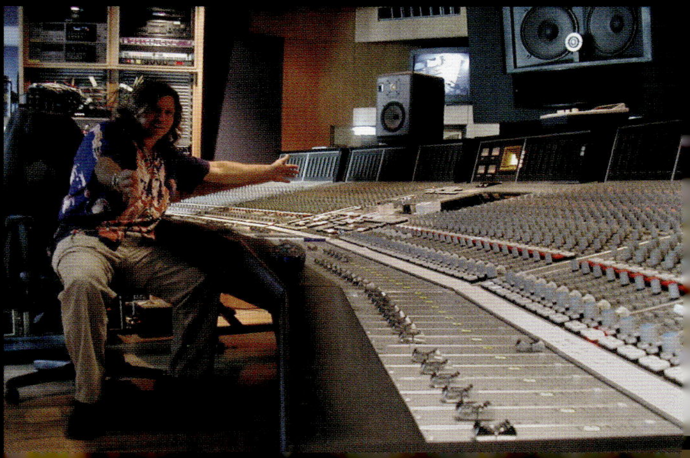

DANCE OF DEATH

2003
[Álbum]

A décima terceira investida de estúdio do Maiden trocou a arte orgânica do passado por gráficos de computador. "Uma versão parcialmente finalizada foi apresentada, mas Steve a adorou e não permitiu mais mudanças", disse Bruce. "Pessoalmente, achei que talvez o ilustrador devesse ter tido mais voz ativa." Reveladas em setembro de 2003, as onze faixas abriam com a alegre "Wildest Dreams", que o Maiden havia estreado na turnê Give Me Ed Til I'm Dead. "No segundo verso", riu Adrian, "as pessoas estavam tentando cantar junto uma letra que nunca tinham ouvido antes. Mas no final, muito mais gente tinha aprendido o refrão e também estava cantando." Após as emocionantes "Paschendale" e "Dance of Death", o álbum fecha com a única música totalmente acústica do Maiden, "Journeyman".

Veredicto da *Kerrang!*: "O Maiden demonstra uma eletricidade e uma relevância que não se via há tempos." Os fãs concordaram, levando o álbum ao 2º lugar no Reino Unido, e os singles "Wildest Dreams" e "Rainmaker" ao Top 20 do Reino Unido. "Eu amei a atmosfera desse álbum", disse Janick à *Classic Rock*. "Tudo nele era grandioso."

CEIFADORES
DANCE OF DEATH TOUR
2003

Os Ceifadores ladeavam um cenário com tema de castelo medieval na turnê de outubro de 2003 a fevereiro de 2004. No topo de um palco apresentando a estrela de doze pontas da capa do álbum, um dos shows mais teatrais do Maiden se desenrolou, incluindo Bruce cantando "Dance of Death" com uma máscara veneziana e uma simulação de campo de batalha para a épica "Paschendale". O setlist foi dividido igualmente, com oito músicas da era "clássica" e oito dos dois álbuns pós-reunião.

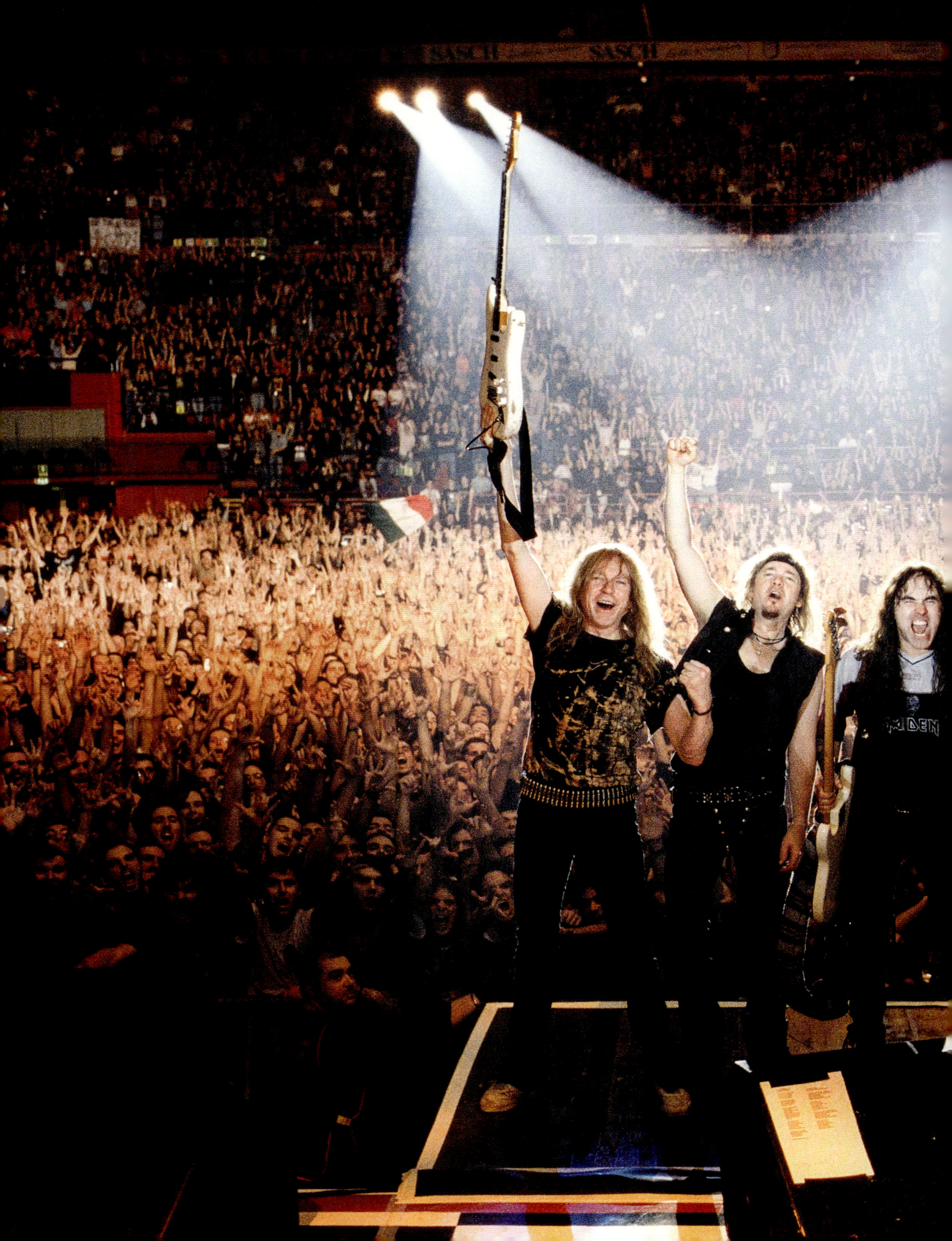

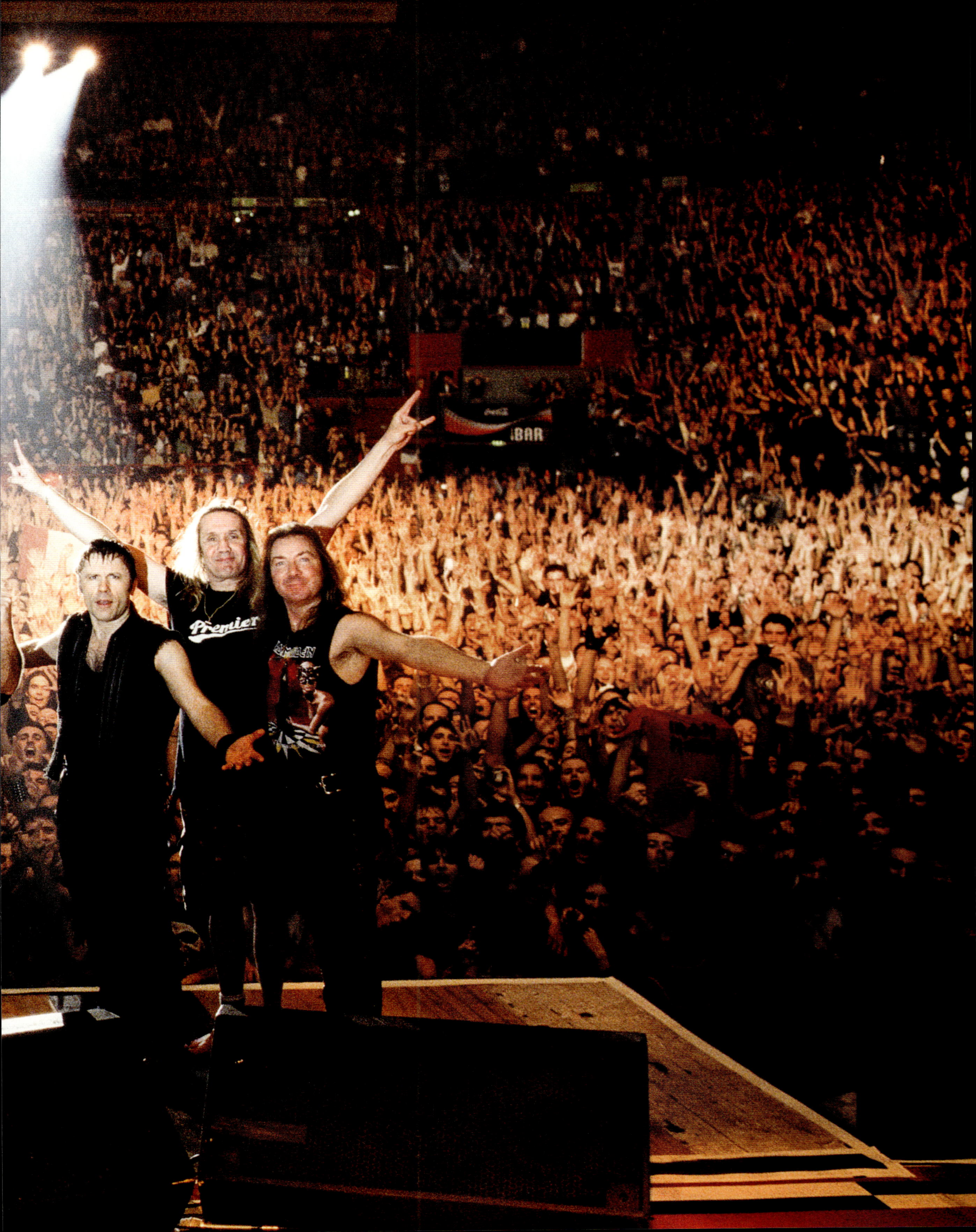
Premier
BAR

Outros destaques da turnê incluíram uma apresentação televisionada no estádio Ullevi, na Suécia, para um público de 60 mil pessoas, e o retorno do Iron Maiden como *headliner* do Reading Festival, no Reino Unido, pela primeira vez desde 1982.

O show no estádio Ullevi, na Suécia, marcou um momento importante para a banda, com ingressos esgotados no primeiro dia de venda. Desde a descoberta do Iron Maiden na América do Sul, em 1985, durante a primeira edição do festival Rock in Rio, a banda sempre realizou shows em estádios nas principais cidades do continente. No entanto, até 2005, a banda nunca havia tocado em estádios na Europa. Atualmente, shows em estádios são comuns para a banda, como demonstrado pela turnê Run for Your Lives de 2025-2026, apresentada principalmente em grandes estádios.

Com o fim da turnê, o ao vivo *Death on the Road*, gravado na Alemanha, foi lançado em CD, com o DVD sendo lançado no ano seguinte. Na sequência, a banda lançou um single com a música "The Trooper", que alcançou o Top 10 no Reino Unido.

NÃO NOS RENDEREMOS

Turnês comemorativas, lançamentos de materiais de arquivo e dois álbuns aclamados revitalizaram a reputação do Iron Maiden como uma das bandas de rock mais amadas do mundo. O palco estava pronto para um trabalho tão grandioso e ousado que faria a era *Seventh Son of a Seventh Son* parecer um mero aquecimento.

A Matter of Life and Death, um álbum que aborda temas de guerra e conflito de forma poderosa, foi lançado em agosto de 2006. Com exceção da faixa de abertura, "Different World", o álbum se destaca como o trabalho mais pesado do Iron Maiden até

NAS PÁGINAS ANTERIORES Pavilhão Atlântico, Lisboa, 09 de julho de 2003. "A turnê de Dance of Death foi nosso bebê", escreveu Alan Chester, fundador dos designers de cenário Hangman. Incomumente, o palco foi projetado com tanta antecedência que elementos dele foram incorporados à capa do álbum. "Normalmente, a capa é projetada antes e nós a usamos como inspiração", explicou Chester. O chão que a Hangman projetou (na parte de baixo da foto) aparece na capa e no rótulo do CD; também estampou camisetas da turnê.

NA PÁGINA AO LADO Eddie entra no digital para o clipe de "Different World" em 2006, dirigido por Howard Greenhalgh, que também dirigiu "Wildest Dreams" e "Rainmaker". "Different World" foi o segundo single de *A Matter of Life and Death*, seguindo "The Reincarnation of Benjamin Breeg".

"EMBORA POSSA NÃO SER TÃO ALTO QUANTO ALGUNS OUTROS CDS, QUEM SE IMPORTA! AUMENTE O VOLUME ENTÃO"

— KEVIN SHIRLEY, 2006

então. Músicas como "The Longest Day" explodem com a mesma intensidade das bombas que criticam. Outras faixas, como a labiríntica "The Reincarnation of Benjamin Breeg", a intensa "For the Greater Good of God", a sombria "Lord of Light" e a grandiosa "The Legacy" equilibram brutalidade e genialidade.

A capa, criada pelo ilustrador americano Tim Bradstreet, apresenta Eddie em segundo plano, em meio a um cenário de guerra. Essa decisão, combinada com a escolha de Steve Harris de não masterizar o álbum, demonstra uma postura anticomercial por parte da banda. Segundo Kevin Shirley, isso permitiu que os ouvintes experimentassem as músicas "como soavam no estúdio: sem equalização adicional, compressão, amplificação analógica etc.". Essas escolhas ousadas poderiam ter prejudicado o sucesso do álbum, mas *A Matter of Life and Death* rapidamente conquistou disco de ouro no Reino Unido e, surpreendentemente, alcançou o Top 10 na parada de álbuns da *Billboard* nos Estados Unidos.

A turnê que se seguiu ao lançamento de *A Matter of Life and Death* foi ainda mais ousada. A banda decidiu apresentar o álbum na íntegra e em sequência, algo inédito para um lançamento tão recente. Apenas cinco músicas do catálogo anterior do Iron Maiden foram incluídas no repertório: "Fear of the Dark", "Iron Maiden", "2 Minutes to Midnight", "The Evil That Men Do" e "Hallowed Be Thy Name". Essa decisão dividiu opiniões entre os fãs, mas demonstrou a confiança da banda em seu novo trabalho e sua disposição de seguir seu próprio caminho, independentemente das expectativas externas.

Na segunda fase da turnê, batizada de A Matter of the Beast em 2007, a banda mesclou as novas canções com clássicos do passado, levando a emoção aos fãs em suas primeiras apresentações nos Emirados Árabes Unidos e na Índia. → p. 287

ADMIRÁVEL MUNDO NOVO

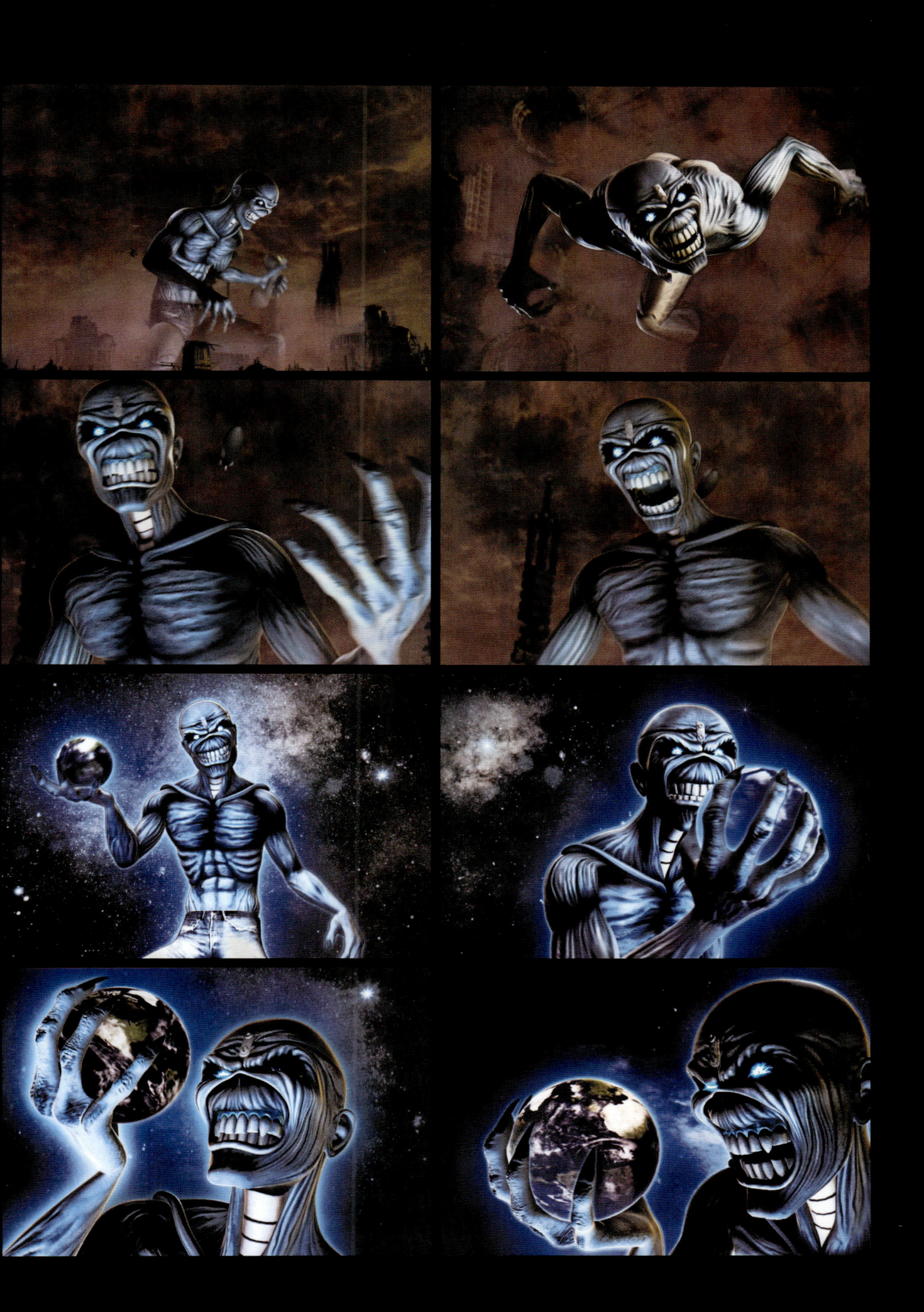

IRON MAIDEN

A MATTER OF LIFE AND DEATH

A MATTER OF LIFE AND DEATH
2006
[Álbum]

Com sangue nos olhos, no seu décimo quarto álbum, o Maiden partiu para a batalha com Eddie flanqueado por aqueles que Bruce descreveu como "mercenários zumbis esqueléticos". "Tive muita sorte de fazer parte disso", declarou o quadrinista Tim Bradstreet, conhecido por *Blade* da Marvel e *Hellblazer* da DC. "Trabalhar com uma das minhas bandas favoritas de todos os tempos foi a realização de um sonho." "Toda a experiência foi surreal", prosseguiu Tim. "Tentei fazer justiça a Derek Riggs, que foi uma grande influência para mim. Ele deu uma identidade ao Maiden... os fez serem notados de forma grandiosa. Eles me deram o álbum para ouvir e eu fiquei completamente empolgado porque as músicas eram incríveis — na minha opinião, o melhor trabalho que o Maiden havia feito desde *Piece of Mind* e *Powerslave*. Isso tornou tudo ainda mais intimidante, mas também foi por isso que eu me dediquei tanto. Esses caras são como o AC/DC: eles não mudam muito, nem evoluem drasticamente — apenas aprimoram o que já fazem tão bem. Não envelhecem; simplesmente demonstram aos outros a maneira correta de fazer." Críticos e fãs concordaram. *A Matter of Life and Death* alcançou o Top 10 na Inglaterra e nos Estados Unidos, enquanto a *Metal Hammer* o agraciou com uma nota dez. "O Iron Maiden", declarou a revista, "se superou completamente."

NESTA PÁGINA 10 de dezembro de 2006: um dia antes do início da etapa britânica da A Matter of Life and Death Tour, o Maiden grava a nova "Brighter Than a Thousand Suns" e a imortal "Hallowed Be Thy Name" para o *Live form Abbey Road*, do Channel 4.

EDDIE COMANDANTE DE TANQUE
A MATTER OF LIFE AND DEATH TOUR
2006-2007

"Queremos um tanque no palco com uma arma grande pra caralho", o Maiden instruiu Rod Smallwood para a turnê A Matter of Life and Death. Também insistiram que tocariam a sequência do álbum inteiro ao vivo. Naturalmente, eles conseguiram o que queriam, com Eddie emergindo do tanque, lentes binoculares iluminadas, durante "Iron Maiden". O Eddie de poliestireno e fibra de vidro foi feito por Aden Hynes, que criou vários adereços de palco icônicos para o Maiden (ver pp. 294–95).

2000- ADMIRÁVEL MUNDO NOVO 281

A EVOLUÇÃO DO ED FORCE ONE

Em 1988, antes da turnê Somewhere Back in Time, o Maiden converteu um Boeing 757 para transportar sua produção e equipe. Uma pintura inspirada em *Powerslave* e um código de identificação 666 completaram a aeronave, que virou manchete. Ela ampliou o alcance da banda como nunca antes, aproveitando ao máximo a carreira paralela de Bruce como piloto comercial. Em 2009, foi imortalizada no documentário *Flight 666*. Tão bem-sucedido foi o avião temático que ele foi revivido para o que o Maiden pensava, na época, que seria sua última turnê mundial. Para a The Final Frontier World Tour, o Eddie alienígena do álbum espreitava da cauda de um segundo Boeing 757.

O Ed Force One ganhou uma atualização para a The Book of Souls World Tour de 2016. O Boeing 747, ostentando a figura do Eddie maia, impressionava tanto em solo quanto no ar, e avistá-lo se tornou uma atividade comum entre os fãs do Maiden pelo mundo. As portas dianteiras do trem de pouso incluíam os nomes dos membros do fã-clube do Iron Maiden. "Ao se aproximar do 747, percebe-se que se está diante de uma verdadeira lenda", entusiasmou-se Bruce. "É um avião de uma beleza e imponência incríveis. Em solo, sua presença é majestosa; no ar, surpreende pela agilidade e velocidade."

ED FORCE ONE

ASTRAEUS ED FORCE ONE BOEING 757-23A G-OJIB

ASTRAEUS ED FORCE ONE BOEING 757-28A G-STRX

AIR ATLANTA ICELANDIC ED FORCE ONE BOEING 747-428 TF-AAK

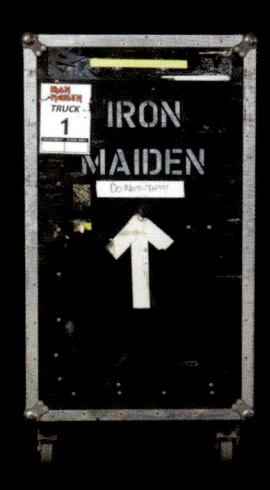

NA PÁGINA AO LADO, ACIMA Bruce Dickinson: vocalista, campeão de esgrima, empresário e piloto comercial.

À DIREITA Carregamento de equipamentos para a turnê Somewhere Back in Time (2008–2009) (acima); a tripulação do Ed Force One e o Comandante Bruce se apresentando para o serviço (centro); e lições de tamanho em frente ao Boeing 747 da The Book of Souls (abaixo).

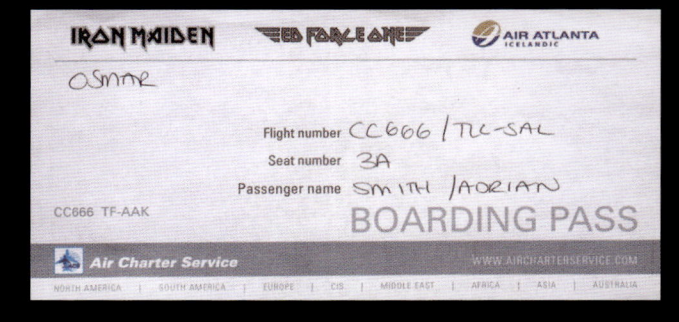

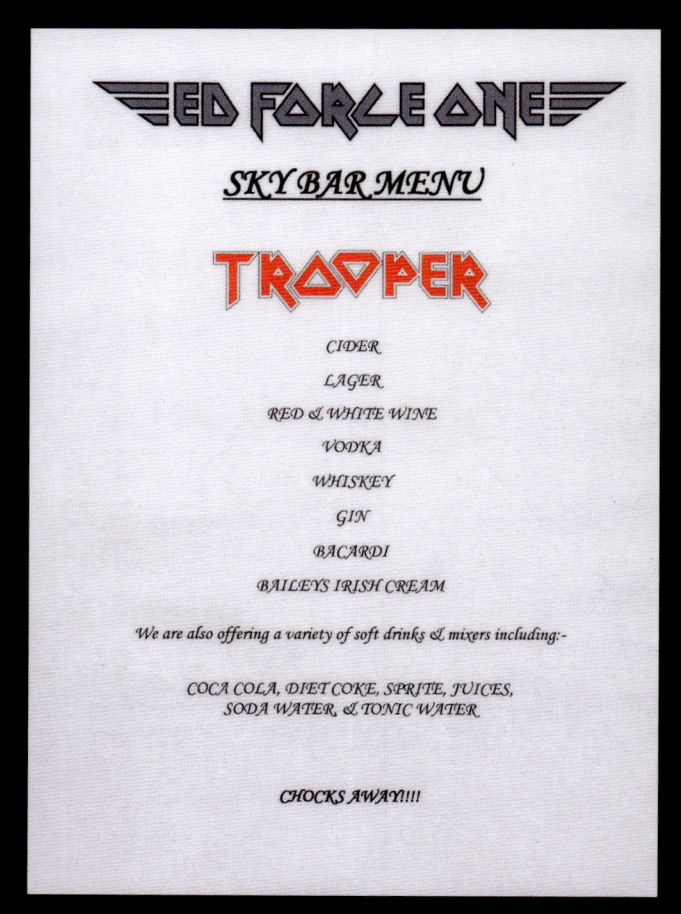

NESTA PÁGINA Nicko foi o primeiro da banda a obter uma licença de piloto. "Fiz isso basicamente para provar a mim mesmo que era capaz, e acredito que isso inspirou o Bruce em parte", disse ele ao *Music Feeds*. "A lógica dele era que, se o baterista conseguia, ele também conseguiria."

NA PÁGINA AO LADO Ed Force One em rota, incluindo o Boeing 747 da The Book of Souls (embaixo) acima da Table Mountain na Cidade do Cabo, África do Sul, onde a banda tocou em 2016.

IRON MAIDEN
Astraeus
757
G-OJIB

IRON MAIDEN
THE
TIER WORLD TOUR 2011
G-STRX

IRON MAIDEN
THE BOOK OF SOULS WORLD TOUR
TF-AAK

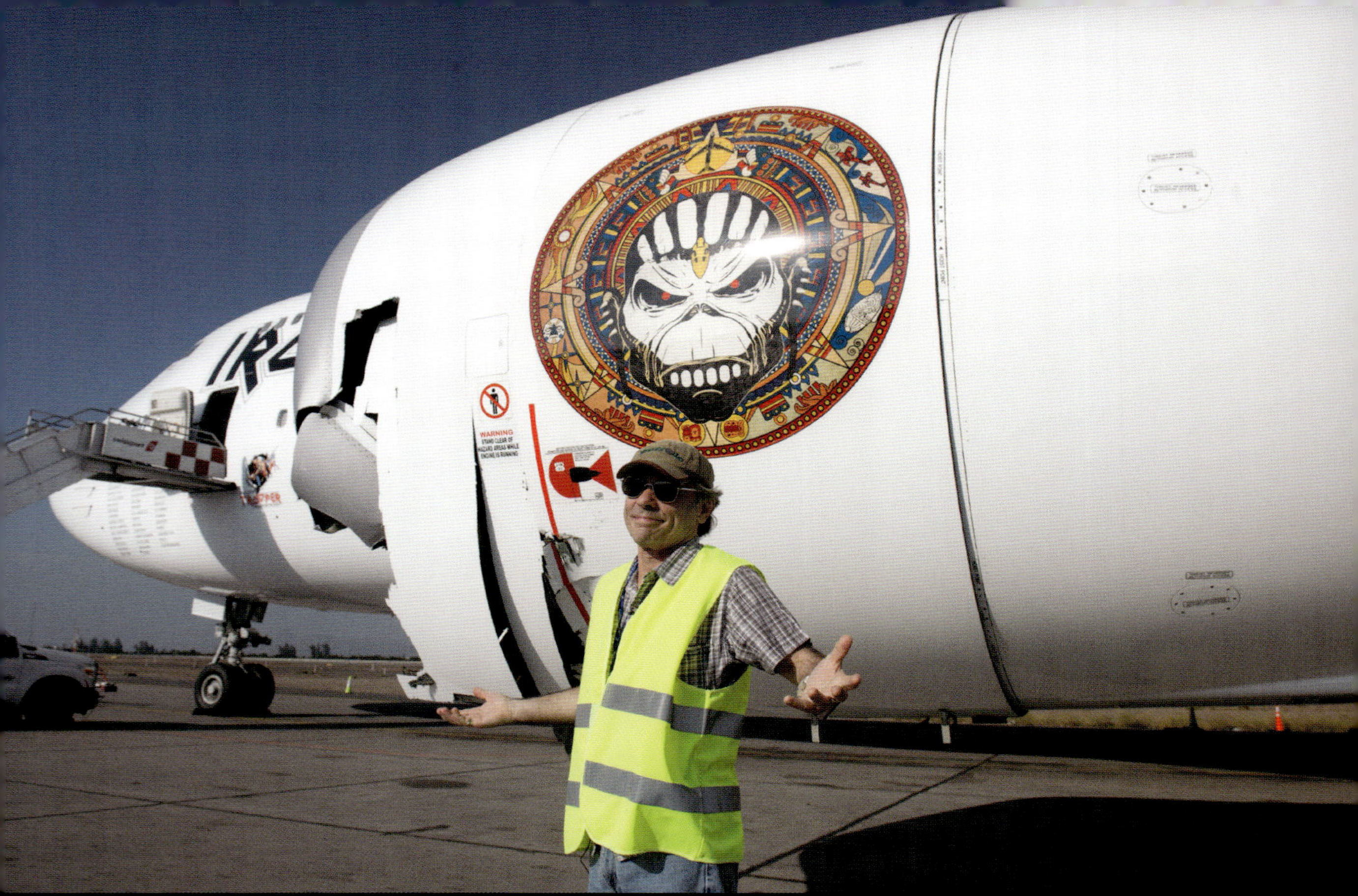
WARNING

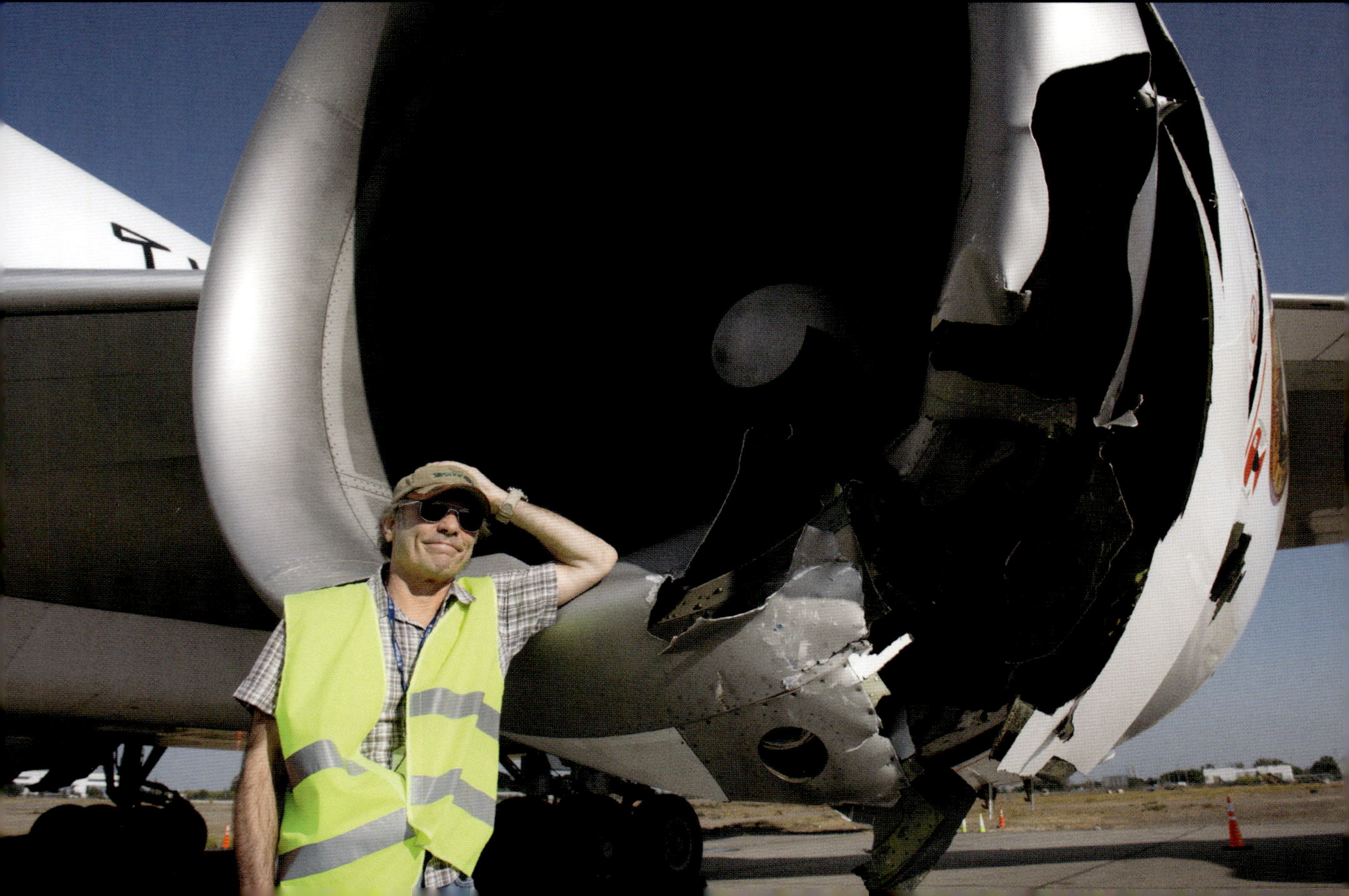

A turnê também marcou a quarta vez que o Iron Maiden foi a atração principal em Donington Park, onde o Download Festival substituiu o antigo Monsters of Rock. Oitenta mil fãs testemunharam o retorno de "The Number of the Beast" ao repertório e a performance de Bruce Dickinson, que mesmo após uma queda durante o verso final, completou "Wrathchild" com maestria.

FLIGHT 666

A Matter of Life and Death demonstrou que os fãs do Iron Maiden estavam dispostos a acompanhar a banda em jornadas musicais complexas e desafiadoras. Os singles, que antes eram ferramentas essenciais para a popularização da banda, perderam sua relevância. A partir daquele momento, o foco da banda se voltou para a criação de álbuns que permitissem a livre expressão de sua criatividade e para a realização de shows que elevassem ainda mais o nível de suas performances.

Em 2008, o Iron Maiden embarcou em uma segunda turnê "histórica", inspirada no recém-lançado DVD *Live After Death*. Intitulada Somewhere Back in Time, a turnê apresentou uma logística inovadora, impulsionada pela paixão de Bruce Dickinson pela aviação. Bruce, um piloto talentoso com brevê desde os anos 1980, trabalhava como piloto de Boeing na Astraeus Airlines. Para manter sua licença, ele precisava acumular horas de voo mensais. A banda, por sua vez, planejava uma extensa turnê mundial, abrangendo América do Sul, Austrália e outros continentes. Para garantir que Bruce mantivesse sua licença de piloto, ele teria que pilotar aviões comerciais em turnê. Mas como ele faria isso?

A solução para o desafio logístico foi o Ed Force One: um Boeing 757 convertido, pilotado por Bruce, que transportaria o Iron Maiden e a Killer Krew, juntamente com todo o equipamento da turnê, ao redor do mundo. A aeronave foi personalizada com a icônica pintura, incluindo uma imagem do Eddie Múmia, da

TOPO À DIREITA Flyer no estilo passaporte para *Flight 666*. A data de nascimento de Eddie é a do single de estreia do Maiden, "Running Free", e a data de emissão é a do lançamento do documentário.

ACIMA À DIREITA A estreia londrina de *Flight 666*, 2009. A banda aparece ao lado da tripulação da aeronave e de seus roadies.

NA PÁGINA AO LADO Bruce com o Ed Force One no Chile, durante a turnê The Book of Souls. O avião foi danificado enquanto era rebocado para reabastecimento. Novos motores foram trazidos da Alemanha e a turnê continuou sem nenhum show cancelado.

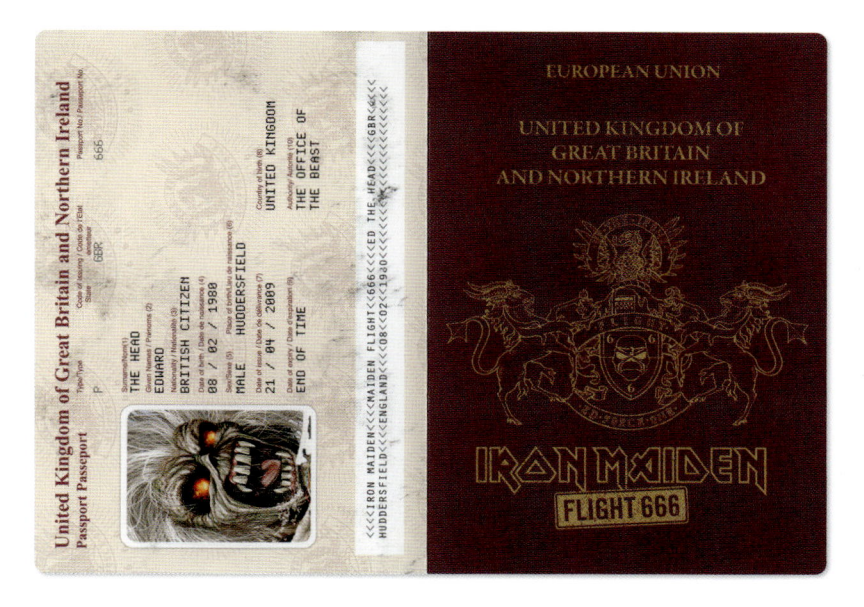

era *Powerslave*, na cauda. O Ed Force One se tornou um espetáculo à parte, atraindo a atenção de câmeras e fãs por onde passava, transformando a turnê em um evento visualmente impressionante.

A turnê Somewhere Back in Time, acompanhada por uma coletânea de mesmo nome, celebrou a produção da banda nos anos 1980 e trouxe de volta "Rime of the Ancient Mariner" após duas décadas fora dos setlists. Enquanto isso, o avião com o brasão de Eddie – e Bruce Dickinson no comando – levou a banda a cidades que nunca haviam recebido um show do Iron Maiden, como Manaus (Brasil), Quito (Equador), San José (Costa Rica) e Mumbai (Índia). Os fãs foram presenteados com um espetáculo que combinava o brilho das eras *Powerslave* e *Somewhere in Time* em um coquetel pirotécnico, completo com múmias e ciborgues. → p. 302

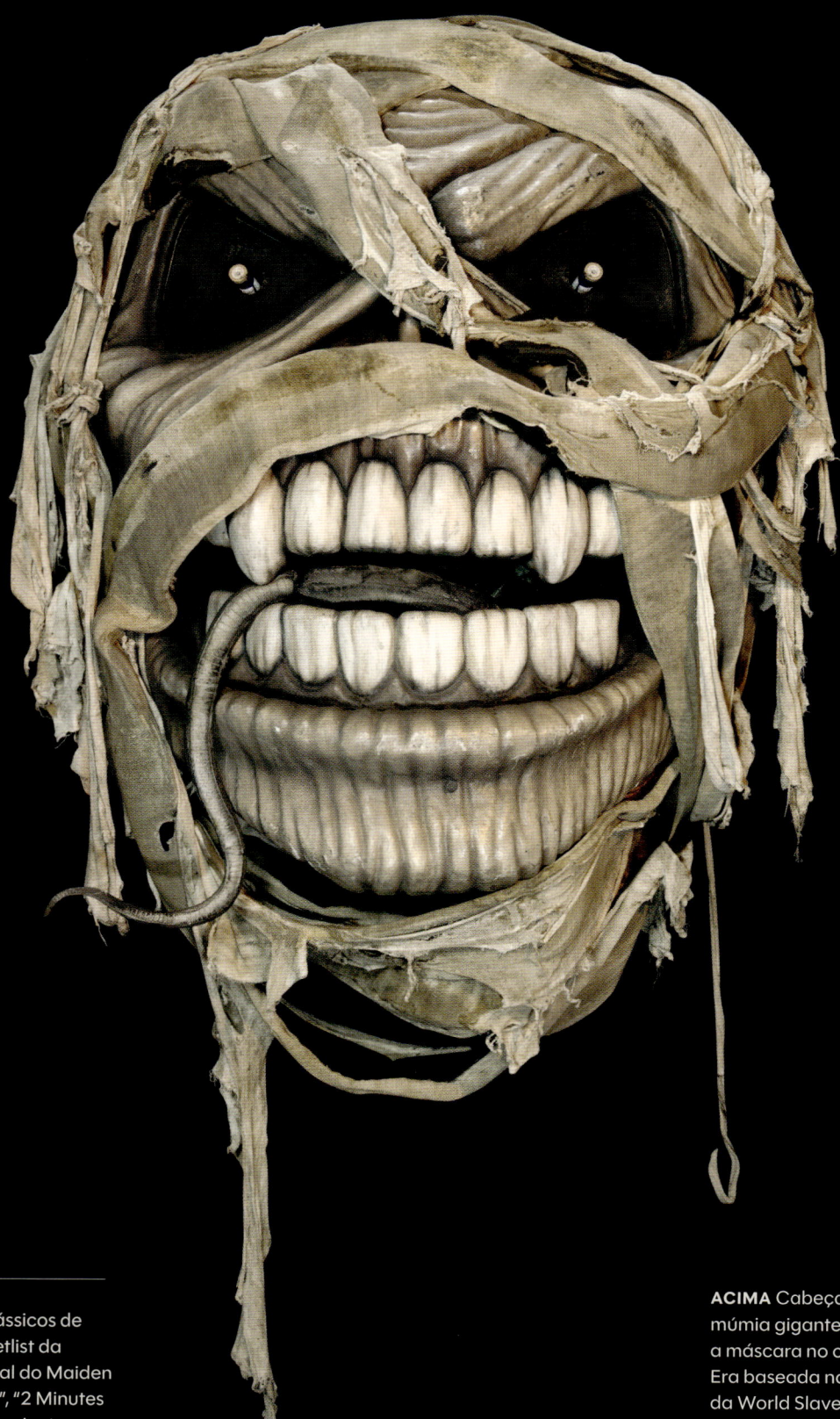

EDDIE MÚMIA
SOMEWHERE BACK IN TIME TOUR
2008-2009

Nada menos que quatro clássicos de *Powerslave* adornaram o setlist da primeira celebração mundial do Maiden de seu passado: "Aces High", "2 Minutes to Midnight", "Rime of the Ancient Mariner" e a faixa-título. O show em si também remetia ao espetáculo da World Slavery Tour, com o Eddie Múmia em seus pôsteres e emergindo de um busto do Faraó Eddie no palco.

ACIMA Cabeça de Eddie usada para a múmia gigante que aparecia depois que a máscara no cenário de fundo se abria. Era baseada no icônico cenário de palco da World Slavery Tour de 1984 (ver p. 157). Dos olhos da múmia saíam fogos.

NA PÁGINA AO LADO Eddie emergindo no palco durante o show final da Somewhere Back in Time World Tour, em Sunrise, Flórida, 2 de abril de 2009.

2000–

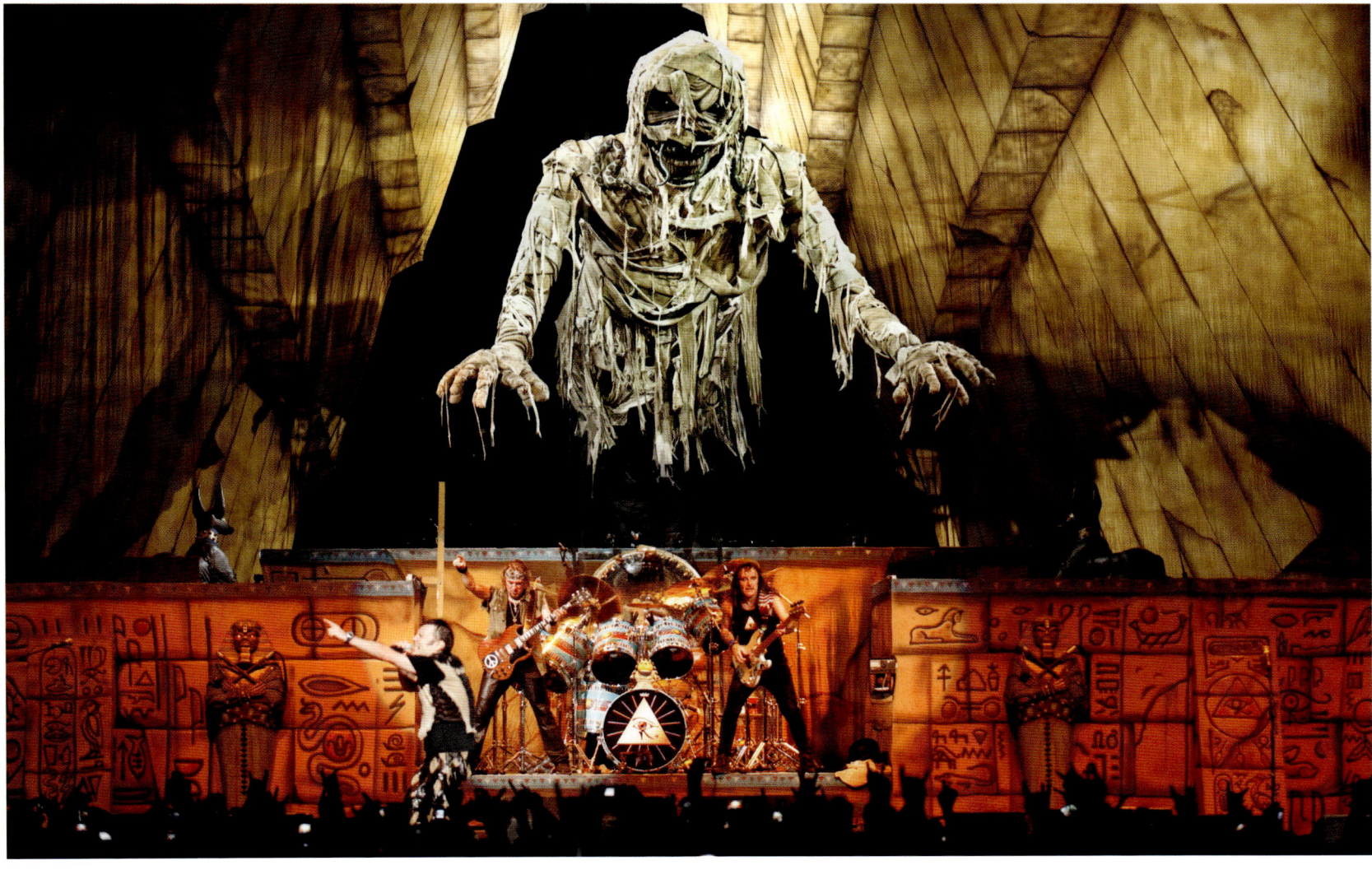

ADMIRÁVEL MUNDO NOVO

THE FINAL FRONTIER
2010
[Álbum]

A faixa-título do décimo quinto álbum de estúdio do Maiden usou ficção científica e viagens espaciais como alegorias para meditar sobre a jornada da vida e a mortalidade — e talvez a ideia de uma banda, após trinta anos, ainda desbravando novos territórios. Adequadamente, *The Final Frontier* rendeu ao Maiden seu maior número de posições número um em todo o mundo até então, e os colocou no Top 5 dos EUA pela primeira vez. O ilustrador Melvyn Grant foi encarregado da arte da capa: "A ideia era explorar um tema de ficção científica, o que me levou a repensar o Eddie sob uma perspectiva mais espacial. Foi uma ótima oportunidade para ultrapassar os limites de como Eddie é retratado." O guerreiro biomecânico resultante alimentou o que Steve descreveu à *Classic Rock* como sua fascinação por "teorias da conspiração sobre vida alienígena". Ele também sabia que teorias da conspiração sobre o próprio Maiden surgiriam do título do álbum: "Bruce se divertiu um pouco com isso... como se fosse nosso último álbum. Todos nós sabíamos que não era."

ABAIXO Downloads e materiais promocionais para "El Dorado", "Coming Home" e a faixa-título foram ilustrados por Anthony Dry, que havia criado logos para a era *A Matter of Life and Death*. Com Stuart Crouch, ele criou rótulos para as cervejas Trooper e recebeu créditos na compilação *From Fear to Eternity*, no *En Vivo!* e em *The Book of Souls*.

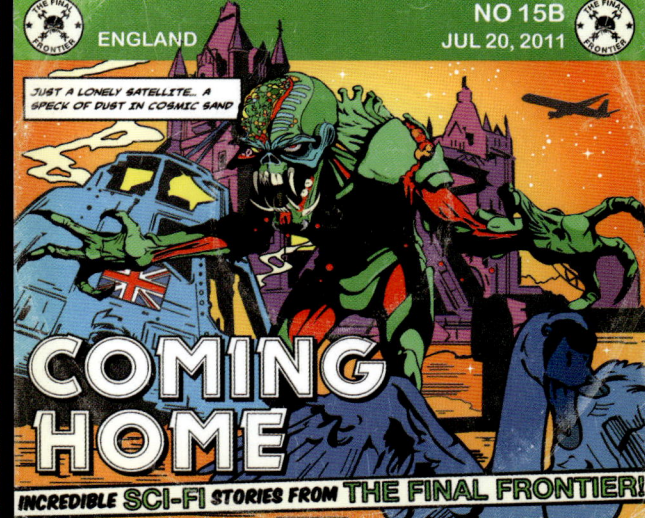

ABAIXO Ensaios para a etapa de 2010 da turnê de *The Final Frontier* em Fort Lauderdale, Flórida, registrados pelo fotógrafo oficial da banda John McMurtrie.

2000– ADMIRÁVEL MUNDO NOVO 293

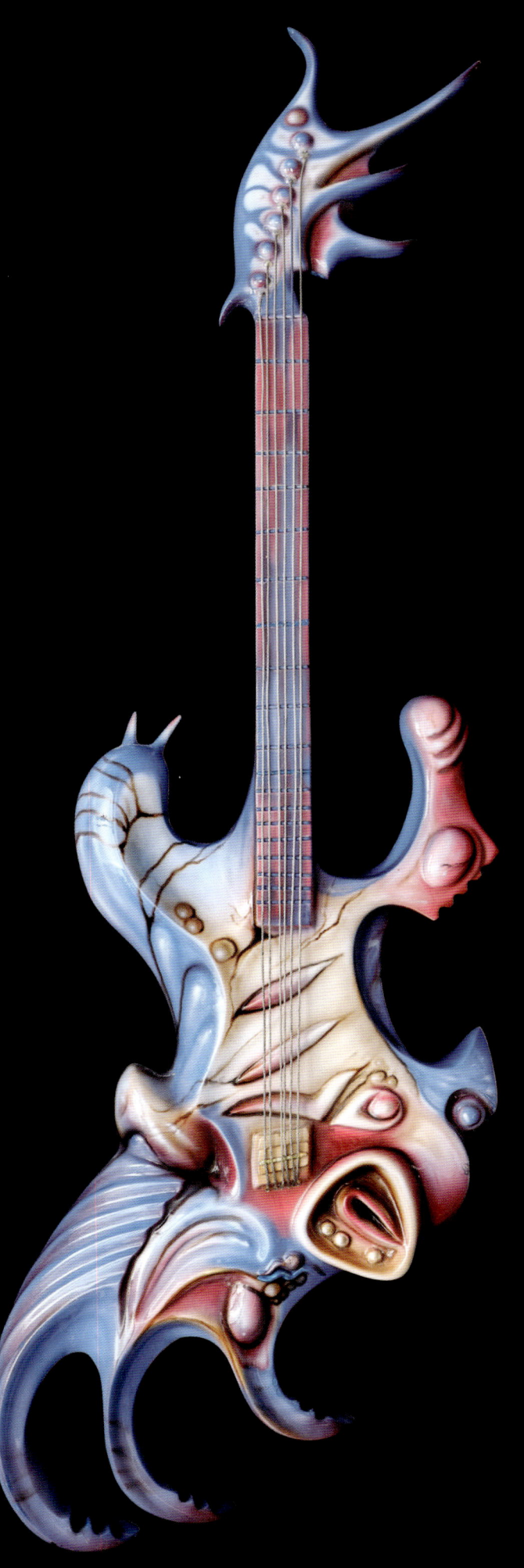

CABEÇA E GUITARRA EDDIE PREDADOR
THE FINAL FRONTIER TOUR
2010–2011

A arte de Melvyn Grant gerou um Eddie Predador, apelidado em homenagem ao filme de ficção científica de 1987 com Arnold Schwarzenegger. O selvagem da era espacial apareceu como um adereço de palco (acima) e em pôsteres e merchandising (na página ao lado). Ele até tinha sua própria guitarra (à esquerda). O instrumento de poliestireno esculpido e fibra de vidro pintada foi criada por Aden Hynes; a primeira edição superdimensionada (mostrada aqui) acabou sendo muito pesada para Eddie empunhar no palco, então uma guitarra comum foi usada na maioria dos shows da turnê.

NAS PÁGINAS SEGUINTES *Scream for me, São Paulo!* Bruce agita o Estádio do Morumbi na The Final Frontier Tour, março de 2011.

ADMIRÁVEL MUNDO NOVO

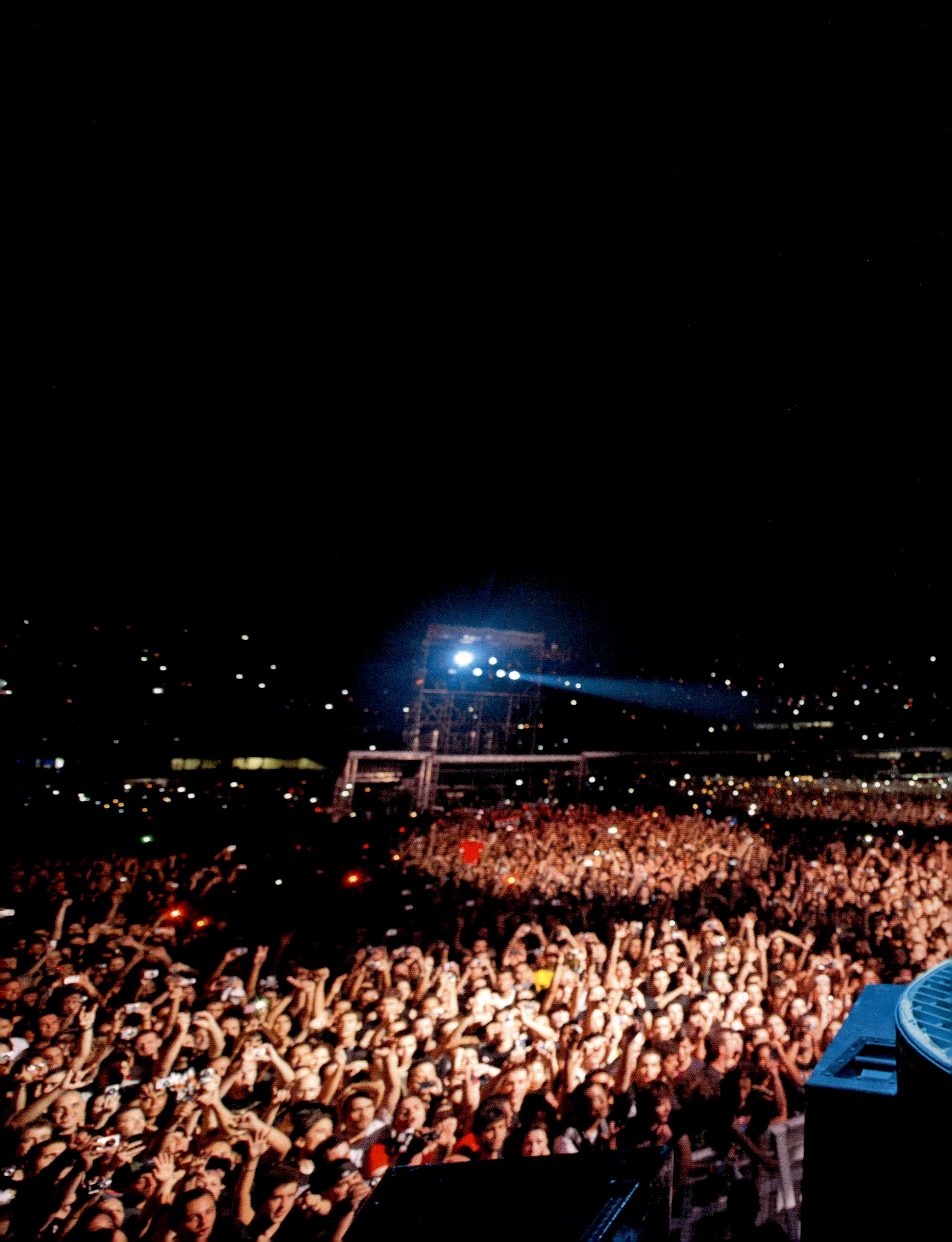

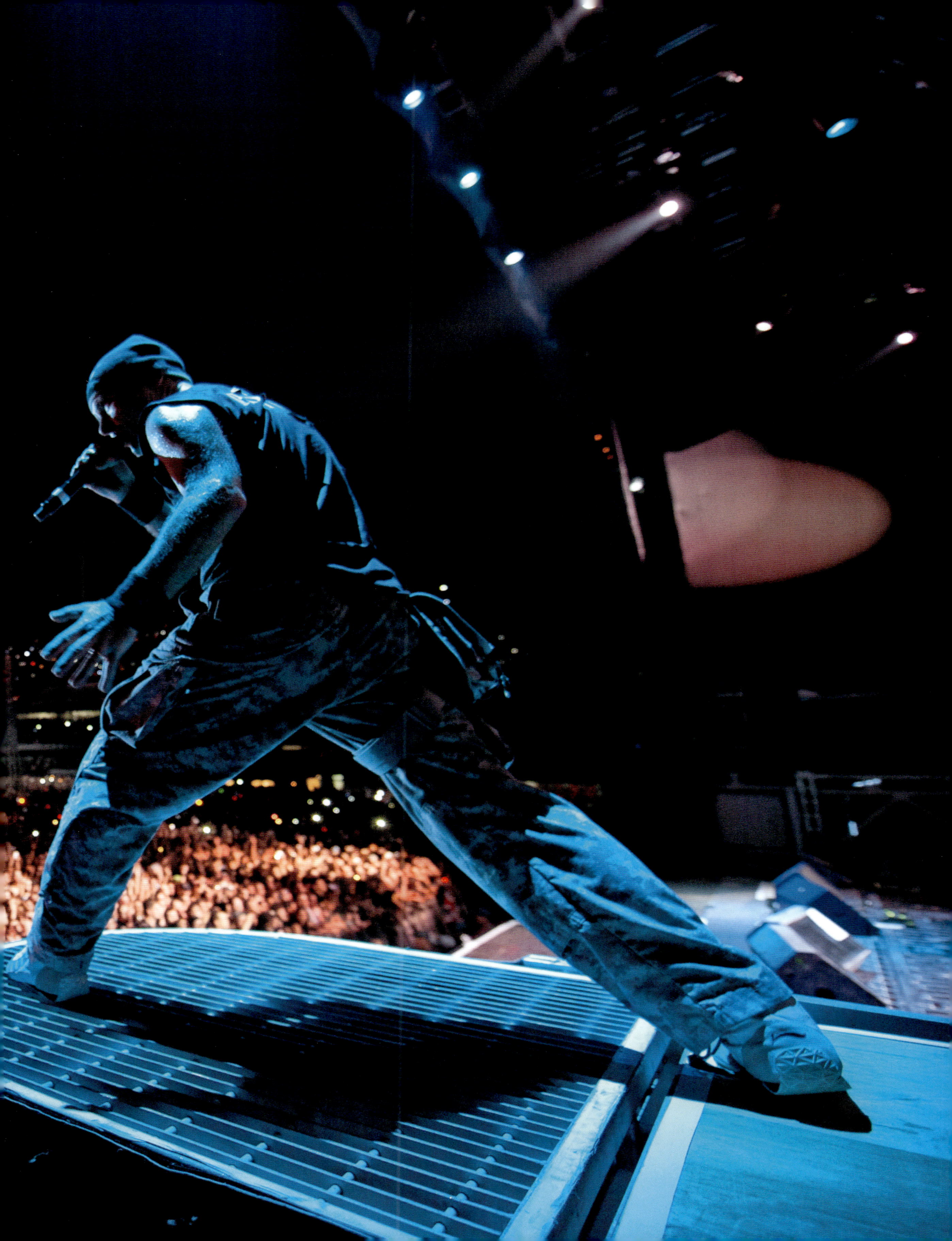

FINAL FRONTIER KIT

BATERIA PREMIER FINAL FRONTIER COM TOM-TOMS ALTO, MÉDIO E DE CHÃO [2010–2011]

As baterias Premier impulsionam o rock 'n' roll desde o início dos anos 1960, quando Keith Moon lhes conferiu status de lenda. Elas foram então proeminentemente associadas a Phil Collins, que as usou na primeira metade dos anos 1970. Nicko McBrain juntou-se a essa ilustre linhagem em 2010, quando trocou sua Sonor por um kit Premier Series Elite para a turnê de The Final Frontier (nesta página) e, em 2012, para a turnê de Maiden England (na página ao lado). "Decidi que queria um som mais quente", explicou ele. Seus tom-toms Premier eram de bétula de 10 polegadas, com um bumbo de 20 polegadas. "A arte é adesiva", observou Nicko. "Você pode colocar o que quiser e mudar à vontade. É uma ótima bateria." Ele mais tarde mudaria sua lealdade para a British Drum Company para as datas de 2022 da turnê Legacy of the Beast.

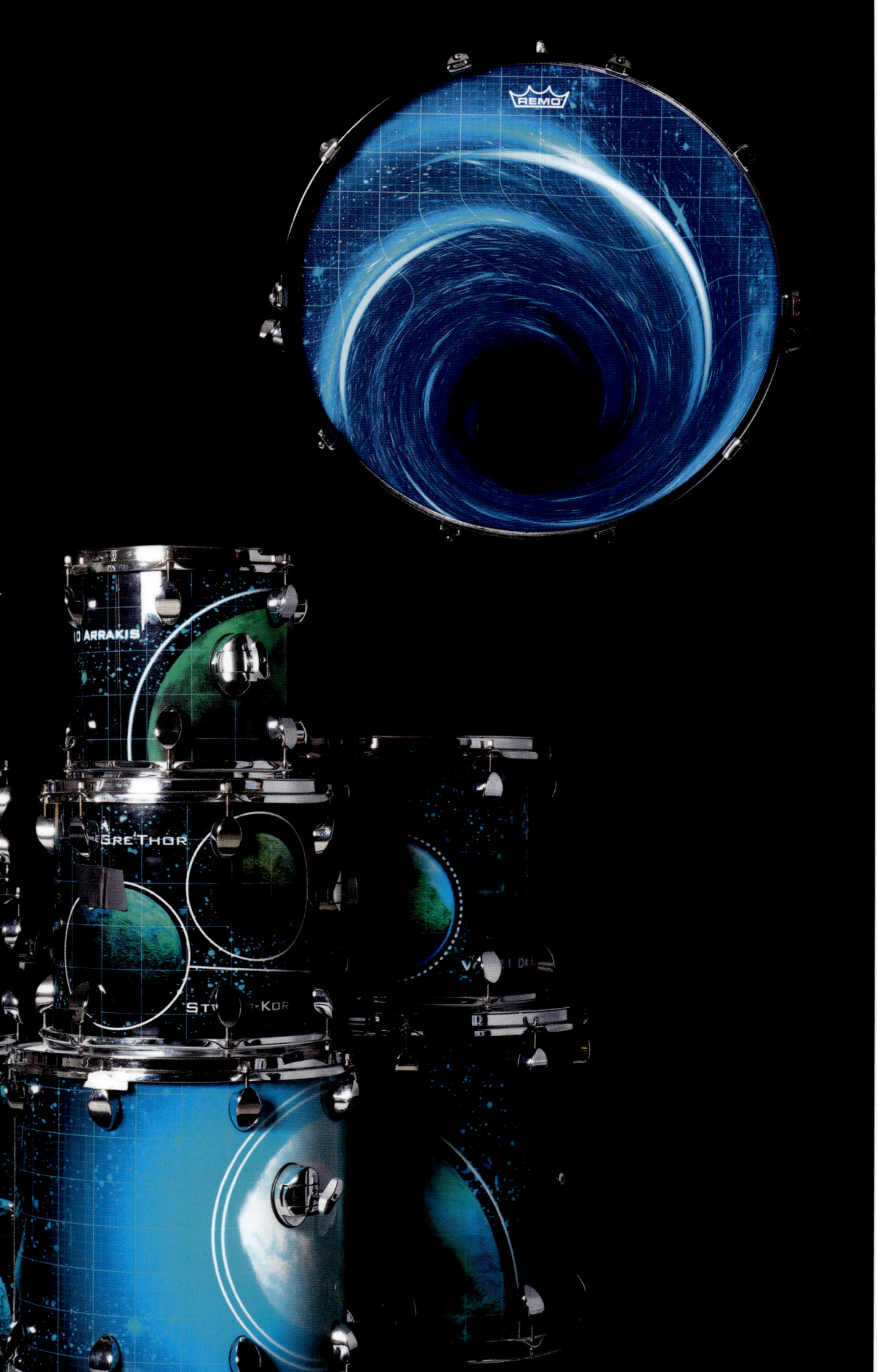

MAIDEN ENGLAND KIT

BATERIA PREMIER MAIDEN ENGLAND COM TOM-TOMS ALTO, MÉDIO E DE CHÃO [2012–2014]

Em consonância com o design de palco gelado e temático de fantasia da Maiden England Tour, Nicko McBrain teve sua bateria Premier Series Elite personalizada com adesivos azuis apresentando imagens do Eddie congelado. Como sempre, as peles usadas eram Remo. Em 2022, Nicko assinou um contrato de patrocínio com a British Drum Company (BDC), fundada por Keith Keough, um ex-mestre luthier da Premier que havia trabalhado em estreita colaboração com o baterista no passado. Explicando sua decisão, Nicko disse: "A Premier não fabrica mais baterias na Inglaterra, e essa é a razão pela qual eu saí." Ele continuou tocando baterias BDC até sua aposentadoria dos palcos em 2024. Na mesma época, Nicko também começou a usar as peles de bumbo da nova marca inglesa Code. Em agradecimento, a empresa desenvolveu uma linha exclusiva com o nome do baterista.

CABEÇA DE EDDIE SEVENTH SON
MAIDEN ENGLAND TOUR
2013

Cinco músicas de *Seventh Son of a Seventh Son* foram apresentadas no setlist da Maiden England: "Moonchild", "Can I Play with Madness", a faixa-título, "The Clairvoyant" — posteriormente substituída por "Wrathchild", de *Killers* — e "The Evil That Men Do". O cenário do palco também ressuscitou o espetáculo da Seventh Tour, com o Eddie da capa do álbum ressuscitando dos mortos durante "Iron Maiden".

ADEREÇOS DE PALCO / ESCULTURAS DE GELO
MAIDEN ENGLAND TOUR
2012–2014

O cenário da Seventh Tour em 1988 baseou-se na arte da capa do álbum, infestada de icebergs. Seu tema polar foi ressuscitado para a turnê Maiden England, completo com adereços assustadores de "esculturas de gelo" no topo da backline, cada um medindo de 1,5 a 2 metros de altura.

NA PÁGINA AO LADO Derek Riggs teve carta branca para a arte de *Seventh Son of a Seventh Son*, sendo instruído apenas a conjurar algo surreal. Questionado sobre isso, ele observou secamente: "Talvez eu tivesse acabado de assistir a um documentário sobre o Polo Norte."

2000– ADMIRÁVEL MUNDO NOVO

> "É UMA VERDADEIRA VIAGEM NOSTÁLGICA PARA A BANDA. GOSTAMOS DE REVISITAR ALGUMAS DESSAS GRANDES TURNÊS... MAS COM UMA ROUPAGEM DO SÉCULO XXI."
>
> – NICKO MCBRAIN

O documentário *Flight 666* (2009), dirigido por Sam Dunn e Scot McFadyen, ofereceu uma visão de bastidores dessa jornada épica. Focando no público ao redor do mundo, o filme destacou a magnitude dos shows do Maiden e o impacto global de sua música – especialmente na América do Sul, onde a paixão dos fãs foi registrada de forma marcante.

Mais de dois milhões de pessoas assistiram à Somewhere Back in Time Tour, mas poucos poderiam prever que ela renderia ao Maiden o prêmio de Melhor Banda Britânica ao Vivo no Brit Awards de 2009. O evento, que há anos celebrava o *mainstream* britânico, nunca havia reconhecido a banda antes. O Grammy Awards, tradicionalmente avesso ao metal, ao menos indicara o Maiden por "Fear of the Dark" e "The Wicker Man" em anos anteriores.

A indiferença do establishment musical ao metal – e ao Maiden em particular – era recíproca. "Steve se recusa terminantemente a comparecer a qualquer cerimônia de premiação, seja qual for", revelou Rod Smallwood. "Ele odeia prêmios. Para ele, tudo que importa é tocar para os fãs. Um dia, do nada, ganhamos um Brit Award de melhor performance ao vivo. Felizmente, não estávamos no país – estávamos em turnê pelo Oriente Médio ou algo assim. 'Que pena!'"

Janick Gers concorda: "A banda sempre manteve sua integridade. Nunca nos vendemos musicalmente. O grunge não nos fez mudar nosso som. Ficamos fora de moda por um tempo, e depois voltamos. Somos os grandes indesejados do rock. Quando penso no Rock and Roll Hall of Fame... não precisamos vestir smokings e gravatinhas para sermos reconhecidos. Sabemos o que fazemos e fazemos muito bem. E isso significa que posso ir ao supermercado e comprar minha cerveja sem ser incomodado!"

A prova de que o Maiden operava em sua própria esfera veio com o lançamento de seu 15º álbum de estúdio, *The Final Frontier*, em agosto de 2010. A arte da capa, assinada por Melvyn Grant, trazia um Eddie de visual alienígena, condizente com a pegada *sci-fi* do álbum. O disco foi precedido pelo single "El Dorado", uma crítica aos banqueiros lançada como download gratuito – e que deu ao Maiden seu primeiro Grammy. Mas essa faixa não representava totalmente o disco, assim como "Different World" não resumia *A Matter of Life and Death*. Metade das músicas ultrapassava oito minutos, explorando territórios progressivos ("Isle of Avalon") e passagens sincopadas ("Starblind"). O encerramento, "When the Wild Wind Blows", inspirado na *graphic novel* de Raymond Briggs, narrava a luta de um casal para sobreviver a um holocausto nuclear, tornando-se a faixa mais longa do Maiden desde "Sign of the Cross".

O álbum foi um sucesso estrondoso, atingindo o número 1 em 28 países, incluindo o Reino Unido – onde a banda não liderava as paradas desde *Fear of the Dark*. Mais surpreendente ainda, *The Final Frontier* – gravado no já familiar Compass Point e produzido, como sempre, por Kevin Shirley – garantiu ao Maiden seu primeiro álbum no Top 5 dos EUA.

A The Final Frontier Tour abriu novos territórios, passando por mais de 100 cidades e levando a banda, pela primeira vez, a Cingapura, Indonésia e Coreia do Sul. O Ed Force One, novamente pilotado por Bruce, cruzou o globo entre junho de 2010 e agosto de 2011, estampado com o novo Eddie alienígena de Melvyn Grant. O setlist equilibrava clássicos e faixas recentes, assim como o álbum de compilação *From Fear to Eternity*, lançado no fim da turnê.

A resposta do público foi tão intensa que o DVD *En Vivo!*, gravado no Chile, capturou toda essa energia. No passado, a Igreja Católica chilena acusava o Maiden de "atrair os jovens ao inferno". No século XXI, essa resistência desapareceu, e o Estádio Nacional de Santiago virou parada obrigatória da banda desde a turnê de *Dance of Death*. *En Vivo!* e *Flight 666* foram lançados também em CD.

O próximo passo da banda foi uma expedição nostálgica inspirada no clássico *Maiden England*. Com cerca de 100 datas entre 2012 e 2013, a turnê recriou a Seventh Tour of a Seventh Tour, trazendo de volta grande parte do setlist daquela era. → p. 307

NA PÁGINA AO LADO Artes das camisetas de turnê do artista Hervé Monjeaud, continuando a rica tradição do Maiden de vincular mercadorias aos lugares que visitam. Fila de cima, da esquerda para a direita: Tóquio, 2011 e Califórnia, 2017; Fila do meio: Texas, 2017 e Nova Zelândia, 2024; Fila de baixo: Japão, 2024 e EUA, 2017.

2000–   ADMIRÁVEL MUNDO NOVO   303

CERVEJA TROOPER

2013–presente

Encarregada de criar uma cerveja digna do Maiden, a cervejaria britânica Robinsons contou com a ajuda de Bruce Dickinson: de noite, uma sirene de ataque aéreo; de dia, um apreciador de cervejas. "Uma tarefa ingrata", brincou ele. "Mas alguém tinha que fazer." O lançamento inicial da Trooper foi uma golden ale premium de 4,7%, em 2013, seguida por muitas outras, totalizando agora mais de 40 milhões de *pints* globalmente. Tampinhas apresentam a arte de lançamentos do Maiden. Entre as cervejas, lagers e porters, temos a 666 (com 6,6% de ABV), Red 'N' Black (nomeada em homenagem a uma música de *The Book of Souls*), Light Brigade (em apoio à instituição de caridade de veteranos de guerra Help for Heroes), Hallowed ("inspirada nas trapistas"), Sun and Steel (infundida com saquê), Trooper IPA, Fear of the Dark (uma chocolate stout) e Pale Ale, além de cervejas da La Salve (Espanha), Crew Republic (Alemanha), Nils Oscar (Suécia), BrewDog (Reino Unido, feita nos e para os EUA), Nomad (Austrália), Elektrárna (Tchéquia) e Bodebrown (Brasil).

ACIMA Cerveja Trooper e itens relacionados, incluindo suas muitas edições comemorativas e colecionáveis, no pub Cart and Horses, East London (ver p. 12).

NA PÁGINA AO LADO A evolução do design do rótulo da garrafa da Trooper: do original de 2013 (à esquerda) ao redesign de 2017 (ao centro), até o de 2024 (à direita).

À DIREITA, EM CIMA Bruce com o campeão de motociclismo da Ilha de Man Peter Hickman, que é patrocinado pela Trooper Beer.

À DIREITA, EMBAIXO Bruce serve um *pint* no local de nascimento da Trooper, a Robinsons Brewery, em Stockport, na Grande Manchester.

À DIREITA "Leve-me para a forca": Bruce promove a Hallowed híbrida de inspiração belga, em 2017.

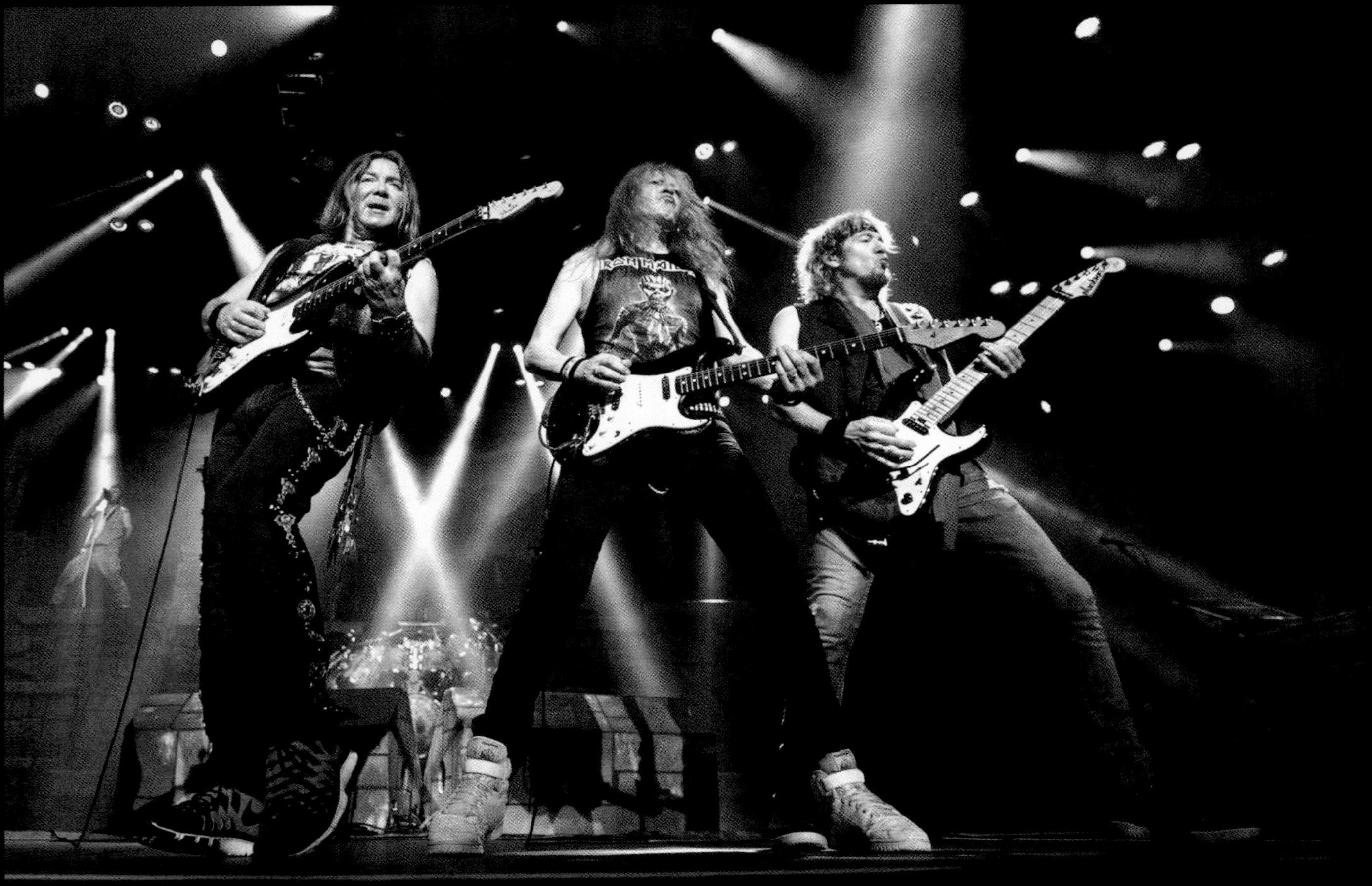
IRON MAIDEN

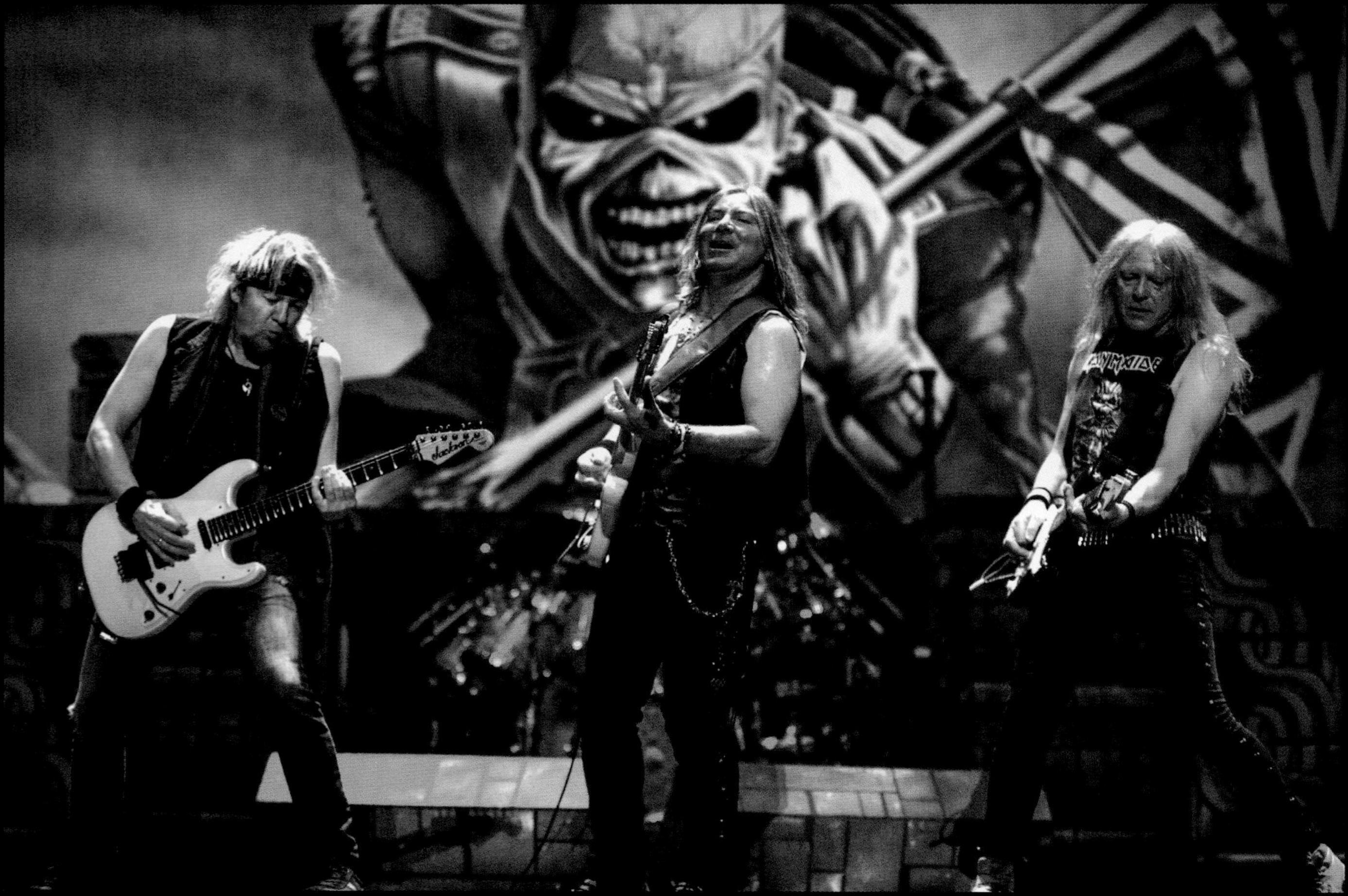

Embora "Killers" tenha ficado de fora e "Fear of the Dark" tenha entrado, Adrian Smith deixou claro: "Nunca fomos uma banda que vive de passado. Isso é uma chance para os fãs ouvirem essas músicas novamente. Não vejo problema nisso."

Em 2013, o Maiden tocou pela quinta vez no Download Festival em Donington, com direito a um sobrevoo do lendário caça Spitfire. No ano seguinte, no Sonisphere Festival, Bruce Dickinson pilotou um triplano Fokker em uma reencenação de combate aéreo da Primeira Guerra Mundial antes do show – um tributo ao centenário do conflito.

Um desdobramento que poucos esperavam foi o projeto paralelo de Steve Harris, British Lion, com álbum de estreia em julho de 2012. O fato de Steve ter "adotado" a banda, que já mentorava nos anos 1990, era mais que uma fase passageira: foi uma chance de retornar aos palcos pequenos, como nos anos 1970, sem qualquer tratamento especial, mesmo sendo o fundador do Iron Maiden.

A resistência de Steve – nunca em dúvida, já que ele adora jogar futebol nas folgas do Maiden – se tornou lendária com a inclusão do British Lion na agenda de turnês. Uma série de shows em clubes, no início de 2013, começou com um evento beneficente em Portugal, para a Cruz Vermelha. "Eu não conseguiria fazer um projeto paralelo antes", disse ele. "Não teria tido tempo; só agora temos mais tempo e espaço entre as turnês. Pensamos em termos de qualidade, não de quantidade. Eu fico entediado, sabe? Então, se é uma oportunidade de tocar e já estou em turnê com o Maiden, por que não?" (Um segundo álbum, *The Burning*, saiu em 2020.)

Claro, toda turnê pede uma boa cerveja – e em 2013, o Maiden lançou a sua: Trooper, feita pela tradicional cervejaria britânica Robinsons. Inicialmente céticos, os empresários foram convencidos pelo entusiasmo e conhecimento cervejeiro de Bruce. E deu certo: em 10 anos, a Trooper vendeu mais de 35 milhões de *pints* pelo mundo.

Em 2014, a banda voltou aos estúdios Guillaume Tell com Kevin Shirley para gravar *The Book of Souls*, um épico de 92 minutos e seu primeiro álbum de estúdio duplo. Do explosivo single "Speed of Light" à faixa

À DIREITA Janick com o coempresário da banda, Andy Taylor, e Dave nos bastidores da The Book of Souls Tour.

NA PÁGINA AO LADO Dave, Janick e Adrian — apelidados de "Os Três Amigos" — na turnê de *The Book of Souls*. Em abril de 2016, a banda se apresentou no LeSports Centre, em Pequim (abaixo), seguindo poucos dias depois para a Horncastle Arena, em Christchurch, na Nova Zelândia (acima).

"Shadows of the Valley", que faz referência a *Somewhere in Time*, o álbum era progressivo, mas repleto de momentos para levantar os punhos. O clímax veio com "Empire Of The Clouds", de 19 minutos, inspirada no dirigível britânico R101, que caiu em 1930.

O álbum garantiu ao Maiden seu quinto topo das paradas no Reino Unido – um dos 24 primeiros lugares globais – e igualou a quarta posição de *The Final Frontier* nos Estados Unidos. Com as artes de capa mais vistas em celulares do que em encartes físicos, o Maiden se adaptou: as panorâmicas detalhadas deram lugar à impressionante visão maia de Eddie, de Mark Wilkinson.

CASO A ETERNIDADE FALHE...

A criatividade eufórica de *The Book of Souls* foi interrompida quando Bruce Dickinson, em um check-up de rotina antes do Natal, descobriu um tumor cancerígeno na parte de trás da língua. "Eu encarei isso como uma pane em um avião", disse o cantor. "Você avalia as opções e decide o que fazer. Pensei: 'Ok, as chances são de 50-50, 60-40 na melhor das hipóteses. Não gosto desses números, e todos os médicos me disseram que o pensamento positivo é fundamental.' Embora seja assustador, quanto mais vigorosamente você encara e aceita o problema, maior a chance de superá-lo e seguir em frente. O melhor a fazer é continuar vivendo."

Bruce se recuperou completamente, mas a banda lhe deu até fevereiro de 2016 antes de retomar as atividades. O retorno não foi suave: com mais de cem shows, a The Book of Souls Tour tornou-se a mais longa desde Somewhere on Tour. Além disso, o Ed Force One – agora um Boeing 747 com uma imponente arte de Eddie em sua fuselagem – voltou a ser pilotado pelo próprio Bruce. → p. 328

THE BOOK OF SOULS

2015
[Álbum]

Detalhes imersivos eram marca registrada das capas do Maiden. Então *The Book of Souls* foi uma evolução ousada, focando em uma única imagem emergindo fantasmagoricamente da escuridão. Steve queria algo simples, focando na aura ameaçadora do guerreiro maia e guardando os detalhes para a arte das edições físicas. Segundo o ilustrador Mark Wilkinson, "Dave Shack [coempresário do Iron Maiden] me procurou para saber se eu toparia criar alguns esboços do Eddie, quem sabe para o novo álbum. Aceitei na hora!" "Steve tinha um livro sobre a cultura maia e me mostraram uma ou duas gravuras como referência", disse Mark Wilkinson. "O filme *Apocalypto* [dirigido por Mel Gibson em 2006] serviu como outra referência, especialmente a cena do sacrifício ao sol com o coração. Inicialmente, pediram-me para criar uma imagem de Eddie literalmente arrancando o próprio coração. O essencial era alcançar aquele visual característico do Eddie, com todos os tendões expostos... o elemento visceral!" O trabalho árduo valeu a pena quando *The Book of Souls* provou ser outro sucesso mundial, tornando-se o quinto álbum do Maiden a alcançar o topo das paradas em seu país e sua segunda entrada no Top 5 dos EUA.

NA PÁGINA AO LADO Arte de palco criada pelos cenógrafos da Hangman para a The Book of Souls World Tour, 2016–17.

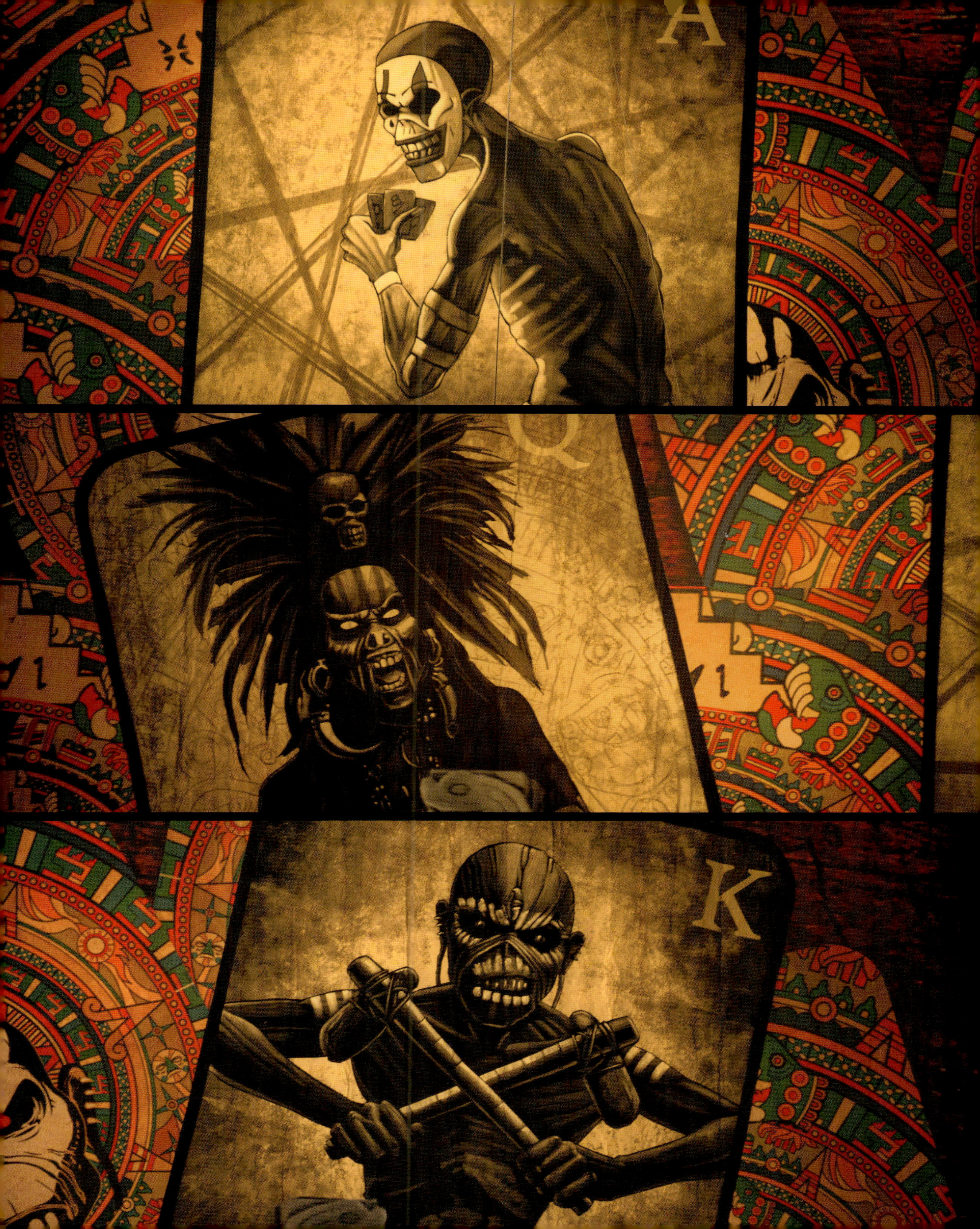
A
Q
K

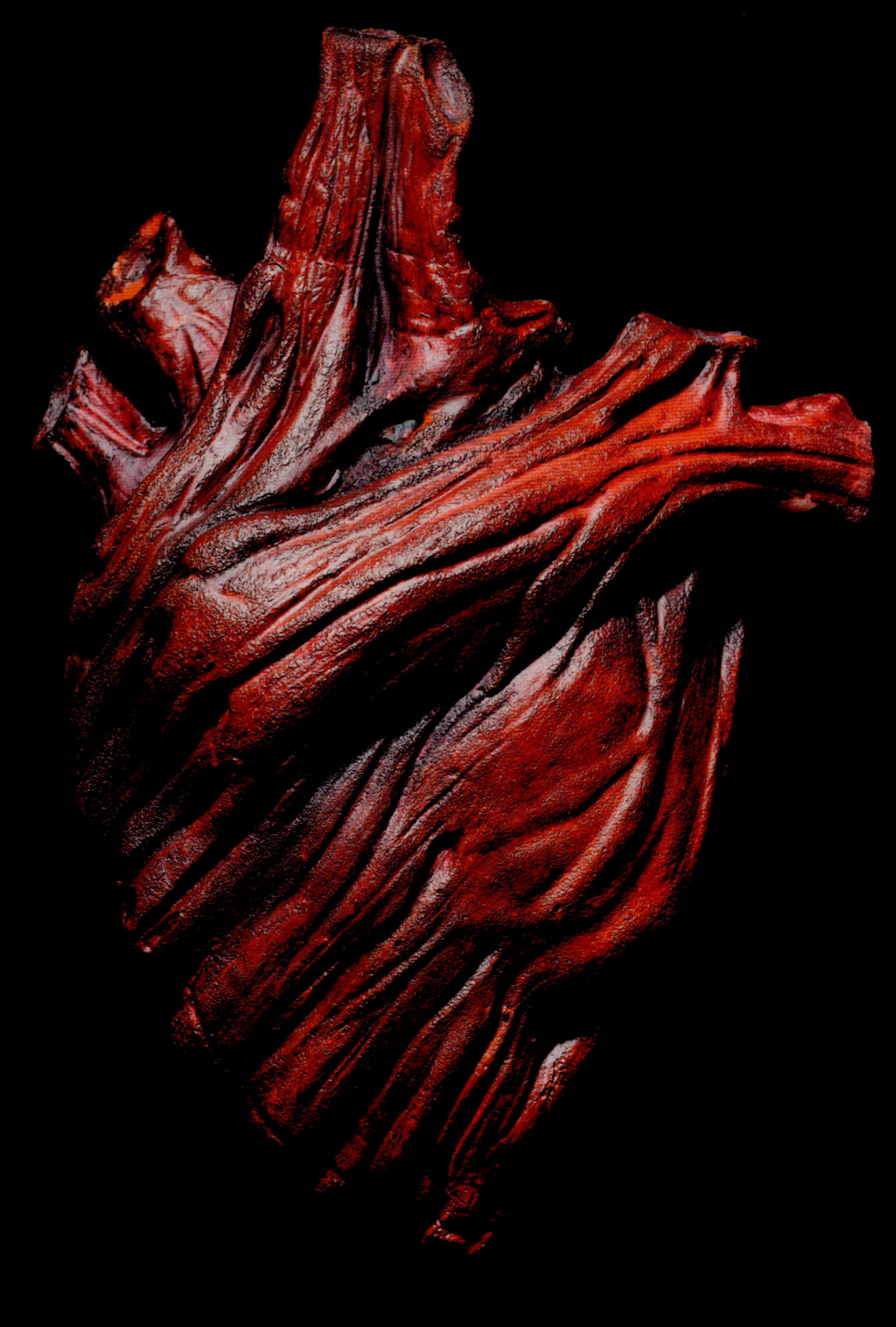

CORAÇÃO DO EDDIE DE THE BOOK OF SOULS
THE BOOK OF SOULS TOUR
2016–2017

Evocando a sequência de sacrifício humano de *Apocalypto* (ver p. 308), Bruce arrancava o coração do Eddie maia no clímax de "The Book of Souls". Ele então corria para o lado do palco de Janick para banhar o sempre paciente guitarrista com seu sangue falso.

ACIMA As ilustrações de Mark Wilkinson para *The Book of Souls* mostram Eddie segurando o próprio coração na mão, e foram amplamente utilizadas em pôsteres de turnês e produtos promocionais em todo o mundo.

1
To Ride the storm
To an empire of the clouds
To Ride the storm
They climbed aboard their silver ghost

- To Ride the storm,
To a kingdom that will come
To Ride the storm
And damn the rest... oblivion

Royalty and Dignitaries,
Brandy and Cigars,
- Grey lady giant of the skies
You hold them in your arms,
The millionth chance they laughed
To take down his majesties craft
To India they say
Magic carpet float away
   An october fateful day....

2
Mist is in the trees,
Stone sweats with the dew
The morning sunrise
Red before the blue

Hanging at the mast
- Waiting for command
His majesties airship
R one oh one

She's the biggest vessel built by man
A Giant of the skies,
For all you unbelievers
- The Titanic fits inside

Drum roll tight her canvas skin
Silvered in the sun,
Never tested with the fury
With the beating yet to come
  The fury yet to come...

3
In the gathering gloom
The storm rising in the west
The coxswain stared
Into the plunging weather glass,

We must go now
We must take our chance with fate
We must go now
For a politician can't be late

The airship crew awake for 30 hours
at full stretch,
But the ship is in their backbone
- Every sinew every inch

She never flew at full speed
A trial never done
Her fragile outer cover
Her achilles would become
  An achilles yet to come...

4
Sailors of the sky,
A hardworked breed,
Loyal to the king
And an Airship creed

The engines drum
- The telegraph sounds,
Release the cords,
That bind us to the ground

Said the coxswain "Sir she's heavy"
"She'll never make this flight"
Said the Captain "Damn the cargo"
- "We'll be on our way tonight".

Groundings cheered in wonder
As she backed off from the mast
Baptising them with her water
From the ballast fore and aft.
  Now she slips into our past

5
Fighting the wind as it rolls you
Feeling the diesels that push you along
Watching the channel below you
- Lower and lower into the night

Lights are passing below you
Northern France asleep in their beds
Storm is raging around you
- A million to one.. that's what he said

6
The reaper standing beside her
With his scythe cuts to the bone
Panic to make a decision
- Experienced men asleep in their graves

Her cover is ripped she's drowning
Rain is flooding into the hull
Bleeding to death and she's falling
- Lifting gas is draining away,

7
"We're down lads" came the cry
Bow plunging from the sky,
3000 horses silent
- As the ship began to die

The flares to guide her path
Ignited at the last
- The empire of the clouds,
Just ashes in our past
Just ashes at the last.

8
Here lie their dreams
As I stand in the sun
On the ground where they built
- And the engines did run

To the moon and the stars
Now what we have done
Oh the dreamers may die
- But the the dreams live on
The dream lives on
The dream lives on....

9
Now a shadow on a hill
The angel of the east
The empire of the clouds.
- May rest in peace
And in a country churchyard
Laid head to the mast,
Eight and forty souls,
- Who came to die in France.

NA PÁGINA AO LADO Folhas de letras manuscritas de Bruce para "Empire of the Clouds"; uma vez gravada, tornou-se a música mais longa do Maiden, com 18 minutos.

NESTA PÁGINA O dirigível R101 em voo (acima) e após sua queda em uma encosta em Allone, França, em 1930 (acima). Sua viagem fatídica inspirou "Empire of the Clouds". A capa de Hervé Monjeaud para o picture disc (acima à direita) foi baseada em uma reportagem de jornal sobre o acidente (à direita).

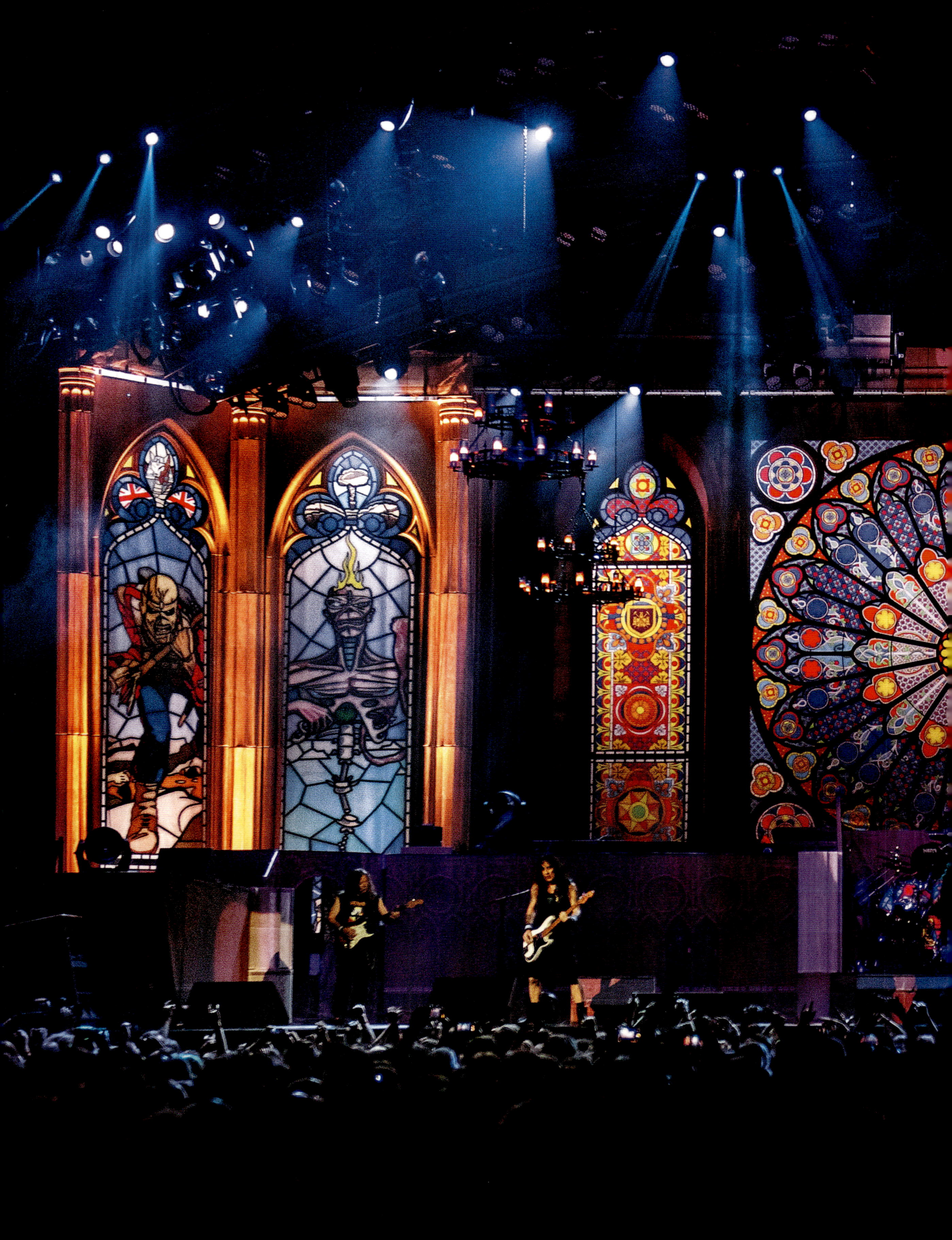

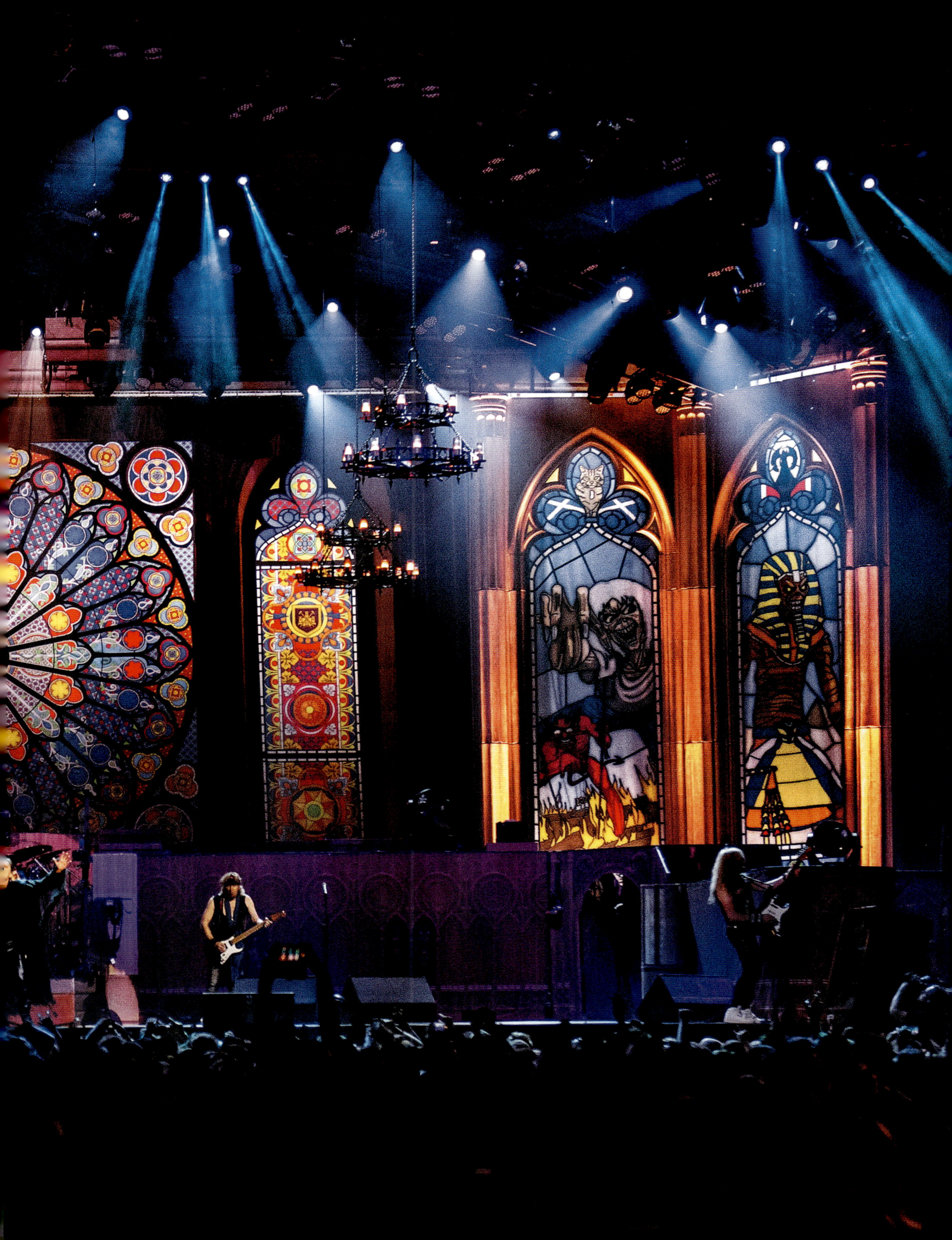

NAS PÁGINAS ANTERIORES A era *The Book of Souls* foi rapidamente seguida pela Legacy of the Beast Tour — uma produção impecavelmente projetada que percorreu o mundo em 2018, 2019 e 2022. Esta foto é de um show em Estocolmo, em 2018.

NA PÁGINA AO LADO Para "Sign of the Cross", Bruce empunhava um crucifixo iluminado. Durante "Iron Maiden", no entanto, Janick achava sua guitarra suficiente para afastar o malvado Eddie.

GÁRGULAS
LEGACY OF THE BEAST TOUR
2018–2019

O cenário da Legacy of the Beast foi notável por seu design requintado e ambicioso. O palco foi decorado para denotar guerra ("Aces High", "Where Eagles Dare", "2 Minutes to Midnight", "The Clansman", "The Trooper"), religião ("Revelations", "For the Greater Good of God", "The Wicker Man", "Sign of the Cross", "Flight of Icarus") e inferno ("Fear of the Dark", "The Number of the Beast", "Iron Maiden"). As gárgulas aladas — criadas por Aden Hynes (ver p. 294) — apareciam na *backline* do segmento inferno.

2000–

ADMIRÁVEL MUNDO NOVO 317

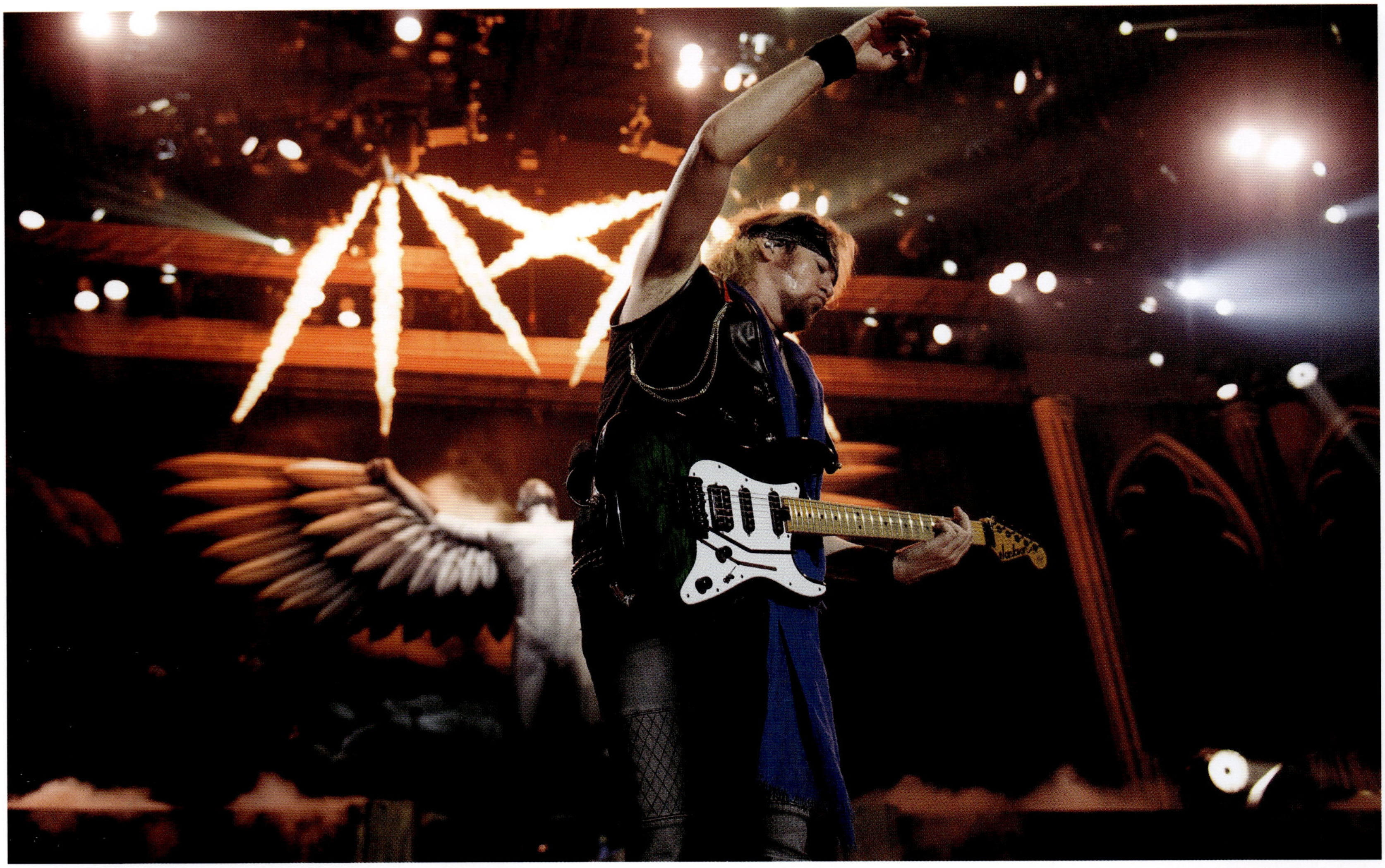

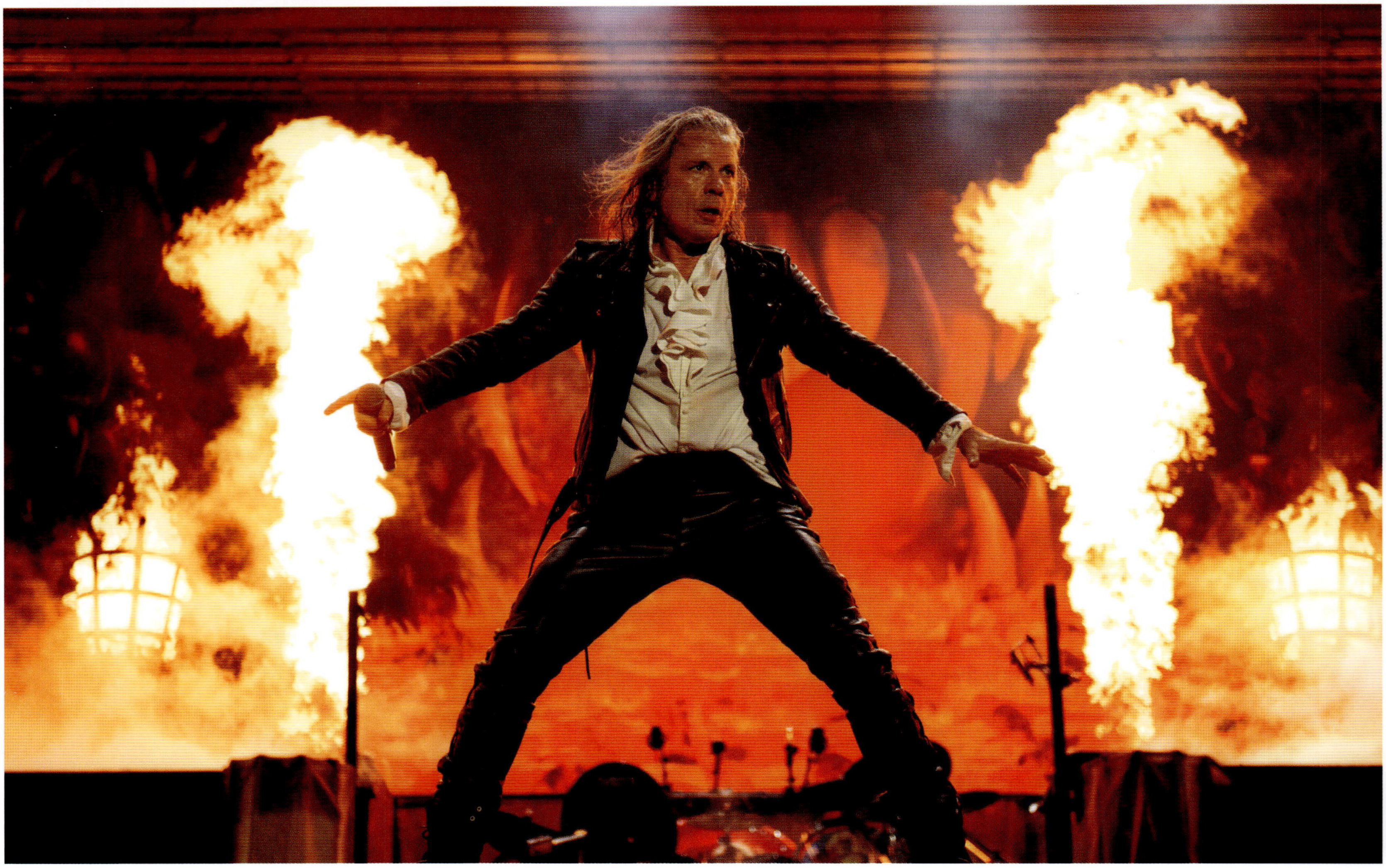

ADEREÇO DE PALCO DETONADOR

LEGACY OF THE BEAST TOUR
2018-2019, 2022

A Legacy of the Beast Tour começou em 2018 e esteve entre as mais teatrais do Maiden, incluindo um clímax alegremente explosivo para "Run to the Hills". Isso começou por acidente, lembrou Bruce: "Keith [Maxwell, técnico de pirotecnia] soltou um efeito pirotécnico enquanto eu estava parado em cima dele, e me fez pular… Ele disse: 'Opa, foi mal…' Eu perguntei: 'Foi engraçado? Sério, pode falar.' Ele respondeu: 'Foi, sim.' Eu disse: 'Certo! Vamos fazer uma sequência dessas explosões, tipo o Coiote me detonando pelo palco todo, e aí, no final, teremos um detonador gigante de TNT do Coiote explodindo o palco de vez!'"

NA PÁGINA AO LADO Adrian e Ícaro em Newcastle, 2018 (acima); Bruce no Rock in Rio, 2019 (abaixo).

NAS PÁGINAS SEGUINTES Avião de caça pendurado sobre o palco para a abertura de "Aces High" na Legacy of the Beast Tour, 2018.

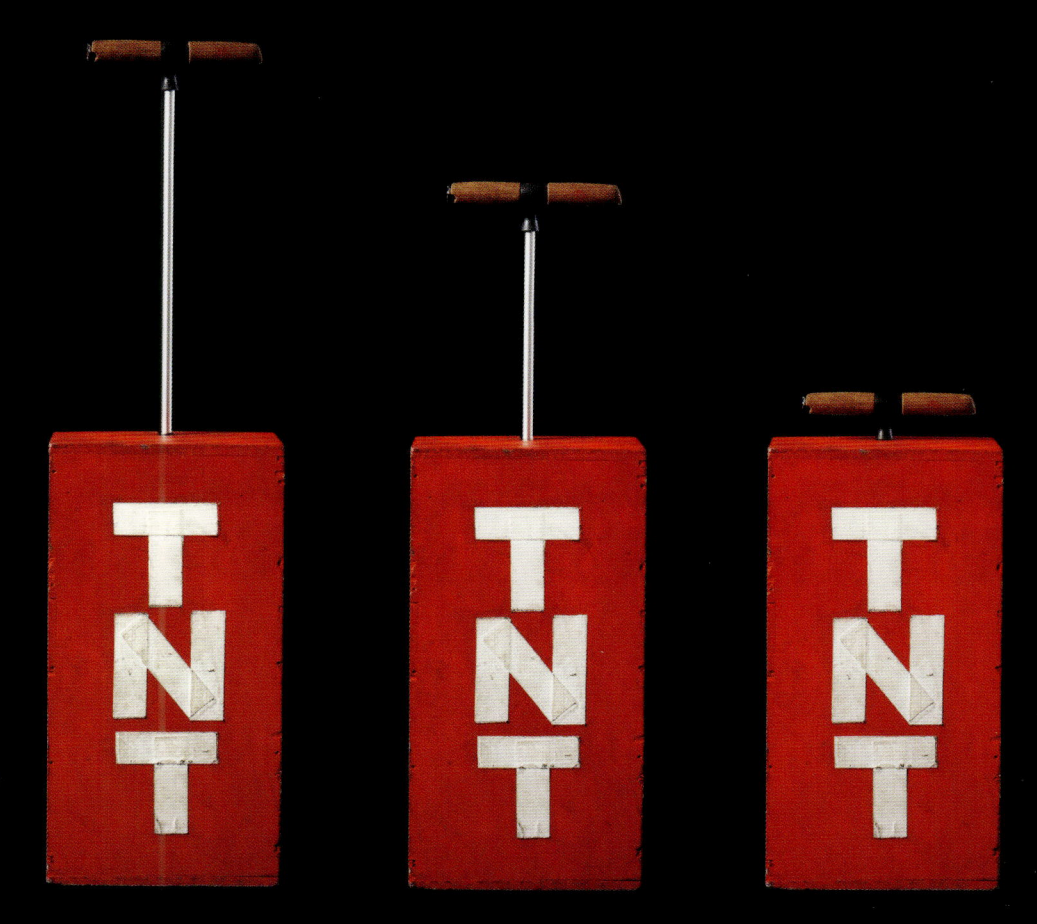

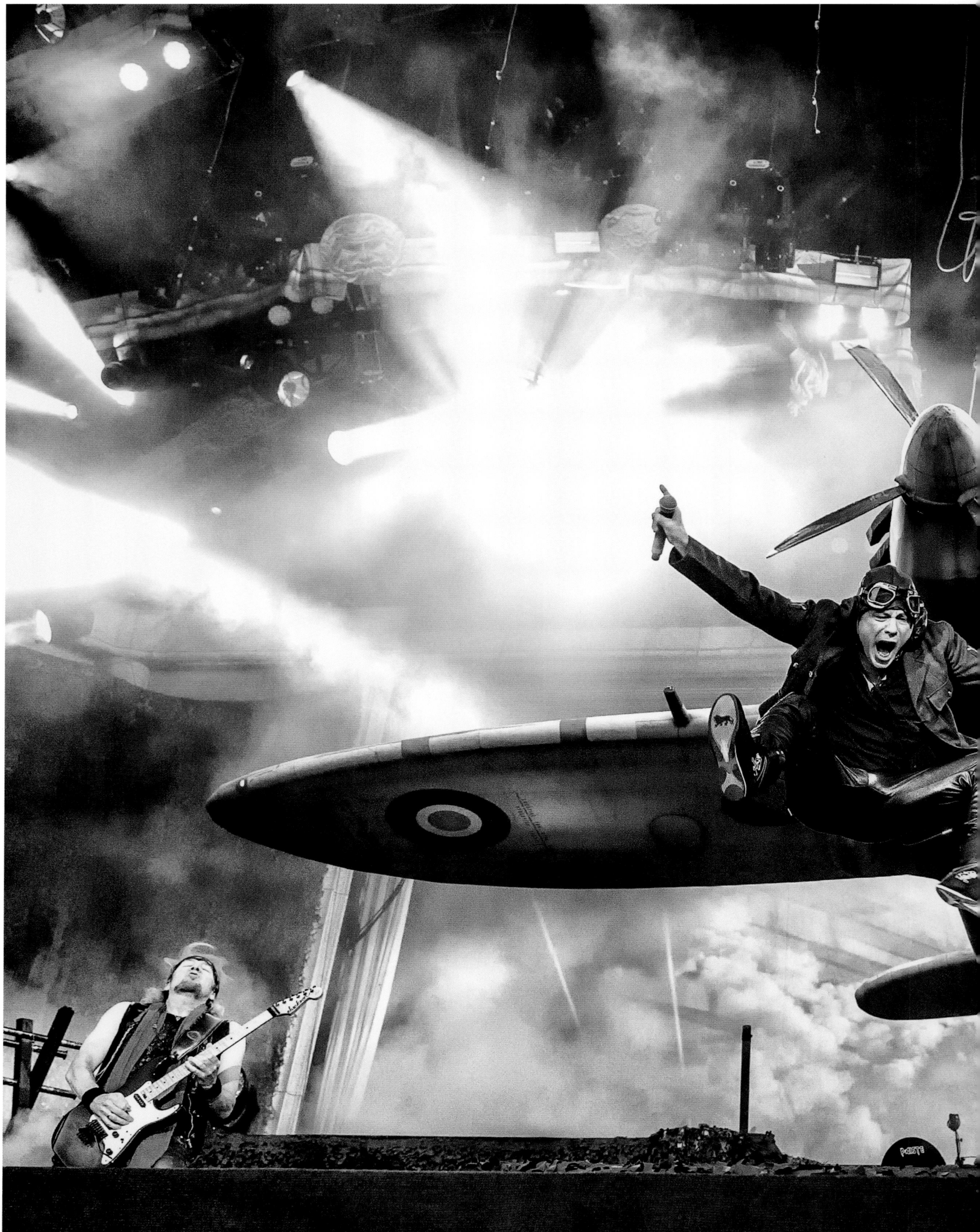

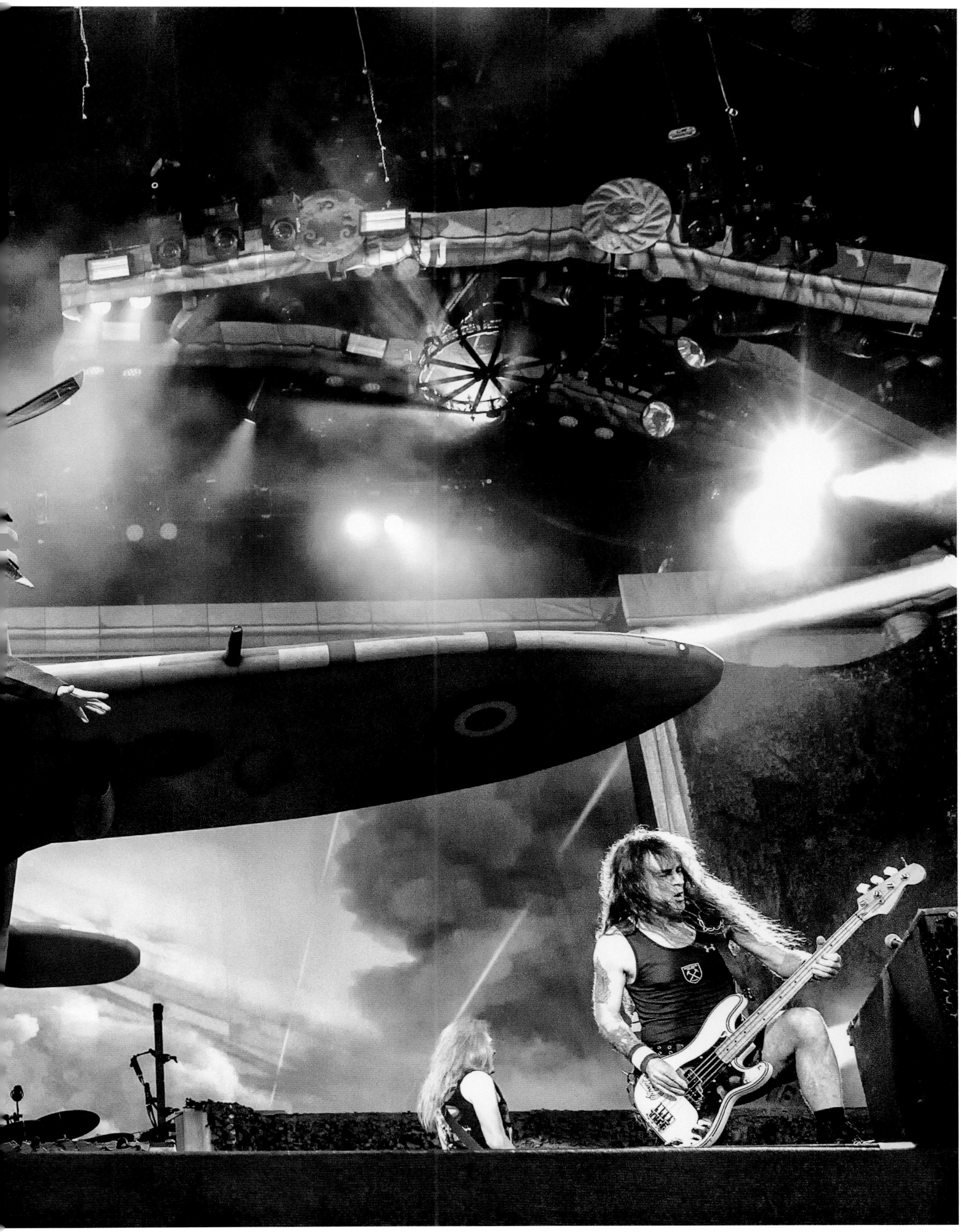

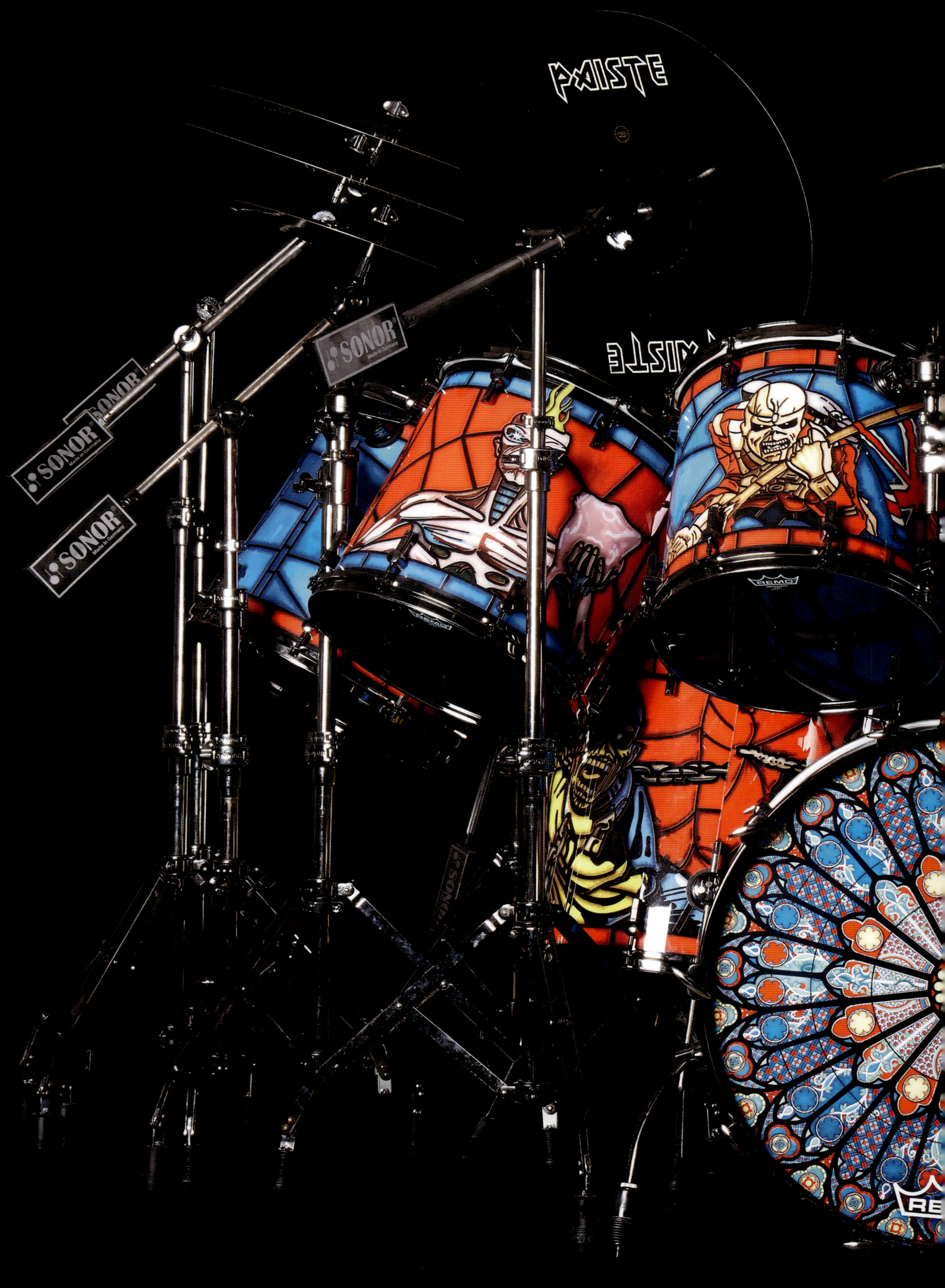
PAISTE
SONOR
Made in Germany
REMO

PAISTE
PAISTE
PAISTE
SONOR
Made in Germany
SONOR
Made in Germany
SONOR
SONOR
Made in Germany
REMO
REMO

NAS PÁGINAS ANTERIORES A bateria de Nicko da Legacy of the Beast Tour.

ABAIXO Arte do game on-line *Legacy of the Beast*, por Nodding Frog, mostrando Eddies de várias eras.

324   IRON MAIDEN: INFINITE DREAMS   PARTE QUATRO

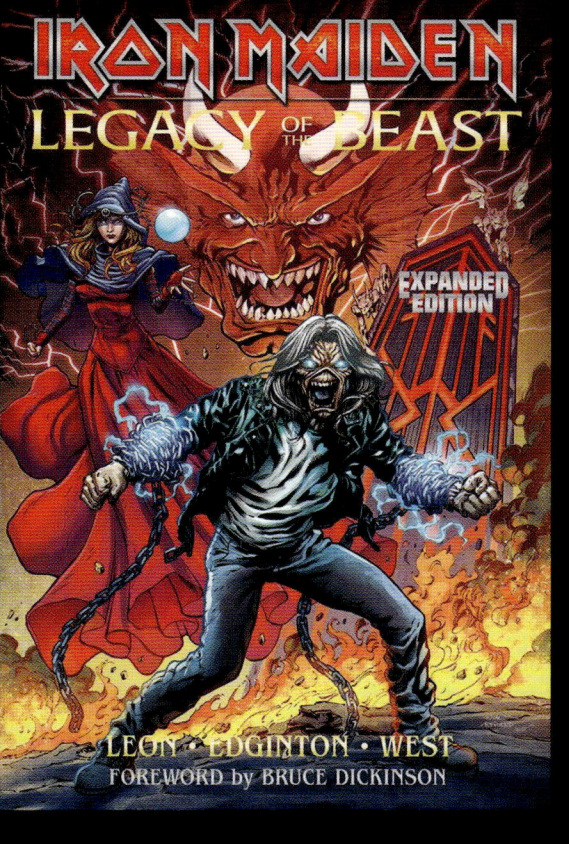

METAVERSO
LEGACY OF THE BEAST
2016–2024

Mais do que uma turnê, Legacy of the Beast se tornou um mundo próprio, surgido pela primeira vez em julho de 2016. Enquanto a The Book of Souls Tour calcinava a Europa, o RPG *Legacy of the Beast* chegava à internet. Os fãs lutavam como Eddie contra uma série implacável de inimigos — tudo com trilha sonora do Maiden. Extremamente bem-sucedido, permaneceu on-line até o final de 2024. Enquanto isso, uma história em quadrinhos inspirada no jogo foi publicada em outubro de 2017. A premissa inicial narrava: "A alma imortal de Eddie foi estilhaçada e lançada pelo cosmos, e sua essência ilimitada corrompe incontáveis mundos. Agora, um Eddie enfraquecido e primal precisa viajar pelo espaço e tempo para combater as legiões distorcidas da Besta, em busca dos fragmentos perdidos de sua alma, e restaurar a ordem nos reinos."

À DIREITA Ampliando o universo multifacetado da banda, a Stern Pinball lançou a máquina Legacy of the Beast no início da turnê em maio de 2018.

ACIMA Capa do primeiro volume encadernado das histórias em quadrinhos inspiradas em *Legacy of the Beast*, por Llexi

Música e futebol são os dois grandes amores da vida de Steve Harris. Sessenta anos depois de passar pela primeira vez pelas catracas do sagrado Upton Park, ele permanece tão apaixonado quanto sempre por seu amado West Ham United: "As únicas vezes que não pude assistir aos jogos nos últimos anos foram quando estava voando ou tocando." Sua vida poderia ter tomado um rumo muito diferente. Como um talentoso jogador de futebol de 14 anos, ele chamou a atenção do olheiro do West Ham, Wally St. Pier. "Eu jogava num clube chamado Beaumont Youth. Muitos de nós já estavam sendo observados por olheiros de clubes, e, quando me contaram que ele estava de olho em mim, meu pensamento foi um simples 'Uau!'" Steve tem boas lembranças de seus nove meses no clube. Mas o futebol não era sua verdadeira vocação: "Foi uma experiência ótima, mas, aos 14 anos, minhas prioridades eram outras. Eu só queria curtir, tomar cervejas e conhecer garotas — o que não se encaixava com a disciplina do esporte. Eles exigiam que a gente fosse para a cama cedo e tudo mais." Apesar disso, Steve ainda organizava partidas nas turnês, reunindo seus companheiros de banda, as bandas de abertura e a equipe de apoio. "O Maiden tem um time excelente", disse Ritchie Blackmore à *Kerrang!*. "Steve é bom de bola. Fez um gol de voleio, direto de um escanteio."

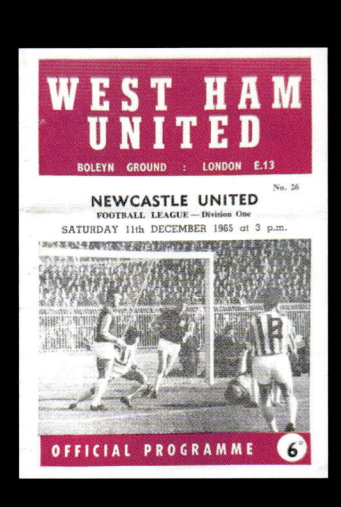

"EU FUI VER O WEST HAM JOGAR CONTRA O NEWCASTLE QUANDO TINHA 9 ANOS E MEU AMIGO, 10. NÓS PEGAMOS UM ÔNIBUS E FOMOS AO JOGO, E ELES GANHARAM DE 4 A 3. E FOI ISSO: VIREI TORCEDOR NA HORA!"

— STEVE HARRIS

ACIMA Programa de West Ham x Newcastle, em 11 de dezembro de 1965 — o primeiro jogo de Steve.

À ESQUERDA Steve segura seu baixo Precision durante uma sessão de fotos para a edição de junho de 1992 da *Kerrang!* (acima), que marcou o início da competição da UEFA. O baixo personalizado exibe o escudo e as cores do clube na pintura (abaixo).

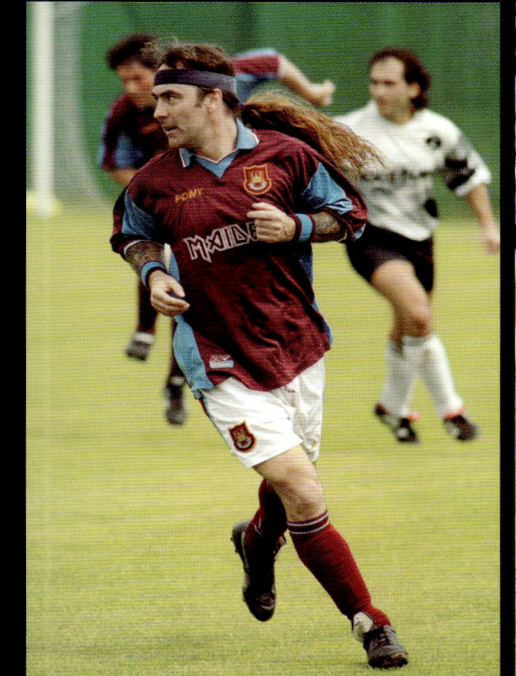

À ESQUERDA O Maiden iniciou uma colaboração com o West Ham em 2019, produzindo camisas réplica com o logo da banda. "Em todo o mundo, encontramos pessoas na plateia com coisas do West Ham", orgulha-se Steve. "Pelo que me disseram, muitos fãs do exterior iam aos jogos e à loja do clube dizendo que se tornaram torcedores por causa do Maiden. Então eles perceberam o potencial de uma parceria e, claro, fiquei honrado!" O uniforme foi devidamente nomeado em homenagem a uma música do Maiden: "Die With Your Boots On".

ACIMA, À ESQUERDA Steve em amistoso contra a equipe de produção da Planet Rock, em 2000.

ACIMA, À DIREITA Em 22 de maio de 2005, um time do Iron Maiden F.C. — com Steve, Adrian e Nicko (nosso treinador) — participou de uma competição Celebrity Soccer Six no antigo campo do West Ham, o Upton Park. Eles venceram o torneio, com Steve sagrando-se o artilheiro da competição.

ACIMA Steve e Pablo Zabaleta no lançamento da primeira camisa réplica oficial West Ham Iron Maiden. "O Iron Maiden é gigante no meu país", disse o argentino, que atuou pelo clube de 2017 a 2020. "É ótimo para os torcedores do West Ham e fãs da banda poderem mostrar seu apoio a ambos."

"Pedi ao escritório para criar um design para o 747 e, quando vi o resultado, fiquei chocado", relembrou Rod. "Esses aviões são gigantes. A diferença em relação ao 757 que usamos antes é bem maior do que se imagina. Fomos até o Aeroporto de Cardiff, e o hotel ao lado, de uns oito andares, parecia pequeno perto do avião. O estabilizador vertical ultrapassava a altura do prédio! Pensei: 'Jesus, o que estamos fazendo?' Mas foi incrível."

O imenso avião transportou um elaborado cenário com temática maia ao redor do mundo, e a turnê resultou no ao vivo *The Book of Souls: Live Chapter* (2017). A essa altura, a banda poderia muito bem ter feito uma pausa – afinal, todos, exceto Bruce, já haviam passado dos 60 anos. Em vez disso, eles partiram direto para um novo projeto: a Legacy of the Beast World Tour, acompanhada por um jogo para celular e uma história em quadrinhos de mesmo nome. O game, que já atraiu mais de seis milhões de jogadores, trouxe de volta várias encarnações de Eddie, conceito que foi traduzido para os palcos em um dos shows mais ambiciosos da história do Maiden. A turnê ainda surpreendeu ao resgatar "Flight of Icarus", que não era tocada ao vivo havia 30 anos. Antes motivo de discórdia entre Bruce e Steve por seu ritmo relativamente lento, a música agora se tornava um dos pontos altos do espetáculo.

Entretanto, um obstáculo inesperado surgiu: a pandemia e os lockdowns forçaram a banda a interromper a turnê em abril de 2020. Ainda assim, nos bastidores, as atividades não cessaram. Em 2021, Adrian Smith lançou um álbum aclamado com Richie Kotzen (Poison, The Winery Dogs), intitulado simplesmente *Smith/Kotzen*.

Com a retomada da normalidade em 2022, apareceu um enigmático folheto intitulado *Belshazzar's Feast*. A referência bíblica à "escrita (misteriosa) na parede" anunciava o single "The Writing on the Wall", acompanhado por um videoclipe animado, produzido pelos ex-executivos da Pixar Mark Andrews e Andrew Gordon, em parceria com Bruce Dickinson e o animador Nicos Livesey. Com um estilo *southern rock* e uma introdução acústica atípica, a faixa foi a primeira amostra do 17º álbum do Maiden, *Senjutsu*, gravado em 2019 e guardado sob total sigilo durante a pandemia.

O disco, com um Eddie samurai na capa, criado pelo artista Mark Wilkinson, chegou ao topo das paradas em 27 países e recebeu ampla aclamação da crítica. O *The Guardian* deu-lhe nota máxima e o descreveu como "uma obra-prima ambiciosa e excêntrica". Nos EUA, o álbum levou o Maiden ao Top 3 pela primeira vez.

Com datas remanescentes da Legacy of the Beast Tour e um novo álbum para promover, o Maiden encontrou uma solução híbrida: combinar o setlist pré-pandêmico com faixas de *Senjutsu*. A turnê se estendeu para impressionantes 140 shows e vendeu mais de três milhões de ingressos. "Não acredito que o aumento do público faça diferença, porque vamos simplesmente entrar e fazer o nosso trabalho como sempre", disse Dave Shack. "Não vamos começar a nos sentir sob pressão, com o mundo inteiro observando, só porque estamos recebendo toda essa atenção. Não se pode mudar a forma de pensar só por ter sucesso."

Mas o descanso ainda não viria. Em maio de 2023, o Maiden embarcou na Future Past Tour, mesclando *Senjutsu* com *Somewhere in Time* (1986). Como sempre, a ideia era proporcionar aos fãs mais jovens a estética e os sons dos anos 1980 – além de testemunhar a aguardada estreia ao vivo do épico "Alexander the Great". Para complementar as faixas de *Senjutsu*, o artista Akirant criou um cenário com elementos futuristas e feudalistas japoneses. O resultado foi uma apresentação cheia de surpresas, que encantou o público até dezembro de 2024. → p. 338

ACIMA A gravura tradicional japonesa Ukiyo-e, intitulada *A Beleza de Eddie Revelada*, foi uma criação colaborativa do ilustrador Ishikawa Masumi, do entalhador em madeira Baba Saeko e do impressor Tetsui Hirokazu. Os caracteres japoneses soletram foneticamente "Iron Maiden".

NA PÁGINA AO LADO *Eddie Cortando* nasceu da colaboração entre Masumi, o entalhador em madeira Watanabe Kazuo e o impressor Yoshida Hideo.

辻斬り壊泥

礒行銘傳之内

上野屋

彫師 渡辺和夫　摺師 吉田秀男

SENJUTSU
2021
[Álbum]

Para o décimo sétimo álbum de estúdio do Maiden, Mark Wilkinson criou um Eddie pronto para a batalha, inspirado nos trajes do teatro kabuki japonês e nos demônios Oni do folclore. "Em todas as minhas colaborações com Steve", explicou o artista, "seu objetivo sempre foi criar um Eddie tão realista e visceral que se tornasse o pior pesadelo de qualquer um." Em vez dos elaborados trajes bordados dos primeiros samurais, Wilkinson optou pela armadura metálica desgastada das tribos guerreiras de casta inferior que surgiram posteriormente na história japonesa, caracterizada por muitas roupas rasgadas e couro rústico, além de pesadas couraças pintadas com símbolos tribais e presas com corda tingida. O objetivo era fundir uma pose de guerreiro com uma pintura facial ameaçadora, resultando no soldado de choque definitivo. A caligrafia de Ruth Rowland e um selo Hanko à direita finalizaram a estética japonesa.

NA PÁGINA AO LADO Akirant coloca Eddie em um campo de batalha inspirado na cena com pagodes criada por Wilkinson, presente na parte interna do álbum. A arte foi originalmente concebida como opção de capa para uma revista promocional e, mais tarde, usada em camisetas. Como seu antecessor, *Senjutsu* voou alto nas paradas em todo o mundo, levando o Maiden ao Top 3 dos EUA pela primeira vez.

戦
行

IRON MAIDEN: INFINITE DREAMS

PARTE QUATRO

"A PROCESSION OF BROKEN HUMANITY... & DISUNITED NATIONS" - BRUCE

DEATH: KILLERS
WAR: SOMEWHERE IN TIME
FAMINE: THE BOOK OF SOULS
PLAGUE: POWERSLAVE

THE WRITING ON THE WALL

2021
[Clipe]

O ambicioso videoclipe animado de "The Writing on the Wall", faixa do álbum *Senjutsu*, combina uma estética distópica de ficção científica com temas de guerra e fome, inspirado na narrativa bíblica do Banquete de Belsazar. A direção ficou por conta de Nicos Livesey, do estúdio de animação BlinkInk, enquanto a direção de arte foi assinada por Mark Andrews — que, assim como o produtor executivo Andrew Gordon, aperfeiçoou seu ofício na Pixar. Ambos fãs assumidos do Iron Maiden, mergulharam no projeto com entusiasmo. "Eu tinha uma ideia bastante clara do conceito", contou Bruce Dickinson, ao relembrar o processo criativo durante a pandemia. "Quando conheci Mark e Andrew pelo Zoom, ficou evidente que estávamos em total sintonia — algo que só se fortaleceu com a chegada de Nicos e sua jovem equipe da BlinkInk. Nossas reuniões semanais eram extremamente criativas e, ao mesmo tempo, muito divertidas. Soube que tudo daria certo assim que vi os incríveis *storyboards* de Mark, que captaram perfeitamente minha proposta." O entusiasmo era geral, como lembrou Livesey: "As pessoas literalmente se jogavam em cima de mim para trabalhar em um clipe do Maiden. Tivemos mais de sessenta pessoas em treze países envolvidos... o amor, a paixão e o entendimento que todos tinham pela banda transparecem em cada quadro." Como resumiu Bruce: "É praticamente um clipe criado por fãs do Maiden!"

À ESQUERDA O impressionante cenário da Future Past misturou a paisagem urbana inspirada em *Blade Runner* de *Somewhere in Time* com os temas japoneses de *Senjutsu*. Em 2024, os palcos estavam no seu auge em Tóquio (acima e abaixo) e incorporaram a estética japonesa em São Paulo (ao centro).

NA PÁGINA AO LADO O banner da turnê Future Past, de Akirant — também combinando a ficção científica de *Somewhere in Time* com o samurai de *Senjutsu* —, incluía *easter eggs* como o Eddie de "Stranger in a Strange Land" e Bruce usando sua jaqueta exoesqueleto (ver pp. 184–85).

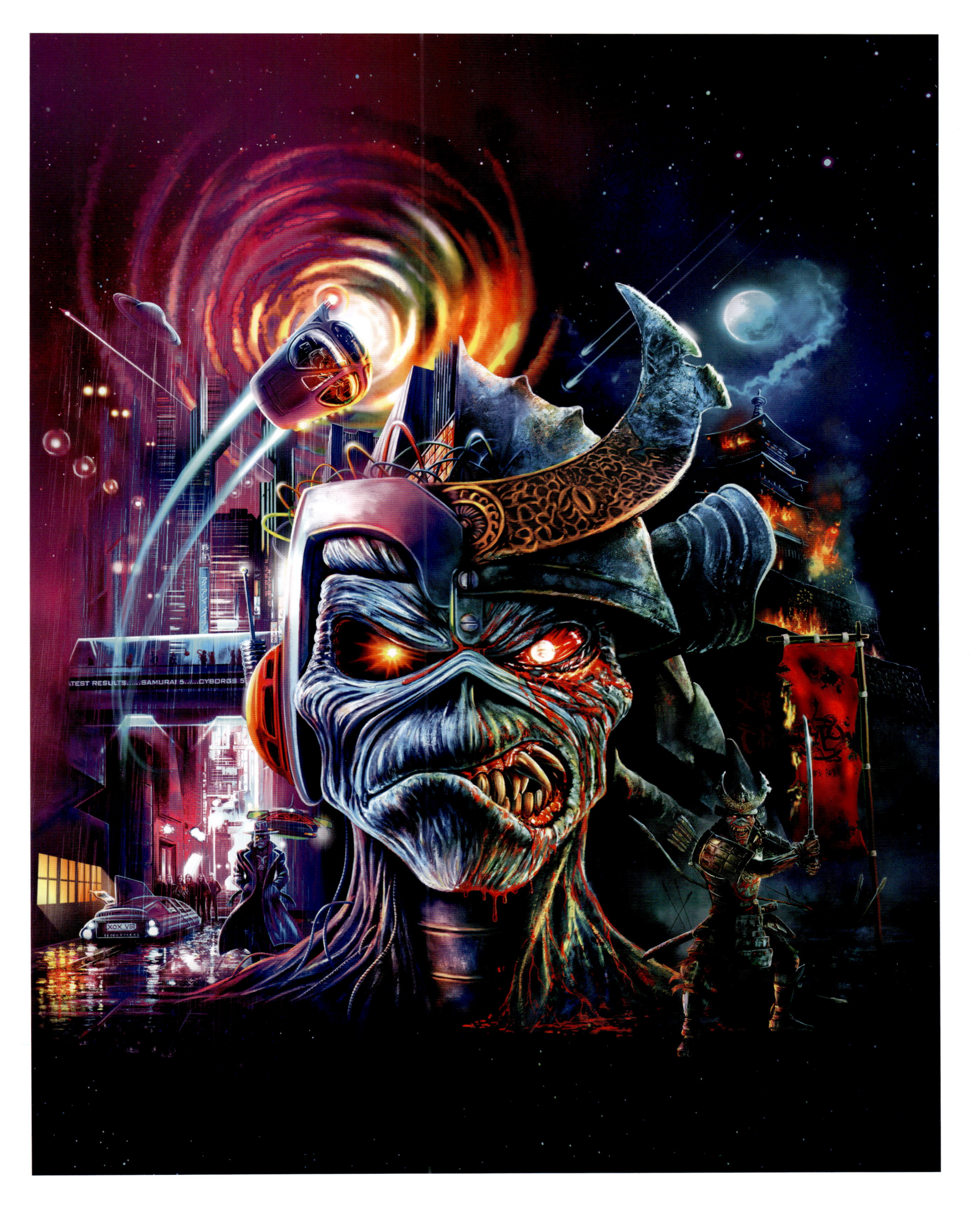

ADMIRÁVEL MUNDO NOVO

336 IRON MAIDEN: INFINITE DREAMS　　　　　　　　　　　　　　　　　　　　　　　　　　　　　　　　　　　PARTE QUATRO

NA PÁGINA AO LADO Com o grito de guerra "Isso sim é uma puta arma!", Bruce confronta o Cyborg Eddie durante "Heaven Can Wait" na Future Past Tour, O2 Arena, Londres, 7 de julho de 2023.

ACIMA O Eddie de "Stranger in a Strange Land" foi ressuscitado da era *Somewhere in Time* para a Future Past Tour.

Nos bastidores do show de abertura na Eslovênia, um momento emocionante marcou o reencontro do Maiden com Paul Di'Anno, que estava no país para shows solo.

A ocasião foi ainda mais tocante devido à saúde debilitada do ex-vocalista, que viria a falecer em outubro de 2024, de insuficiência cardíaca. "É muito triste que ele se foi", lamentou Steve Harris. "Conversamos recentemente sobre o West Ham e seus altos e baixos. Pelo menos ele ainda estava ativo, se apresentando. Sentiremos sua falta. Descanse em paz, companheiro."

Após a primeira etapa da Future Past Tour, Nicko McBrain revelou que havia sofrido um derrame seis meses antes. "Fiquei paralisado do ombro para baixo no lado direito. Preferi esperar para contar, pois estava focado em me recuperar e voltar à forma. Ainda não cheguei lá, mas, pela graça de Deus, estou melhorando a cada dia."

Com sempre, o Maiden não parou. A segunda e espetacular etapa da The Future Past Tour passou por Japão e Oceania, América do Norte e grandes estádios no México, na Colômbia, no Chile, na Argentina e no Brasil.

A primeira empreitada solo de Bruce 2005 chegou com *The Mandrake Project*, um épico inspirado em William Blake, com uma história em quadrinhos escrita em parceria com Tony Lee, da DC e da Marvel. "Um 'quem matou' cósmico de ficção científica, ocultismo e aventura que se transforma em tragédia", descreveu Bruce, que conquistou sua melhor posição nas paradas do Reino Unido – 3º lugar.

NA PÁGINA AO LADO Foi uma noite emocionante para a banda e os fãs quando Nicko fez sua reverência final no Allianz Parque, em São Paulo, em 7 de dezembro de 2024.

NESTA PÁGINA Após quatro décadas marcando o ritmo na bateria, Nicko encerra sua jornada.

Poucas horas antes da data final da The Future Past Tour, Nicko anunciou que, após 42 anos na bateria, não faria mais turnês com o Maiden. Lágrimas rolaram mundo afora, especialmente entre os 55 mil fãs que testemunharam sua despedida no Allianz Parque, em São Paulo. "Olho para o futuro com muito entusiasmo e grande esperança!", declarou. "Deus abençoe a todos e, claro, up the Irons!" Em nome da banda, Rod completou: "Obrigado por ser a força incansável por trás da banda por 42 anos. Nós te amamos, amigo; você sempre será parte do Maiden. Será mais silencioso sem você, mas nunca tão divertido!"

Foi um momento de profunda emoção para a banda e os fãs. A resposta da comunidade musical – incluindo muitos bateristas que citaram Nicko como sua inspiração – mostrou a enorme influência do Maiden e a forte conexão fraterna entre os fãs globalmente. A mudança ressaltou a estabilidade rara da formação do Maiden ao longo dos anos, um contraste com muitos outros grupos de longa data. Além disso, destacou o pragmatismo da banda ao anunciar, pouco depois, Simon Dawson, baterista do British Lion, para assumir o posto de Nicko.

Mesmo antes do fim da segunda etapa da The Future Past Tour, veio o anúncio de uma ambiciosa celebração dos 50 anos do Maiden. Com uma arte de Akirant que deu ao Eddie de *Killers* o cabelo do álbum de estreia e a cicatriz da lobotomia de *Piece of Mind*, a banda começou a anunciar datas em grandes locais pela Europa. Entre eles, o London Stadium, casa do West Ham e a poucos passos do pub Cart and Horses, onde o Maiden começou sua trajetória e onde seu espírito imortal ecoará por muitos anos.

Impressionantes 820 mil ingressos para a turnê europeia foram vendidos no primeiro fim de semana. Quanto mais eles seguem, mais populares se tornam, elevando o nível cada vez mais. O quão alto e o quão longe eles irão são as perguntas eternas para uma banda e organização tão conhecidas por sua alegre indiferença a qualquer obstáculo. Parafraseando uma certa letra, a melhor resposta parece ser "onde quer que seja e não importa o quão longe". "Eu estava jogando golfe com o Rod há um tempo", refletiu Dave Murray. "E eu disse a ele: 'Ah, por mim eu toco até o dia de São Nunca'. É engraçado: o que estamos fazendo tem sido um envelhecimento reverso. Deveríamos estar agindo de acordo com a nossa idade, mas não conseguimos, sabe?"

2000–

ADMIRÁVEL MUNDO NOVO

IRON MAIDEN
RUN FOR YOUR LIVES
WORLD TOUR 2025-26
FROM IRON MAIDEN TO Fear Of The Dark
SAT 28 JUNE 2025
LONDON STADIUM
IRONMAIDEN.COM

RUN FOR YOUR LIVES
WORLD TOUR
2025-2026

"Vamos proporcionar aos nossos fãs uma experiência única", afirmou Bruce sobre a turnê mundial Run For Your Lives. "Se vocês já nos viram antes, preparem-se para vivenciar algo completamente inédito. E se nunca nos viram, o que diabos estavam esperando? O Iron Maiden com certeza vai pegar vocês!" O repertório celebra o quinquagésimo aniversário do Maiden, com clássicos e músicas favoritas dos fãs dos nove primeiros álbuns – trazendo sangue novo à formação com Simon Dawson, do British Lion, agora na bateria. A turnê é mais espetacular e elaborada do que nunca, dando vida a músicas clássicas de maneiras inovadoras, com técnicas visuais como animação 3D e captura de movimento. O Iron Maiden e o diretor criativo Ben Smallwood colaboraram em um projeto de um ano com a produtora Partizan e o estúdio de animação Red Knuckles, e uma equipe de cerca de cinquenta artistas e produtores em vários países. "Parece fantástico, e sempre queremos avançar com novas tecnologias", disse Steve. "Foi incrível trabalhar com tantos artistas talentosos de todo o mundo, e alguns fãs de verdade do Maiden."

ACIMA "Nosso objetivo era criar um logo que capturasse a essência do Maiden e, simultaneamente, celebrasse este marco", explicou o artista Akirant. "Desenvolvi diversos esboços e designs até chegarmos a este, que foi entalhado em linóleo e impresso."

À DIREITA A arte de Hervé Monjeaud para a camiseta da turnê do show de 2025 em Praga — que se passa na Praça da Cidade Velha — em suas versões de rascunho e final. "Meu método é à moda antiga: tudo feito à mão", revelou o artista.

NA PÁGINA AO LADO A arte de Akirant estampa um pôster para o show no estádio do West Ham. "Meu amor pelo futebol e minha paixão pelo West Ham não são novidade para ninguém", declarou Steve, "e sei que muitos dos nossos fãs mundo afora compartilham esse sentimento comigo. Por isso, estamos todos muito empolgados em tocar no London Stadium."

NESTAS PÁGINAS O Eddie do aniversário de 50 anos é uma criação de Akirant e do diretor criativo Ben Smallwood — filho do empresário Rod. "Ben e eu buscávamos algo que celebrasse os Eddies mais marcantes ao longo desses cinquenta anos", explicou Akirant. "Claro, há muita influência dos primórdios, mas algumas das artes que desenvolvi escondem pequenos detalhes de toda a trajetória da banda. Tentem encontrar quantos conseguirem. Duvido que achem todos!"

ADMIRÁVEL MUNDO NOVO

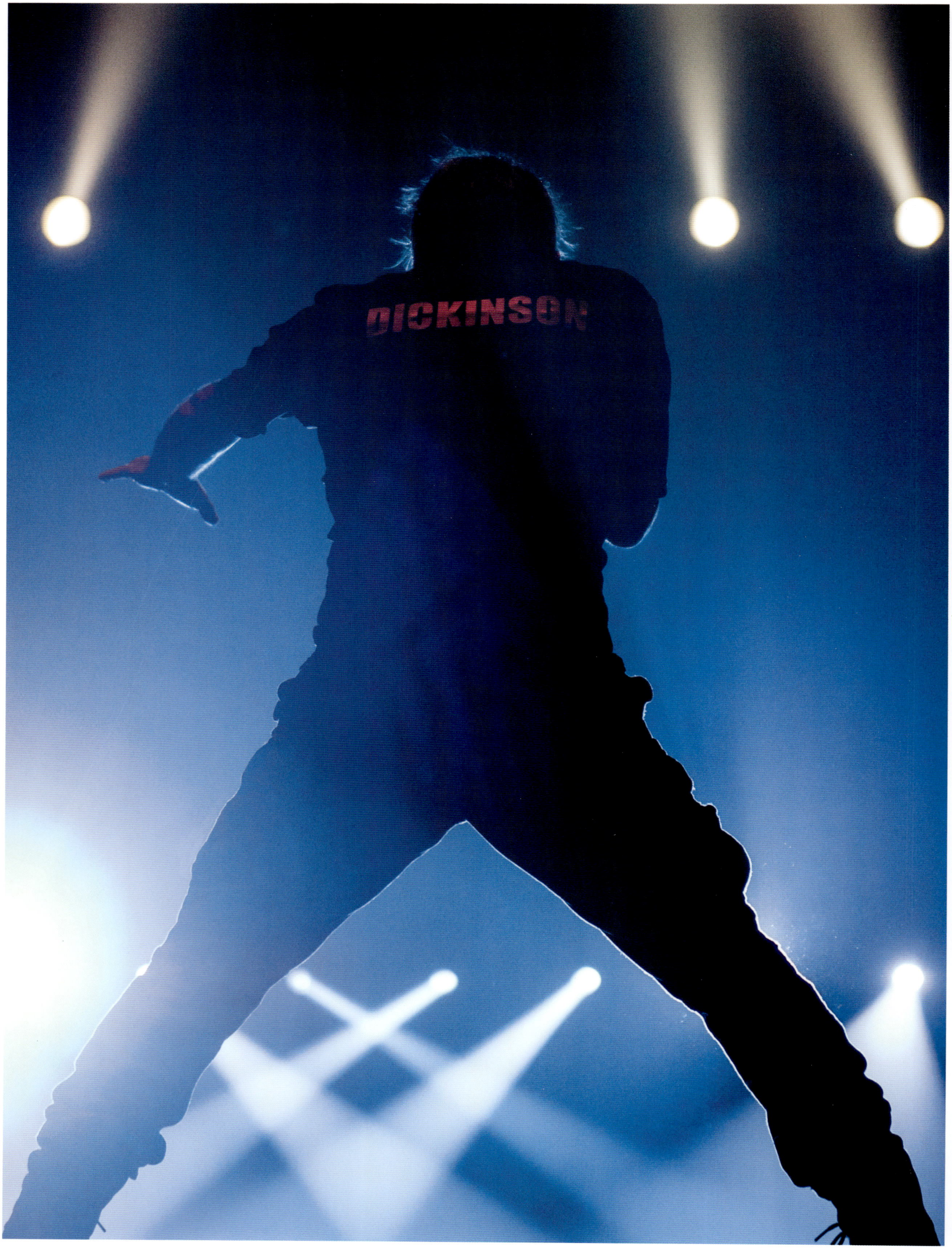
DICKINSON

POSFÁCIO

por Bruce Dickinson

Não me recordo do número exato de pessoas que encontramos, shows que realizamos ou álbuns que vendemos. Não é falta de interesse, mas sim porque o futuro sempre me chama. Prefiro focar no que está por vir a me prender ao passado.

O Maiden se tornou algo além do que sonhamos. Talvez alguém tenha vislumbrado nosso futuro, mas não trilhamos esse caminho conscientemente.

O Maiden nunca se deixou moldar pela ganância ou por uma falsa integridade que mascarasse a falta de talento.

Para mim, o Iron Maiden sempre foi um teatro da mente. A banda me permitiu explorar a arte de contar histórias em grande escala, com um público que amplifica nossas criações e as retribui com um amor e devoção incríveis.

Evito olhar para trás, pois a retrospectiva é exaustiva. A dimensão das nossas conquistas me impressiona – trabalhamos incansavelmente, e ainda assim, mantivemos nossa sanidade coletiva relativamente intacta.

Escrever um posfácio é algo curioso. Seria isso um retrocesso? Nunca fui fã de olhar para trás. Prefiro pensar que é um avanço, um questionamento: "Para onde vamos agora?".

Cada etapa nos levou ao próximo momento, não por planejamento, mas por uma sucessão natural de acontecimentos.

O jovem cantor atrevido, com corte de cabelo estilo tigela, transbordando atitude e ignorância... O artista em ascensão, aprendendo o ofício sob a tutela de Martin Birch... O poeta rebelde, trilhando um caminho solo e obstinado... E o filho pródigo, retornando ao lar.

Raízes e galhos se entrelaçam, unindo aprendizados do passado e promessas do futuro.

Alegria e tragédia se confundem na nossa jornada: membros da banda chegam e partem, amores surgem e se desfazem.

Até quando durará a ópera que é o Iron Maiden?

Essa é difícil... Nem eu saberia responder. Algumas coisas se expressam melhor na música:

"Para onde vou? Não sei. Só conheço o caminho que já trilhei..."

Sou o fantasma de um navegador ou o contador de histórias fantásticas em um navio a singrar um oceano pintado?

O poder da imaginação é o que perdura. Nossas histórias sobreviverão para as próximas gerações. Olhando para o futuro, vemos apenas a estrada à nossa frente. E para aqueles que ainda não conhecemos – ou que reencontraremos –, saibam que sempre haverá a chance de capturar o olhar de um estranho e convidá-lo a testemunhar os pesadelos do mar.

E a história... ah, essa nunca termina.

NA PÁGINA AO LADO Bruce comanda o palco da Horncastle Arena, em Christchurch, Nova Zelândia, em 29 de abril de 2016.

TURNÊS EM NÚMEROS

Shows dos Primórdios
01/05/1976 – 22/12/1979
SHOWS: 172
CIDADES: 35
PAÍSES: Inglaterra, Escócia, País de Gales
incluindo 7 shows como banda de abertura para: Samson, Angel Witch, Urchin

Metal for Muthas Tour
01/02/1980 – 11/02/1980
[O Maiden deixou a turnê para gravar o primeiro álbum]
SHOWS: 11
CIDADES: 11
PAÍSES: Escócia, Inglaterra

British Steel Tour
[Abrindo para o Judas Priest]
07/03/1980 – 01/04/1980
SHOWS: 20
CIDADES: 15
PAÍSES: País de Gales, Inglaterra, Escócia

IRON MAIDEN TOUR
02/04/1980 -21/12/1980
SHOWS: 97
CIDADES: 74
PAÍSES: Inglaterra, Bélgica, Escócia, País de Gales, Finlândia, Itália, Alemanha, França, Suíça, Países Baixos, Suécia, Dinamarca, Noruega
INCLUINDO 24 SHOWS ABRINDO PARA O KISS

KILLER WORLD TOUR
17/02/1981 -23/12/1981
SHOWS: 124
CIDADES: 114
PAÍSES: Inglaterra, Escócia, França, Itália, Suíça, Alemanha, Bélgica, Países Baixos, Japão, EUA, Canadá, Suécia, Dinamarca, Iugoslávia (atual Sérvia)
INCLUINDO 39 SHOWS ABRINDO PARA Judas Priest e UFO

1976 1980 1981

SOMEWHERE ON TOUR
10/09/1986 -21/05/1987
SHOWS: 151
CIDADES: 133
PAÍSES: Iugoslávia (atual Sérvia, Croácia e Eslovênia), Áustria, Hungria, Polônia, Inglaterra, País de Gales, Escócia, Finlândia, Suécia, Noruega, Alemanha, Países Baixos, Bélgica, França, Espanha, Portugal, Suíça, Itália, EUA, Canadá, Japão

SEVENTH TOUR OF A SEVENTH TOUR
28/04/1988 -12/12/1988
SHOWS: 100
CIDADES: 86
PAÍSES: Alemanha, EUA, Canadá, Inglaterra, Hungria, Áustria, Países Baixos, Suíça, Itália, Grécia, Espanha, Portugal, França, Bélgica, Dinamarca, Suécia, Finlândia, Noruega, País de Gales, Escócia, Japão

NO PRAYER ON THE ROAD TOUR
19/09/1990 -21/09/1991
SHOWS: 105
CIDADES: 97
PAÍSES: Inglaterra, Irlanda, Irlanda do Norte, Escócia, Espanha, Portugal, França, Bélgica, Países Baixos, Dinamarca, Noruega, Suécia, Finlândia, Alemanha, Itália, Canadá, EUA, Japão, Suíça

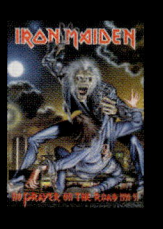

1986 1988 1990

VIRTUAL XI TOUR
22/04/1998 -12/12/1998
SHOWS: 87
CIDADES: 85
PAÍSES: Inglaterra, França, Itália, Alemanha, Bélgica, Países Baixos, Espanha, Portugal, Malta, EUA, Canadá, México, Grécia, Turquia, Hungria, Polônia, Rep. Tcheca, Dinamarca, Finlândia, Suécia, Suíça, Escócia, Japão, Brasil, Argentina

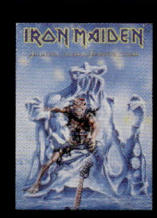

Ed Hunter Tour
11/07/1999-01/10/1999
SHOWS: 28
CIDADES: 27
PAÍSES: Canadá, EUA, França, Países Baixos, Alemanha, Finlândia, Suécia, Itália, Espanha, Grécia

BRAVE NEW WORLD TOUR
02.06.2000 -19.01.2001
SHOWS: 81
CIDADES: 77
PAÍSES: França, Países Baixos, República Tcheca, Eslováquia, Hungria, Eslovênia, Itália, Inglaterra, Polônia, Bélgica, Noruega, Suécia, Dinamarca, Finlândia, Estônia, Áustria, Alemanha, Suíça, Portugal, Espanha, Canadá, EUA, Japão, Escócia, Grécia, México, Argentina, Chile, Brasil

1998 1999 2000

Somewhere Back In Time Tour
01/02/2008-02/04/2009
SHOWS: 90
CIDADES: 79
PAÍSES: Índia, Austrália, Japão, EUA, México, Costa Rica, Colômbia, Brasil, Argentina, Chile, Porto Rico, Canadá, Itália, Bélgica, França, Inglaterra, Espanha, Suécia, Finlândia, Noruega, Dinamarca, Alemanha, Grécia, Romênia, Polônia, República Tcheca, Croácia, Hungria, Suíça, Países Baixos, Rússia, Sérvia, Emirados Árabes Unidos, Nova Zelândia, Venezuela, Equador, Peru

THE FINAL FRONTIER TOUR
09/06/2010 -06/08/2011
SHOWS: 98
CIDADES: 94
PAÍSES: EUA, Canadá, Irlanda, Inglaterra, Alemanha, Suécia, Finlândia, Noruega, Hungria, Romênia, Itália, Bélgica, Espanha, Rússia, Singapura, Indonésia, Austrália, Coreia do Sul, México, Colômbia, Peru, Brasil, Argentina, Chile, Porto Rico, Países Baixos, Polônia, República Tcheca, Áustria, Grécia, Turquia, Suíça, França, Dinamarca, Portugal, Escócia, País de Gales, Irlanda do Norte

Maiden England Tour
21/06/2012-05/07/2014
SHOWS: 100
CIDADES: 95
PAÍSES: EUA, Canadá, Espanha, Portugal, França, Itália, Alemanha, Inglaterra, Áustria, Suíça, Países Baixos, Eslováquia, Bélgica, Polônia, Suécia, Rússia, Finlândia, Romênia, Turquia, República Tcheca, Croácia, México, Brasil, Argentina, Paraguai, Chile, Hungria, Dinamarca, Bulgária, Sérvia, Noruega, Luxemburgo

2008 2010 2012

THE FUTURE PAST TOUR
28/05/2023 -07/12/2024
SHOWS: 81
CIDADES: 69
PAÍSES: Eslovênia, República Tcheca, Finlândia, Noruega, Suécia, Alemanha, Polônia, França, Suíça, Irlanda, Escócia, Inglaterra, Países Baixos, Bélgica, Itália, Espanha, Canadá, EUA, Austrália, Nova Zelândia, Japão, México, Colômbia, Chile, Argentina, Brasil

RUN FOR YOUR LIVES TOUR
27/05/2025 -02/08/2025
SHOWS: 32
CIDADES: 28
PAÍSES: Hungria, República Tcheca, Eslováquia, Noruega, Dinamarca, Suécia, Finlândia, Bélgica, Inglaterra, Irlanda, Escócia, França, Espanha, Portugal, Suíça, Alemanha, Itália, Áustria, Países Baixos, Polônia
[e continua...]

2023 2025

THE BEAST ON THE ROAD TOUR
25/02/1982 -10/12/1982

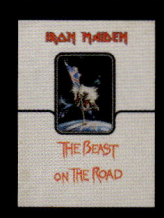

SHOWS: 184
CIDADES: 154
PAÍSES: Inglaterra, Escócia, França, Espanha, Suíça, Bélgica, Alemanha, Países Baixos, EUA, Canadá, Austrália, Japão
INCLUINDO 98 SHOWS ABRINDO PARA Scorpions, Rainbow, 38 Special, Foreigner e Judas Priest

WORLD PIECE TOUR
28/04/1983 -18/12/1983

SHOWS: 139
CIDADES: 130
PAÍSES: Alemanha, Inglaterra, Escócia, País de Gales, Finlândia, Suécia, Noruega, Dinamarca, Luxemburgo, Países Baixos, EUA, Canadá, Bélgica, França, Espanha, Suíça

WORLD SLAVERY TOUR
09/08/1984 -05/07/1985

SHOWS: 187
CIDADES: 167
PAÍSES: Polônia, Áustria, Hungria, Iugoslávia (atual Sérvia e Eslovênia), Itália, França, Espanha, Portugal, Escócia, Inglaterra, País de Gales, Alemanha, Bélgica, Países Baixos, Dinamarca, Suécia, Finlândia, Suíça, Canadá, EUA, Brasil, Japão, Austrália

1982 **1983** **1984**

FEAR OF THE DARK TOUR
03/06/1992 -04/11/1992

SHOWS: 65
CIDADES: 62
PAÍSES: Inglaterra, Islândia, EUA, Canadá, Argentina, Uruguai, Brasil, Alemanha, Bélgica, Dinamarca, Finlândia, Suécia, Noruega, Países Baixos, Suíça, França, Itália, Espanha, Porto Rico, México, Venezuela, Nova Zelândia, Austrália, Japão

A Real Live Tour
25/03/1993-04/06/1993
SHOWS: 43
CIDADES: 40
PAÍSES: Portugal, Espanha, República Tcheca, Eslováquia, Áustria, Países Baixos, França, Alemanha, Suécia, Itália, Inglaterra, Escócia, Irlanda, Irlanda do Norte, Suíça, Rússia

THE X FACTOUR
28/09/1995 -07/09/1996

SHOWS: 129
CIDADES: 122
PAÍSES: Israel, África do Sul, Grécia, Bulgária, Romênia, Hungria, Eslováquia, República Tcheca, Polônia, Finlândia, Suécia, Noruega, Dinamarca, Inglaterra, Escócia, País de Gales, Alemanha, Bélgica, França, Espanha, Portugal, Itália, Suíça, Áustria, Países Baixos, Eslovênia, Irlanda do Norte, Irlanda, Canadá, EUA, Japão, Brasil, Chile, Argentina, México

1992 **1993** **1995**

Give Me Ed...'Til I'm Dead Tour
23/05/2003-30/08/2003
SHOWS: 55
CIDADES: 53
PAÍSES: Espanha, França, Inglaterra, Polônia, Hungria, Alemanha, Áustria, Itália, Croácia, República Tcheca, Países Baixos, Suíça, Dinamarca, Suécia, Finlândia, Noruega, Bélgica, Portugal, EUA, Canadá

DANCE OF DEATH TOUR
19/10/2003 -08/02/2004

SHOWS: 48
CIDADES: 44
PAÍSES: Hungria, Eslováquia, República Tcheca, Alemanha, Itália, Suíça, Espanha, Dinamarca, Suécia, Bélgica, França, Polônia, Irlanda, Inglaterra, Escócia, Países Baixos, País de Gales, Finlândia, Argentina, Chile, Brasil, Canadá, EUA, Japão

Eddie Rips Up the World Tour
28/05/2005-02/09/2005
SHOWS: 45
CIDADES: 42
PAÍSES: República Tcheca, Polônia, Áustria, Alemanha, Islândia, Itália, Suíça, Portugal, Espanha, Grécia, França, Bélgica, Noruega, Países Baixos, Finlândia, Suécia, EUA, Canadá, Inglaterra, Irlanda

A MATTER OF LIFE AND DEATH TOUR
04/10/2006 -24/06/2007

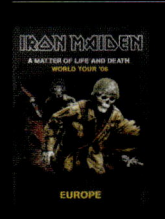

SHOWS: 60
CIDADES: 53
PAÍSES: EUA, Canadá, Japão, Dinamarca, Finlândia, Suécia, Noruega, Países Baixos, País de Gales, Itália, Suíça, Alemanha, Inglaterra, Escócia, Irlanda, Emirados Árabes Unidos, Grécia, Sérvia, Índia, Bulgária, Eslovênia, República Tcheca, Espanha, Bélgica

2003 **2005** **2006**

THE BOOK OF SOULS TOUR
24/02/2016 -22/07/2017

SHOWS: 117
CIDADES: 109
PAÍSES: EUA, México, El Salvador, Costa Rica, Chile, Argentina, Brasil, Canadá, Japão, China, Nova Zelândia, Austrália, África do Sul, Alemanha, Suíça, Áustria, Países Baixos, França, Inglaterra, Noruega, Suécia, Bélgica, Dinamarca, Lituânia, Rússia, Finlândia, Hungria, Polônia, República Tcheca, Eslováquia, Espanha, Portugal, Itália, Croácia, Romênia, Luxemburgo, Irlanda, Escócia, País de Gales

The Legacy of the Beast Tour
[Parte Um]
26/05/2018 – 15/10/2019
SHOWS: 82
CIDADES: 73
PAÍSES: Estônia, Finlândia, Suécia, Noruega, Dinamarca, Alemanha, Itália, Áustria, República Tcheca, Bélgica, França, Suíça, Hungria, Holanda, Portugal, Espanha, Grécia, Bulgária, Croácia, Polônia, Inglaterra, Irlanda do Norte, Escócia, EUA, Canadá, México, Brasil, Argentina, Chile

[Parte Dois]
22/05/2022 – 27/10/2022
SHOWS: 58
CIDADES: 57
PAÍSES: Croácia, Sérvia, Romênia, Lituânia, Letônia, Finlândia, Hungria, Inglaterra, Irlanda do Norte, Bélgica, Dinamarca, República Tcheca, Noruega, França, Países Baixos, Suíça, Alemanha, Itália, Áustria, Bulgária, Grécia, Suécia, Polônia, Espanha, Portugal, Brasil, México, EUA, Canadá

2016 **2018**

"Nós realmente nos orgulhamos da maneira como construímos nosso sucesso, porque não existem muitas bandas que o alcançaram da forma como nós", Steve declarou à *Kerrang!* em 1984. "Fazemos o que fazemos e, se outras pessoas não gostam, que se danem!".

Essa atitude alimentou mais de dois mil e quinhentos shows, de pubs a estádios internacionais.

"Não há nada pior do que ver uma banda que você gosta no palco e eles parecerem que não deveriam realmente estar ali", Dave disse ao *MusicRadar* enquanto o Maiden se preparava para a turnê Run For Your Lives. "Mas, no momento, a banda soa fantástica. Ainda temos aquela empolgação e adrenalina quando subimos ao palco. Continuamos curtindo, e é isso que realmente importa."

QUER SABER MAIS DETALHES SOBRE AS TURNÊS DO MAIDEN?
Acesse www.ironmaiden.com

TURNÊS EM NÚMEROS

CRÉDITOS DAS IMAGENS

Todos os esforços foram feitos para localizar e creditar os detentores dos direitos autorais do material reproduzido neste livro. A editora e o Iron Maiden pedem desculpas por quaisquer omissões ou erros, que poderão ser corrigidos em edições futuras.

Todos os objetos e adereços de palco, incluindo camisetas e pôsteres, relacionados a álbuns, singles e turnês do Iron Maiden são © Iron Maiden LLP, salvo indicação em contrário.

a = acima, **b** = abaixo, **c** = centro, **d** = direita, **e** = esquerda

1 Akirant @ 2025 Iron Maiden LLP. **2** Paul Slattery / Camera Press. **4** Foto por Ross Halfin. **6** Arquivo Steve Harris. **8** Foto por Chris Horler. Arquivo Iron Maiden. **11** Arquivo Steve Harris. **12** Coleção particular. **13a** Foto por Simon Pask. Arquivo Iron Maiden. **13e** Cortesia Anastasio Guerrero. **13d** Foto por Simon Pask. Arquivo Iron Maiden. **14–15** Fotos por Simon Pask. Arquivo Steve Harris. **16** Arquivo Iron Maiden. **17** Fotos por Simon Pask. Arquivo Iron Maiden. **18–21** Arquivo Iron Maiden. **22e** Foto de capa por Rob "Loonhouse" Yeatman. Foto de contracapa por Chris Harler. Design e arte por Steve Harris. © 1979 Iron Maiden LLP. **22ad** © 1978 Iron Maiden LLP. **22bd** © Spaceward Studios. **23** Arquivo Steve Harris. **24–25** Fotos por Dave "Lights" Beazley e Steve Harris. Arquivo Steve Harris. **26** Fotos por Simon Pask. Arquivo Steve Harris. **27** Fotos por Ross Halfin. **28, 29a** Fotos por Rob "Loonhouse" Yeatman. Arquivo Iron Maiden. **29c** Arquivo Iron Maiden. **29b** Foto por Rob "Loonhouse" Yeatman. Arquivo Iron Maiden. **30–31** Fotos por Ross Halfin. **32ae, 32b** Fotos por Virginia Turbett. **32ad** Foto por Chris Horler. Arquivo Iron Maiden. **33a** Coleção particular. **33b, 34** Fotos por Simon Pask. Arquivo Iron Maiden. **35** Fotos por Simon Pask. Cortesia Keith "COD" Chadwick. **36–37** Fotos por Chris Horler. Arquivo Iron Maiden. **38** Foto por Ross Halfin. **39** Foto por Anders Sune Berg. Cortesia Rasmus Stavnsborg. **40** Foto por Simon Pask. Arquivo Iron Maiden. **41** © Arquivo George Bodnar 1980 / IconicPix. **42–43** Fotos por Ross Halfin. **44** © Arquivo George Bodnar 1980 / IconicPix. **45** Ralph Morse / The LIFE Picture Collection / Shutterstock. **46–47** Ilustrações por Derek Riggs. © 1980 Iron Maiden LLP sob licença de Parlophone Music Group / Warner e Sanctuary Records Group / BMG. **48** Cortesia Anastasio Guerrero. **49** © Arquivo George Bodnar / IconicPix. **50–51** Fotos por Ross Halfin. **52a** © Arquivo George Bodnar 1980 / IconicPix. **52be** Foto por Simon Pask. Cortesia Keith "COD" Chadwick. **52bd** Fotos por Simon Pask. Arquivo Iron Maiden. **53a** Foto por Ross Halfin. **53b** © Arquivo George Bodnar 1980 / IconicPix. **54** Fotos por Simon Pask. Cortesia Dave Murray. **55–56** Fotos por Ross Halfin. **57e** Foto por Simon Pask. Arquivo Iron Maiden. **57d, 58, 59** Fotos por Ross Halfin. **60a** Ilustração por Derek Riggs. © 1980 Iron Maiden LLP sob licença de Parlophone Music Group / Warner e Sanctuary Records Group / BMG. **60b** Foto por Toshi Yajima. © 1980 Iron Maiden LLP sob licença de Parlophone Music Group / Warner e Sanctuary Records Group / BMG. **61** Dirigido por Brian Grant. Cinematografia por Dick Pope. © 1980 Iron Maiden LLP sob licença de Parlophone Music Group / Warner e Sanctuary Records Group / BMG. **62** Foto por Simon Pask. Cortesia Keith "COD" Chadwick. **63 fileira 1: e** Cortesia Matt Ward; **ce, cd, d** Fotos por Anders Sune Berg. Cortesia Rasmus Stavnsborg; **fileira 2–3:** Cortesia Matt Ward; **fileira 4:** Fotos por Simon Pask. Coleção particular. **64** Foto por Simon Fowler. **65** Foto por Simon Pask. Cortesia Keith "COD" Chadwick. **66–67** Ilustrações por Derek Riggs. © 1981 Iron Maiden LLP sob licença de Parlophone. **68** Foto por Simon Pask. Arquivo Steve Harris. **69** © Arquivo George Bodnar / IconicPix. **70–71** Foto por Ross Halfin. **72** Koh Hasebe / Shinko Music / Getty Images. **73** Fotos por Simon Pask. Cortesia Adrian Smith. **74–77** Fotos por Ross Halfin. **78** Foto por Simon Pask. Arquivo Steve Harris. **79** Foto por Simon Pask. Cortesia Keith "COD" Chadwick. **80** Ilustrações por Derek Riggs. © 1981 Iron Maiden LLP sob licença de Parlophone Music Group / Warner e Sanctuary Records Group / BMG. **81a** Foto por Chris Walter. **81b** Robert Landau / Alamy Stock Photo. **82 fileira 1: e** Foto por Simon Pask. Coleção particular; **d** Cortesia Matt Ward; **fileira 2: e, ce, cd** Fotos por Simon Pask. Coleção particular; **d** Cortesia Matt Ward; **fileira 3:** Cortesia Matt Ward. **83 fileira 1:** Cortesia Matt Ward; **fileira 2: e, ce** Fotos por Simon Pask. Coleção particular; **cd, d** Cortesia Matt Ward; **fileira 3: e** Cortesia Matt Ward; **ce, cd, d** Fotos por Simon Pask. Coleção particular. **84–88** Fotos por Ross Halfin. **89** Foto por Simon Pask. Cortesia Keith "COD" Chadwick. **90–91** Ilustrações por Derek Riggs. © 1982 Iron Maiden LLP sob licença de Parlophone Music Group / Warner e Sanctuary Records Group / BMG. **92–93** Fotos por Simon Fowler. **94–97** © Arquivo George Bodnar / IconicPix. **98a** © Dalle / IconicPix. **98b, 99** Fotos por Ross Halfin. **100** © PG Brunelli / IconicPix. **101** Fotos por Simon Pask. Cortesia Dave Murray. **102–103** Fotos por Noldo Vega. Cortesia Steve Harris. **104–107** Fotos por Ross Halfin. **108** Fotos por Simon Pask. Cortesia Keith "COD" Chadwick. **109** Coleção particular. **110–111** Foto por Ross Halfin. **112a, c** Steve Rapport / Getty Images. **112b** Foto por Ross Halfin. **113** Steve Rapport / Getty Images. **114 fileira 1:** Fotos por Simon Pask. Coleção particular; **fileira 2–3:** Cortesia Matt Ward. **115 fileira 1:** Fotos por Simon Pask. Coleção particular; **fileira 2:** Cortesia Matt Ward; **fileira 3: e, ce** Fotos por Simon Pask. Coleção particular; **cd, d** Cortesia Matt Ward. **116** Fotos por Ross Halfin. **117** Foto por Simon Fowler. **118, 119a** Fotos por Ross Halfin. **119c** © Arquivo George Bodnar / IconicPix. **119b** Foto por Ross Halfin. **120–121** Ilustrações por Derek Riggs. © 1983 Iron Maiden LLP sob licença de Parlophone Music Group / Warner e Sanctuary Records Group / BMG. **122** Dirigido por James "Jim" Yukich. © 1983 Iron Maiden LLP sob licença de Parlophone Music Group / Warner e Sanctuary Records Group / BMG. **123** Foto por Simon Pask. Arquivo Iron Maiden. **124** Fotos por Simon Pask. Cortesia Bruce Dickinson. **125–133** Fotos por Ross Halfin. **134 fileira 1:** Cortesia Matt Ward; **fileira 2: e, ce** Cortesia Matt Ward; **cd, d** Foto por Simon Pask. Coleção particular; **fileira 3:** Cortesia Matt Ward. **135 fileira 1–2:** Cortesia Matt Ward; **fileira 3: e, ce** Fotos por Simon Pask. Coleção particular; **cd, d** Cortesia Matt Ward. **137–139** Fotos por Ross Halfin. **140** Ilustração por Derek Riggs. © 1984 Iron Maiden LLP sob licença de Parlophone Music Group / Warner e Sanctuary Records Group / BMG. **141e** Foto por Anders Sune Berg. Cortesia Rasmus Stavnsborg. **141d** Foto por Moshe Brakha © 1983 Iron Maiden LLP sob licença de Parlophone Music Group / Warner e Sanctuary Records Group / BMG. **142** Ilustrações por Derek Riggs. © 1984 Iron Maiden LLP sob licença de Parlophone Music Group / Warner e Sanctuary Records Group / BMG. **143–145** Fotos por Ross Halfin. **146** © Arquivo George Bodnar / IconicPix. **147e** Foto por Ross Halfin. Cortesia Rasmus Stavnsborg. **147d** Fotos por Simon Pask. Coleção particular. **148–149** Foto por Ross Halfin. **150** Foto por Simon Pask. Arquivo Iron Maiden. **151–153** Fotos por Ross Halfin. **154** Fotos por Simon Pask. Cortesia Adrian Smith. **155** Foto por Ross Halfin. **156** Escultura de Aden Hynes. Foto por Anders Sune Berg. Cortesia Rasmus Stavnsborg. **157** Fotos por Ross Halfin. **158** Ilustração por Derek Riggs. Foto por Anders Sune Berg. Cortesia Rasmus Stavnsborg. **159–160** Fotos por Ross Halfin. **161** Coleção particular. **162–163** Fotos por Ross Halfin. **164–165** Ilustração por Derek Riggs. © 1985 Iron Maiden LLP sob licença de Parlophone Music Group / Warner e Sanctuary Records Group / BMG. **166 fileira 1:** Fotos por Simon Pask. Coleção particular; **fileira 2:** Fotos por Simon Pask. Coleção particular; **fileira 3: e, ce** Fotos por Simon Pask. Coleção particular; **cd, d** Cortesia Matt Ward. **167** Cortesia Matt Ward. **168–169** Fotos por Ross Halfin. **170** Ilustração por Derek Riggs. © 1986 Iron Maiden LLP sob licença de Parlophone Music Group / Warner e Sanctuary Records Group / BMG. **171** Ilustrações por Derek Riggs. Foto por Anders Sune Berg. Cortesia Rasmus Stavnsborg. **172–174** Ilustrações por Derek Riggs. © 1986 Iron Maiden LLP sob licença de Parlophone Music Group / Warner e Sanctuary Records Group / BMG. **175** Directed by James "Jim" Yukich. © 1986 Iron Maiden LLP sob licença de Parlophone Music Group / Warner e Sanctuary Records Group / BMG. **176** Foto por Tony Mottram. **177** Foto por Anders Sune Berg. Cortesia Rasmus Stavnsborg. **178–179** Foto por Ross Halfin. **180** © George Bodnar / IconicPix. **181** Foto por Ross Halfin. **182–183** © Gene Ambo / IconicPix. **184** Foto por Simon Pask. Coleção particular. **185–187** Fotos por Ross Halfin. **188** Cortesia Matt Ward. **189 fileira 1:** Foto por Simon Pask. Coleção particular; **fileira 2–3:** Cortesia Matt Ward. **190 coluna 1: a, c** Foto por Simon Pask. Arquivo Iron Maiden; **b** Foto por Anders Sune Berg. Cortesia Rasmus Stavnsborg. **coluna 2:** Fotos por Anders Sune Berg. Cortesia Rasmus Stavnsborg. **coluna 3: a** Cortesia Keith Wilfort; **b** Cortesia Alexander Milas, Iron Maiden F.C. **191 coluna 1:** Cortesia Alexander Milas, Iron Maiden F.C.; **coluna 2: a** Foto por Anders Sune Berg. Cortesia Rasmus Stavnsborg; **c** Ilustração por Derek Riggs. Foto por Anders Sune Berg. Cortesia Rasmus Stavnsborg; **b** Foto por Anders Sune Berg. Cortesia Rasmus Stavnsborg; **coluna 3:** Fotos por Anders Sune Berg. Cortesia Rasmus Stavnsborg. **192–193** Fotos por Ross Halfin. **194–196** Ilustrações por Derek Riggs. © 1988 Iron Maiden LLP sob licença de Parlophone Music Group / Warner e Sanctuary Records Group / BMG. **197** Foto por Simon Pask. Arquivo Steve Harris. **198e** Foto por Anders Sune Berg. Cortesia Rasmus Stavnsborg. **198d, 199e** Arquivo Iron Maiden. **199d** Foto por Anders Sune Berg. Cortesia Rasmus Stavnsborg. **200–203** Foto por Ross Halfin. **204** Fotos por Anders Sune Berg. Cortesia Rasmus Stavnsborg. **205** Foto por Ross Halfin. **206 fileira 1:** Cortesia Matt Ward; **fileira 2: e** Cortesia Matt Ward; **ce** Foto por Simon Pask. Coleção particular; **cd, d** Cortesia Matt Ward; **fileira 3:** Foto por Simon Pask. Coleção particular. **207 fileira 1:** Foto por Simon Pask. Coleção particular; **fileira 2: e, ce** Foto por Simon Pask. Coleção particular; **cd, d** Cortesia Matt Ward; **fileira 3:** Foto por Simon Pask. Coleção particular. **208–211** Fotos por Ross Halfin. **212** Ilustração por Derek Riggs. © 1990 Iron Maiden LLP sob licença de Parlophone Music Group / Warner e Sanctuary Records Group / BMG. **213** Foto por Ross Halfin. **214–216** Ilustrações por Derek Riggs. © 1990 Iron Maiden LLP sob licença de Parlophone Music Group / Warner e Sanctuary Records Group / BMG. **217** Ilustração por Derek Riggs. Foto por Anders Sune Berg. Cortesia Rasmus Stavnsborg. **218–219** Foto por Ross Halfin. **220** Fotos por Noldo Vega. Cortesia Janick Gers. **221** Ian Dickson / Getty Images. **222** Foto por Phil Anstice. © 1992 Iron Maiden LLP sob licença de Parlophone

Music Group / Warner e Sanctuary Records Group / BMG. **224** Ilustração por Melvyn Grant. © 1992 Iron Maiden LLP sob licença de Parlophone Music Group / Warner e Sanctuary Records Group / BMG. **225** Ilustrações por Melvyn Grant. **226a** Ilustração por Derek Riggs. © 1992 Iron Maiden LLP sob licença de Parlophone Music Group / Warner e Sanctuary Records Group / BMG. **226b** Foto por Tony Mottram. © 1992 Iron Maiden LLP sob licença de Parlophone Music Group / Warner e Sanctuary Records Group / BMG. **227** Foto por Anders Sune Berg. Cortesia Rasmus Stavnsborg. **228** Foto por George Chin. **229** Design por Talismen. Escultura de Mark Cordoroy. Foto por Anders Sune Berg. Cortesia Rasmus Stavnsborg. **230** Ilustração por Mark Wilkinson. Foto por Anders Sune Berg. Cortesia Rasmus Stavnsborg. **231** Fotos por Ross Halfin. **232–233** Fotos por Simon Pask. Cortesia Steve Harris. **234–235 fileira 1**: Ilustrações por Derek Riggs. © 1993 Iron Maiden LLP sob licença de Parlophone Music Group / Warner e Sanctuary Records Group / BMG. **234–235 fileira 2: e** Ilustração por Derek Riggs. © 1989 Iron Maiden LLP sob licença de Parlophone Music Group / Warner e Sanctuary Records Group / BMG; **ce** Ilustração por Mark Wilkinson. © 1992 Iron Maiden LLP sob licença de Parlophone Music Group / Warner e Sanctuary Records Group / BMG; **cd** Ilustração por Derek Riggs © 1990 Iron Maiden LLP sob licença de Parlophone Music Group / Warner e Sanctuary Records Group / BMG. Versão japonesa do lançamento mundial; **r** Ilustração por Derek Riggs © 1993 Iron Maiden LLP sob licença de Parlophone Music Group / Warner e Sanctuary Records Group / BMG. **236 fileira 1**: Fotos por Simon Pask. Coleção particular; **fileira 2–3**: Cortesia Matt Ward. **237 fileira 1**: Fotos por Simon Pask. Coleção particular; **fileira 2**: Cortesia Matt Ward; **fileira 3: e, ce** Fotos por Simon Pask. Coleção particular; **cd, d** Coleção particular. **238 fileira 1**: Fotos por Anders Sune Berg. Cortesia Rasmus Stavnsborg; **fileira 2: e, c** Foto por Simon Pask. Cortesia Amber Steel; **d** Foto por Simon Pask. Cortesia Jason Pantaleo. **239 fileira 1**: Foto por Anders Sune Berg. Cortesia Rasmus Stavnsborg; **fileira 2: e** Foto por Simon Pask. Cortesia Jason Pantaleo; **c, d** Foto por Simon Pask. Cortesia Ben Howell. **240** Foto por Ross Halfin. **241** Foto por George Chin. **242** Direção de arte, design e ilustração por Hugh Syme. © 1995 Iron Maiden LLP sob licença de Parlophone Music Group / Warner e Sanctuary Records Group / BMG. **243** Ilustração por Hugh Syme. Cortesia Anastasio Guerrero. **244–245** Fotos por Ross Halfin. **246** Foto por Gavin Smith, Camera Press London. **247** Foto por Ed Sirrs, Camera Press London. **249** © Hans-Martin Issler / IconicPix. **250** Ilustração por Melvyn Grant. © 1998 Iron Maiden LLP sob licença de Parlophone Music Group / Warner e Sanctuary Records Group / BMG. **251ae** Foto por Ross Halfin. **251ac** Foto por George Chin. **251ad** Foto por Ross Halfin. **251b** Ilustração por Derek Riggs. Foto por Ross Halfin. © 1998 Iron Maiden LLP sob licença de Parlophone Music Group / Warner e Sanctuary Records Group / BMG. **252ae** 3D por Synthetic Dimensions. Cortesia Anastasio Guerrero. **252ce, be, d** 3D por Synthetic Dimensions. **253a** © George Chin / IconicPix. **253b** Foto por Ross Halfin. **254–255** © George Chin / IconicPix. **256** Fotos por Ross Halfin. **257** Paul Bergen / Getty Images. **258** Foto por John McMurtrie. **261** Fotos por Ross Halfin. **262** Arte por Derek Riggs e Steve Stone. © 2000 Iron Maiden LLP sob licença de Parlophone Music Group / Warner e Sanctuary Records Group / BMG. **263** Foto por Dean Karr. **264** Ilustrações por Mark Wilkinson. © 2000 Iron Maiden LLP sob licença de Parlophone Music Group / Warner e Sanctuary Records Group / BMG. **265** Fotos por Dean Karr. **266** Fotos por Simon Pask. Arquivo Iron Maiden. **267a** Foto por Ross Halfin. **267b** Pete Still / Getty Images. **268** Fotos por Ross Halfin. **269** Foto por Mick Hutson. Foto de Eddie por Dean Karr. Cortesia of Rasmus Stavnsborg. **270** Design de palco por Hangman. **271** Fotos por Kevin Shirley. **272** © 2003 Iron Maiden LLP sob licença de Parlophone Music Group / Warner e Sanctuary Records Group / BMG. **273** Fotos por Simon Pask. Arquivo Iron Maiden. **274–275** Foto por Ross Halfin. **277** Dirigido por Howard Greenhalgh. © 2003 Iron Maiden LLP sob licença de Parlophone Music Group / Warner e Sanctuary Records Group / BMG. **278** Ilustração por Tim Bradsheet com Grant Goleash. © 2006 Iron Maiden LLP sob licença de Parlophone Music Group / Warner e Sanctuary Records Group / BMG. **279** Fotos por Live From Abbey Road / Michael Gleason / Getty Images. **280** Escultura de Aden Hynes. Foto por Simon Pask. Arquivo Iron Maiden. **281, 282a** Fotos por John McMurtrie. **282b** Airliners Illustrated. **283e** Fotos por Simon Pask. Arquivo Iron Maiden. **283d, 284e** Fotos por John McMurtrie. **284d** Fotos por Anders Sune Berg. Cortesia Rasmus Stavnsborg. **285a** Foto por Ricardo Tomás Morales Centeno. **285c** Foto por Geoffrey Lee. **285b** Foto por Justin de Reuck. **286** Fotos por John McMurtrie. **287a** Arquivo Iron Maiden. **287b** Foto por Jonathan Rose. **288–289** Fotos por John McMurtrie. **290** Ilustração por Melvyn Grant. © 2010 Iron Maiden LLP sob licença de Parlophone Music Group / Warner e Sanctuary Records Group / BMG. **291a, be** Ilustração por Anthony Dry. © 2010 Iron Maiden LLP sob licença de Parlophone Music Group / Warner e Sanctuary Records Group / BMG. **291be** Ilustração de Anthony Dry. © 2011 Iron Maiden LLP sob licença de Parlophone Music Group / Warner e Sanctuary Records Group / BMG. **292–293** Foto por John McMurtrie. **294e** Escultura de Aden Hynes. Foto por Anders Sune Berg. Cortesia Rasmus Stavnsborg. **294d** Foto por Simon Pask. Arquivo Iron Maiden. **295** Arte por Melvyn Grant. **296–297** Foto por John McMurtrie. **298–299** Fotos por Simon Pask. Cortesia Nicko McBrain. **300** Fotos por Simon Pask. Arquivo Iron Maiden. **301** Foto por John McMurtrie. **303** Arte por Hervé Monjeaud. **304–305a** Foto por Nick Jakins. **304be** © 2013 Maiden Brews Limited. **304bc** © 2017 Maiden Brews Limited. **304bd** © 2024 Maiden Brews Limited. **305ce, be, bd, 306** Fotos por John McMurtrie. **307** Coleção particular. **308** Ilustração por Mark Wilkinson. Fonte Maya design por Jorge Letona. © 2015 Iron Maiden LLP sob licença de Parlophone Music Group / Warner e Sanctuary Records Group / BMG. **309** Design por Hangman. **310** Foto por Anders Sune Berg. Cortesia Rasmus Stavnsborg. **311a** Ilustração por Mark Wilkinson. **311b** Ilustrações por Mark Wilkinson. Cortesia Anastasio Guerrero. **312** Fotos por Simon Pask. Cortesia Bruce Dickinson. **313e** Trinity Mirror / Mirrorpix / Alamy Stock Photo. **313ad** Arte por Hervé Monjeaud. © 2016 Iron Maiden LLP sob licença de Parlophone Music Group / Warner e Sanctuary Records Group / BMG. **314–315** Foto por John McMurtrie. **316** Escultura de Aden Hynes. Fotos por Simon Pask. Arquivo Iron Maiden. **317–318** Fotos por John McMurtrie. **319a** Fotos por Simon Pask. Arquivo Iron Maiden. **319b** Foto por Griffin Dickinson. **320–321** Terje Dokken / Gonzales Photo / Avalon. **322–323** Foto por Simon Pask. Cortesia Nicko McBrain. **324** Arte do game por Nodding Frog. **325e** Arte por Kevin West. Publicado por Heavy Metal Magazine. **325d** Produzido por Stern Pinball. Foto por Anders Sune Berg. Cortesia Rasmus Stavnsborg. **326ae** Foto por Ross Halfin. **326be** Foto por Noldo Vega. Cortesia Steve Harris. **326d** Arquivo Steve Harris. **327e** Foto por Simon Pask. Coleção particular. **327ac** Fabio Diena / Alamy Stock Photo. **327ad** © George Chin / IconicPix. **327bd** Foto por John McMurtrie. **328** Ilustração por Ishikawa Masumi. Escultura Baba Saeko. Impresso por Tetsui Hirokazu. **329** Ilustração por Ishikawa Masumi. Escultura Watanabe Kazuo. Impresso por Yoshida Hideo. **330** Ilustração por Mark Wilkinson. Caligrafia Ruth Rowland. © 2021 Iron Maiden LLP sob licença de Parlophone Music Group / Warner e Sanctuary Records Group / BMG. **331** Ilustração por Akirant. **332** Dirigido por Nicos Livesey. Produção de animação por BlinkInk. © 2021 Iron Maiden LLP sob licença de Parlophone Music Group / Warner e Sanctuary Records Group / BMG. **333** © 2021 Iron Maiden LLP sob licença de Parlophone Music Group / Warner e Sanctuary Records Group / BMG. **334** Fotos por John McMurtrie. **335** Ilustração por Akirant. **336–339** Fotos por John McMurtrie. **340, 341e** Ilustrações por Akirant. **341d** Ilustrações por Hervé Monjeaud. **342–342** Arte por Akirant. **344** Foto por John McMurtrie. **346 fileira 1**: Ilustração por Derek Riggs. Foto por Anders Sune Berg. Cortesia Rasmus Stavnsborg; **fileira 2**: Ilustração por Derek Riggs. Foto por Anders Sune Berg. Cortesia Rasmus Stavnsborg; **fileira 3: e** Foto por Anders Sune Berg. Cortesia Rasmus Stavnsborg; **d** Ilustração por Peacock e Derek Riggs. Foto por Anders Sune Berg. Cortesia Rasmus Stavnsborg; **fileira 4**: Arte por Melvyn Grant. Foto por Anders Sune Berg. Cortesia Rasmus Stavnsborg; **fileira 5: e** Ilustração por Akirant. Foto por Anders Sune Berg. Cortesia Rasmus Stavnsborg; **d** Ilustração por Akirant. **347 fileira 1**: Ilustração por Derek Riggs. Foto por Anders Sune Berg. Cortesia Rasmus Stavnsborg. **fileira 2: e** Ilustração por Mark Wilkinson. Foto por Anders Sune Berg. Cortesia Rasmus Stavnsborg; **d** Ilustração por Hugh Syme. Foto por Anders Sune Berg. Cortesia Rasmus Stavnsborg; **fileira 3: e** Foto por Anders Sune Berg. Cortesia Rasmus Stavnsborg; **d** Ilustração por Tim Bradsheet com Grant Goleash. Foto por Anders Sune Berg. Cortesia Rasmus Stavnsborg; **fileira 4**: Ilustração por Mark Wilkinson. Foto por Anders Sune Berg. Cortesia Rasmus Stavnsborg.

ÍNDICE

Os números de página das ilustrações são mostrados em *itálico*.

A

"Aces High" *142*
adereços *156–7, 159, 178–83, 198–9, 227, 266–7, 280–1, 288–9, 300*
adereços de palco de gelo *198–9, 300–1*
"Afraid to Shoot Strangers" 248
Akirant 328, *331, 335, 338, 340–3*
Alemanha *76–7,* 230
"Alexander the Great" 328
América do Norte 65, 116, 269
Anderson, Ian 86
Andrews, Mark 328, *333*
aniversário de 50 anos 338, *340–3*
"Angel and the Gambler, The" 248
"Another Life" 270
anúncios na imprensa musical *34–5, 40*
Ash, Leslie *61*
Asprilla *251*
audições 65, 223, 240

B

Bahamas 119, *119,* 137, *138–9,* 140, *168,* 170
baixos *102–3, 127, 232–3, 326*
Banquete de Belsazar 328, *333*
Barnett, Andy 174
baterias *126, 298–9, 322–3*
Bayley, Blaze 223, 240, *241,* 248, *249*
BBC Radio 1 23
"Be Quick or Be Dead" 213, *226*
Beast on the Road (turnê) 94, 95, 98, 100, *104–5, 106–7,* 109
Beazley, Dave "Lights" 21, 24, 45, *202*
Behind the Iron Curtain (documentário) 147
Best of the Beast 248
Birch, Martin 65, 89, 119, *119,* 169, 213
Blackmore, Ritchie 99
Bloco Comunista 144, *144–7*
"Blood Brothers" 260
bolos *125,* 187
Book of Souls: Live Chapter, The 307
Book of Souls, The 307, 308, 311
Book of Souls Tour, The *282, 285, 307, 307, 309, 310*
Bradstreet, Tim 276, *278*
Brasil *ver* Rock In Rio
Brasil, São Paulo *296–7, 339*
Brave New World 260, *262–4,* 270

"Brave New World" 269
Brave New World Tour 260, *261,* 269
"Brighter Than a Thousand Suns" 279
"Bring Your Daughter... to the Slaughter" 213, *216–17*
British Drum Company 299
British Lion 307
British Metal Onslaught 125
Bryant, Pete *24–5,* 33
Burr, Clive
  junta-se à banda 40
  deixa a banda 116, 118, 119, 213
  fundo de caridade para 269
  em imagens *75*
Bushell, Gary 107

C

Cairns, Paul "Mad Mac" 20
camisetas
  dos anos 1970 *63*
  dos anos 1980 *63, 82–3, 114–15, 134–5, 166–7, 188–9, 206–7*
  em imagens *105, 113, 125, 159, 296–7, 317, 336*
  dos anos 1990 *236–7*
  dos anos 2010 *303*
"Can I Play with Madness" 193, *196*
capas de CD *215*
Cappadocia, Pete "Pyro Pete" 187
"Caught Somewhere in Time" 169
ceifadores *273*
Chapman, Graham 193, *196*
Charge of the Light Brigade, The (filme) 123
"Charlotte the Harlot" 213, 270
Charlotte the Harlot 226
Chester, Alan 276
"Children of the Damned" 95, 269
Chile 302
Chin, George 228
"Clairvoyant, The" 193, *196,* 197
"Clansman, The" 248, 250, 253, 269
coletes *238–9*
"Coming Home" 291
Compass Point Studios, Bahamas 119, 137, *138–9,* 140, *168,* 170
composições 68, 89, 124, 169, 197, 260, 270, 312
Coney Hatch 155
contrato de gravação, primeiro 40
Cordory, Mark 228
Cortina de Ferro 144–5, 147
"Cross-Eyed Mary" 121, 269

D

Dance of Death 270, *271, 272*
Dance of Death (turnê) 270, *273, 274–5,* 276
Darnley, John 40
Dawson, Simon 338, *341*
Day, Paul 10, *12,* 14
Dean Baby ML *72–3,* 127

Dean V 127
Death on the Road 276
demos 20, 33
design de palco *270,* 276
Deusa Verde *24–5*
Di'Anno, Paul
  na banda 10, 33, *33*
  deixa a banda 65, *78–9,* 80
  carreira posterior 213, 328
  em imagens *28, 50*
Dickinson, Bruce
  primórdios 86
  junta-se à banda 79, 89
  na banda 145, 345
  deixa a banda 223
  retorna à banda 248, 253
  diagnóstico de câncer 307
  jaqueta de exoesqueleto 169, *184–5*
  esgrima *176–7*
  piloto 276, *282–3, 287,* 302
  Mandrake Project, The 338
  compositor 124, 169, 312
  Tattooed Millionaire 213
  Trooper (cerveja) *304–5*
"Die with Your Boots On" 124, 269
"Different World" 276, *277*
"Doctor Doctor" 134
Donington Park *202–5,* 231, 240, 276, 302
Dry, Anthony 291
Dunstable 94, 98
DVDs 269

E

Ed Force One *282–7,* 287, 302, 307
Ed Hunter (coletânea) 253
Ed Hunter (game) *252,* 253
Ed Hunter Tour 253, *254–5*
Eddie-morcego *228–30,* 237
Eddie Ciborgue *170–4,* 174, *337*
Eddie Comandante de Tanque *280–1*
Eddie de "The Wicker Man" *265–7*
Eddie Múmia *148–53, 156–8, 288–9*
Eddie Predador *294–5*
Eddie Samurai 328, *329, 330–3*
Eddie
  como Steve *233–5*
  inspiração e aparência inicial 45, *45–8*
  merchandising *82–3,* 95, *191, 303*
  no palco *52, 98–9, 148, 151–3, 289, 301, 336–7*
  adereços de palco *150, 156–7, 198–9, 266, 280–1, 288, 294–5, 300–1, 310*
  Book of Souls, The *308–11*
  Brave New World *262–7*
  Fear of the Dark 224–6, 228–30
  Final Frontier, The 290–1, 294–5
  Killers 65, 66–7

Legacy of the Beast (game) *324–5*
Live After Death *164–5*
Maiden Japan 80–1
Matter of Life and Death, A 277–8
No Prayer for the Dying 214–17
No Prayer on the Road (turnê) 212
The Number of the Beast 90–1, 95
Piece of Mind 119, *120–1,* 125
Powerslave 140–2, 148–53
Senjutsu 330–3, 335
Seventh Son of a Seventh Son 193, *194–6, 300*
Somewhere in Time 169, *170–3*
Virtual XI 250
X-Factor, The 242–3
Eddie Rips Up the World Tour 270
Eddie's Archive 23, 269
Edginton, Ian 325
Edward the Great 269
"El Dorado" 291, 302
EMI 40
"Empire of the Clouds" 307, *312–3*
empresariamento 33, 89
En Vivo! (DVD) 302
Entire Population of Hackney, The 170
esgrima *176–7*
Estados Unidos
  Fort Lauderdale, Florida *292–3*
  Long Beach Arena, California *187*
  New York City Palladium *110–11*
  Rosemont Horizon, Illinois *182–3*
  Sacramento, California *162–3*
  Texas *104–5*
"Evil That Men Do, The" 196, 276

F

fãs 32, *190–1*
fama de satanista 95, 119, 216, 223, 302
Fear of the Dark 213, 222, 223, *224–5, 228–9*
"Fear of the Dark" 213, 223, 234, 276, 302
Fender Precision *102–3,* 127, *232–3, 326*
Fender Stratocasters *54–5, 72–3, 220–1*
Final Frontier, The 290, 302
"Final Frontier, The" 291
Final Frontier Tour, The *282, 292–8,* 302
First Ten Years, The (laser disc) 235
Flight 666 (documentário) 282, 287, *287*
"Flight of Icarus" 121, 125, 328

futebol 10, 240, 251, 307 *ver também* West Ham United
"For the Greater Good of God" 276
formação
  nos anos 1970 *12, 18,* 30
  nos anos 1980 43, 56, 64, 69, 87, *92–3,* 112, *116–17, 138–9,* 141
  nos anos 1990 211, 245, 251, 253
  mudanças na formação 10–20, 40, 65, 86, 116, 118, 210, 248, 253, 338
França, Paris 69, 98, *254–5*
From Fear to Eternity 302
"From Here to Eternity" 226, *227*
From There to Eternity (VHS) 234
Future Past Tour, The 328, *334–7,* 338
"Futureal" 253

G

games 253, 328, *324–5*
"Gangland" 91, 95
gárgulas *316*
Gascoigne, Paul 251
Genghis Khan 89
Gers, Janick
  junta-se à banda 210
  na banda 213, 214
  guitarras *220–1*
Gibson Les Paul Heritage Series Standard 80 *100–1*
Gillan, Ian 86, 210
Give Me Ed...'Til I'm Dead (turnê) 269, *270*
Golden Summernight Festival, Darmstadt *76–7*
Gordon, Andrew 328, *333*
Grant, Melvyn
  Fear of the Dark 213, 223, *224–5*
  Final Frontier, The 290, 302
  Virtual XI 250
Green, Nigel 240
Greenhalgh, Howard 277
guarda-roupa 188, 213
Guinness World Records *238–9*
Gypsy's Kiss 10, *11, 172,* 232

H

Halfin, Ross *42–3,* 108, 136, 143, 248
"Hallowed Be Thy Name" 95, 223, 276, 279
Harris, Steve
  primórdios 10
  na banda 7
  diário de *14–15,* 26
  British Lion 307
  instrumentos *102–3,* 127, *232–3, 326*
  letras 68, 197
  West Ham United *326–7*
  em imagens *6, 11, 51, 74, 186*
"Heaven Can Wait" 169
Hickman, Peter 305
Hideo, Yoshida 329

Hirokazu, Tetsui 328
History of Iron Maiden – Part I: The Early Days, The (documentário) 270
Holanda *256–7,* 261
"Holy Smoke" 213, 216
Holy Smokers, The 210, 213
"Hooks in You" 213
Hynes, Aden *280–1, 294,* 316

I

"I Got the Fire" 121
Ibanez Destroyer II *72, 100–1*
"Infinite Dreams" 197, 210
infláveis *178–83*
instrumentos
  Dean Baby ML *73*
  Dean V 127
  Fender Precision *102–3,* 127, *232–3, 326*
  Fender Stratocasters *54–5, 72–3*
  Janick Gers *220–1*
  guitarra fuzil *227*
  Steve Harris *102–3, 232–3*
  Ibanez Destroyer II *72*
  Lado Earth 2000 *154–5*
  Dave Murray *100–1*
  Eddie Predador *294*
  Adrian Smith *72–3,* 127, *154–5*
intro (gravação) 39
"Invasion" 20
Iron Maiden 45, 46, 213
Iron Maiden F.C. *190–1*
Iron Maiden Live!!+One 60
"Iron Maiden" 20, *21,* 276, *317*
"Isle of Avalon" 302
Iugoslávia *74–5*
"I've Got the Fire" 47

J

jaquetas *62,* 169, *184–5, 238–9*
jaqueta de exoesqueleto 169, *184–5*
Japão *70–1,* 80
Jenkins, Ken 24
Jersey *116–17*
"Journeyman" 270
Judas Priest 45, 65, 116, 125

K

Kail, Charlie *156–7*
Karr, Dean 264
Kay, Neal 20, *28–9,* 40, 44, 48
Kazuo, Watanabe 329
Kenney, Michael *102,* 193
Killer Krew *166,* 189, *207,* 287
Killer World Tour 65, *65,* 69, *74–7*
Killers 65, 66
KISS (turnê abrindo para o) 45, *56–9*
Knebworth, Sonisphere Festival 307
Kossoff, Paul 55

L

Lado Earth 2000 154–5
Legacy of the Beast (game) 324–5
Legacy of the Beast World Tour 314–23, 328
"Legacy, The" 276
Leon, Llexi 325
Lister, Perri 61
Live After Death 145, 164–5
Live After Death (DVD) 287
Live at Donington 240
Live From Abbey Road (Channel 4) 279
Livesey, Nicos 328, 333
logo 13, 17, 250
Londres
  Blind Beggar 18
  Bridge House 16
  Brixton Academy 246–7
  Cart and Horses (pub) 12
  Earl of Essex (pub) 87
  Hammersmith Odeon 44, 169, 180
  Highgate Cemetery 92–3
  London Stadium 338, 340
  Lyceum Ballroom 41
  Marquee Club 40
  Music Machine, Camden 19, 32, 36–8, 86
  O2 Arena 336
  Rainbow Theatre 34–5, 49–50, 61
  Ruskin Arms (pub) 89, 169
  Soundhouse 20, 27, 28–9, 40
  Swan (pub) 33
  Walthamstow Assembly Hall 13
  Windsor Castle (pub) 33
London Dungeon 42–3
"Longest Day, The" 276
"Lord of Light" 276

M

Maiden England 210, 240, 302
Maiden England (turnê) 299, 300–1, 306
Maiden England (VHS) 234
Maiden Japan 65, 80
"Maiden March" 39
Malone, Wil 45
"Man on the Edge" 240, 244–5, 253
Mandrake Project, The 338
Masada 244–5
máscaras 21, 52, 118, 158, 193
Masumi, Ishikawa 328, 329
Matter of Life and Death, A 276, 278
Matter of Life and Death, A (turnê) 276, 280–1
Matter of the Beast, A (turnê) 276
Matthews, Ron "Rebel" 10, 12, 13, 16
Maxwell, Keith 319
McBrain, Michael Henry *ver* Nicko (McBrain, Michael Henry)
McMurtrie, John 292–3
memorabilia 238–9
merchandising 82–3, 95, 114, 295, 303 *ver também* vestuário
Metal for Muthas 40, 41
Michael Schenker Group, The 134
Milton Keynes 210
"Mission from 'Arry" 142
Monjeaud, Hervé 303, 313, 341
Monsters of Rock 202–5, 231, 240
Montrose 47, 121, 226
Moore, Tony 18, 20
Morse, Ralph 45
"Murders in the Rue Morgue" 68
Murray, Dave
  primórdios 20, 40
  guitarras 54–5, 100–1, 127
  em imagens 27, 51, 74, 125

N

"New Frontier" 270
New Wave of British Heavy Metal (NWOBHM) 34–5
Newcastle 91, 96–7, 318
Newhouse, Steve "Loopy" 24–5
Nicko (McBrain, Michael Henry)
  junta-se à banda 118, 119
  na banda 270
  baterias 298–9
  voando 284
  derrame 338
  aposentadoria 338, 338, 339
  em imagens 126, 218–19
NME 108, 260
No Prayer for the Dying 210, 213, 214–15
No Prayer on the Road tour 213, 213, 218–19
Nodding Donkeys, The 223
Norwich 223
Now That's What I Call Music (coletâneas) 136
Number of the Beast, The 67, 89, 95, 90, 92–3, 109, 116, 223
"Number of the Beast, The" 91, 95, 96–7, 287

O

"Out of the Silent Planet" 260, 264
Overmars, Marc 251

P

pandemia de covid 328
Parsons, Tony 23, 25, 30–1
"Paschendale" 270, 273
patches 238–9
Patchett, David 272
Pearce, Stuart 251
peles de bateria 299
"Phantom of the Opera" 33
Phillips, Samantha 227
Piece of Mind 116, 119, 120, 125, 125
pirotecnias 187, 318–9
Polônia 144–7, 145
Poole 100
Powerslave 136, 140–1
Praying Mantis 20, 40, 48
Premier (baterias) 298–9
"Prowler" 20
"Purgatory" 67
Purkis, Barry "Thunderstick" 18, 20

Q

quadrinhos 325

R

R101 (acidente aéreo) 313
Raising Hell 235, 240
Rance, Terry 10, 12
"Reach Out" 174
Reading Rock (posteriormente renomeado Reading Festival) 51–3, 86, 112–13, 276
Real Dead One, A 234–5, 240
Real Live One, A 223, 234
Real Live Tour, A 223
"Reincarnation of Benjamin Breeg, The" 276
"Revelations" 118, 124, 269
Riggs, Derek
  "Aces High" 142
  "Be Quick or Be Dead" 226
  Brave New World 260, 262
  "Bring Your Daughter... to the Slaughter" 216–17
  "Can I Play with Madness" 196
  "Clairvoyant, The" 196
  Eddie 45
  "The Evil That Men Do" 196
  "Flight of Icarus" 121
  "Hallowed Be Thy Name" 223
  "Holy Smoke" 216
  Iron Maiden 46
  Killers 66
  Live After Death 164–5
  Maiden Japan 80
  No Prayer for the Dying 213, 214–15
  No Prayer on the Road tour 212
  "The Number of the Beast" 91
  The Number of the Beast 67, 90
  Piece of Mind 119, 120
  Powerslave 136, 140–1
  "Purgatory" 67
  Real Dead One, A 234–5
  Real Live One, A 234
  "Run to the Hills" 91
  "Running Free" 47
  "Sanctuary" 47
  Seventh Son of a Seventh Son 193, 194–5, 301
  Somewhere in Time 169, 170–3
  "Stranger in a Strange Land" 174
  "Trooper, The" 121
  "Twilight Zone"/ "Wrathchild" 67
  "2 Minutes to Midnight" 142
  "Wasted Years" 174
  "Women in Uniform" 60
  X Factor, The 248
"Rime of the Ancient Mariner" 118, 136, 287
Rock in Rio (DVD) 269
Rock in Rio 144, 160–1, 266, 269, 269, 318
Roland (sintetizadores de guitarra) 174
"Roll Over Vic Vella" 24, 226
Rowland, Ruth 330
Run for Your Lives Tour 276, 340–3
"Run to the Hills" 91, 95, 269
"Running Free" 45, 47

S

Saeko, Baba 328
Sampson, Doug 10, 11, 19, 20, 24–5, 40
Samson 20, 86
"Sanctuary" 40, 47, 121
Sandberg 221
sarcófago 150
Sawyer, Bob 16
Scorpions 112, 116, 125
"Sea of Madness" 169
Senjutsu 328, 330–1
sessões de autógrafos e aparições pessoais 104
Seventh Son of a Seventh Son 193, 194–5
Seventh Tour of a Seventh Tour 193, 193, 198–201, 302
Shack, Dave 308, 328
"Shadows of the Valley" 307
"Sheriff of Huddersfield" 174, 269
Shirley, Kevin "Caveman" 260, 271, 276, 302, 307
"Sign of the Cross" 240, 269, 317
Simmons, Gene 95
Smallwood, Rod 20, 33, 33, 40, 45, 65, 118, 187, 226
Smith, Adrian
  primórdios 40
  junta-se à banda 45, 65
  na banda 169
  deixa a banda 210
  retorna à banda 253
  Smith/Kotzen 328
  guitarras 72–3, 127, 154–5
Somewhere Back in Time Tour 156–7, 282, 287, 288–9
Somewhere in Time 168, 169, 170–3, 328
Somewhere on Tour 169, 178–87, 192
Sonor Phonics Plus kit 126
Soundhouse Tapes, The 20, 22, 248
Sounds 30–1, 108
Spaceward 22
"Speed of Light" 307
Spotify 121
"Starblind" 302
Stavnsborg, Rasmus 238–9
"Still Life" 119
Stokes, Doris 169, 194
Stone, Steve 262
"Strange World" 20, 248
"Stranger in a Strange Land" 169, 174
Stratton, Dennis 40, 40, 50
Sullivan, Dave 10, 12
"Sun and Steel" 119, 124
Suécia 276
Syme, Hugh 242–3

T

Tattooed Millionaire 213, 223
tatuagem 121
Taylor, Andy 89, 130, 307
"Teenage Dirtbag" (Wheatus) 269
Thatcher, Margaret 47, 60
"The Prisoner" 95
Three Amigos, The 253, 306
Tiswas 88, 89
"To Tame a Land" 119
Todd, Paul 26
Top of the Pops 45, 55, 244–5
topo das paradas 90, 95, 193, 213, 216, 302, 307, 308
"Total Eclipse" 91, 95
Trooper (cerveja) 121, 291, 304–5, 307
"Trooper, The" 118-9, 121–3, 276
Trust 69, 118
"22 Acacia Avenue" 95, 213
"Twilight Zone" 67
"2 Minutes to Midnight" 136, 142, 143, 276

U

Ulrich, Lars 116
uniforme, West Ham 327
Urchin 19, 40, 65

V

Vella, Vic 24–5, 226, 232
vestuário *ver* jaquetas; uniforme, West Ham; camisetas; guarda-roupa
Vieira, Patrick 251
Virtual XI 248, 250–1
"Virus" 248
Visions of the Beast (DVD) 269

W

Wapram, Terry 18
"Wasted Years" 169, 174, 175
West Ham United 10, 102, 326–7, 338, 341
West, Kevin 325
"When the Wild Wind Blows" 302
"Where Eagles Dare" 119
"Wicker Man, The" 260, 262–7, 302
Wilcock, Dennis 10, 11, 14, 16, 18
"Wildest Dreams" 269, 270, 272
Wilfort, Keith 190–1
Wilkinson, Mark
  Book of Souls, The 307, 308, 311
  "Out of the Silent Planet" 264
  Senjutsu 328, 330
  "Wicker Man, The" 260, 264
"Women in Uniform" 60–1
World Piece Tour 125, 126–35
World Slavery Tour 136, 144–53, 156–7, 158, 162–3
"Wrathchild" 20, 40, 67, 276
Wright, Ian 251
"Writing on the Wall, The" 328, 332–3

X

X Factor, The 240, 242–3, 244–7, 248
X Factour, The 248, 249

Y

Yukich, Jim 123, 142

Z

Zabaleta, Pablo 327

AGRADECIMENTOS

Quem diria? 50 anos! É inacreditável!

O que começou no East London em 1975 se transformou em algo muito maior do que jamais imaginamos. Sim, tivemos que trabalhar duro demais, e houve altos e baixos, mas sempre mantivemos a fé e o otimismo. E é essa a nossa postura até hoje.

Este livro narra a jornada sem atalhos.

Às nossas famílias, amigos, ex-integrantes, Rod, Andy, à Killer Krew, ao escritório e a todos que nos apoiaram durante décadas de sangue, suor e turnês — muito obrigado. Vocês foram a espinha dorsal desta trajetória, e a importância de vocês para nós jamais poderá ser subestimada. Não conseguiríamos ser o Iron Maiden aos 50 anos sem vocês.

E, igualmente importante, nosso agradecimento a todos os fãs ao redor do mundo: a lealdade, a energia e a paixão de vocês nos impulsionaram em cada turnê, cada álbum, cada momento.

Este livro é tanto de vocês quanto nosso. *Cheers!*

Come on you Irons!

– Steve, Bruce, Dave, Adrian, Janick e Nicko.

Equipe Iron Maiden
AUTORES Iron Maiden
CURADOR E DIRETOR CRIATIVO Ben Smallwood
GERÊNCIA Rod Smallwood, Andy Taylor e Dave Shack
GERENTE DE PROJETO Beatriz Diaz-Deus
PHANTOM MUSIC MANAGEMENT Johnnie Allan, Olivia Digby, Melanie Georgiou, Janhavi Kapadia, William Luff, Raphael Moindreau, Todd Nakamine, Delphine Nizet, Sarah Philp, Gary Podemsky, Wolfgang Rott, David Sullivan, Ryan Titley, Dan Wright e Andrew Wyllie
KILLER KREW Sean Brady, Charlie Charlesworth, John "Collie" Collins, Ian Day, Brent Diamond, Nick Farrington, Doug Hall, Kerry Harris, Michael Kenny, Eddie Marsh, Dave Maxwell, Kevin "Tater" McCarthy, Zeb Minto, Colin "Ted" Price, Steve "Gonzo" Smith, Ken "Pooch" Van Druten e Gary Workman
SERVIÇOS GLOBAIS DE MERCHANDISING Barry Drinkwater, Jens Drinkwater, Benny Lindstrom e Oliver Stanton

Equipe Thames & Hudson
PUBLISHER E DIRETOR CRIATIVO Tristan de Lancey
DESIGNER SÊNIOR Nick Jakins
GERENTE EDITORIAL Jane Laing
GERENTE DE PRODUÇÃO Sadie Butler
EDITORES Flo Allard, Flora Spiegel e Georgina Kyriacou

O Iron Maiden gostaria de agradecer aos colaboradores
Akirant, Blaze Bayley, Dave "Lights" Beazley, Tim Bradstreet, Keith "COD" Chadwick, Paul Di'Anno, Dom Freeman, Mark Fuller, Sherene Fuller, Melvyn Grant, Ross Halfin, Kazuyo Horie, Becky Marshall, John McMurtrie, Hervé Monjeaud, Derek Riggs, Kim Riggs, Kevin "Caveman" Shirley, Hugh Syme, Malcolm Venville, Keith Wilfort, Mark Wilkinson, ao IMFC por toda a ajuda, à equipe do Maiden e à Killer Krew, sem os quais este livro não teria sido possível.

A Thames & Hudson gostaria de agradecer a
Alexander Milas e Terry Burrows por sua perseverança durante a produção deste livro; a Bruno MacDonald pela revisão de texto; a Susan Penny pelo índice; a Neil Mann pela revisão de provas; a Rasmus Stavnsborg por nos permitir fotografar parte de sua coleção de memorabilia do Iron Maiden; a Matt Ward por fornecer fotografias de camisetas do Iron Maiden; a Andrew Wilkinson por fornecer LPs e singles antigos; a Amber Steel, Jason Pantaleo, Ben Howell, Matt Lougher, Jeffrey Buter e Martin Reedijk por enviarem seus coletes para Londres para serem fotografados — infelizmente não houve espaço para incluir todos; a Noldo Vega, Simon Pask e Anders Sune Berg pelas fotografias comissionadas; a Simon Fowler, Virginia Turbett, Dean Karr, Chris Horler, Tony Mottram, George Chin, Justin de Reuck, Geoffrey Lee e Ricardo Morales pelo licenciamento de suas fotografias.

CAPAS FRONTAL E TRASEIRA Eddie do quinquagésimo aniversário e paisagem urbana danificada por bombas, criados para a arte do quinquagésimo aniversário. Akirant © 2025 Iron Maiden LLP.

PÁGINA 1 Selo do quinquagésimo aniversário.

PÁGINA 2 Paul Slattery fotografa Dave, Steve e Adrian se apresentando no Tingley Coliseum em Albuquerque, Novo México, EUA, em 13 de julho de 1983.

PÁGINA 4 Folha de contato para uma sessão de fotos de julho de 1985 com Ross Halfin.

PÁGINA 8 Headbangers na Music Machine em Camden em novembro de 1979.

PÁGINA 84 A World Slavery Tour levou o Iron Maiden à Polônia pela primeira vez. Em agosto de 1984, ao chegar ao hotel em Varsóvia, a banda foi cercada por fãs ansiosos, um momento registrado por Ross Halfin.

PÁGINA 208 Multidões em festivais, fotografadas por Ross Halfin.

PÁGINA 258 John McMurtrie fotografa fãs em êxtase em Buenos Aires, Argentina, antes da apresentação do Maiden no Estádio José Amalfitani em 8 de abril de 2011.

Publicado mediante acordo com a Thames & Hudson Ltd, Londres

Iron Maiden: Infinite Dreams © 2025 Thames & Hudson Ltd, London

© texto 2025 Iron Maiden LLP
Prefácio por Steve Harris
Posfácio por Bruce Dickinson
© edição brasileira 2025 Belas Letras

Consultor e editor: Alexander Milas
Coeditor: Terry Burrows

Para informações sobre o copyright das imagens, ver p. 348-349

Todos os direitos reservados.

Nenhuma parte desta publicação pode ser reproduzida, armazenada ou transmitida para fins comerciais sem a permissão do editor. Você não precisa pedir nenhuma autorização, no entanto, para compartilhar pequenos trechos ou reproduções das páginas nas suas redes sociais.

Publisher: Gustavo Guertler
Coordenador editorial: Germano Weirich
Supervisora comercial: Jéssica Ribeiro
Gerente de marketing: Jociele Muller
Supervisora de operações logísticas: Daniele Rodrigues
Supervisora de operações financeiras: Jéssica Alves
Edição: Germano Weirich
Tradução: Marcelo Vieira
Preparação: Equipe Belas Letras
Revisão: Maristela Deves
Adaptação da capa e do projeto gráfico: Celso Orlandin Jr.

ISBN 978-65-5537-500-8

Impresso na China por C&C Offset Printing Co. Ltd

www.belasletras.com.br